Beck Script, Band 6:

Haftungsrisiken für Vorstand und Aufsichtsrat

Haftungsrisiken für Vorstand und Aufsichtsrat

von

Dr. Ralf Ek, LL.M.

Advokat (Schweden)
Rechtsanwalt in Frankfurt a.M.

2., überarbeitete Auflage

Verlag C.H. Beck München 2010

Verlag C.H. Beck im Internet:
beck.de

ISBN 978-3-406-60136-1

Wilhelmstr. 9, 80801 München
Druck: Nomos Verlagsgesellschaft
In den Lissen 12, 76547 Sinzheim

Satz: Textservice Zink, Schwarzach

Gedruckt auf säurefreiem, alterungsbeständigem Papier
(hergestellt aus chlorfrei gebleichtem Zellstoff)

Vorwort zur zweiten Auflage

Im August und September 2009 sind die Gesetze zur Angemessenheit der Vorstandsvergütung (VorstAG) und zur Umsetzung der Aktionärsrechterichtlinie (ARUG) und im Mai 2009 das Gesetz zur Modernisierung des Bilanzrechts (BilMoG) in Kraft getreten. Das deutsche Aktienrecht ist durch diese Gesetzesänderungen in überaus praxisrelevanten Teilbereichen erheblich reformiert worden. Die Mitglieder von Vorstand und Aufsichtsrat müssen sich mit den gesetzlichen Neuregelungen – und auch mit einer Vielzahl wesentlicher neuer Gerichtsentscheidungen – im Detail befassen.

Dieser Ratgeber vermittelt einen konzentrierten Überblick über die praxisrelevanten Haftungsrisiken für die Organmitglieder. Er stellt die wesentlichen Haftungsfallen dar und gibt praktische Ratschläge zur Haftungsvermeidung bzw. -minimierung. Hierbei wird insbesondere auch auf die Absicherung durch D&O-Versicherungen eingegangen.

In der zweiten Auflage dieses Ratgebers sind die aktuellen Gesetzesänderungen und auch die neueste Rechtsprechung von Bundesgerichtshof und Instanzgerichten umfassend eingearbeitet. Vorstands- und Aufsichtsratsmitgliedern, Mitarbeiter von Rechtsabteilungen und allen anderen mit der Haftung der Organmitglieder befassten Personen soll hierdurch ein fundierter und praxisorientierter Überblick über die typischen Problemkreise gegeben werden.

Der Verfasser bedankt sich bei allen Mitarbeitern und Sekretärinnen für ihren großen Einsatz bei der Erstellung dieses Buches. Für Hinweise und Anregungen aus dem Kreis der Leser ist der Verfasser auch bei dieser Auflage dankbar.

Frankfurt, im November 2009 Ralf Ek

Vorwort zur ersten Auflage

Spektakuläre Einzelfälle haben in den letzten Jahren die Haftung von Vorstand und Aufsichtsrat in deutschen Aktiengesellschaften in den Fokus des öffentlichen Interesses gerückt. Medienwirksame Fälle wie Infomatec, EM.TV, Comroad und Mannesmann sowie aktuelle Gesetzesänderungen haben bei deutschen Managern zu einem neuen Problembewusstsein für das eigene Risiko geführt. Dem Problembewusstsein soll mit diesem Ratgeber Rechnung getragen werden, der sich an alle Vorstände und Aufsichtsräte richtet, die sich einen konzentrierten Überblick über die praxisrelevanten Haftungsrisiken für die Organmitglieder verschaffen wollen.

Der Ratgeber stellt die wesentlichen Haftungsfallen dar und gibt praktische Ratschläge zur Haftungsvermeidung bzw. -minimierung. er beruht auf einem Skript, das im Herbst 2005 bei mehreren Seminarveranstaltungen verwendet wurde und berücksichtigt den aktuellen Stand von Gesetzgebung und Rechtsprechung unter Einbeziehung des Anlegerschutzverbesserungsgesetzes und der zum 1. November 2005 in Kraft getretenen Gesetze zur Unternehmensintegrität und Modernisierung des Anfechtungsrechts (UMAG) und zur Einführung von Kapitalanleger-Musterverfahren (KapMuG).

Das Aktienrecht befindet sich in einem permanenten Reformprozess. Vorstände und Aufsichtsräte müssen deshalb auch in Zukunft mit neuen Gesetzen und insbesondere auch mit neuen Tendenzen in der Rechtsprechung rechnen. Es bleibt jedoch zu hoffen, dass die von Gesetzgeber und Rechtsprechung aufgestellten Pflichtenkataloge für Organmitglieder genügend Freiraum für wirtschaftlich sinnvolle und zukunftsweisende Entscheidungen lassen. Überregulierung führt zur Lähmung der Wirtschaft, zu große Freiräume erfahrungsgemäß zu Skandalfällen. Insoweit bleibt zu hoffen, dass Gesetzgeber und Rechtsprechung ein „gesundes Gleichgewicht“ finden werden.

Der Verfasser dankt allen beteiligten Mitarbeitern und Sekretärinnen für ihren großen Einsatz bei der Erstellung dieses Buches. Für Hinweise und Anregungen aus dem Kreis der Leser wäre der Verfasser auch im Hinblick auf künftige Auflagen sehr dankbar.

Berlin, im Herbst 2005 Ralf Ek

Inhaltsverzeichnis

Vorwort zur zweiten Auflage V
Vorwort zur ersten Auflage VI
Abkürzungsverzeichnis XV
Literaturverzeichnis XIX

A. Einleitung 1

I. Umfeld 1
1. Aktuelle Entwicklungen 1
2. Überblick über die Gesetzeslage 2
a) Innenhaftung 2
b) Außenhaftung 4
3. Der Deutsche Corporate Governance Kodex (DCGK) 5
a) Aufbau des Kodex 5
b) Relevante Einzelregelungen des Kodex 6

II. Rechtliche Rahmenbedingungen 9
1. Verwaltungsorganisation der Aktiengesellschaft 9
a) Einleitung 9
b) Der Vorstand 10
aa) Leitung 10
(1) Einführung 10
(2) Unternehmerische Entscheidungen des Vorstands 12
(3) Die Haftungsfreiheit für unternehmerische Entscheidungen gemäß § 93 Abs. 1 S. 2 AktG 13
(a) Unternehmerische Entscheidung 14
(b) Beschaffung angemessener Informationen 15
(c) Handeln im Interesse oder zum Wohl der Gesellschaft 17
bb) Geschäftsführung 18
cc) Vertretung 19
dd) Größe des Vorstands 20
ee) Persönliche Voraussetzungen 20
ff) Bestellung und Abberufung 22
c) Der Aufsichtsrat 23
aa) Überwachung der Geschäftsführung 24
bb) Größe und Zusammensetzung des Aufsichtsrats 25
cc) Persönliche Voraussetzungen 26
dd) Bestellung und Abberufung 27
d) Die Hauptversammlung 29
2. Vorstandsmitglieder als Haftungsadressaten 30
a) Allgemeines 30

b) Fehlerhaft bestelltes und faktisches Organ 30
c) Haftung überstimmter und verhinderter Vorstandsmitglieder 31
3. Aufsichtsratsmitglieder als Haftungsadressaten 33
4. Haftung in Kollegialorganen 34
5. Mehrheit von Haftpflichtigen 35
III. Innenhaftung und Außenhaftung 36
1. Allgemeines 36
2. Innenhaftung 37
3. Außenhaftung 38

B. Haftungsrisiken für Vorstände 39
I. Innenhaftung 39
1. Einleitung 39
2. Verletzung ausdrücklich geregelter Pflichten 39
a) Bei der Gründung der Gesellschaft 39
aa) Keine freie Verfügung des Vorstands über die geleisteten Einlagen 40
bb) Auswahl einer ungeeigneten Zahlstelle für die Einlageleistungen 41
cc) Verletzung der Pflicht zur Prüfung des Gründungsberichts bzw. des Nachgründungsberichts 41
dd) Fehlende Vollständigkeit und Richtigkeit der Angaben gegenüber dem Registergericht 43
b) Verstoß gegen den Grundsatz der Kapitalerhaltung 44
aa) Allgemeines 44
bb) Verbotene Einlagenrückgewähr 45
cc) Zahlung von Zinsen oder Gewinnanteilen an Aktionäre 46
dd) Erwerb eigener Aktien 47
ee) Ausgabe von Aktien vor vollständiger Leistung des Ausgabebetrags 48
ff) Verteilung von Gesellschaftsvermögen 48
gg) Zahlungen entgegen Zahlungsverbot nach eingetretener Insolvenzreife 49
(1) Inhalt des Zahlungsverbots 49
(2) Zahlungsunfähigkeit und Überschuldung 50
(3) Umfang des Zahlungsverbots 52
(4) Zeitpunkt für den Eintritt des Zahlungsverbots 53
(5) Erkennbarkeit der Insolvenzreife 53
hh) Vergütung an Aufsichtsräte 53
ii) Gewährung von Krediten an Organmitglieder 57
jj) Ausgabe von Bezugsaktien bei bedingter Kapitalerhöhung 58
kk) Verstoß gegen Berichtspflichten 58
(1) Regelberichte 59
(2) Sonderberichte 60
(3) Anforderungsberichte 61
(4) Grundsätze der Berichterstattung 61

c) Verstoß gegen die Pflicht zur ordnungsgemäßen Buchführung und Bilanzierung . . . 63
d) Verstoß gegen die Verpflichtung zur Einrichtung eines Risikomanagementsystems . . . 64
e) Verstoß gegen Pflichten im Zusammenhang mit der Hauptversammlung . . . 67
aa) Einberufung der Hauptversammlung bei einem Verlust in Höhe der Hälfte des Grundkapitals . . . 70
bb) Vorbereitung und Ausführung von Maßnahmen im Zuständigkeitsbereich der Hauptversammlung . . . 71
(1) Zuständigkeit der Hauptversammlung kraft Gesetzes . . . 72
(2) Zuständigkeit der Hauptversammlung kraft Satzung . . . 72
(3) Zuständigkeit der Hauptversammlung bei Geschäftsführungsmaßnahmen . . . 73
cc) Wesentliche Pflichten des Vorstands bei der Vorbereitung und Durchführung der Hauptversammlung . . . 77
(1) Vorbereitung der Hauptversammlung . . . 77
(2) Durchführung der Hauptversammlung . . . 88
f) Verstoß gegen die Insolvenzantragspflicht . . . 93
g) Verstoß gegen das Verbot unzulässiger Benutzung des Einflusses auf die Gesellschaft . . . 95
3. Verletzung allgemeiner Pflichten . . . 95
a) Verstoß gegen die allgemeine Sorgfaltspflicht . . . 96
b) Verstoß gegen die allgemeine Treuepflicht . . . 96
aa) Verstoß gegen das Wettbewerbsverbot . . . 97
bb) Verstoß gegen die Verschwiegenheitspflicht . . . 99
4. Besondere Pflichten im Konzern . . . 100
a) Einleitung . . . 100
aa) Der Vertragskonzern . . . 100
bb) Abhängigkeits- und faktische Konzernverhältnisse . . . 100
(1) Das einfache Abhängigkeitsverhältnis . . . 100
(2) Das faktische Konzernverhältnis . . . 101
b) Die Pflichten im Vertragskonzern . . . 101
aa) Pflichten des Vorstands des herrschenden Unternehmens . . . 101
(1) Gegenüber der „eigenen“ Gesellschaft . . . 101
(2) Gegenüber der beherrschten Gesellschaft . . . 102
bb) Pflichten des Vorstands der beherrschten Gesellschaft . . . 103
c) Bei faktischer Abhängigkeit . . . 104
aa) Pflichtverletzung des Vorstands des herrschenden Unternehmens . . . 104
(1) Begriff des Nachteils . . . 104
(2) Möglichkeit zum Ausgleich des Nachteils . . . 105
(3) Rechtsfolgen nachteiliger Veranlassungen . . . 106
bb) Pflichtverletzung des Vorstands der beherrschten Gesellschaft . . . 106
(1) Haftung wegen der Befolgung nachteiliger Weisungen . . . 106
(2) Haftung wegen unterlassener Aufnahme nachteiliger Maßnahmen des Vorstands in den Abhängigkeitsbericht . . . 107

5. Besondere Haftungsrisiken beim Cash-Pooling 108
a) Einleitung 108
b) Kapitalaufbringung 109
c) Kapitalerhaltung 111
d) Darlehensrückzahlung 112
6. Besondere Pflichten in börsennotierten Unternehmen 112
a) Verstoß gegen die Ad-hoc-Mitteilungspflicht 112
aa) Die Ad-hoc-Mitteilungspflicht 112
bb) Selbstbefreiung von der Ad-hoc-Mitteilungspflicht 114
cc) Haftung bei Verstoß gegen die Ad-hoc-Mitteilungspflicht 115
(1) §§ 37b, 37c WpHG 115
(2) Deliktsrecht 118
(3) Bürgerlich-rechtliche Prospekthaftung 119
(4) Rechtsfolgen bei Verstößen 120
b) Directors' Dealings 121
c) Verstoß gegen die Regelpublizität 122
7. Weitere Haftungsvoraussetzungen 126
a) Verschulden 126
b) Schaden und Kausalität 128
c) Darlegungs- und Beweislast 128
d) Verjährung 130
8. Beschränkung der Innenhaftung 131
a) Einleitung 131
b) Billigung pflichtwidrigen Vorstandshandelns 131
c) Nachträglicher Verzicht 132
d) Vertragliche Haftungsbeschränkungen 134
9. Geltendmachung von Innenhaftungsansprüchen 134
a) Geltendmachung von Ersatzansprüchen durch die Aktiengesellschaft 134
aa) Zuständigkeit des Aufsichtsrats 134
bb) Klageerzwingungsrecht der Aktionäre und Bestellung besonderer Vertreter 135
(1) Einleitung 135
(2) Klageerzwingungsverfahren 136
(a) Hauptversammlungsbeschluss 136
(b) Gerichtliche Geltendmachung 137
(c) Bestellung besonderer Vertreter 137
b) Geltendmachung von Ersatzansprüchen durch Dritte 138
aa) Prozessstandschaft der Aktionäre 138
(1) Klagezulassungsverfahren 138
(2) Bekanntmachungen zur Haftungsklage 140
(3) Sonderprüfung 141
bb) Recht zur Geltendmachung von Ersatzansprüchen durch die Gläubiger der Gesellschaft 141
(1) Einführung 141
(2) Voraussetzungen 142
(3) Ausübung des Verfolgungsrechts 142

II. Außenhaftung 143
1. Einleitung 143
2. Spezialgesetzlich geregelte Außenhaftung 144
a) Haftung für rechtsgeschäftliche Verbindlichkeiten der später nicht eingetragenen Vorgesellschaft 144
b) Haftung für Schäden der Gesellschaft oder ihrer Aktionäre durch schädigenden Einfluss
der Vorstandsmitglieder 145
c) Haftung für die Verletzung von Steuerpflichten 146
d) Haftung für nach UmwG entstandene Schäden 147
3. Deliktische Haftung 149
a) Verletzung absolut geschützter Rechte 149
b) Produkthaftung 151
c) Verstoß gegen Schutzgesetze zugunsten Dritter 152
d) Haftung für unterlassene Abführung von Sozialversicherungsbeiträgen 152
e) Verletzung wettbewerbs- und kartellrechtlicher Bestimmungen . . . 154
f) Insolvenzverschleppung 154
g) Vorsätzlich sittenwidrige Schädigung Dritter 156
4. Haftung kraft Rechtsscheins 156
5. Haftung aus culpa in contrahendo 157
6. Verletzung der Kapitalmarktinformationspflichten 157
a) Verletzung der Ad-hoc-Mitteilungspflicht 157
aa) Haftung gemäß §§ 311 Abs. 3, 280 BGB 158
bb) Deliktsrecht 158
b) Verletzung der Regelpublizität 162
c) Organisationsverschulden 163
7. Geltendmachung von Außenhaftungsansprüchen 163
a) Allgemeines 163
b) Kapitalanleger-Musterverfahren 164
aa) Einführung 164
bb) Das Vorlageverfahren 164
cc) Das Musterverfahren 166
dd) Fortsetzung des Verfahrens vor dem Prozessgericht 167
III. Strafrechtliche Verantwortlichkeit 168
1. Einleitung 168
2. Aktienrechtliche Straftatbestände 168
a) Falsche Angaben bei Gründung, Kapitalmaßnahmen und Abwicklung 168
b) Unrichtige Darstellungen in Bilanzen und Berichten 169
c) Verletzung der Geheimhaltungspflicht 169
3. Börsen- und kapitalmarktrechtliche Straftatbestände 169
a) Kurs- und Marktpreismanipulation 170
b) Verbotene Insidergeschäfte 170
c) Kapitalanlagebetrug 171
4. Straftaten in der Insolvenz 171

a) Pflichtverletzung bei Verlust, Überschuldung oder Zahlungsunfähigkeit . . . 171
b) Vorenthalten und Veruntreuen von Sozialversicherungsbeiträgen . . 172
c) Bankrott . . . 172
d) Verletzung der Buchführungspflicht . . . 173
e) Gläubigerbegünstigung . . . 173
5. Sonstige Straftatbestände . . . 174
a) Untreue . . . 174
b) Betrug (§ 263 StGB) . . . 175
6. Ordnungswidrigkeiten . . . 175

C. Haftungsrisiken für Aufsichtsräte . . . 177

I. Innenhaftung . . . 177
1. Verletzung ausdrücklich geregelter Pflichten . . . 177
a) Einleitung . . . 177
b) Verletzung von Pflichten bei der Gründung der Gesellschaft . . . 177
c) Verletzung der Überwachungspflicht . . . 178
aa) Verletzung der allgemeinen Überwachungspflicht . . . 178
(1) Inhalt der Überwachungspflicht . . . 178
(2) Maßstab der Überwachung . . . 179
bb) Verletzung der Informationspflicht . . . 180
cc) Verletzung der Pflicht zur Einberufung der Hauptversammlung . 181
dd) Verletzung der Pflicht zur Begründung und Ausübung von Zustimmungsvorbehalten . . . 182
ee) Verletzung der Pflicht zur Prüfung von Jahresabschluss, Lagebericht und Gewinnverwendungsvorschlag . . . 184
ff) Verletzung der Pflicht zur Berichterstattung an die Hauptversammlung . . . 187
gg) Verletzung der Pflicht zur Bestellung und Abberufung des Vorstands . . . 190
d) Verletzung der Pflicht zur angemessenen Festsetzung der Vorstandsbezüge . . . 193
aa) Einleitung . . . 193
bb) Zulässigkeit nachträglicher Sonderzahlungen . . . 193
cc) Festsetzung der Vorstandsvergütung als Ermessensentscheidung . 195
dd) Angemessenheit von Vorstandsvergütungen . . . 195
ee) Verstoß gegen die Pflicht zur Festsetzung angemessener Vorstandsvergütungen . . . 197
ff) Transparenz der Vorstandsvergütung . . . 198
e) Verletzung der Pflicht zur Verfolgung von Ersatzansprüchen gegen Vorstandsmitglieder . . . 198
f) Verstoß gegen den Grundsatz der Kapitalerhaltung . . . 199
g) Verbot schädigenden Verhaltens . . . 201
2. Verletzung allgemeiner Pflichten . . . 202
a) Verstoß gegen die allgemeine Sorgfaltspflicht . . . 202
b) Verstoß gegen die allgemeine Treuepflicht . . . 202
aa) Einleitung . . . 202

bb) Kein Wettbewerbsverbot 204
cc) Verstoß gegen die Verschwiegenheitspflicht 205
dd) Sondervorschriften für Aufsichtsratsmitglieder als Repräsentanten der öffentlichen Hand 206
(1) Vorrang des Unternehmensinteresses 206
(2) Keine gesellschaftsschädigenden Weisungen 207
(3) Berichterstattung 208
3. Weitere Haftungsvoraussetzungen, insb. Verschulden 209
4. Geltendmachung von Innenhaftungsansprüchen 210
II. Außenhaftung 211

D. Haftungsvermeidungsstrategien für Vorstände und Aufsichtsräte . . . 213

I. Beschränkung der Innenhaftung 213
II. Freistellung von der Außenhaftung 214
III. Corporate Compliance und Kontrolle der Haftungsrisiken 215
1. Maßnahmen zur Kontrolle der Haftungsrisiken 215
2. Corporate Compliance 217
IV. Versicherungsschutz, insb. D&O-Versicherungen 220
1. Einführung 220
2. D&O-Versicherungen 220
a) Historische Entwicklung 220
b) Deckungsumfang von D&O-Versicherungen 221
aa) Erfasste Schäden 223
bb) Vom Versicherungsschutz erfasste Personen 224
cc) Abgrenzung zur Vermögensschaden-Haftpflichtdeckung 225
dd) Nachhaftung 226
ee) Rückwärtsdeckung 227
ff) Tätigkeit in Mehrheitstochtergesellschaften und Drittunternehmen 228
gg) Selbstbehalte 229
c) Grenzen des Versicherungsschutzes 229
d) Obliegenheits- und Anzeigepflichten 231
e) Anspruchsberechtigte 231
f) Company Reimbursement-Klausel 231
g) Prämienhöhe und Deckungssumme 232
h) Steuerliche Behandlung der Versicherungsprämien 233
i) Pflicht zum Abschluss einer D&O-Versicherung? 234
j) Zuständigkeit für den Abschluss des Versicherungsvertrages 234

Stichwortverzeichnis 237

Abkürzungsverzeichnis

a. A.	anderer Ansicht
ABl.	Amtsblatt
Abs.	Absatz
a. E.	am Ende
a. F.	alte Fassung
AG	Amtsgericht; Aktiengesellschaft; Die Aktiengesellschaft
AG-Report	Sonderteil der Zeitschrift Die Aktiengesellschaft
AktG	Aktiengesetz
AktR	Aktienrecht
Alt.	Alternative
Anh	Anhang
AnSVG	Gesetz zur Verbesserung des Anlegerschutzes (Anlegerschutzverbesserungsgesetz)
ArbHdb HV	Arbeitshandbuch für die Hauptversammlung
ARUG	Gesetz zur Umsetzung der Aktionärsrechterichtlinie
Art.	Artikel
BaFin	Bundesanstalt für Finanzdienstleistungsaufsicht
BayObLG	Bayerisches Oberstes Landesgericht
BB	Betriebs-Berater
Bd.	Band
BeckRS	Beck-Rechtsprechung
BGB	Bürgerliches Gesetzbuch
BGBl I, II	Bundesgesetzblatt Teil I, II
BGH	Bundesgerichtshof
BGHZ	Sammlung der Entscheidungen des BGH in Zivilsachen
BGHSt	Sammlung der Entscheidungen des BGH in Strafsachen
BilKoG	Gesetz zur Kontrolle von Unternehmensabschlüssen (Bilanzkontrollgesetz)
BilMoG	Gesetz zur Modernisierung des Bilanzrechts (bilanzrechtsmodernisierungsgesetz)
BilReG	Gesetz zur Einführung internationaler Rechnungslegungsstandards und zur Sicherung der Qualität der Abschlussprüfung (Bilanzrechtsreformgesetz)
BKR	Zeitschrift für Bank- und Kapitalmarktrecht
BörsG	Börsengesetz
BörsZulV	Börsenzulassungsverordnung
BR	Bundesrat
BR-Drs	Bundesratsdrucksache
BReg	Bundesregierung

BT	Bundestag
BT-Drs	Bundestagsdrucksache
BVerfG	Bundesverfassungsgericht
bzw.	beziehungsweise
ca.	circa
DAX	Deutscher Aktienindex
DB	Der Betrieb
DCGK	Deutscher Corporate Governance Kodex
d.h.	das heißt
DNotZ	Deutsche Notarzeitschrift
DrittelbG	Drittelbeteiligungsgesetz
Drs	Drucksache
DStR	Deutsches Steuerrecht
E	Entwurf
EG	Europäische Gemeinschaft(en)
etc.	et cetera
e.V.	eingetragener Verein
evtl.	eventuell
EWiR	Entscheidungen zum Wirtschaftsrecht
f., ff.	folgende Seite(n)
FGG	Gesetz über die Angelegenheiten der freiwilligen Gerichtsbarkeit
Fn.	Fußnote
FS	Festschrift
FTD	Financial Times Deutschland
GG	Grundgesetz
ggf.	gegebenenfalls
GKG	Gerichtskostengesetz
GmbH	Gesellschaft mit beschränkter Haftung
GmbHG	Gesetz betreffend die Gesellschaften mit beschränkter Haftung
GmbHR	GmbH-Rundschau
Großkomm	Großkommentar
GWB	Gesetz gegen Wettbewerbsbeschränkungen
GWR	Gesellschafts- und Wirtschaftsrecht
Hbs.	Halbsatz
Hdb	Handbuch
HGB	Handelsgesetzbuch
Hrsg.	Herausgeber
HV	Hauptversammlung
i.S.v.	im Sinne von
i.V.m.	in Verbindung mit

JuS	Juristische Schulung
JZ	Juristenzeitung
KapInHaG	Gesetz zur Verbesserung der Haftung für falsche Kapitalmarktinformationen (Kapitalmarktinformationshaftungsgesetz)
KapMuG	Gesetz zur Einführung von Kapitalanleger-Musterverfahren (Kapitalanleger-Musterverfahrensgesetz)
KG	Kammergericht; Kommanditgesellschaft
KMRK	Kapitalmarktrechts-Kommentar
Komm	Kommentar
KonTraG	Gesetz zur Kontrolle und Transparenz im Unternehmensbereich
LG	Landgericht
MarkenG	Markengesetz
Mio.	Million(en)
MitbestG	Gesetz über die Mitbestimmung der Arbeitnehmer
MontanMitbestG	Gesetz über die Mitbestimmung der Arbeitnehmer in den Aufsichtsräten und Vorständen der Unternehmen des Bergbaus und der Eisen und Stahl erzeugenden Industrie
MünchAnwaltshdb AktR	Münchener Anwaltshandbuch Aktienrecht
MünchHdb AG	Münchener Handbuch des Gesellschaftsrechts (Aktiengesellschaft)
MünchKomm	Münchener Kommentar
m. w. N.	mit weiteren Nachweisen
n. F.	neue Fassung
NJOZ	Neue Juristische Online Zeitschrift
NJW	Neue Juristische Wochenschrift
NJW-RR	NJW-Rechtsprechungs-Report Zivilrecht
Nr.	Nummer
NStZ	Neue Zeitschrift für Strafrecht
NZG	Neue Zeitschrift für Gesellschaftsrecht
NZI	Neue Zeitschrift für Insolvenz und Sanierung
OLG	Oberlandesgericht
OWiG	Gesetz über Ordnungswidrigkeiten
PatG	Patentgesetz
RegBegr	Regierungsbegründung
RegE	Regierungsentwurf
RG	Reichsgericht
Rn	Randnote bzw. Randnummer
RNotZ	Rheinische Notar-Zeitung
S.	Satz, Seite, Siehe
s.	siehe
StGB	Strafgesetzbuch

TransPuG	Gesetz zur weiteren Reform des Aktien- und Bilanzrechts, zu Transparenz und Publizität (Transparenz- und Publizitätsgesetz)
u.	und
UMAG	Gesetz zur Unternehmensintegrität und Modernisierung des Anfechtungsrechts
UmwG	Umwandlungsgesetz
UrhG	Urhebergesetz
v.	vom
VerkProspG	Verkaufsprospektgesetz
VG	Verwaltungsgericht
VO	Verordnung
VorstAG	Gesetz zur Angemessenheit der Vorstandsvergütung
VorstOG	Gesetz über die Offenlegung der Vorstandsvergütungen (Vorstandsvergütungs-Offenlegungsgesetz)
VP	Die VersicherungsPraxis
wistra	Zeitschrift für Wirtschafts- und Steuerstrafrecht
WM	Wertpapiermitteilungen
WpHG	Wertpapierhandelsgesetz
WpPG	Wertpapierprospektgesetz
WpÜG	Wertpapiererwerbs- und Übernahmegesetz
z. B.	zum Beispiel
ZBB	Zeitschrift für Bankrecht und Bankwirtschaft
ZGR	Zeitschrift für Unternehmens- und Gesellschaftsrecht
ZHR	Zeitschrift für das gesamte Handelsrecht
Ziff.	Ziffer
ZInsO	Zeitschrift für das gesamte Insolvenzrecht
ZIP	Zeitschrift für Wirtschaftsrecht
ZPO	Zivilprozessordnung
ZRP	Zeitschrift für Rechtspolitik

Literaturverzeichnis

Altmeppen, Holger, Die Haftung des Managers im Konzern, 1998 (zitiert: Altmeppen Die Haftung des Managers im Konzern)

Altmeppen, Holger, Cash-Pool, Kapitalaufbringungshaftung und Strafbarkeit der Geschäftsleiter wegen falscher Versicherung, ZIP 2009, 1545

Arbeitshandbuch für Aufsichtsratsmitglieder, siehe Semler, Johannes/Schenck, Kersten von (Hrsg.)

Assmann, Heinz-Dieter / Schneider, Uwe H. (Hrsg.), Wertpapierhandelsgesetz, 5. Auflage 2009 (zitiert: Bearbeiter in Assmann/Schneider WpHG)

Assmann, Heinz-Dieter / Schütze, Rolf A. (Hrsg.), Handbuch des Kapitalanlagerechts, 3. Auflage 2007 (zitiert: Bearbeiter in Assmann/Schütze Hdb KapitalanlageR)

Bamberger, Heinz Georg / Roth, Herbert (Hrsg.), Kommentar zum Bürgerlichen Gesetzbuch, 2. Auflage 2008 (zitiert: Bearbeiter in Bamberger/Roth)

Barzen, Carola / Brachmann, Harald / Braun, Marcel-Patric, D&O-Versicherung für Kapitalgesellschaften – Haftungsrisiken der Geschäftsleitung und ihre Deckung, 2003 (zitiert: Barzen/Brachmann/Braun D&O-Versicherung)

Bauer, Jobst-Hubertus / Arnold, Christian, Festsetzung und Herabsetzung der Vorstandsvergütung nach dem VorstAG, AG 2009, 717

Bauer, Jobst-Hubertus / Krets, Jérome, Gesellschaftsrechtliche Sonderregeln bei der Beendigung von Vorstands- und Geschäftsführerverträgen, DB 2003, 811

Baumbach, Adolf / Hopt, Klaus / Merkt, Klaus, Handelsgesetzbuch, 33. Auflage 2008 (zitiert: Bearbeiter in Baumbach/Hopt HGB)

Baumbach, Adolf / Hueck, Alfred, GmbH-Gesetz, 18. Auflage 2006 (zitiert: Bearbeiter in Baumbach/Hueck)

Baums, Theodor (Hrsg.), Bericht der Regierungskommission Corporate Governance: Unternehmensführung, Unternehmenskontrolle, Modernisierung des Aktienrechts, 2001 (zitiert: Baums Bericht der Regierungskommission CG)

Baums, Theodor, Der Geschäftsleitervertrag, 1987 (zitiert: Baums Geschäftsleitervertrag)

Baums, Theodor, Haftung wegen Falschinformation des Sekundärmarktes, ZHR 167 (2003), 139

Baums, Theodor / Keinath, Astrid / Gajek, Daniel, Fortschritt bei Klagen gegen Hauptversammlungsbeschlüsse? Eine empirische Studie, ZIP 2007, 1629

Bayer, Walter, Zentrale Konzernfinanzierung, Cash Management und Kapitalerhaltung, Festschrift für Marcus Lutter zum 70. Geburtstag am 11. Dezember 2000 – Deutsches und europäisches Gesellschafts-, Konzern- und Kapitalmarktrecht (Hrsg. Schneider, Uwe H./Hommelhoff, Peter/Schmidt, Karsten/Timm, Wolfram/Grunewald, Barbara/Drygala, Tim) 2000, 1011 (zitiert: Bayer in FS für Lutter)

Bayer, Walter / Weinmann, Dirk, Kurzkommentar zum Urteil des BGH vom 9.5. 2005 – II ZR 287/02, EWiR 2005, 689

Bähr, Biner / Hoos, Jan-Philipp, Der GmbHR-Kommentar zu BGH GmbHR 2004, 302, GmbHR 2004, 304

Beck'sches Handbuch der AG, siehe Müller, Welf/Rödder, Thomas (Hrsg.)
Beck'sches Mandatshandbuch Vorstand der AG, siehe Lücke, Oliver (Hrsg.)
Bergdolt, Daniela / Hell, Iris, Zurückweisung eines Musterfeststellungsantrags als verspätet?, BKR 2007, 145
Bittmann, Folker, Strafrechtliche Folgen des MoMiG, NStZ 2009, 113
Bode, Christoph, Nachträgliche Anschaffungskosten beim Ausfall von Gesellschafterdarlehen nach MoMiG und Einführung der Abgeltungsteuer, DStR 2009, 1781
Bork, Reinhard, Zum Beginn des Zahlungsverbots gem. § 92 II 1 AktG, NZG 2009, 775
Bormann, Michael / Urlichs, Marc, Kapitalerhöhungen im Cash Pooling – welche Erleichterungen bringt das MoMiG tatsächlich?, DStR 2009 641
Bosse, Christian, Grünes Licht für das ARUG: das Aktiengesetz geht online, BB 2009, 807
Bosse, Christian, Rechtliche Anforderungen an Verträge mit Aufsichtsratsmitgliedern und die Zustimmung des Aufsichtsrats nach § 114 AktG, NZG 2007, 172
Bosse, Christian, Wesentliche Neuregelungen ab 2007 aufgrund des Transparenzrichtlinie-Umsetzungsgesetzes für börsennotierte Unternehmen, DB 2007, 39
Böttcher, Lars, Verpflichtung des Vorstands einer AG zur Durchführung einer Due Diligence, NZG 2005, 49
Böttcher, Lars, Bankvorstandshaftung im Rahmen der Sub-Prime Krise, NZG 2009, 1047
Brauer, Markus, Die aktienrechtliche Beurteilung von „appreciation awards" zu Gunsten des Vorstands, NZG 2004, 502
Brauer, Markus / Dreier, Nils, Der Fall Mannesmann in der nächsten Runde, NZG 2005, 57
Bröcker, Norbert / Mosel, Raoul, Der unabhängige Finanzexperte – Neue Herausforderungen bei der Besetzung des Aufsichtsrates durch das BilMoG, GWR 2009, 132
Brömmelmeyer, Christoph, Neue Regeln für die Binnenhaftung des Vorstands – Ein Beitrag zur Konkretisierung der Business Judgement Rule, WM 2005, 2065
Buchta, Jens / Kann, Jürgen van, Die Haftung des Aufsichtsrats einer Aktiengesellschaft – aktuelle Entwicklungen in Gesetzgebung und Rechtsprechung, DStR 2003, 1665
Bundesanstalt für Finanzdienstleistungsaufsicht (BaFin), Emittentenleitfaden, 2009
Bungert, Hartwin, Festschreibung der ungeschriebenen „Holzmüller"-Hauptversammlungszuständigkeiten bei der Aktiengesellschaft, BB 2004, 1345
Burg, Michael / Marx, Eric, Der neue Emittentenleitfaden der BaFin (2009), AG 2009, 487
Bürgers, Tobias / Körber, Torsten, Heidelberger Kommentar zum Aktiengesetz, 2008 (zitiert: Bearbeiter in Bürgers/Körber AktG)
Bürkle, Jürgen, Corporate Compliance – Pflicht oder Kür für den Vorstand der AG?, BB 2005, 565
Bürkle, Jürgen, Corporate Compliance als Standard guter Unternehmensführung des Deutschen Corporate Governance Kodex, BB 2007, 1797
Cahn, Andreas, Das richterliche Verbot der Kreditvergabe an Gesellschafter und seine Folgen, Der Konzern 2004, 235
Cahn, Andreas, Kapitalaufbringung im Cash Pool, ZHR 166 (2002), 278
Clemm, Hermann / Dürrschmidt, Armin, Überlegungen zu den Sorgfaltspflichten für Vertretungs- und Aufsichtsorgane bei der Verschmelzung von Unternehmen gem. §§ 25 und 27 UmwG, Festschrift für Siegfried Widmann zum 65. Geburtstag am 22. Mai

2000, Umwandlungen im Zivil- und Steuerrecht (Hrsg. Wassermeyer, Franz/Mayer, Dieter/Rieger, Norbert) 2000, 3 (zitiert: Clemm/Dürrschmidt in FS für Widmann)
Crüwell, Christoph, Die europäische Prospektrichtlinie, AG 2003, 243
Dahl, Michael / Schmitz, Jan, Probleme von Überschuldung und Zahlungsunfähigkeit nach FMStG und MoMiG, NZG 2009, 567
Dahl, Holger / Riedel Andreas, Praxishandbuch Interim Management, 2008 (zitiert: Dahl/Riedel Praxishandbuch Interim Management)
Dahnz, Werner / Grimminger, Carolin, Manager und ihr Berufsrisiko – Die zivil- und strafrechtliuche Haftung von Aufsichtsräten, Vorständen und Geschäftsführern 3. Auflage 2007 (zitiert: Dahnz/Grimminger Manager und ihr Berufsrisiko)
Deilmann, Barbara / Lorenz, Manuel, Die börsennotierte Aktiengesellschaft, 2005 (zitiert: Deilmann/Lorenz Die börsennotierte AG)
Diekmann, Hans / Bidmon, Katja, Das „unabhängige" Aufsichtsratsmitglied nach dem BilMoG – insbesondere als Vertreter des Hauptaktionärs, NZG 2009, 1087
Diekmann, Hans / Leuering, Dieter, Der Referentenentwurf eines Gesetzes zur Unternehmensintegrität und Modernisierung des Anfechtungsrechts (UMAG), NZG 2004, 249
Diekmann, Hans / Sustmann, Marco, Gesetz zur Verbesserung des Anlegerschutzes (Anlegerschutzverbesserungsgesetz – AnSVG), NZG 2004, 929
Diercks, Sven, Die Haftung der Organmitglieder der Aktiengesellschaft und ihre Durchsetzung, 2003 (zitiert: Diercks Die Haftung der Organmitglieder der Aktiengesellschaft und ihre Durchsetzung)
Dreher, Meinrad, Der Abschluss von D&O-Versicherungen und die aktienrechtliche Zuständigkeitsordnung, ZHR 165 (2001), 293
Dreher, Meinrad, Die Besteuerung der Prämienleistungen bei gesellschaftsfinanzierten Directors und Officers-Versicherungen, DB 2001, 996
Dreher, Meinrad, Die Rechtsnatur der D&O-Versicherung, DB 2005, 1669
Dreher, Meinrad / Görner, André, Der angemessene Selbstbehalt in der D&O-Versicherung, ZIP 2003, 2321
Dreyling, Georg, Die Umsetzung der Marktmissbrauchs-Richtlinie über Insider-Geschäfte und Marktmanipulation, Der Konzern 2005, 1
Drinhausen, Florian / Keinath, Astrid, Auswirkungen des ARUG auf die künftige Hauptversammlungs-Praxis, BB 2009, 2322
Drinhausen, Florian / Keinath, Astrid, Regierungsentwurf eines Gesetzes zur Umsetzung der Aktionärsrechterichtlinie (ARUG) – Überblick über die Änderungen gegenüber dem Referentenentwurf, BB 2009, 64
Drygala, Tim / Drygala, Anja, Wer braucht ein Frühwarnsystem? Zur Ausstrahlungswirkung des § 91 Abs. 2 AktG, ZIP 2000, 297
Duve, Christian / Pfitzner, Tanja von, Braucht der Kapitalmarkt ein neues Gesetz für Massenverfahren? – Der Entwurf eines Gesetzes über Musterverfahren in kapitalmarktrechtlichen Streitigkeiten (KapMuG) auf dem Prüfstand, BB 2005, 673
Ebenroth, Carsten Thomas / Lange, Kurt Werner, Sorgfaltspflichten und Haftung des Geschäftsführers einer GmbH nach § 43 GmbHG, GmbHR 1992, 69
Ebenroth, Carsten Thomas / Boujong, Karlheinz / Joost, Detlev / Strohn, Lutz, Handelsgesetzbuch, 2008 (zitiert: Bearbeiter in Ebenroth/Boujong/Joost/Strohn HGB)
Edelmann, Hervé, Haftung von Vorstandsmitgliedern für fehlerhafte Ad-hoc-Mitteilungen – Besprechung der Infomatec-Urteile des BGH, BB 2004, 2031

Ek, Ralf, Praxisleitfaden für die Hauptversammlung, 2. Auflage 2010 (zitiert: Ek Praxisleitfaden für die Hauptversammlung)

Ek, Ralf / Hoyenberg, Philipp von, Aktiengesellschaften, Gründung, Leitung, Börsengang, 2. Auflage 2006 (zitiert: Ek/von Hoyenberg Aktiengesellschaften)

Ek, Ralf / Hoyenberg, Philipp von, Unternehmenskauf und -verkauf, 2007 (zitiert: Ek/von Hoyenberg Unternehmenskauf)

Ekkenga, Jens, Kapitalmarktrechtliche Aspekte der „Investor Relations", NZG 2001, 1

Ellenberger, Jürgen, Die Börsenprospekthaftung nach dem Dritten Finanzmarktförderunggesetz, Festschrift für Herbert Schimansky, Bankrecht – Schwerpunkte und Perspektiven (Hrsg. Horn, Norbert/Lwowski, Hans-Jürgen/Nobbe, Gerd) 1999, 591 (zitiert: Ellenberger in FS für Schimansky)

Emmerich, Volker / Habersack, Mathias, Aktien- und GmbH-Konzernrecht, 5. Auflage 2008 (zitiert: Bearbeiter in Emmerich/Habersack Aktien- und GmbH-Konzernrecht)

Emmerich, Volker / Habersack, Mathias, Konzernrecht, 8. Auflage 2005 (zitiert: Emmerich/Habersack Konzernrecht)

Engelhardt, Florian, Vertragsabschlussschaden oder Differenzschaden bei der Haftung des Emittenten für fehlerhafte Kapitalmarktinformationen, BKR 2006, 443

Erbs, Georg / Kohlhaas, Max, Strafrechtliche Nebengesetze, Stand Mai 2008 (zitiert: Bearbeiter in Erbs/Kohlhaas Strafrechtliche Nebengesetze)

Erdmann, Ulrich, Ausländische Staatsangehörige in Geschäftsführungen und Vorständen deutscher GmbHs und AGs, NZG 2002, 503

Erkens, Michael, Director's Dealings nach neuem WpHG, Der Konzern 2005, 29

Eusani, Guido, Darlehensverzinsung und Kapitalerhaltung beim Cash Pooling nach dem MoMiG, GmbHR 2009, 795

Fabricius, Fritz / Kraft Alfons / Thiele, Wolfgang / Wiese, Günther / Kreutz, Peter (Hrsg.), Betriebsverfassungsgesetz mit Kommentierung des BetrVG 1952 und des Sozialplangesetzes – Gemeinschaftskommentar, 7. Auflage 2002 (zitiert: Bearbeiter in GK-BetrVG)

Falkenhausen, Joachim von / Kocher, Dirk, Die Begründungspflicht für Abweichungen vom Deutschen Corporate Governance Kodex nach dem BilMoG, ZIP 2009, 1149

Fedke, Tibor, Konzerninnenfinanzierung nach dem MoMiG in insolvenznahen Szenarien, NZG 2009, 928

Feudner, Bernd W., Regeln für Vorstandsbezüge, NZG 2007, 779

Fischer, Christian, Die persönliche Haftung, ein wirksames Mittel zur Verbesserung der Kontrolltätigkeit des Aufsichtsrats bei kapitalmarktorientierten Unternehmen?, Der Konzern 2005, 67

Fischer, Thomas / Tröndle, Herbert (Hrsg.), Strafgesetzbuch und Nebengesetze, 55. Auflage 2008 (zitiert: Tröndle/Fischer)

Fitting, Karl / Engels, Gerd / Schmidt, Ingrid / Trebinger, Yvonne / Linsenmaier, Wolfgang, Betriebsverfassungsgesetz, 24. Auflage 2008 (zitiert: Fitting/Engels/Schmidt/Trebinger/Linsenmaier BetrVG)

Fleischer, Holger, Aktuelle Entwicklungen der Managerhaftung, NJW 2009, 2337

Fleischer, Holger, Das Gesetz zur Angemessenheit der Vorstandsvergütung (VorstAG), NZG 2009, 801

Fleischer, Holger, Das Vorstandsvergütungsoffenlegungsgesetz, DB 2005, 1611

Fleischer, Holger, Der Inhalt des Schadensersatzanspruchs wegen unwahrer oder unterlassener unverzüglicher Ad-hoc-Mitteilungen, BB 2002, 1869

Fleischer, Holger, Die „Business Judgement Rule“: Vom Richterrecht zur Kodifizierung, ZIP 2004, 685

Fleischer, Holger, Haftungsfreistellung, Prozesskostenersatz und Versicherung für Vorstandsmitglieder – eine rechtsvergleichende Bestandsaufnahme zur Enthaftung des Managements, WM 2005, 909

Fleischer, Holger, Handbuch des Vorstandsrechts, 2006 (zitiert: Bearbeiter in Fleischer Hdb des Vorstandsrechts)

Fleischer, Holger, Kartellrechtsverstöße und Vorstandsrecht, BB 2008, 1070

Fleischer, Holger, Konzernleitung und Leitungssorgfalt der Vorstandsmitglieder im Unternehmensverbund, DB 2005, 759

Fleischer, Holger / Bedkowski, Dorothea, „Say on Pay“ im deutschen Aktienrecht: Das neue Vergütungsvotum der Hauptversammlung nach § 120 Abs. 4 AktG, AG 2009, 677

Fleischer, Holger, Ungeschriebene Hauptversammlungszuständigkeiten im Aktienrecht: Von „Holzmüller“ zu „Gelatine“, NJW 2004, 2335

Fleischer, Holger, Vorstandsverantwortlichkeit und Fehlverhalten von Unternehmensangehörigen – Von der Einzelüberwachung zur Errichtung einer Compliance-Organisation, AG 2003, 291

Fleischer, Holger, Wettbewerbs- und Betätigungsverbote für Vorstandsmitglieder im Aktienrecht, AG 2005, 336

Fleischer, Holger, Zum Grundsatz der Gesamtverantwortung im Aktienrecht, NZG 2003, 449

Fleischer, Holger, Zur Angemessenheit der Vorstandsvergütung im Aktienrecht, Teil I und II, DStR 2005, 1279 und 1318

Fleischer, Holger, Zur deliktsrechtlichen Haftung der Vorstandsmitglieder für falsche Ad-hoc-Mitteilungen – Zugleich eine Besprechung der Infomatec-Entscheidung des BGH vom 19.7. 2004 –, DB 2004, 2031

Fleischer, Holger, Zur Leitungsaufgabe des Vorstands im Aktienrecht, ZIP 2003, 1

Fleischer, Holger, Zur Verantwortlichkeit einzelner Haftungsmitglieder bei Kollegialentscheidungen im Aktienrecht, DB 2004, 2645

Fonk, Hans-Joachim, Die Zulässigkeit von Vorstandsbezügen dem Grunde nach, NZG 2005, 248

Frankfurter Kommentar zur Insolvenzordnung, siehe Wimmer, Klaus (Hrsg.)

Fuchs, Harald / Dühn, Matthias, Deliktische Schadensersatzhaftung für falsche Ad-hoc-Mitteilungen, BKR 2002, 1063

Fuchs, Harald / Köstler, Roland, Handbuch zur Aufsichtsratswahl, 4. Auflage 2008 (zitiert: Fuchs/Köstler Hdb AR-Wahl)

Fuhrmann, Lambertus, „Gelatine“ und die „Holzmüller“-Doktrin: Ende einer juristischen Irrfahrt?, AG 2004, 339

Fuhrmann, Lambertus, Kreditgewährung an Gesellschafter: Ende des konzernweiten Cash-Managements?, NZG 2004, 552

Gehb, Jürgen / Heckelmann, Martin, Haftungsfreistellung von Vorständen, ZRP 2005, 145

Gemeinschaftskommentar zum Betriebsverfassungsgesetz, siehe Fabricius, Fritz/Kraft, Alfons/Thiele, Wolfgang/Wiese, Günther/Kreutz, Peter (Hrsg.)

Gerber, Olaf, Die Haftung für unrichtige Kapitalmarktinformationen – Zugleich eine Besprechung der BGH-Entscheidungen vom 19.7. 2004 „Infomatec", DStR 2004, 1793

Geßler, Ernst, Einberufung und ungeschriebene Hauptversammlungszuständigkeit, Festschrift für Walter Stimpel zum 68. Geburtstag am 29. November 1985 (Hrsg. Lutter, Marcus/Mertens, Hans-Joachim/Ulmer, Peter) 1985, 771 (zitiert: Geßler in FS für Stimpel)

Geßler, Ernst / Hefermehl, Wolfgang / Eckardt, Ulrich / Kropff, Bruno, Aktiengesetz, 1973–1994 (zitiert: Bearbeiter in Geßler/Hefermehl/Eckardt/Kropff)

Geßler, Jörg H., Aktiengesetz, Stand Juli 2009 (zitiert: Geßler AktG)

Glöckner, Jochen / Müller-Tautphaeus, Ken, Rückgriffshaftung von Organmitgliedern bei Kartellrechtsverstößen, AG 2001, 344

Godin, Reinhard von / Wilhelmi, Hans, Aktiengesetz vom 6. September 1965: Kommentar, 4. Auflage 1971 (zitiert: von Godin/Wilhelmi AktG)

Goette, Wolf, Aktuelle Entwicklungen im deutschen Kapitalgesellschaftsrecht im Lichte der höchstrichterlichen Rechtsprechung, DStR 2009, 51

Goette, Wolf, Anmerkungen zu den Gelatine-Urteilen des BGH, DStR 2004, 927

Goslar, Sebastian / von der Linden, Klaus, Anfechtbarkeit von Hauptversammlungsbeschlüssen auf Grund fehlerhafter Entsprechenserklärungen zum Deutschen Corporate Governance Kodex, DB 2009, 1691

Götz, Jürgen, Gesamtverantwortung des Vorstands bei vorschriftswidriger Unterbesetzung, ZIP 2002, 1745

Gottschalk, Eckart, Die deliktische Haftung für fehlerhafte Ad-hoc-Mitteilungen, DStR 2005, 1648

Gottschalk, Eckart, Die persönliche Haftung der Organmitglieder für fehlerhafte Kapitalmarktinformationen de lege lata und de lege ferenda, Der Konzern 2005, 274

Grage, Katia, Notarrelevante Regelungen des Transparenz- und Publizitätsgesetzes im Überblick, RnotZ 2002, 326

Groß, Wolfgang, Haftung für fehlerhafte oder fehlende Regel- oder ad-hoc-Publizität, WM 2002, 477

Groß, Wolfgang, Kapitalmarktrecht, 4. Auflage 2009 (zitiert: Groß Kapitalmarktrecht)

Großkommentar AktG, siehe Hopt, Klaus J./Wiedemann, Herbert (Hrsg.)

Grothaus, Achim / Halberkamp, Thomas, Probleme des Cash-Poolings nach der neuen Rechtsprechung des BGH zur Stammkapitalrückgewähr, GmbHR 2005, 1317

Grotheer, Marc, Außenhaftung von Aufsichtsratsmitgliedern: Ein Anreiz zur Verbesserung der Überwachungstätigkeit? – Kapitalmarktinformationshaftung de lege ferenda vor dem Hintergrund der Innenhaftung nach dem UMAG, WM 2005, 2070

Grumann, Marc-Olaf / Gillmann, Michael, Abberufung und Kündigung von Vorstandsmitgliedern einer Aktiengesellschaft, DB 2003, 770

Grundei, Jens / Werder, Axel von, Die Angemessenheit der Informationsgrundlage als Anwendungsvoraussetzung der Business Judgement Rule, AG 2005, 825

Habersack, Mathias, Die Freistellung des Organwalters von seiner Haftung gegenüber der Gesellschaft, Festschrift für Peter Ulmer zum 70. Geburtstag am 2. Januar 2003 (Hrsg. Habersack, Mathias/Hommelhoff, Peter/Hüffer, Uwe/Schmidt, Karsten) 2003, 151 (zitiert: Habersack in FS für Ulmer)

Habersack, Mathias / Schürnbrand, Jan, Cash Management und Sicherheitenbestellung bei AG und GmbH im Lichte des richterrechtlichen Verbots der Kreditvergabe an Gesellschafter, NZG 2004, 689

Hachenburg, Max / Ulmer, Peter (Hrsg.), Gesetz betreffend die Gesellschaften mit beschränkter Haftung (GmbHG) Großkommentar, 8. Auflage 1997 (zitiert: Bearbeiter in Hachenburg)

Hahn, Volker, Zum Spannungsverhältnis von Kapitalerhaltung und Cash Pool im Konzern, Der Konzern 2004, 641

Happ, Wilhelm (Hrsg.), Aktienrecht, 3. Auflage 2007 (zitiert: Bearbeiter in Happ AktR)

Hauschka, Christoph E., Compliance, Compliance-Manager, Compliance-Programme: Eine geeignete Reaktion auf gestiegene Haftungsrisiken für Unternehmen und Management?, NJW 2004, 257

Hauschka, Christoph E., Corporate Compliance, Handbuch der Haftungsvermeidung im Unternehmen, 2007 (zitiert: Bearbeiter in Hauschka, Corporate Compliance)

Hauschka, Christoph E., Corporate Compliance – Unternehmensorganisatorische Ansätze zur Erfüllung der Pflichten von Vorständen und Geschäftsführern, AG 2004, 461

Hecker, Andreas, Die aktuellen Änderungen des Deutschen Corporate Governance Kodex im Überblick, BB 2009, 1654

Hecker, Andreas / Glozbach, Pierre, Offene Fragen zur Anwendung des gegenwärtigen Überschuldungsbegriff, BB 2009, 1544

Heckschen, Heribert / Simon, Stefan, Umwandlungsrecht, 2003 (zitiert: Bearbeiter in Heckschen/Simon Umwandlungsrecht)

Heidel, Thomas (Hrsg.), Aktienrecht, 2. Aufl. 2007 (zitiert: Bearbeiter in Heidel)

Heidenhain, Martin / Meister, Burkhardt W., Münchener Vertragshandbuch Band 1 Gesellschaftsrecht, 6. Auflage 2005 (zitiert: Bearbeiter in Münch Vertragshdb Band 1 GesR)

Heller, Matthes, Nachvertragliches Wettbewerbsverbot bei Geschäftführern, GmbHR 2000, 371

Helmreich, Kilian, Die Gewährung von Darlehen durch die GmbH in der Situation der Unterbilanz an ihre Gesellschafter nach der aktuellen Rechtsprechung des BGH, GmbHR 2004, 457

Henckel, Wolfram / Gerhardt, Walter (Hrsg.), Jaeger Insolvenzordnung Großkommentar, 2004 (zitiert: Bearbeiter in Jaeger)

Hentzen, Matthias, Die Abgrenzung von Kapitalaufbringung und Kapitalerhaltung im Cash-Pool – Zugleich eine Anmerkung zu den BGH-Urteilen vom 16. 1. 2006, II ZR 75/04 und 76/04, DStR 2006, 948

Hentzen, Matthias, Konzernfinanzierung nach BGHZ 157, 74, ZGR 2005, 480

Henze, Hartwig, Aktienrecht – Höchstrichterliche Rechtsprechung, 5. Auflage 2002 (zitiert: Henze Aktienrecht)

Henze, Hartwig, Konzernfinanzierung und Besicherung – Das Upstreamrisiko aus Gesellschafter- und Bankensicht, WM 2005, 717

Henze, Hartwig, Konzernrecht – Höchst- und obergerichtliche Rechtsprechung, 2001 (zitiert: Henze Konzernrecht)

Henze, Hartwig, Leitungsverantwortung des Vorstands – Überwachungspflicht des Aufsichtsrats, BB 2000, 209

Henze, Hartwig, Sachsenmilch: Ordnungsgemäße Besetzung eines nach zwingender gesetzlicher Vorgabe zweigliedrigen Vorstands bei Wegfall eines Mitglieds, BB 2002, 847

Hess, Burkhard, Der Regierungsentwurf für ein Kapitalanlegermusterverfahrensgesetz – eine kritische Bestandsaufnahme, WM 2004, 2329

Hess, Burkhard, Musterverfahren im Kapitalmarktrecht, ZIP 2005, 1713

Hess, Burkhard / Michailidou, Chrisoula, Das Gesetz über Musterverfahren zu Schadensersatzklagen von Kapitalanlegern, ZIP 2004, 1381

Hess, Harald / Weis, Michaela / Wienberg, Rüdiger, Kommentar zur Insolvenzordnung mit EGInsO, 2. Auflage 2001 (zitiert: Bearbeiter in Hess/Weis/Wienberg)

Hirte, Heribert, Die Entwicklung des Kapitalgesellschaftsrechts in Deutschland in den Jahren 2003 bis 2004, NJW 2005, 477

Hirte, Heribert, Die „Große GmbH-Reform" – Ein Überblick über das Gesetz zur Modernisierung des GmbH-Rechts und zur Bekämpfung von Missbräuchen (MoMiG), NZG 2008, 761

Hölters, Wolfgang / Deilmann, Barbara / Buchta, Jens, Die kleine Aktiengesellschaft, 2. Auflage 2002 (zitiert: Bearbeiter in Hölters/Deilmann/Buchta Die kleine AG)

Hoffmann, Dietrich / Liebs, Rüdiger, Der GmbH-Geschäftsführer: Handbuch für die Praxis des Unternehmers und Managers, 2. Auflage 2000 (zitiert: Hoffmann/Liebs GmbH-Geschäftsführer)

Hoffmann, Dietrich / Preu, Peter, Der Aufsichtsrat, 5. Auflage 2003 (zitiert: Hoffmann/Preu Aufsichtsrat)

Hoffmann-Becking, Michael (Hrsg.), Münchener Handbuch des Gesellschaftsrechts, Band 4, Aktiengesellschaft, 3. Auflage 2007 (zitiert: Bearbeiter in MünchHdb AG)

Hoffmann-Becking, Michael, Rechtliche Anmerkungen zur Vorstands- und Aufsichtsratsvergütung, ZHR 169 (2005), 155

Hohaus, Benedikt/Weber, Christoph, Die Angemessenheit der Vorstandsvergütung gem. § 87 AktG nach dem VorstAG, DB 2009, 1515

Hohenstatt, Klaus-Stefan, Das Gesetz zur Angemessenheit der Vorstandsvergütung, ZIP 2009, 1349

Hohenstatt, Klaus-Stefan / Kuhnke, Michael, Vergütungsstruktur und variable Vergütungsmodelle für Vorstandsmitglieder nach dem VorstAG, ZIP 2009, 1981

Holzborn, Timo / Foelsch, Eberhard, Schadensersatzpflichten von Aktiengesellschaften und deren Management bei Anlegerverlusten – Ein Überblick, NJW 2003, 932

Holzborn, Timo / Israel, Alexander, Das Anlegerschutzverbesserungsgesetz – Die Veränderungen im WpHG, VerkProspG und BörsG und ihre Auswirkungen in der Praxis, WM 2004, 1948

Holzborn, Timo / Bunnemann, Jan, Änderungen im AktG durch den Regierungsentwurf für das UMAG, BKR 2005, 51

Hommelhoff, Peter, Die Konzernleitungspflicht – Zentrale Aspekte eines Konzernverfassungsrechts, 1982 (zitiert: Hommelhoff Die Konzernleitungspflicht)

Hopt, Klaus J. / Voigt, Hans-Christoph (Hrsg.), Prospekt- und Kapitalmarktinformationshaftung, 2005 (zitiert: Bearbeiter in Hopt/Voigt Prospekt- und Kapitalmarktinformationshaftung)

Hopt, Klaus J. / Wiedemann, Herbert (Hrsg.), Großkommentar AktG, 4. Auflage 1992–2005 (zitiert: Bearbeiter in Großkomm)

Horn, Norbert, Unternehmerisches Ermessen und Vorstandshaftung nach § 93 AktG, Festschrift für Harm Peter Westermann, 2008, 1053 (zitiert: Horn in FS für Westermann)

Hübner, Ulrich, Die Ausgliederung von Unternehmensteilen in aktien- und aufsichtsrechtlicher Sicht, Festschrift für Walter Stimpel zum 68. Geburtstag am 29. November 1985 (Hrsg. Lutter, Marcus/Mertens, Hans-Joachim/Ulmer, Peter) 1985, 791 (zitiert: Hübner in FS für Stimpel)

Hübner, Ulrich, Managerhaftung, 1992 (zitiert: Hübner Managerhaftung)

Hüffer, Uwe, Aktiengesetz, 8. Auflage 2008 (zitiert: Hüffer AktG)

Hüffer, Uwe, Die Unabhängigkeit von Aufsichtsratsmitgliedern nach Ziffer 5.4.3 DCGK, ZIP 2006, 637

Hüffer, Uwe, Im Auftrag der Deutsche Bank AG erstattetes Rechtsgutachten: Mannesmann/Vodafone: Präsidiumsbeschlüsse des Aufsichtsrats für die Gewährung von „Appreciation Awards" an Vorstandsmitglieder, BB 2003, Beilage 7

Hüffer, Uwe, Probleme des Cash Managements im faktischen Aktienkonzern, AG 2004, 416

Hutter, Stephan / Leppert, Michael, Das 4. Finanzmarktförderungsgesetz aus Unternehmenssicht, NZG 2002, 649

Ihrig, Hans-Christoph, Reformbedarf beim Haftungstatbestand des § 93 AktG, WM 2004, 2098

Ihrig, Hans-Christoph / Wagner, Jens, Die Reform geht weiter: Das Transparenz- und Publizitätsgesetz kommt, BB 2002, 789

Jäger, Axel, Die Beratung des Vorstands als Teil der Überwachungsaufgabe des Aufsichtsrats, DStR 1996, 671

Jäger, Axel, Die Entwicklung der Judikatur zur AG in den Jahren 2000–2003, NZG 2003, 1033

Jäger, Axel, Aktiengesellschaft, 2004 (zitiert: Jäger Aktiengesellschaft)

Jänig, Ronny, Aktienrechtliche Sonderprüfung und UMAG, BB 2005, 949

Janzen, Dietmar, Vorzeitige Beendigung von Vorstandsamt und -vertrag, NZG 2003, 468

Joecks, Wolfgang / Miebach, Klaus, Münchener Kommentar zum Strafgesetzbuch, 2006 (zitiert: Bearbeiter in MünchKomm StGB)

Kaiser, Jan, Anwaltliche Handlungsalternativen bei einem „untergetauchten" Gegner, NJW 2009, 1575

Kästner, Karin, Aktienrechtliche Probleme der D&O-Versicherung, AG 2000, 113

Kahlenberg, Harald / Haellmigk, Christian, Neues deutsches Kartellgesetz, BB 2005, 1509

Kallmeyer, Harald (Hrsg.), Umwandlungsgesetz, 4. Auflage 2009 (zitiert: Bearbeiter in Kallmeyer)

Kamann, Hans-Georg / Bergmann, Ellen, Die neue EG-Kartellverfahrensordnung – Auswirkungen auf die unternehmerische Vertragspraxis, BB 2003, 1743

Kann, Jürgen van, Vorstand der AG, Führungsaufgaben, Rechtspflichten und Corporate Governance, 2005

Kann, Jürgen van, Zwingender Selbstbehalt bei der D&O-Versicherung – Gut gemeint, aber auch gut gemacht? – Änderungsbedarf an D&O-Versicherungen durch das VorstAG, NZG 2009, 1010

Kann, Jürgen van / Eigler, Mira, Aktuelle Neuerungen des Corporate Governance Kodex, DStR 2007, 1730

Kann, Jürgen van / Keiluweit, Anjela, Das neue Gesetz zur Angemessenheit der Vorstandsvergütung – Wichtige Reform oder viel Lärm um nichts?, DStR 2009, 1587

Karl, Matthias / Reichelt, Daniel, Die Änderungen des Gesetzes gegen Wettbewerbsbeschränkungen durch die 7. GWB-Novelle, DB 2005, 1436

Kessler, Wolfgang / Kröner, Michael / Köhler, Stefan, Konzernsteuerrecht, 2. Auflage 2008 (zitiert: Bearbeiter in Kessler/Kröner/Köhler Konzernsteuerrecht)
Keul, Thomas, Gesellschaftsrechtliche Pflichtwidrigkeit und Untreue – Anmerkung zum BGH-Urteil vom 18.10. 2006 – 2 StR 499/05 („Kanther"), DB 2007, 728
Keusch, Sven / Rotter, Klaus, Wirksamer Beschluss über einen Abberufungsantrag gem. §§ 103 III, 108 AktG durch dreiköpfigen Aufsichtsrat?, NZG 2003, 671
Kiethe, Kurt, Die zivil- und strafrechtliche Haftung von Aufsichtsräten für Geschäftsrisiken, WM 2005, 2122
Kiethe, Kurt, Gesellschaftsrechtliche Spannungslagen bei public privat partnership, NZG 2006, 45
Kiethe, Kurt, Prospekthaftung und grauer Kapitalmarkt, ZIP 2000, 216
Kirchhof, Hans-Peter / Lwowski, Hans-Jürgen / Stürner, Rolf (Hrsg.), Münchener Kommentar zur Insolvenzordnung, 2. Auflage 2007 (zitiert: Bearbeiter in MünchKomm InsO)
Klein, Franz, Abgabenordnung, 10. Auflage 2009 (zitiert: Bearbeiter in Klein AO)
Klinck, Fabian / Gärtner, Matthias, Versetzt das MoMiG dem Cash-Pooling den Todesstoß?, NZI 2008, 457
Knapp, Christoph, Die Entwicklung des Rechts des Aufsichtsrats im Jahre 2007 – Aktuelle Rechtsprechung für die Praxis, DStR 2008, 1045
Koch, Robert, Die Rechtsstellung der Gesellschaft und des Organmitglieds in der D&O-Versicherung Teil I, GmbHR 2004, 18
Koch, Robert, Einführung eines obligatorischen Selbstbehalts in der D&O-Versicherung durch das VorstAG, AG 2009, 637
Kock, Martin / Dinkel, Renate, Die zivilrechtliche Haftung von Vorständen für unternehmerische Entscheidungen, NZG 2004, 441
Kölner Kommentar zum Aktiengesetz, siehe zur 2. Auflage Zöllner, Wolfgang (Hrsg.); siehe zur 3. Auflage Zöllner, Wolfgang/Noack, Ulrich (Hrsg.)
Koenigs, Folkmar, Die VO Nr. 1/2003: Wende im EG-Kartellrecht, DB 2003, 755
Koller, Ingo / Roth, Wulf-Henning / Morck Winfried, Handelsgesetzbuch, 6. Auflage 2007 (zitiert: Bearbeiter in Koller/Roth/Morck HGB)
Körner, Marita, Infomatec und die Haftung von Vorstandsmitgliedern für falsche ad-hoc-Meldungen, NJW 2004, 3386
Kopp-Colomb, Wolf von / Lenz, Jürgen, Der europäische Pass für Emittenten, AG 2002, 24
Koppensteiner, Hans-Georg, „Holzmüller" auf dem Prüfstand des BGH, Der Konzern 2004, 381
Kort, Michael, Das „Mannesmann"-Urteil im Lichte von § 87 AktG, NJW 2005, 333
Kort, Michael, Die Haftung der AG nach §§ 826, 31 BGB bei fehlerhaften Ad-hoc-Mitteilungen, NZG 2005, 496
Kort, Michael, Die Haftung von Vorstandsmitgliedern für falsche Ad-hoc-Mitteilungen, AG 2005, 21
Kort, Michael, Neues zu „Holzmüller": Bekanntmachungspflichten bei wichtigen Verträgen, AG 2006, 272
Kort, Michael, Verhaltensstandardisierung durch Corporate Compliance, NZG 2008, 81
Korte, Otto, Zur missbräuchlichen Wahrnehmung der aktienrechtlichen Anfechtungsbefugnis, 2003 (zitiert: Korte Missbräuchliche Wahrnehmung der Anfechtungsbefugnis)
Korts, Sebastian, Cash Pooling, 2005 (zitiert: Korts Cash Pooling)
Kouba, Susanne, Die Rechtsprechung zur bürgerlich-rechtlichen Prospekthaftung – Eine Bestandsaufnahme, VersR 2004, 570

Kowalewski, Jörn / Hellgardt, Alexander, Der Stand der Rechtsprechung zur deliktsrechtlichen Haftung für vorsätzlich falsche Ad-hoc-Mitteilungen, DB 2005, 1839

Krause, Nils, Managerhaftung und Strategien zur Haftungsvermeidung, BB 2009, 1370

Krause, Rüdiger, Ad-hoc-Publizität und haftungsrechtlicher Anlegerschutz, ZGR 2002, 799

Krieger, Gerd-Werner, Personalentscheidungen des Aufsichtsrats, 1981 (zitiert: Krieger Personalentscheidungen des Aufsichtsrats)

Krieger, Gerd / Schneider, Uwe H., Handbuch Managerhaftung, 2007 (zitiert: Bearbeiter in Krieger/Schneider Hdb Managerhaftung)

Kropff, Bruno / Semler, Johannes (Hrsg.), Münchener Kommentar zum Aktiengesetz, 3. Auflage 2008 (zitiert: Bearbeiter in MünchKomm)

Kübler, Bruno M. / Prütting, Hanns (Hrsg.), InsO – Kommentar zur Insolvenzordnung Band I, Stand Februar 2005 (zitiert: Bearbeiter in Kübler/Prütting)

Küppers, Christoph / Dettmeier, Michael / Koch, Claudia, D&O-Versicherung: Steuerliche Implikationen für versicherte Personen?, DStR 2002, 199

Kuhlmann, Jens / Ahnis, Erik, Konzernrecht, 2001 (zitiert: Kuhlmann/Ahnis Konzernrecht)

Kunold, Uta / Schlitt, Michael, Die neue EU-Prospektrichtlinie, BB 2004, 501

Kuthe, Thorsten, Die Fortsetzung der Aktienreform durch den Entwurf eines Gesetzes zur Unternehmensintegrität und Modernisierung des Anfechtungsrechts, BB 2004, 449

Küttner, Wolfdieter, Personalbuch 2009, 16. Auflage 2009 (zitiert: Küttner Personalbuch)

Laak, Hendrik van, Handlungsbedarf bei Aufsichtsratswahlen nach dem BilMoG, AG-Report 2009, R 248

Lackner, Karl / Kühl, Kristian, Strafgesetzbuch, 26. Auflage 2007 (zitiert: Bearbeiter in Lackner/Kühl StGB)

Lang, Volker, Anmerkung zu BGH BKR 2004, 121, Prospekthaftung und die Kunst der Konkretisierung, BKR 2004, 122

Lange, Oliver, Praxisfragen der D&O-Versicherung Teil I und II, DStR 2002, 1626 und 1674

Lange, Oliver, Zulässigkeitsvoraussetzungen einer gesellschaftsfinanzierten Aufsichtsrats-D&O-Versicherung, ZIP 2001, 1524

Lange, Oliver, Zur Selbstbehaltsvereinbarung in der D&O-Versicherung, Versicherungswirtschaft 2009, 918

Lange, Oliver, Zustimmungsvorbehaltspflicht und Kataloghaftung des Aufsichtsrats nach neuem Recht, DStR 2003, 376

Lange, Knut Werner / Wall, Friederike, Risikomanagement nach dem KonTraG, 2001 (zitiert: Bearbeiter in Lange/Wall Risikomanagement nach dem KonTraG)

Langenbucher, Katja, Vorstandshandeln und Kontrolle – Zu einigen Neuerungen durch das UMAG, DStR 2005, 2083

Lattwein, Alois / Krüger, Burkhard, D&O-Versicherung – Das Ende der Goldgräberstimmung?, NversZ 2000, 365

Leisch, Franz Clemens, Vorstandshaftung für falsche Ad-hoc-Mitteilungen – ein höchstrichterlicher Beitrag zur Stärkung des Finanzplatzes Deutschland, ZIP 2004, 1573

Lenenbach, Markus, Kapitalmarkt- und Börsenrecht, 2002 (zitiert: Lenenbach Kapitalmarkt- und Börsenrecht)

Lenenbach, Markus, Kurzkommentar zum Urteil des BGH vom 19.7. 2004 – II ZR 402/02, EwiR 2004, 961

Leuering, Dieter, Kurzkommentar zum Beschluss des BayObLG vom 28.3. 2003 – 3 Z BR 199/02 (LG München I), EwiR 2003, 847

Leuering, Dieter / Simon, Stefan, Offene Fragen zur Offenlegung und Vorstandsvergütung, NZG 2005, 945

Leuering, Dieter / Simon, Stefan, Beraterverträge mit Aufsichtsratsmitgliedern, NJW-Spezial 2006, 171

Liebscher, Thomas / Scharff, Bettina, Das Gesetz über elektronische Handelsregister und Genossenschaftsregister sowie das Unternehmensregister, NJW 2006, 3745

Linnerz, Markus, Vom Anfechtungs- zum Haftungstourismus?, NZG 2004, 307

Löbbe, Marc, Unternehmenskontrolle im Konzern – Die Kontrollaufgaben von Vorstand, Geschäftsführer und Aufsichtsrat, 2003 (zitiert: Löbbe Unternehmenskontrolle im Konzern)

Longino, Marcus, Haftung des Emittenten für fehlerhafte Informationen, DStR 2008, 2068

Lösler, Thomas, Das moderne Verständnis von Compliance im Finanzmarktrecht, NZG 2005, 104

Lück, Wolfgang, Managementrisiken im Risikomanagementsystem, DB 2000, 1473

Lücke, Oliver (Hrsg.), Beck'sches Mandatshandbuch Vorstand der AG, 2004 (zitiert: Bearbeiter in Beck'sches Mandatshdb Vorstand der AG)

Lücke, Oliver, Die Angemessenheit von Vorstandsbezügen – Der erste unbestimmbare unbestimmte Rechtsbegriff?, NZG 2005, 692

Lüdicke, Jochen / Sistermann, Christian, Unternehmensteuerrecht – Gründung Finanzierung Umstrukturierung Übertragung Liquidation, 2008 (zitiert: Bearbeiter in Lüdike/Sistermann Unternehmenssteuerrecht)

Lutje, Nikolaus / Seltmann, Julia von, Beck'scher Online-Kommentar RVG, 7. Edition Stand 15.8. 2009 (zitiert: Bearbeiter in BeckOK RVG)

Lutter, Marcus, Aktienrechtliche Aspekte der angemessenen Vorstandsvergütung, ZIP 2006, 733

Lutter, Marcus, Der Bericht des Aufsichtsrats an die Hauptversammlung, AG 2008, 1

Lutter, Marcus, Haftung und Haftungsfreiräume des GmbH-Geschäftsführers – 10 Gebote an den Geschäftsführer, GmbHR 2000, 301

Lutter, Marcus / Hommelhoff, Peter, GmbH-Gesetz, 17. Auflage 2009

Lutter, Marcus / Krieger, Gerd, Rechte und Pflichten des Aufsichtsrats, 5. Auflage 2008 (zitiert: Lutter/Krieger Rechte und Pflichten des AR)

Lutter, Marcus / Winter, Martin (Hrsg.), Umwandlungsgesetz, 4. Auflage 2008

Maier-Reimer, Georg / Webering, Anabel, Ad-hoc-Publizität und Schadensersatzhaftung – Die neuen Haftungsvorschriften des Wertpapierhandelsgesetzes, WM 2002, 1857

Mansdörfer, Marco, Die Vermögensgefährdung als Nachteil im Sinne des Untreuetatbestandes, JuS 2009, 114

Marsch-Barner, Reinhard / Schäfer, Frank A. (Hrsg.), Handbuch börsennotierte AG, 2. Auflage 2009 (zitiert: Bearbeiter in Marsch-Barner/Schäfer Hdb börsennotierte AG)

Martens, Klaus-Peter, Die Zukunft der Anerkennungsprämie nach „Mannesmann“, Festschrift für Harm Peter Westermann, 2008 (zitiert: Martens in FS für Westermann)

Martens, Klaus-Peter, Leitfaden für die Leitung der Hauptversammlung einer Aktiengesellschaft, 3. Auflage 2003 (zitiert: Martens Leitfaden)

Meier, Norbert, Das neue Kapitalanleger-Musterverfahrensgesetz, DStR 2005, 1860

Meier, Norbert, Inkompatibilität und Interessenwiderstreit von Verwaltungs-angehörigen in Aufsichtsräten, NZG 2003, 54

Merkner, Andreas / Sustmann, Marco, Insiderrecht und Ad-hoc-Publizität – Das Anlegerschutzverbesserungsgesetz „in der Fassung durch den Emittentenleitfaden der BaFin", NZG 2005, 729

Mertens, Hans-Joachim, Bedarf der Abschluß einer D&O Versicherung durch die Aktiengesellschaft der Zustimmung der Hauptversammlung?, AG 2000, 447

Mimberg, Jörg, Die Frist zur Einberufung der Hauptversammlung nach dem UMAG, AG 2005, 716

Mimberg, Jörg, Bekanntmachung der Einberufung spätestens am 31. Tag vor der Hauptversammlung? ZIP 2006, 649

Mimberg, Jörg, Schranken der Vorbereitung und Durchführung der Hauptversammlung im Internet – die Rechtslage nach dem Inkrafttreten von NaStraG, Formvorschriften-AnpassungsG und TransPuG, ZGR 2003, 21

Möhlmann-Mahlau, Thomas / Schmitt, Jens, Der „vorübergehende" Begriff der Überschuldung, NZI 2009, 19

Möllers, Thomas, Das Verhältnis der Haftung wegen sittenwidriger Schädigung zum gesellschaftsrechtlichen Kapitalerhaltungsgrundsatz – EM.TV und Comroad, BB 2005, 1637

Möllers, Thomas, Gesellschaftsrechtliche Treuepflicht contra arbeitnehmerrechtliche Mitbestimmung, NZG 2003, 697

Möllers, Thomas, Insiderinformation und Befreiung von der Ad-hoc-Publizität nach § 15 Abs. 3 WpHG, WM 2005, 1393

Möllers, Thomas / Holzner, Florian, Zur Reichweite des § 7 I 1 KapMuG, NZG 2009, 172

Möllers, Thomas / Leisch, Franz Clemens, Schaden und Kausalität im Rahmen der neu geschaffenen §§ 37b und 37c WpHG, BKR 2002, 1071

Möllers, Thomas / Puhle, Kristian, Effektive Rechtsdurchsetzung nach § 4 KapMuG, NZG 2009, 172

Möllers, Thomas / Rotter, Klaus, Ad-hoc-Publizität: Handbuch der Rechte und Pflichten von börsennotierten Unternehmen und Kapitalanlegern, 2003 (zitiert: Möllers/Rotter Ad-hoc-Publizität)

Möllers, Thomas / Weichert, Tilmann, Das Kapitalanleger-Musterverfahrensgesetz, NJW 2005, 2737

Morsch, Stephan, Probleme bei der Kapitalaufbringung und der Kapitalerhaltung im Cash-Pool, NZG 2003, 97

Mülbert, Peter O., Empfiehlt es sich, im Interesse des Anlegerschutzes und zur Förderung des Finanzplatzes Deutschland das Kapitalmarkt- und Börsenrecht neu zu regeln?, JZ 2002, 826

Mülbert, Peter / Leuschner, Lars, Aufsteigende Darlehen im Kapitalerhaltungs- und Konzernrecht – Gesetzgeber und BGH haben gesprochen, NZG 2009, 281

Mülbert, Peter O. / Steup, Steffen, Das zweispurige Regime der Regelpublizität nach Inkrafttreten des TUG – Nachbesserungsbedarf aus Sicht von EU- und nationalem Recht, NZG 2007, 761

Mülbert, Peter O. / Steup, Steffen, Emittentenhaftung für fehlerhafte Kapitalmarktinformation am Beispiel der fehlerhaften Regelpublizität, WM 2005, 1633

Müller, Welf/Rödder, Thomas (Hrsg.), Beck'sches Handbuch der AG, 2004 (zitiert: Bearbeiter in Beck'sches Hdb AG)

Münchener Anwaltshandbuch Aktienrecht, siehe Schüppen, Matthias/Schaub, Bernhard (Hrsg.)

Münchener Handbuch des Gesellschaftsrechts, siehe Hoffmann-Becking, Michael (Hrsg.)

Münchener Kommentar zum Aktiengesetz, siehe Kropff, Bruno/Semler, Johannes (Hrsg.)

Münchener Kommentar zum Bürgerlichen Gesetzbuch, siehe Rebmann, Kurt/Rixecker, Roland/Säcker, Franz Jürgen (Hrsg.)

Münchener Kommentar zur Handelsgesetzbuch, Siehe Schmidt, Karsten (Hrsg.)

Münchener Kommentar zur Insolvenzordnung, Siehe Kirchhof, Hans-Peter/Lwowski, Hans-Jürgen/Stürner, Rolf (Hrsg.)

Münchener Vertragshandbuch Gesellschaftsrecht, siehe Heidenhain, Martin/Meister, Burkhardt W. (Hrsg.)

Mutter, Stefan, Änderungen bei der Durchführung von Hauptversammlungen durch das TransPuG, AG-Report 2003, R 34

Mutter, Stefan, Auskunftsansprüche des Aktionärs in der HV, 2002 (zitiert: Mutter Auskunftsansprüche)

Mutter, Stefan, Haftungsausschluss in der D&O-Versicherung, AG-Report 2005, R 491

Mutter, Stefan/Topf, Cornelia, Änderungen im Recht der Hauptversammlung durch das UMAG (Teil 3), AG 2004, R 259

Mutter, Stefan/Frick, Vera, Neue Rechtsprechung zur Abwicklung der Binnenhaftung von Vorstandsmitgliedern über eine D&O-Versicherung, AG-Report 2005, R 449

Mutter, Stefan, Überlegungen zur Justiziabilität von Entsprechungserklärungen nach § 161 AktG, ZGR 2009, 788

Nägele, Stefan/Böhm, Annett, Praxisrelevante Probleme der Vertretung nach § 112 AktG, BB 2005, 2197

Neumaier, Markus, Wann wird eine Zahlungsstockung zur Zahlungsunfähigkeit?, NJW 2005, 3041

Nießen, Tobias, Die Harmonisierung der kapitalmarktrechtlichen Transparenzregeln durch das TUG, NZG 2007, 41

Nikoleyczik, Tobias, Der neue Emittentenleitfaden der BaFin, GWR 2009, 264

Nirk, Rudolf/Ziemons, Hildegard/Jäger, Carsten (Hrsg.), Handbuch der Aktiengesellschaft, Stand August 2009 (zitiert: Bearbeiter in Nirk/Ziemons/Jäger Hdb der AG)

Noack, Ulrich, Das neue Recht der Gegenanträge nach § 126 AktG, BB 2003, 1393

Noack, Ulrich, Hauptversammlung der Aktiengesellschaft und moderne Kommunikationstechnik – aktuelle Bestandsaufnahme und Ausblick, NZG 2003, 241

Noack, Ulrich, Neue Entwicklungen im Aktienrecht und moderne Informationstechnologie 2003–2005, NZG 2004, 297

Noack, Ulrich, Neuerungen im Recht der Hauptversammlung durch das Transparenz- und Publizitätsgesetz und den Deutschen Corporate Governance Kodex, DB 2002, 620

Notthoff, Martin, Rechtliche Fragestellungen im Zusammenhang mit dem Abschluss einer Director's & Officer's-Versicherung, NJW 2003, 1350

Obermüller, Walter/Werner, Winfried/Winden, Kurt, Die Hauptversammlung der Aktiengesellschaft, 4. Auflage 2001 (zitiert: Butzke in Obermüller/Werner/Winden Die HV der AG)

Olbrich, Carola / Kassing, Daniel, Der Selbstbehalt in der D&O Versicherung: Gesetzliche Neuregelung lässt viele Fragen offen, BB 2009, 1659

Oppermann, Rainer, Veröffentlichung der Hauptversammlungseinladung im elektronischen Bundesanzeiger ausreichend?, ZIP 2003, 793

Paal, Boris P., Die persönliche Haftung – ein wirksames Mittel zur Verbesserung der Kontrolltätigkeit des Aufsichtsrats bei kapitalmarktorientierten Unternehmen?, DStR 2005, 382

Paefgen, Walter, Dogmatische Grundlagen, Anwendungsbereich und Formulierung einer Business Judgement Rule im künftigen UMAG, AG 2004, 245

Palandt, Otto, Bürgerliches Gesetzbuch, 69. Auflage 2009 (zitiert: Bearbeiter in Palandt)

Park, Tido (Hrsg.), Kapitalmarktstrafrecht, 2. Auflage 2008 (zitiert: Bearbeiter in Park Kapitalmarktstrafrecht)

Park, Tido / Riederer Paar, Britta Riederer von / Schüren, Peter, Arbeits-, sozial- und strafrechtliche Risiken bei der Verwendung von Scheintarifverträgen, NJW 2008, 3670

Paschos, Nikolaos / Neumann, Kay-Uwe, Die Neuregelungen des UMAG im Bereich der Durchsetzung von Haftungsansprüchen der Aktiengesellschaft gegen Organmitglieder, DB 2005, 1779

Peltzer, Martin, Deutsche Corporate Governance – Ein Leitfaden, 2. Auflage 2004 (zitiert: Peltzer Deutsche Corporate Governance)

Peltzer, Martin, Konstruktions- und Handhabungsschwierigkeiten bei der D&O Versicherung, NZG 2009, 970

Peltzer, Martin, Trial and Error – Anmerkungen zu den Bemühungen des Gesetzgebers, die Arbeit des Aufsichtsrats zu verbessern, NZG 2009, 1041

Pelz, Christian, Strafrecht in Insolvenz und Krise, 2004 (zitiert: Pelz Strafrecht in Insolvenz und Krise)

Plück, Ralf / Lattwein, Alois, Haftungsrisiken für Manager, 2. Auflage 2004 (zitiert: Plück/Lattwein Haftungsrisiken für Manager)

Poepping, Melanie, Die Auswirkungen des MoMiG auf die insolvenzrechtliche Behandlung von Gesellschafterdarlehen ab dem 1. 11. 2008, BKR 2009, 150

Potthoff, Erich / Trescher, Karl, Das Aufsichtsratsmitglied – Ein Handbuch der Aufgaben, Rechte und Pflichten, 6. Auflage 2003 (zitiert: Potthoff/Trescher Das Aufsichtsratsmitglied)

Preußner, Joachim / Becker, Florian, Ausgestaltung von Risikomanagementsystemen durch die Geschäftsleitung, NZG 2002, 846

Primozic, Frank, Cash-Pooling versus Forderungsverkauf? NZI 2005, 358

Raguß, Gerd, Der Vorstand einer Aktiengesellschaft, 2. Auflage 2009 (zitiert: Raguß Vorstand der AG)

Raiser, Thomas, Recht der Kapitalgesellschaften, 5. Auflage 2009 (zitiert: Raiser Recht der Kapitalgesellschaften)

Ransiek, Andreas, Anerkennungsprämien und Untreue – Das „Mannesmann"-Urteil des BGH, NJW 2006, 814

Rebmann, Kurt / Rixecker, Roland / Säcker, Franz Jürgen (Hrsg.), Münchener Kommentar zum Bürgerlichen Gesetzbuch, 5. Auflage 2006–2009 (zitiert: Bearbeiter in Münch Komm BGB)

Reidenbach, Dirk, Cash Pooling und Kapitalerhalt nach neuer höchstrichterlicher Rechtsprechung, WM 2004, 1421

Reuschle, Fabian, Ein neuer Weg zur Begründung und Durchsetzung gleichgerichteter Ansprüche – Zum Entwurf eines Kapitalanleger-Musterverfahrensgesetzes (KapMuG), WM 2004, 2334

Reuschle, Fabian, Möglichkeiten und Grenzen kollektiver Rechtsverfolgung – Zu den Defiziten im deutschen Prozessrecht, der Übertragbarkeit ausländischer Lösungen und den Grundzügen eines kollektiven Musterverfahrens –, WM 2004, 966

Reuter, Alexander, „Krisenrecht" im Vorfeld der Insolvenz – das Beispiel der börsennotierten AG, BB 2003, 1797

Ries, Gerhard / Peiniger, Gunhild, Haftung und Versicherung von Managern, 2. Auflage 2009

Ringleb, Henrik-Michael / Kremer, Thomas / Lutter, Marcus / Werder, Axel von, Kommentar zum Deutschen Corporate Governance Kodex, 3. Auflage 2008 (zitiert: Bearbeiter in Ringleb/Kremer/Lutter/von Werder DCGK)

Rodewald, Jörg / Siems, Mathias, Haftung für die „frohe Botschaft" – Rechtsfolgen falscher Ad-hoc-Mitteilungen, BB 2001, 2437

Rodewald, Jörg / Unger, Ulrike, Corporate Compliance – Organisatorische Vorkehrungen zur Vermeidung von Haftungsfällen der Geschäftsleitung, BB 2006, 113

Rosengarten, Joachim / Schneider, Sven, Die „jährliche" Abgabe der Entsprechenserklärung nach § 161 AktG, ZIP 2009, 1837

Rössner, Michael-Christian / Bolkart, Johannes, BGH zur Haftung für fehlerhafte Ad-hoc-Meldungen, AG-Report 2004, R 406

Rössner, Michael-Christian / Bolkart, Johannes, Schadensersatz bei Verstoß gegen Ad-hoc-Publizitätspflichten nach dem 4. Finanzmarktförderungsgesetz, ZIP 2002, 1471

Rosenberg, Leo, Die Beweislast auf der Grundlage des bürgerlichen Gesetzbuches und der Zivilprozessordnung, 5. Auflage 1965 (zitiert: Rosenberg Die Beweislast)

Roth, Markus, Das unternehmerische Ermessen des Vorstands – Neuerungen durch den Referentenentwurf eines Gesetzes zur Unternehmensintegrität und zur Modernisierung des Anfechtungsrechts (UMAG)?, BB 2004, 1066

Roth, Markus, Unternehmerisches Ermessen und Haftung des Vorstands, 2001 (zitiert: Roth Unternehmerisches Ermessen und Haftung des Vorstands)

Roth, Günter H. / Altmeppen, Holger, Gesetz betreffend die Gesellschaften mit beschränkter Haftung (GmbHG) Kommentar, 6. Auflage 2009 (zitiert: Bearbeiter in Roth/Altmeppen)

Rottnauer, Achim E., Konstituierung der HV durch einen „unterbesetzten Vorstand", NZG 2000, 414

Rowedder, Heinz / Schmidt-Leithoff, Christian, Gesetz betreffend die Gesellschaften mit beschränkter Haftung (GmbHG), 5. Auflage 2009 (zitiert als: Bearbeiter in Rowedder/Schmidt-Leithoff)

Rützel, Stefan, Der aktuelle Stand der Rechtsprechung zur Haftung bei Ad-hoc-Mitteilungen, AG 2003, 69

Sasse, Marc, § 126 AktG – Rechtsunsicherheiten bei der Behandlung von Gegenanträgen, NZG 2004, 153

Sattler, Andreas / Jursch, Peter / Pegels, Anna, Haftung von Vorstand und Aufsichtsrat einer Aktiengesellschaft, 2003 (zitiert: Sattler/Jursch/Pegels Haftung von Vorstand und Aufsichtsrat einer Aktiengesellschaft)

Schäfer, Carsten, Die Binnenhaftung von Vorstand und Aufsichtsrat nach der Renovierung durch das UMAG, ZIP 2005, 1253

Schäfer, Frank A. (Hrsg.), Wertpapierhandelsgesetz, Börsengesetz, Verkaufsprospektgesetz, 1999 (zitiert: Bearbeiter in Schäfer)

Schellhorn, Mathias, Der Bilanzeid nach § 264 Abs. 2 Satz 3 HGB – Anwendungsfragen und Bedeutung, DB 2009, 2363

Schilling, Joseph, Managerhaftung und Versicherungsschutz für Unternehmensleiter und Aufsichtsräte, 2002 (zitiert: Schilling Managerhaftung und Versicherungsschutz)

Schilmar, Boris, Kapitalerhaltung versus Konzernfinanzierung? – Cash Pooling und Upstream-Besicherung im Lichte der neuesten BGH-Rechtsprechung, DB 2004, 1411

Schimansky, Herbert / Bunte, Hermann-Josef / Lwowski, Hans-Jürgen, Bankrechts-Handbuch, 3. Auflage 2007 (zitiert: Bearbeiter in Schimansky/Bunte/Lwowski Bankrechts-Handbuch)

Schlitt, Christian, Der aktive Aufsichtsratsvorsitzende, DB 2005, 2007

Schmelz, Christoph, Cash-Management, quo vadis?, NZG 2006, 456

Schmidbauer, Rainer, Risikomanagement im Kontext wertorientierter Unternehmensführung, DB 2000, 153

Schmidt, Bernd, Vertrauen ist gut, Compliance ist besser!, BB 2009, 1295

Schmidt, Karsten, Münchener Kommentar zur Handelsgesetzbuch, 2. Auflage 2005 (zitiert: Bearbeiter in MünchKomm HGB)

Schmidt, Karsten, Gesellschaftsrecht, 4. Auflage 2002 (zitiert: K. Schmidt GesR)

Schmidt, Karsten, Verfolgungspflichten, Verfolgungsrechte und Aktionärsklagen: Ist die Quadratur des Zirkels näher gerückt?, NZG 2005, 796

Schmidt, Karsten / Lutter, Marcus, Aktiengesetz Kommentar, 2008 (zitiert: Bearbeiter in Schmidt/Lutter AktG)

Schmidt, Reiner, Der Übergang öffentlicher Aufgabenerfüllung in private Rechtsformen, ZGR 1996, 345

Schmolke, Klaus Ulrich, Organwalterhaftung für Eigenschäden von Kapitalgesellschaftern, 2004 (zitiert: Schmolke Organwalterhaftung)

Schneider, Burkhard, Auf dem Weg zu Securities Class Actions in Deutschland? – Auswirkungen des KapMuG auf die Praxis kapitalmarktrechtlicher Streitigkeiten, BB 2005, 2249

Schneider, Sven H., Selbstbefreiung von der Pflicht zur Ad-hoc-Publizität, BB 2005, 897

Schneider, Sven H. / Schneider, Uwe H., Vorstandshaftung im Konzern, AG 2005, 57

Schneider, Uwe, Compliance als Aufgabe der Unternehmensleitung, ZIP 2003, 645

Schneider, Uwe / Gilfrich, Stephanie, Die Entscheidung des Emittenten über die Befreiung von der Ad-hoc-Publizitätspflicht, BB 2007, 53

Schnorbus, York, Analogieverbot und Rechtsfortbildung im Umwandlungsrecht, DB 2001, 1654

Schnorbus, York, Grundlagen der persönlichen Haftung von Organmitgliedern nach § 25 Abs. 1 UmwG, ZHR 167 (2003), 666

Schönke, Adolf / Schröder, Horst, Strafgesetzbuch, 27. Auflage 2006 (zitiert: Bearbeiter in Schönke/Schröder)

Scholz, Franz (Hrsg.), Kommentar zum GmbH-Gesetz, 10. Auflage 2008 (zitiert: Bearbeiter in Scholz)

Schröder, Christian, Die strafrechtliche Haftung wegen Nichtabführens von Sozialversicherungsbeiträgen und das Zahlungsverbot in der Krise der GmbH, GmbHR 2005, 736

Schüppen, Matthias, To comply or not to comply – that's the question! „Existenzfragen" des Transparenz- und Publizitätsgesetzes im magischen Dreieck kapitalmarktorientierter Unternehmensführung, ZIP 2002, 1269

Schüppen, Matthias / Schaub, Bernhard (Hrsg.), Münchener Anwaltshandbuch Aktienrecht, 2005 (zitiert: Bearbeiter in Schüppen/Schaub MünchAnwaltshdb AktR)

Schwark, Eberhard (Hrsg.), Kapitalmarktrechtskommentar, 3. Auflage 2004 (zitiert: Bearbeiter in Schwark KMRK)

Schwark, Eberhard, Zur Angemessenheit der Vorstandsvergütung, Festschrift für Thomas Raiser zum 70. Geburtstag am 20. Februar 2005 (Hrsg. Damm, Reinhard/Heermann, Peter W./Veil, Rüdiger) 2005, 377 (zitiert: Schwark in FS für Raiser)

Schwintowski, Hans-Peter, Gesellschaftsrechtliche Anforderungen an Vorstandshaftung und Corporate Governance durch das neue System der kartellrechtlichen Legalausnahme, NZG 2005, 200

Seibert, Ulrich, BB-Gesetzgebungsreport: Das Gesetz zur Unternehmensintegrität und Modernisierung des Anfechtungsrechts (UMAG) kommt zum 1.11. 2005, BB 2005, 1457

Seibert, Ulrich, Das „TransPuG", NZG 2002, 608

Seibert, Ulrich, Das 10-Punkte-Programm „Unternehmensintegrität und Anlegerschutz", BB 2003, 693

Seibert, Ulrich / Florstedt, Tim, Der Regierungsentwurf des ARUG – Inhalt und wesentliche Änderungen gegenüber dem Referentenentwurf, ZIP 2008, 2145

Seibert, Ulrich / Kiem, Roger, Handbuch der kleinen AG, 5. Auflage 2008 (zitiert: Bearbeiter in Seibert/Kiem Hdb der kleinen AG)

Seibert, Ulrich / Schütz, Carsten, Der Referentenentwurf eines Gesetzes zur Unternehmensintegrität und Modernisierung des Anfechtungsrechts – UMAG, ZIP 2004, 252

Seibt, Christoph H., Deutscher Corporate Governance Kodex und Entsprechens-Erklärung (§ 161 AktG-E), AG 2002, 249

Seidel, Wolfgang, Cash-Pooling nur noch im Vertragskonzern?, DStR 2004, 1130

Seitz, Jochen, Die Integration der europäischen Wertpapiermärkte und die Finanzmarktgesetzgebung in Deutschland, BKR 2002, 340

Semler, Johannes, Corporate Governance – Beratung durch Aufsichtsratsmitglieder, NZG 2007, 881

Semler, Johannes, Entscheidungen und Ermessen im Aktienrecht, Festschrift für Peter Ulmer zum 70. Geburtstag am 2. Januar 2003 (Hrsg. Habersack, Mathias/Hommelhoff, Peter/Hüffer, Uwe/Schmidt, Karsten) 2003, 627 (zitiert: Semler in FS für Ulmer)

Semler, Johannes, Zur aktienrechtlichen Haftung der Organmitglieder einer Aktiengesellschaft, AG 2005, 321

Semler, Johannes / Peltzer, Martin (Hrsg.), Arbeitshandbuch für Vorstandsmitglieder, 2005 (zitiert: Bearbeiter in Semler/Peltzer ArbHdb für Vorstandsmitglieder)

Semler, Johannes / Schenck, Kersten von (Hrsg.), Arbeitshandbuch für Aufsichtsratsmitglieder, 2. Auflage 2004 (zitiert: Bearbeiter in Semler/von Schenk ArbHdb für Aufsichtsratsmitglieder)

Semler, Johannes / Stengel, Arndt (Hrsg.), Umwandlungsgesetz, 2. Auflage 2007 (zitiert: Bearbeiter in Semler/Stengel)

Semler, Johannes / Volhard, Rüdiger (Hrsg.), Arbeitshandbuch für die Hauptversammlung, 2. Auflage 2003 (zitiert: Bearbeiter in Semler/Volhard ArbHdb HV)

Sessler, Anke, Das Kapitalanleger-Musterverfahrensgesetz – eine Stellungnahme aus anwaltlicher Sicht, WM 2004, 2344

Sieger, Jürgen J. / Wirtz, Johannes, Cash-Pool: Fehlgeschlagene Kapitalmaßnahmen und Heilung im Recht der GmbH, ZIP 2005, 2277

Simon, Stefan, Die neue Ad-hoc-Publizität, Der Konzern 2005, 13

Simon, Stefan, Von „Holzmüller" zu „Gelatine" – Ungeschriebene Hauptversammlungszuständigkeiten im Lichte der BGH- Rechtsprechung Teil I und II, DStR 2004, 1482 und 1528

Spindler, Gerald, Haftung und Aktionärsklage nach dem neuen UMAG, NZG 2005, 865

Spindler, Gerald, Kapitalmarktreform in Permanenz – Das Anlegerschutzverbesserungsgesetz, NJW 2004, 3449

Spindler, Gerald, Vorstandsgehälter auf dem Prüfstand – das Gesetz zur Angemessenheit der Vorstandsvergütung (VorstAG), NJOZ 2009, 3282

Spindler, Gerald / Christoph, Fabian L., Die Entwicklung des Kapitalmarktrechts in den Jahren 2003/2004, BB 2004, 2197

Spindler, Gerald / Speier, Torben, Die neue Ad-hoc-Publizität im Konzern, BB 2005, 2031

Spindler, Gerald / Stilz, Eberhard, Kommentar zum Aktiengesetz, 2007 (zitiert: Bearbeiter in Spindler/Stilz AktG)

Stadler, Markus / Berner, Klaus, Die gerichtliche Abberufung von Aufsichtsratsmitgliedern im dreiköpfigen Aufsichtsrat – ein bisher ungelöstes Problem, NZG 2003, 49

Stein, Ursula, Das faktische Organ, 1984 (zitiert: Stein Das faktische Organ)

Streit, Georg / Bürk, Fabian, Keine Entwarnung bei der Geschäftsführerhaftung im Insolvenzfall, DB 2008, 742

Strieder, Thomas, Erweiterung der Lageberichterstattung nach dem BilMoG, BB 2009, 1002

Teichmann, Christoph, Die Bestellung eines Ausländers zum Geschäftsführer einer deutschen GmbH, IPRax 2000, 110

Theisen, Manuel René, Grundsätze ordnungsgemäßer Kontrolle und Beratung der Geschäftsführung durch den Aufsichtsrat, AG 1995, 193

Theusinger, Ingo, Barkapitalerhöhung im Cash-Pool nach MoMiG, NZG 2009, 1017

Thümmel, Roderich C., Organhaftung nach dem Referentenentwurf des Gesetzes zur Unternehmensintegrität und Modernisierung des Anfechtungsrechts (UMAG) – Neue Risiken für Manager?, DB 2004, 471

Thümmel, Roderich C., Persönliche Haftung von Managern und Aufsichtsräten, 3. Auflage 2003 (zitiert: Thümmel Persönliche Haftung von Managern und Aufsichtsräten)

Tischendorf, Sven / Faust-Beyer, Teresa, Der AG-Vorstand von A – Z, 2003 (zitiert: Tischendorf/Faust-Beyer Der AG-Vorstand)

Tödtmann, Ulrich / Schauer, Michael, Der Corporate Governance Kodex zieht scharf, ZIP 2009, 995

Ulmer, Peter, Haftungsfreistellung bis zur Grenze grober Fahrlässigkeit bei unternehmerischen Fehlentscheidungen von Vorstand und Aufsichtsrat?, DB 2004, 859

Umbeck, Elke, Anmerkung zu OLG Hamm Urteil vom 22.12. 2008 – 8 U 65/01, GWR 2009, 274

Veith, Alexander, Die Befreiung von der Ad-hoc-Publizitätspflicht nach § 15 III WpHG, NZG 2005, 254

Velte, Patrick, Beschränkung der Informationsrechte des Aufsichtsrats in Bezug auf die Rechnungslegungsunterlagen des Vorstands und den Prüfungsbericht des Abschlussprüfers, NZG 2009, 737

Verse, Dirk, Das Beschlussmängelrecht nach dem ARUG, NZG 2009, 1127

Vetter, Eberhard, Aktienrechtliche Probleme der D&O Versicherung, AG 2000, 453

Vetter, Eberhard, Begrenzung der Vorstandsbezüge durch Hauptversammlungs- beschluss?, ZIP 2009, 1307

Vetter, Eberhard, Beratungsverträge mit Aufsichtsratsmitgliedern, AG 2006, 173

Vetter, Eberhard, Der Tiger zeigt die Zähne – Anmerkungen zum Urteil des BGH im Fall Leo Kirch/Deutsche Bank, NZG 2009, 561

Vetter, Eberhard, Die Verantwortung und Haftung des überstimmten Aufsichtsratsmitglieds, DB 2004, 2623

Vollkommer, Gregor, Neue Wege zum Recht bei kapitalmarktrechtlichen Streitigkeiten – Erste Erfahrungen mit dem Gesetz zur Einführung von Kapitalanleger-Musterverfahren, NJW 2007, 3094

Wabnitz, Heinz-Bernd / Janovsky, Thomas (Hrsg.), Handbuch des Wirtschafts- und Steuerstrafrechts, 2. Auflage, 2004 (zitiert: Bearbeiter in Wabnitz/Janovsky Hdb des Wirtschafts- und Steuerstrafrechts)

Wagner, Gerhard, Persönliche Haftung der Unternehmensleitung: die zweite Spur der Produkthaftung, VersR 2001, 1057

Weber, Martin, Unterwegs zu einer europäischen Prospektkultur – Vorgaben der neuen Wertpapierprospektrichtlinie vom 4. 11. 2003, NZG 2003, 360

Weiss, Susanne / Buchner, Markus, Wird das UMAG die Haftung und Inanspruchnahme der Unternehmensleiter verändern?, WM 2005, 162

Weiss, Susanne / Wöhlert, Helge-Torsten, Societas Europaea – Siegeszug des deutschen Mitbestimmungsrechts? NZG 2006, 121

Weißhaupt, Frank, Modernisierung des Informationsmängelrechts in der Aktiengesellschaft nach dem UMAG-Regierungsentwurf – Versuch einer kritischen Systematisierung, WM 2004, 705

Wellhöfer, Werner / Peltzer, Martin / Müller, Welf, Die Haftung von Vorstand Aufsichtsrat Wirtschaftsprüfer, 2008 (zitiert: Bearbeiter in Wellhöfer/Peltzer/Müller Haftung)

Weißhaupt, Frank, Holzmüller-Informationspflichten nach den Erläuterungen des BGH in Sachen „Gelatine“, AG 2004, 585

Wessels, Peter, Aufsteigende Finanzierungshilfen in GmbH und AG, ZIP 2004, 793

Westermann, Harm Peter, Freistellungserklärungen für Organmitglieder im Gesellschaftsrecht, Festschrift für Karl Beusch zum 68. Geburtstag am 31. Oktober 1993 (Hrsg. Beisse, Heinrich/Lutter, Marcus/Närger, Heribald) 1993, 871 (zitiert: H.P. Westermann in FS für Beusch)

Westphalen, Friedrich Graf von, D&O-Versicherung und Direktanspruch der Gesellschaft gegenüber der Versicherung?, DB 2005, 431

Widder, Stefan, Befreiung von der Ad-hoc Publizität ohne Selbstbefreiungsbeschluss?, BB 2009, 967

Wilsing, Hans-Ulrich / Neumann, Kay-Uwe, Die Neuregelung der aktienrechtlichen Sonderprüfungen nach dem Inkrafttreten des UMAG, DB 2006, 31

Wilsing, Hans-Ulrich / Wiepmann, Silvia, Die Wiederveräußerung eigener Aktien außerhalb der Börse gem. § 71 Abs. 1 Nr. 8 Satz 5 AktG, DB 2006, 881

Wimmer, Klaus (Hrsg.), Frankfurter Kommentar zur Insolvenzordnung, 5. Auflage 2007 (zitiert: Bearbeiter in Frankfurter Komm)

Wojtek, Ralf / Mitzkus, Frank (Hrsg.), Die AG, Stand Juni 2009 (zitiert: Bearbeiter in Wojtek/Mitzkus Die AG)

Wolf, Klaus, Corporate Compliance – ein neues Schlagwort? Ansatzpunkte zur Umsetzung der Compliance in der Finanzberichterstattung, DStR 2005, 1995

Wolf, Klaus, Potenziale derzeitiger Risikomanagementsysteme, DStR 2002, 1729

Wollburg, Ralph, Unternehmensinteresse bei Vergütungsentscheidungen – Oder: Verstieße die Zahlung der Mannesmann-Prämien gegen das Unternehmensinteresse der Mannesmann AG?, ZIP 2004, 646

Wybitul, Tim, Das neue Bundesdatenschutzgesetz: Verschärfte Regeln für Compliance und interne Ermittlungen, BB 2009, 1582

Zattler, Marc, Insolvenzreife der Aktiengesellschaft – Die Stunde von Vorstand und Aufsichtsrat, GWR 2009, 285

Zimmermann, Martin, Aktienrechtliche Grenzen der Freistellung des Vorstands von kartellrechtlichen Bußgeldern, DB 2008, 687

Zöllner, Wolfgang / Noack, Ulrich (Hrsg.), Kölner Kommentar zum Aktiengesetz, 3. Auflage 2004 (zitiert: Bearbeiter in Kölner Komm)

Zypries, Brigitte, Ein neuer Weg zur Bewältigung von Massenprozessen – Entwurf eines Kapitalanleger-Musterverfahrensgesetzes, ZRP 2004, 177

A. Einleitung

I. Umfeld

1. Aktuelle Entwicklungen

Die Haftung von Vorstand und Aufsichtsrat in deutschen Aktiengesellschaften hat in den letzten Jahren erheblich an Bedeutung gewonnen. Spektakuläre Gerichtsentscheidungen und aktuelle Gesetzesänderungen haben bei den meisten Managern zu einem neuen Problembewusstsein für das eigene Risiko gesorgt. Auch der Gesetzgeber hat mit der Verabschiedung des Gesetzes zur Unternehmensintegrität und Modernisierung des Anfechtungsrechts (UMAG)[1] im Jahr 2005 die Organhaftung in den Fokus des öffentlichen Interesses gerückt und zuletzt mit dem im August 2009 in Kraft getretenen Gesetz zur Angemessenheit der Vorstandsvergütung (VorstAG)[2] die gesetzgeberische Antwort auf die Finanzmarktkrise und die in der Öffentlichkeit viel diskutierten Vorstandsgehälter gegeben.

Historisch betrachtet ist die Inanspruchnahme von Vorstands- und Aufsichtsratsmitgliedern für etwaige Schäden der Gesellschaft im Rahmen der Innenhaftung bzw. für Schäden Dritter im Rahmen der Außenhaftung selten. Das Aktiengesetz enthält zwar strikte Regeln, die zu Ersatzansprüchen der Gesellschaft gegen ihre Organe führen können, die (erfolgreiche) Geltendmachung solcher Ersatzansprüche spielte in der Praxis bis vor wenigen Jahren jedoch eine untergeordnete Rolle. Entsprechendes galt für die Inanspruchnahme der Organmitglieder durch Dritte im Rahmen der Außenhaftung. Allenfalls in der Insolvenz der Gesellschaft drohte in der Praxis eine persönliche Inanspruchnahme von Vorstand und Aufsichtsrat.

Nach der ARAG/Garmenbeck-Entscheidung des Bundesgerichtshofs[3] aus dem Jahr 1997, die konkrete Leitlinien für die Inanspruchnahme des Vorstands einer Aktiengesellschaft durch den Aufsichtsrat aufstellte, ist das Risiko insbesondere des Vorstands, in Anspruch genommen zu werden, erheblich gestiegen. Dies mag auch damit zusammenhängen, dass ehemals feste Beziehungsgeflechte der so genannten „Deutschland-AG" im Zuge der Globalisierung und anderer wirtschaftlicher Umbrüche nicht mehr so verbindlich wie früher sind. Spektakuläre Skandalfälle insbesondere am Neuen Markt haben diese Entwicklung noch beschleunigt und die

---

[1] BGBl I 2005, S. 2802.
[2] BGBl I 2009, S. 2509.
[3] BGHZ 135, 244.

Wahrscheinlichkeit erhöht, dass der Vorstand auch mit Außenhaftungsansprüchen konfrontiert wird.

Vorstände und Aufsichtsräte müssen sich nunmehr umfassender als bisher über ihre Rechte und Pflichten informieren, um Haftungsrisiken von vornherein zu vermeiden bzw. minimieren zu können. Nur das rechtlich gut informierte Organmitglied wird in der Lage sein, die immanenten Risiken seiner Tätigkeit professionell und aktien- und ggf. kapitalmarktrechtlich ordnungsgemäß zu handhaben. Angesichts der sich fortentwickelnden Rechtsprechung und auch in Zukunft zu erwartender Gesetzesänderungen müssen die rechtlichen Kenntnisse zudem in regelmäßigen Abständen aktualisiert werden.

2. Überblick über die Gesetzeslage

Vorstands- und Aufsichtsratsmitglieder sind für ihr Handeln in Angelegenheiten der Gesellschaft verantwortlich. Sie unterliegen einer Reihe spezieller Pflichten sowohl im Innenverhältnis gegenüber ihrer Gesellschaft als auch im Außenverhältnis gegenüber Dritten, wie dem Staat, den Aktionären, den Gläubigern, den Kunden oder den Arbeitnehmern der Gesellschaft. Da sich die Pflichten der Verwaltungsmitglieder und die Rechtsfolgen von Pflichtverletzungen, je nachdem ob es sich um Ansprüche der Gesellschaft oder Ansprüche Dritter handelt, nach unterschiedlichen Vorschriften richten, ist stets zwischen dem Innen- und dem Außenverhältnis zu unterscheiden.

a) Innenhaftung

Die zentrale Vorschrift im Zusammenhang mit der Haftung der Organmitglieder gegenüber der Gesellschaft ist § 93 AktG.

§ 93 Abs. 1 AktG:

> *„Die Vorstandsmitglieder haben bei ihrer Geschäftsführung die Sorgfalt eines ordentlichen und gewissenhaften Geschäftsleiters anzuwenden. Eine Pflichtverletzung liegt nicht vor, wenn das Vorstandsmitglied bei einer unternehmerischen Entscheidung vernünftigerweise annehmen durfte, auf der Grundlage angemessener Information zum Wohle der Gesellschaft zu handeln. Über vertrauliche Angaben und Geheimnisse der Gesellschaft, namentlich Betriebs- oder Geschäftsgeheimnisse, die den Vorstandsmitgliedern durch ihre Tätigkeit im Vorstand bekannt geworden sind, haben sie Stillschweigen zu bewahren. Die Pflicht des Satzes 3 gilt nicht gegenüber einer nach § 342b des Handelsgesetzbuches anerkannten Prüfstelle im Rahmen einer von dieser durchgeführten Prüfung.“*

§ 93 Abs. 2 AktG:

> *„Vorstandsmitglieder, die ihre Pflichten verletzen, sind der Gesellschaft zum Ersatz des daraus entstehenden Schadens als Gesamtschuldner verpflichtet. Ist streitig, ob sie die Sorgfalt eines ordentlichen und gewissenhaften Geschäftsleiters angewandt haben,*

so trifft sie die Beweislast. Schließt die Gesellschaft eine Versicherung zur Absicherung eines Vorstandsmitglieds gegen Risiken aus dessen beruflicher Tätigkeit für die Gesellschaft ab, ist ein Selbstbehalt von mindestens 10 Prozent des Schadens bis mindestens zur Höhe des Eineinhalbfachen der festen jährlichen Vergütung des Vorstandsmitglieds vorzusehen.“

Nach § 93 Abs. 1 AktG haben die Vorstandsmitglieder den gesteigerten Sorgfaltsmaßstab eines ordentlichen und gewissenhaften Geschäftsleiters zu beachten. Hieraus ergibt sich zudem die Verpflichtung der Vorstandsmitglieder, sich wie ein ordentlicher Geschäftsmann in verantwortlich leitender Position zu verhalten, der wie ein Treuhänder die Interessen des Unternehmens zu wahren hat, und dabei alles zu unterlassen, was das Unternehmen schädigen könnte[4]. Verletzen sie diese Pflicht, so greift die Haftung nach § 93 Abs. 2 AktG ein. Bei § 93 Abs. 1 S. 1 AktG handelt es sich um eine Generalklausel, die immer dann eingreift, wenn die Pflichten der Vorstandsmitglieder nicht bereits anderweitig geregelt sind.

In § 93 Abs. 1 S. 2 AktG findet sich die sogenannte Business Judgement Rule. Die Business Judgement Rule entspricht Vorbildern aus dem angelsächsischen Rechtskreis und nimmt die in der ARAG/Garmenbeck-Entscheidung des Bundesgerichtshofs[5] aufgestellten Kriterien für unternehmerisches Ermessen auf. Dadurch wird für unternehmerische Entscheidungen, die nach bestem Wissen und Gewissen getroffen worden sind, ein Haftungsprivileg geschaffen (Safe Harbour)[6]. Zu unterscheiden ist zwischen unternehmerischen Entscheidungen und sonstigen Pflichten des Vorstands. Während die Mitglieder des Vorstands durch die Business Judgement Rule von der Haftung für fehlgeschlagene unternehmerische Entscheidungen freigestellt werden können, bleibt ihre Haftung für sonstige Pflichtverletzungen, wie Verstöße gegen Treue- oder Informationspflichten, unberührt[7]. Einen „sicheren Hafen“ gibt es nur für unternehmerische Ermessensentscheidungen. Eine tatbestandliche Freistellung für illegales Verhalten kommt hingegen nicht in Betracht; in solchen Fällen kann es im Einzelfall nur am Verschulden fehlen[8].

§ 93 Abs. 2 S. 2 AktG wurde durch das VorstAG neu eingeführt. Die Gesellschaften haben demnach beim Abschluss einer sog. D&O-Versicherung (Directors and Offi-

---

[4] BGHZ 129, 30, 34; OLG Düsseldorf AG 1997, 231, 235; OLG Hamm AG 1995, 512, 514; *Hüffer* AktG § 93 Rn 4; *Bürgers/Israel* in Bürgers/Körber AktG § 93 Rn 3; *Fleischer* in Spindler/Stilz AktG § 93 Rn 12; *Thümmel* Persönliche Haftung von Managern und Aufsichtsräten Rn 183; *Mertens* in Kölner Komm AktG § 93 Rn 6; *Wiesner* in MünchHdb AG § 26 Rn 5.

[5] BGHZ 135, 244.

[6] *Seibert/Schütz* ZIP 2004, 252, 254; *Kock/Dinkel* NZG 2004, 441, 443; *Kuthe* BB 2004, 449; *Linnerz* NZG 2004, 307, 311; *Schäfer* ZIP 2005, 1253, 1255; *Horn* in FS für Westermann, 1053.

[7] Begründung UMAG-RegE BT-Drs. 15/5092 S. 11; *Diekmann/Leuering* NZG 2004, 249, 252; *Linnerz* NZG 2004, 307, 311; *Thümmel* DB 2004, 471, 472.

[8] *Hüffer* AktG § 93 Rn 4 f.; *Bürgers/Israel* in Bürgers/Körber AktG § 93 Rn 11.

cers Liability Versicherung) zwingend einen Selbstbehalt für das Vorstandsmitglied zu vereinbaren.

Für die Mitglieder des Aufsichtsrats erklärt § 116 AktG die Vorschrift des § 93 AktG für entsprechend anwendbar. Die sich hieraus ergebenden konkreten Einzelpflichten sind unter Berücksichtigung der Aufgaben des Aufsichtsrates zu bestimmen.

§ 116 AktG:

> *„Für die Sorgfaltspflicht und Verantwortlichkeit der Aufsichtsratsmitglieder gilt § 93 mit Ausnahme des Absatzes 2 Satz 3 über die Sorgfaltspflicht und Verantwortlichkeit der Vorstandsmitglieder sinngemäß. Die Aufsichtsratsmitglieder sind insbesondere zur Verschwiegenheit über erhaltene vertrauliche Berichte und vertrauliche Beratungen verpflichtet. Sie sind namentlich zum Ersatz verpflichtet, wenn sie eine unangemessene Vergütung festsetzen (§ 87 Absatz 1).“*

Spezialgesetzlich geregelte Pflichten der Verwaltungsmitglieder von Aktiengesellschaften finden sich unter anderem in § 48 AktG für Pflichtverletzungen im Zusammenhang mit der Gründung der Gesellschaft, in § 93 Abs. 3 AktG für Verletzungen des Kapitalerhaltungsgrundsatzes, in § 92 AktG für Pflichtverletzungen im Vorfeld und nach Eintritt der Insolvenzreife, in §§ 308, 309, 317, 318 AktG für Pflichtverletzungen in Abhängigkeits- und Konzernverhältnissen, in §§ 44 ff. BörsG bei Verletzung von Pflichten im Zusammenhang mit der Erstellung von Börsenzulassungsprospekten oder in §§ 37b, 37c WpHG bei Verletzung insiderrechtlicher Vorschriften wie den (Ad-hoc-)Mitteilungspflichten börsennotierter Aktiengesellschaften gemäß § 15 WpHG.

b) Außenhaftung

Ansprüche Dritter können aus den Vorschriften, die Pflichten der Organmitglieder gegenüber der Gesellschaft begründen, insbesondere aus den §§ 93, 116 AktG, nicht erwachsen. Die Vorschriften stellen auch keine Schutzgesetze zugunsten Dritter im Sinne von § 823 Abs. 2 BGB dar. Spezialgesetzliche Regelungen über die Außenhaftung der Vorstands- und Aufsichtsratsmitglieder gegenüber Dritten, insbesondere gegenüber den Aktionären und Gläubigern der Gesellschaft sind selten. § 41 Abs. 1 S. 2 AktG enthält einen Anspruch gegen die Vorstands- und Aufsichtsratsmitglieder der Aktiengesellschaft, wenn sie die Gesellschaft vor Eintragung in das Handelsregister rechtsgeschäftlich verpflichtet haben, die Gesellschaft später aber nicht eingetragen wird. § 25 UmwG sieht einen unmittelbaren Anspruch der Aktionäre bei Verschmelzungs- und anderen Umwandlungstatbeständen vor. § 69 AO enthält einen unmittelbaren Anspruch des Fiskus gegen die Mitglieder des Vorstands für die Verletzung von Steuerpflichten der Gesellschaft.

In der Praxis ergeben sich Ersatzansprüche Dritter vor allem aus dem Deliktsrecht, wenn die Verwaltungsmitglieder, insbesondere die die Gesellschaft nach außen vertretenden Vorstandsmitglieder, absolut geschützte Rechtsgüter, wie das Leben, die Gesundheit oder das Eigentum Dritter verletzt haben (§ 823 Abs. 1 BGB) oder wenn sie gegen ein Schutzgesetz verstoßen haben, das gerade auch den Schutz des Dritten bezweckt (§ 823 Abs. 2 BGB). Praxisrelevante Schutzgesetze sind insbesondere § 92 Abs. 2 AktG (Insolvenzantragspflicht) und § 263 StGB (Betrug). Darüber hinaus ist die Haftung gegenüber Dritten aus § 826 BGB wegen vorsätzlich sittenwidriger Schädigung besonders bedeutsam.

3. Der Deutsche Corporate Governance Kodex (DCGK)

Seit dem 26. Februar 2002 liegt mit dem Deutschen Corporate Governance Kodex (DCGK) erstmalig ein einheitliches Regelwerk zum deutschen System der Unternehmensführung und -kontrolle vor. Die Kodexbestimmungen werden regelmäßig überarbeitet und aktualisiert. Die aktuelle Fassung des Kodex stammt vom 18. Juni 2009[9].

Der Deutsche Corporate Governance Kodex (DCGK) enthält Verhaltensmaßstäbe für die Unternehmensleitung sowie die Unternehmensüberwachung. Deutscher Tradition folgend waren diese Verhaltensmaßstäbe für Unternehmensleitung und -überwachung in Aktiengesellschaften bisher vor allem im Aktiengesetz, dem Handelsgesetzbuch oder dem Mitbestimmungsgesetz niedergelegt. Diese Maßstäbe wurden innerhalb des durch das Gesetz bestimmten Rahmens durch Satzungen, Geschäftsordnungen, Anstellungsverträge, allgemeine Übung oder auch durch gerichtliche Entscheidungen konkretisiert und fortentwickelt. Der Corporate Governance Kodex fasst diese Verhaltensmaßstäbe zusammen und entwickelt diese weiter. Der Kodex gibt Aktionären und insbesondere ausländischen Investoren somit ein übersichtliches Bild des deutschen Systems der Corporate Governance.

Der Kodex richtet sich an börsennotierte Aktiengesellschaften. Da er allerdings in weiten Passagen allgemeingültige Standards guter Unternehmensführung enthält, wird in seiner Präambel auch nicht börsennotierten Gesellschaften die Beachtung des Kodex empfohlen.

a) Aufbau des Kodex

Im Kodex wird zwischen drei unterschiedlichen Regelungskategorien differenziert. Neben Bestimmungen, die lediglich geltendes Recht wiedergeben, enthält der Kodex Empfehlungen und Anregungen. Die Empfehlungen sind durch „soll"-Formulierungen gekennzeichnet. Börsennotierte Gesellschaften sind gemäß § 161 AktG verpflichtet, einmal jährlich durch Vorstand und Aufsichtsrat zu erklären, inwieweit sie die Empfehlungen befolgen. Die Erklärung ist auf die Website der Gesellschaft zu stellen und als Bestandteil in den Lagebericht mit aufzunehmen[10]. Die Abweichungen von den Kodex-Empfehlungen sind zu begründen (§ 161 Abs. 1 S. 1 AktG).

---

[9] Im Internet abrufbar unter: www.corporate-governance-code.de.

[10] Vgl. hierzu *Tödtmann/Schauer* ZIP 2009, 995, 997 f.

Die Anregungen des Kodex, gekennzeichnet durch „sollte"- oder „kann"-Formulierungen, sind nach Auffassung der Kodex-Kommission Ausdruck guter Unternehmensführung, die sich bislang jedoch nicht in größerem Maße in der Praxis durchgesetzt haben. Mit den Anregungen sollen Anstöße für die weitere Entwicklung der Corporate Governance in Deutschland gegeben werden, ohne dabei die Unternehmen bereits zu stark an die Einhaltung dieser Regelungen zu binden. Somit dürfen die dem Kodex unterliegenden Gesellschaften von den Anregungen abweichen, ohne dies in der Entsprechenserklärung nach § 161 AktG offen legen zu müssen[11].

b) Relevante Einzelregelungen des Kodex

Der Deutsche Corporate Governance Kodex behandelt die Organe Vorstand und Aufsichtsrat überwiegend in den Kapiteln 3. (Zusammenwirken von Vorstand und Aufsichtsrat), 4. (Vorstand) und 5. (Aufsichtsrat). Der Kodex enthält überwiegend Empfehlungen und Anregungen, die die innere Organisation von Vorstand und Aufsichtsrat betreffen. Besonders praxisrelevant sind die folgenden Empfehlungen des Kodex:

- Der Vorstand der börsennotierten Aktiengesellschaft soll aus mehreren Personen bestehen und einen Vorsitzenden oder Sprecher haben (Ziffer 4.2.1 S. 1 DCGK). Bei der Zusammensetzung des Vorstandes soll der Aufsichtsrat auf Vielfalt (Diversity) achten und zusammen mit dem Vorstand für eine langfristige Nachfolgeplanung sorgen (Ziffer 5.1.2 S. 2 u. 3. DCGK). Für die Arbeit des Vorstandes, insbesondere für die Ressortzuständigkeiten einzelner Vorstandsmitglieder, die dem Gesamtvorstand vorbehaltenen Angelegenheiten sowie die erforderlichen Beschlussmehrheiten bei Vorstandsbeschlüssen, soll es eine Geschäftsordnung für den Vorstand geben (Ziffer 4.2.1 S. 2 DCGK).
- Das Aufsichtsratsplenum soll das Vergütungssystem für den Vorstand beschließen und regelmäßig überprüfen (Ziffer 4.2.2 DCGK). Nach Ziffer 4.2.3 DCGK sollen die monetären Vergütungsteile fixe und variable Bestandteile umfassen. Die variablen Vergütungsteile sollen sowohl positiven als auch negativen Entwicklungen Rechnung tragen und auf anspruchsvolle, relevante Vergleichsparameter bezogen sein. Eine nachträgliche Änderung der Erfolgsziele oder der Vergleichsparameter soll ausgeschlossen sein. Bei Abschluss von Vorstandsverträgen soll darauf geachtet werden, dass bei vorzeitiger Beendigung der Vorstandstätigkeit ohne wichtigen Grund Zahlungen an das Vorstandsmitglied einschließlich Nebenleistungen den Wert von zwei Jahresvergütungen nicht überschreiten und nicht mehr als die Restlaufzeit des Anstellungsvertrages vergüten; Zusagen für Leistungen im Folge eines Kontrollwechsels sollen 150% dieses Abfindungs-Caps nicht

[11] *Hüffer* AktG § 161 Rn 8; *Sester* in Spindler/Stilz AktG § 161 Rn 25; *Ringleb* in Ringleb/Kremer/Lutter/v.Werder DCGK Rn 45; *Peltzer* Deutsche Corporate Governance S. 43.

übersteigen. Über die Grundzüge des Vergütungssystems und deren Veränderung soll der Aufsichtsratsvorsitzende die Hauptversammlung informieren. Zudem soll die Offenlegung in einem Vergütungsbericht erfolgen, der als Teil des Corporate Governance Berichts auch das Vergütungssystem für die Vorstandsmitglieder in allgemein verständlicher Form erläutert und auch Angaben zur Art der von der Gesellschaft erbrachten Nebenleistungen enthalten soll (Ziffer 4.2.5 DCGK).

- Der Aufsichtsrat soll sich eine Geschäftsordnung geben (Ziffer 5.1.3 DCGK). Der Aufsichtsrat soll abhängig von den spezifischen Gegebenheiten des Unternehmens und der Anzahl seiner Mitglieder fachlich qualifizierte Ausschüsse und insbesondere einen Prüfungsausschuss (Audit Committee) und ein Nominierungsausschuss bilden (Ziffern 5.3.1 S. 1, 5.3.2 und 5.3.3 DCGK). Der Aufsichtsratsvorsitzende, der regelmäßig mit dem Vorstandsvorsitzenden bzw. Sprecher des Vorstandes Kontakt halten und mit ihm die Strategie, die Geschäftsentwicklung und das Risikomanagement des Unternehmens beraten soll, soll zugleich Vorsitzender der Ausschüsse sein, die die Vorstandsverträge behandeln und die Aufsichtsratssitzungen vorbereiten. Der Kodex enthält zudem die Anregung, dass der Aufsichtsratsvorsitzende den Vorsitz im Prüfungsausschuss nicht inne haben sollte. Bei wichtigen Ereignissen für die Gesellschaft, über die der Aufsichtsratsvorsitzende vom Vorstand unverzüglich zu informieren ist, soll der Aufsichtsratsvorsitzende den Aufsichtsrat unterrichten und erforderlichenfalls eine außergewöhnliche Aufsichtsratssitzung einberufen (Ziffer 5.2 DCGK).
- Für Wahlvorschläge bei Aufsichtsratswahlen empfiehlt der Kodex in Ziffer 5.4.1, dass dem Aufsichtsrat jederzeit Mitglieder angehören sollen, die über die zur ordnungsgemäßen Wahrnehmung der Aufgaben erforderlichen Kenntnisse, Fähigkeiten und fachlichen Erfahrungen verfügen. Dabei soll auch auf die internationale Tätigkeit des Unternehmens, auf potentielle Interessenkonflikte und eine festzulegende Altersgrenze für Aufsichtsratsmitglieder sowie auf Vielfalt (Diversity) geachtet werden. Zudem fordert der Kodex in Ziffer 5.4.2, dass eine ausreichende Anzahl unabhängiger Mitglieder dem Aufsichtsrat angehören soll. Dem Aufsichtsrat sollen zudem nicht mehr als zwei ehemalige Mitglieder des Vorstandes und keine Personen, die Organfunktion oder Beratungsaufgaben bei wesentlichen Wettbewerbern ausüben, angehören. Wer Vorstand einer börsennotierten Gesellschaft ist, soll insgesamt nicht mehr als drei Aufsichtsratsmandate in konzernexternen börsennotierten Gesellschaften wahrnehmen (Ziffer 5.4.5 S. 2 DCGK). Zudem sollen Kandidatenvorschläge für den Aufsichtsratsvorsitz den Aktionären bekannt gegeben werden (Ziffer 5.4.3 S. 2 DCGK).
- Interessenkonflikte von Aufsichtsratsmitgliedern sollen dem Aufsichtsrat gegenüber offen gelegt werden (Ziffer 5.5.2 DCGK). Der Aufsichtsrat soll in seinem Bericht an die Hauptversammlung über Interessenkonflikte und deren Behandlung informieren. Bedeutsame und dauerhafte Interessenkonflikte sollen zur Beendigung des Aufsichtsratsmandats führen (Ziffer 5.5.3 DCGK). Darüber hinaus soll gemäß Ziffer 5.6. DCGK der Aufsichtsrat regelmäßig die Effizienz seiner Tätigkeit überprüfen.

– In einer D&O-Versicherung soll für den Aufsichtsrat ein Selbstbehalt vereinbart werden (Ziffer 3.8 S. 4 DCGK)[12].

Im Hinblick auf die Verantwortlichkeit der Vorstands- und Aufsichtsratsmitglieder und ihre Haftung für begangene Pflichtverletzungen enthält der Kodex keine praxisrelevanten Regelungen, die über die gesetzlichen Bestimmungen hinausgehen. Dies beruht im Wesentlichen darauf, dass verbindliche Pflichten der Organmitglieder nur durch rechtlich bindende Rechtsakte, sei es durch Gesetze oder vertragliche Vereinbarungen, begründet werden können.

Der DCGK selbst ist zwar rechtlich unverbindlich, wird jedoch kontinuierlich verschärft[13]. Gemäß § 161 AktG sind Vorstand und Aufsichtsrat börsennotierter Aktiengesellschaften verpflichtet, jährlich zu erklären, ob die Gesellschaft den Kodex-Empfehlungen entsprochen hat und auch in Zukunft entsprechen wird; etwaige Abweichungen sind zu begründen[14]. Kommen die Organe ihrer Pflicht zur jährlichen Abgabe einer Entsprechenserklärung nicht ordnungsgemäß nach, können die Entlastungsbeschlüsse von Vorstand und Aufsichtsrat anfechtbar sein[15]. Dies gilt nach Auffassung des Bundesgerichtshofs auch bei unrichtiger bzw. unvollständiger Entsprechenserklärung, wenn es sich um einen „nicht unwesentlichen" Punkt handelt[16].

Die Organmitglieder können sich durch eine Verletzung der Pflicht aus § 161 AktG haftbar machen. Das Organmitglied verletzt durch eine unterlassene Entsprechenserklärung oder eine Falscherklärung bzw. das Unterlassen der Berichtigung der Entsprechenserklärung seine Sorgfaltspflicht. Dies kann zu einer Innenhaftung führen, sollte hierdurch ein adäquater Schaden bei der Gesellschaft entstanden sein[17]. Der Nachweis eines solchen Schadens ist aber in der Praxis schwierig.

Eine fehlerhafte oder unterbliebene Entsprechenserklärung kann neben einer zivilrechtlichen auch eine strafrechtliche Haftung nach sich ziehen. Gemäß des im Rahmen des BilMoG neugefassten § 289a HGB (Erklärung zur Unternehmensführung) muss die Entsprechenserklärung in den Lagebericht der Gesellschaft mit aufgenommen werden[18]. Sie ist deshalb als Angabe zu den Verhältnissen der Gesellschaft i. S. v.

---

[12] Für Vorstände gibt es eine gesetzliche Pflicht, einen Selbstbehalt von mindestens 10% des Schadens bis mindestens zur Höhe des Eineinhalbfachen der festen jährlichen Vergütung im Rahmen der D&O-Versicherung zu vereinbaren (§ 93 Abs. 2 S. 3 AktG).

[13] *Tödtmann/Schauer* ZIP 2009, 995, 996.

[14] *Strieder* BB 2009, 1002, 1005; *Hecker* BB 2009, 1654, 1656.

[15] OLG München ZIP 2008, 742; LG München I NZG 2008, 350; LG Krefeld AG 2007, 798, *Tödtmann/Schauer* ZIP 2009, 995, 998.

[16] BGH DB 2009, 500, 503; vgl. hierzu *Mutter* ZGR 2009, 794 f.; *Vetter* NZG 2009, 561 und *Goslar/von der Linden* DB 2009, 1691, bestätigend BGH GWR 2009, 367.

[17] *Tödtmann/Schauer* ZIP 2009, 995, 999.

[18] *Strieder* BB 2009, 1002, 1005; *von Falkenhausen/Kocher* ZIP 2009, 1149, 1151; *Hecker* BB 2009, 1654, 1656; *Tödtmann/Schauer* ZIP 2009, 995, 999.

§ 331 Abs. 1 Nr. 1 HGB anzusehen[19]. Gemäß § 331 Abs. 1 Nr. 1 HGB wird die unrichtige oder verschleierte Wiedergabe der Verhältnisse der Gesellschaft unter anderem im Lagebericht mit Freiheitsstrafe bis zu drei Jahren oder mit Geldstrafe bestraft[20].

Eine weitere Konsequenz der zwingenden Angabe der Entsprechenserklärung in dem Lagebericht ist die Gefahr einer Außenhaftung der Organmitglieder gegenüber Dritten. § 331 HGB ist als Schutzgesetz anerkannt und kann zu einem zivilrechtlichen Schadensersatzanspruch aus § 823 Abs. 2 BGB gegen die Organmitglieder führen[21]. Der bei dem Dritten, z.B. einem Aktionär, kausal entstandene Schaden ist in der Praxis jedoch ebenfalls schwer nachweisbar[22].

II. Rechtliche Rahmenbedingungen

1. Verwaltungsorganisation der Aktiengesellschaft

a) Einleitung

Die Aktiengesellschaft hat drei Pflichtorgane, den Vorstand, den Aufsichtsrat und die Hauptversammlung. Der Vorstand ist das Leitungsorgan der Gesellschaft (§ 76 Abs. 1 AktG), das für die Geschäftsführung und Vertretung der Gesellschaft zuständig ist. Der Aufsichtsrat ist das Überwachungs- und Kontrollorgan der Gesellschaft (§ 111 Abs. 1 AktG). Die Hauptversammlung schließlich ist als Satzungsgeber das Organ, durch das die Aktionäre ihre Rechte ausüben (§ 119 Abs. 1 Nr. 5 AktG). Aufgrund der strikten Aufgabentrennung stehen die Organe der Aktiengesellschaft grundsätzlich unabhängig und ohne Rangverhältnis nebeneinander[23]. Sie sind jedoch insbesondere durch die Bestellungs- und Abberufungskompetenzen verbunden. So bestellt die Hauptversammlung die Mitglieder des Aufsichtsrats (§§ 101, 119 Abs. 1 Nr. 1 AktG)[24]. Der Aufsichtsrat wiederum bestellt die Mitglieder des Vorstands (§ 84 Abs. 1 S. 1 AktG).

---

[19] *von Falkenhaus/Kocher* ZIP 2009 1149, 1151; *Hecker* BB 2009, 1654, 1656; *Tödtmann/Schauer* ZIP 2009, 995, 997; *Strieder* BB 2009, 1002, 1005.

[20] *Quedenfeld* in MünchKomm HGB § 331 Rn 33; *Tödtmann/Schauer* ZIP 2009, 995, 999.

[21] *Schulze-Osterloh/Servatius* in Baumbach/Hueck GmbH-Gesetz § 331 HGB Rn 3; *Quedenfeld* in MünchKomm HGB § 331 Rn 2; *Merkt* in Baumbach/Hopt HGB § 331 Rn 1; *Wiedmann* in Ebenroth/Boujong/Joost/Strohn HGB § 331 Rn 8; *Tödtmann/Schauer* ZIP 2009, 995, 999.

[22] *van Kann/Eigler* DStR 2007, 1730, 1735; *Tödtmann/Schauer* ZIP 2009, 995, 999.

[23] *Hüffer* AktG § 76 Rn 4; *Bürgers/Israel* in Bürgers/Körber AktG § 76 Rn 2; *Semler/Spindler* in MünchKomm AktG Vor § 76 Rn 53; *Mertens* in Kölner Komm AktG Vor § 76 Rn 1 ff., *Ek/von Hoyenberg* Aktiengesellschaften S. 69.

[24] Ausnahmen bestehen nach den Mitbestimmungsgesetzen, vgl. hierzu *Kort* in Großkomm AktG § 76 Rn 23 ff.

Die Organisationsverfassung der Aktiengesellschaft unterliegt dem prägenden Grundsatz der Satzungsstrenge (§ 23 Abs. 5 AktG) und ist daher zwingend. Durch das gesetzliche Kompetenzgefüge soll sichergestellt werden, dass in der Gesellschaft eine Machtbalance zwischen Vorstand, Aufsichtsrat und Hauptversammlung besteht. Ausnahmen kommen nur in den gesetzlich ausdrücklich geregelten Fällen in Betracht[25]. Im Bereich der Kompetenzverteilung zwischen den Organen der Gesellschaft lässt das Gesetz keine praxisrelevanten Abweichungen zu[26].

In der Praxis ist die vom Aktiengesetz vorausgesetzte Machtbalance jedoch häufig nicht gegeben. Dies gilt insbesondere für den Fall, dass die Gesellschaft von einem Großaktionär dominiert wird. Ein solcher Großaktionär kann einen entscheidenden Einfluss auf sämtliche Organe der Gesellschaft ausüben. Da die vom Großaktionär dominierte Hauptversammlung den Aufsichtsrat wählt, kann ein Großaktionär auch die Besetzung dieses Organs bestimmen. Der Aufsichtsrat wiederum ist für die Bestellung des Vorstands zuständig, so dass im Ergebnis Aufsichtsrat und Vorstand aus Personen bestellt werden können, die vom Großaktionär vorgegeben werden.

b) Der Vorstand

Der Vorstand ist das Leitungsorgan der Gesellschaft. Er hat die Gesellschaft unter eigener Verantwortung, d.h. unabhängig vom Aufsichtsrat und der Hauptversammlung, zu leiten (§ 76 Abs. 1 AktG)[27]. Gemäß §§ 77, 78 AktG führt er zudem die Geschäfte der Gesellschaft und vertritt die Aktiengesellschaft nach außen. Durchbrochen wird diese ausschließliche Kompetenz des Vorstands nur in Ausnahmefällen, insbesondere bei Rechtsverhältnissen zwischen der Gesellschaft und Mitgliedern des Vorstands (§ 112 AktG) sowie bei Anfechtungs- und Nichtigkeitsklagen (§ 246 Abs. 2 AktG).

aa) Leitung

(1) Einführung. Gemäß § 76 Abs. 1 AktG leitet der Vorstand die Gesellschaft unter eigener Verantwortung[28]. Leitung der Gesellschaft bedeutet nicht nur die allge-

---

[25] *Hüffer* AktG § 76 Rn 4; *Kort* in Großkomm AktG Vor § 76 Rn 1; *Mertens* in Kölner Komm AktG Vor § 76 Rn 1; *Tomat/Nehls* in Schüppen/Schaub MünchAnwaltshdb AktR § 22 Rn 4.

[26] *Hüffer* AktG § 119 Rn 10; *Reger* in Bürgers/Körber AktG § 119 Rn 7; *Pluta* in Heidel AktG § 119 Rn 12; *Ek/Hoyenberg* Praxisleitfaden für die Hauptversammlung Rn 101.

[27] *Hüffer* AktG § 76 Rn 1; *Bürgers/Israel* in Bürgers/Körber AktG § 76 Rn 6; *Fleischer* in Spindler/Stilz AktG § 76 Rn 4; *Spindler* in MünchKomm AktG § 76 Rn 1 ff.; *Tomat/Nehls* in Schüppen/Schaub MünchAnwaltshdb AktR § 22 Rn 3; *Tischendorf/Faust-Beyer* Der AG-Vorstand S. 128.

[28] *Hüffer* AktG § 76 Rn 1; *Bürgers/Israel* in Bürgers/Körber AktG § 76 Rn 6; *Fleischer* in Spindler/Stilz AktG § 76 Rn 4; *Spindler* in MünchKomm AktG § 76 Rn 1 ff.; *Tomat/Nehls* in Schüppen/Schaub MünchAnwaltshdb AktR § 22 Rn 3, *Semler* in Semler/Peltzer ArbHdb für Vorstandsmitglieder § 1 Rn 188.

meine Geschäftsführung für die Aktiengesellschaft, sondern darüber hinaus auch die Ausübung der unternehmerischen Führungsfunktion durch den Vorstand[29]. Die Leitungsfunktion des Vorstands umfasst die Festsetzung der Unternehmenspolitik und die zu ihrer Verwirklichung erforderliche Durchführung der einzelnen Maßnahmen[30]. Der Vorstand ist deshalb allgemein gesprochen sowohl für die Unternehmensplanung, die Unternehmenskoordination, die Unternehmenskontrolle und die Besetzung der Führungspositionen zuständig, als auch für das zur Erreichung der Unternehmensziele erforderliche laufende Tagesgeschäft verantwortlich[31].

Gesetzlich normierte Leitungsaufgaben des Vorstands sind insbesondere:

- die Vorbereitung und Ausführung von Hauptversammlungsbeschlüssen (§ 83 AktG),
- die Berichtspflicht gegenüber dem Aufsichtsrat (§ 90 AktG),
- die Buchführungspflicht und die Etablierung eines Überwachungssystems (§ 91 AktG),
- die in § 92 AktG normierten Pflichten bei Verlust, Überschuldung und Zahlungsunfähigkeit,
- die Einberufungspflicht des Aufsichtsrats (§ 110 Abs. 1 AktG),
- die Teilnahmepflicht an der Hauptversammlung (§ 118 Abs. 3 AktG) und
- die Vorlage des Jahresabschlusses und des Lageberichts (§ 170 Abs. 1 AktG).

Die ungeschriebenen Leitungsaufgaben lassen sich in die folgenden Maßnahmen unterteilen:

- die Unternehmensplanung (Zielsetzung, Festlegung der Unternehmenspolitik, Risikovorsorge),
- die Unternehmensstruktur (Festlegung der Grundzüge der Markt-, Produkt-, Finanz-, Investitions- und Personalpolitik),
- die Unternehmenskontrolle (der delegierten Geschäfte) und
- die Überwachung der Geschäfts- und Ergebnisentwicklung.

Ebenso gehören Geschäfte von außergewöhnlicher Bedeutung bzw. hohem Risiko und die Verteilung der oberen Führungspositionen zu den Leitungsaufgaben.

Während allgemeine Geschäftsführungsaufgaben an einzelne Mitglieder des Vorstands, nachgeordnete Ebenen oder Dritte delegiert werden können, sind die Leitungsaufgaben als herausgehobener Teilbereich der Geschäftsführung zwingend

---

[29] *Hüffer* AktG § 76 Rn 9; *Bürgers/Israel* in Bürgers/Körber AktG § 76 Rn 8; *Raiser* Recht der Kapitalgesellschaften § 14 Rn 1; *Mertens* in Kölner Komm AktG § 76 Rn 4; *Fleischer* ZIP 2003, 1, 3.

[30] Ausdrücklich werden dem Vorstand nur vereinzelt Leitungsaufgaben zugewiesen, vgl.: §§ 83, 90, 91, 92, 110 Abs. 1, 118 Abs. 2, 121 Abs. 2, 170, 245 Nr. 4 AktG.

[31] *Hüffer* AktG § 76 Rn 8, *Bürgers/Israel* in Bürgers/Körber AktG § 76 Rn 10; *Fleischer* in Spindler/Stilz AktG § 76 Rn 6 ff.; *Mertens* in Kölner Komm AktG § 76 Rn 5; *Spindler* in MünchKomm AktG § 76 Rn 17; *Fleischer* ZIP 2003, 1, 5.

dem Vorstand als Kollegialorgan zugewiesen[32]. Da der Vorstand die Leitungsaufgaben in eigener Verantwortung wahrnimmt, ist er nicht an Weisungen anderer Gesellschaftsorgane, einzelner Aktionäre oder Dritter gebunden[33]. Etwas anderes gilt allerdings gemäß §§ 308, 323 AktG für den Vorstand einer beherrschten oder eingegliederten Gesellschaft[34].

Der Aufsichtsrat ist auf die Überwachungstätigkeit beschränkt, Maßnahmen der Geschäftsführung können ihm nicht übertragen werden (§ 111 Abs. 4 S. 1 AktG). Soweit bestimmte Arten von Geschäften der Zustimmung des Aufsichtsrats bedürfen, kann der Aufsichtsrat das Tätigwerden des Vorstands zwar nach Art eines Vetorechts verhindern, ein Weisungsrecht, mit dem er bestimmte Maßnahmen positiv durchsetzen könnte, steht ihm jedoch nicht zu[35]. Ebenso besteht vom Grundsatz her keine Pflicht des Vorstands, Beschlüsse der Hauptversammlung umzusetzen, soweit es um Fragen der Geschäftsführung geht. Eine wesentliche Ausnahme bildet der Fall, dass der Vorstand gemäß § 119 Abs. 2 AktG die Entscheidung der Hauptversammlung selbst eingeholt hat[36].

(2) Unternehmerische Entscheidungen des Vorstands. Bei der Ausübung der Leitungsmacht handelt der Vorstand nach eigenem Ermessen[37]. Ihm steht für unternehmerische Entscheidungen grundsätzlich ein weiter unternehmerischer Beurteilungsspielraum zu[38], der es dem Vorstand erlaubt, unternehmerische Risiken einzugehen[39]. *Semler* führt hierzu zutreffend aus:

---

[32] *Spindler* in MünchKomm AktG § 76 Rn 15; *Bürgers/Israel* in Bürgers/Körber AktG § 76 Rn 7; *Fleischer* in Spindler/Stilz AktG § 76 Rn 7; *Mertens* in Kölner Komm AktG § 76 Rn 4; *Tomat/Nehls* in Schüppen/Schaub MünchAnwaltshdb AktR § 22 Rn 7; *Semler* in Semler/Peltzer ArbHdb für Vorstandsmitglieder § 1 Rn 309.

[33] *Hüffer* AktG § 76 Rn 10; *Bürgers/Israel* in Bürgers/Körber AktG § 76 Rn 18; *Fleischer* in Spindler/Stilz AktG § 76 Rn 51; *Mertens* in Kölner Komm AktG § 76 Rn 42; *Spindler* in MünchKomm AktG § 76 Rn 21; *Tomat/Nehls* in Schüppen/Schaub MünchAnwaltshdb AktR § 22 Rn 10; *Kort* in Großkomm AktG § 76 Rn 5 ff.

[34] *Hüffer* AktG § 308 Rn 2 ff.; § 323 Rn 2 ff.; *Bürgers/Israel* in Bürgers/Körber AktG § 76 Rn 22; *Fleischer* in Spindler/Stilz AktG § 76 Rn 51; Semler in MünchKomm AktG § 76 Rn 45 f.; *Koppensteiner* in Kölner Komm AktG § 308 Rn 4 ff.; § 323 AktG Rn 2 ff.

[35] *Hüffer* AktG § 76 Rn 11; *Fleischer* in Spindler/Stilz AktG § 76 Rn 52; *Tomat/Nehls* in Schüppen/Schaub MünchAnwaltshdb AktR § 22 Rn 11; *Spindler* in MünchKomm AktG § 76 Rn 23.

[36] Vgl. hierzu im Einzelnen *Ek* Praxisleitfaden für die Hauptversammlung Rn 495 ff.

[37] BGHZ 125, 239, 246 ff.; BGHZ 135, 244, 253; *Hüffer* AktG § 76 Rn 12; *Fleischer* in Spindler/Stilz AktG § 76 Rn 53; *Spindler* in MünchKomm AktG § 76 Rn 23; *Tomat/Nehls* in Schüppen/Schaub MünchAnwaltshdb AktR § 22 Rn 17; *Mertens* in Kölner Komm AktG § 76 Rn 10. vgl. zum Ganzen ausführlich: *Roth* Unternehmerisches Ermessen und Haftung des Vorstands.

[38] BGHZ 135, 244, 253; *Fleischer* in Spindler/Stilz AktG § 76 Rn 53; *Landwehrmann* in Heidel AktG § 93 Rn 9; *Henze* NJW 1998, 3309, 3310 f.; *Henze BB 2000, 209, 215; Schnabel/Lücke* in Beck'sches Mandatshdb Vorstand der AG § 6 Rn 57 f.; *Wiesner* in MünchHdb

> *„Unternehmerische Entscheidungen sind dadurch gekennzeichnet, dass sie Chancen und Risiken begründen oder bewusst in Kauf nehmen. Eine Entscheidung, die kein Risiko beinhaltet, ist keine unternehmerische Entscheidung. Eine Entscheidung, die zwar Risiken beinhaltet, aber keine Chancen eröffnet, darf von einem verantwortungsbewussten Unternehmer nicht getroffen werden"*[40].

Bereits vor der Aufnahme der Business Judgement Rule in das deutsche Aktienrecht war anerkannt, dass die Haftung des Vorstands für Schäden, die der Gesellschaft infolge unternehmerischer Entscheidungen entstehen, ausgeschlossen sein kann[41]. Der Bundesgerichtshof hatte dies in seiner ARAG/Garmenbeck-Entscheidung[42] unter Anlehnung an die ursprünglich aus dem US-amerikanischen Recht stammende Business Judgement Rule bestätigt[43]. Der Bundesgerichtshof[44] führte hierzu unter anderem aus:

> *„[...] dem Vorstand [muss] bei der Leitung der Geschäfte des Gesellschaftsunternehmens ein weiter Handlungsspielraum zugebilligt werden [...], ohne den eine unternehmerische Tätigkeit schlechthin nicht denkbar ist. Dazu gehört neben dem bewussten Eingehen geschäftlicher Risiken grundsätzlich auch die Gefahr von Fehlbeurteilungen und Fehleinschätzungen, der jeder Unternehmensleiter, mag er auch noch so verantwortungsbewusst handeln, ausgesetzt ist. [...]*
>
> *Diese [Schadenersatzpflicht des Vorstands] kann erst in Betracht kommen, wenn die Grenzen, in denen sich ein von Verantwortungsbewusstsein getragenes, ausschließlich am Unternehmenswohl orientiertes, auf sorgfältiger Ermittlung der Entscheidungsgrundlagen beruhendes unternehmerisches Handeln bewegen muss, deutlich überschritten sind, die Bereitschaft, unternehmerische Risiken einzugehen, in unverantwortlicher Weise überspannt worden ist oder das Verhalten des Vorstands aus anderen Gründen als pflichtwidrig gelten muss."*

(3) Die Haftungsfreiheit für unternehmerische Entscheidungen gemäß § 93 Abs. 1 S. 2 AktG. Nach US-amerikanischem Vorbild und auf der Basis der ARAG/Garmenbeck-Entscheidung des Bundesgerichtshofs ist durch das am 1. November 2005 in Kraft getretene UMAG die Business Judgement Rule in § 93 Abs. 1

AG § 19 Rn 16; *Diercks* Die Haftung der Organmitglieder der Aktiengesellschaft und ihre Durchsetzung S. 158; *Hopt/Roth* in Großkomm AktG § 116 Rn 87.

[39] BGHZ 135, 244, 253.

[40] *Semler* in FS für Ulmer S. 627 f.; so auch *Brömmelmeyer* WM 2005, 2065, 2066; *Ihrig* WM 2004, 2098.

[41] Vgl. *Schäfer* ZIP 2005, 1253, 1254; *Arnold* in Marsch-Barner/Schäfer Hdb börsennotierte AG § 22 Rn 16.

[42] BGHZ 135, 244.

[43] *Schnabel/Lücke* in Beck'sches Mandatshdb Vorstand der AG § 6 Rn 57; *Hopt* in Großkomm AktG § 93 Rn 83; *Hopt/Roth* in Großkomm AktG § 116 Rn 72; *Fleischer* in Spindler/Stilz AktG § 76 Rn 53; *Arnold* in Marsch-Barner/Schäfer Hdb börsennotierte AG § 22 Rn 18; *Lutter* GmbHR 2000, 301, 308; *Ulmer* DB 2004, 859, 861; *Kock/Dinkel* NZG 2004, 441, 444 ff.; *Brömmelmeyer* WM 2005, 2065.

[44] BGHZ 135, 244, 253.

S. 2 AktG aufgenommen worden. Danach werden unternehmerische Entscheidungen ausdrücklich vom Tatbestand der Sorgfaltspflichtverletzung nach § 93 Abs. 1 S. 1 AktG ausgenommen[45].

Gemäß § 93 Abs. 1 S. 2 AktG handelt der Vorstand im Rahmen seines unternehmerischen Ermessens, wenn er bei einer unternehmerischen Entscheidung vernünftigerweise annehmen durfte, auf der Grundlage angemessener Informationen zum Wohle der Gesellschaft zu handeln (§ 93 Abs. 1 S. 2 AktG). Im Unterschied zur US-amerikanischen Business Judgement Rule, bei der vermutet wird, dass der Direktor im besten Interesse der Gesellschaft und auf der Basis angemessener Informationen gehandelt hat[46], liegt die Darlegungs- und Beweislast für das Vorliegen der Voraussetzungen von § 93 Abs. 1 S. 2 AktG in Übereinstimmung mit der Beweislastregelung in § 93 Abs. 2 S. 2 AktG allerdings beim Vorstand[47].

Ein Eingreifen des haftungsfreien Ermessenspielraums gemäß § 93 Abs. 1 S. 1 AktG ist unter drei Voraussetzungen gegeben. Es muss sich bei der Entscheidung des Vorstandes um eine unternehmerische Entscheidung handeln, der Vorstand muss auf der Grundlage angemessener Information und zum Wohle der Gesellschaft handeln.

(a) Unternehmerische Entscheidung. Zunächst werden vom Haftungsausschluss gemäß § 93 Abs. 1 S. 2 AktG nur unternehmerische Entscheidungen erfasst[48]. Unternehmerische Entscheidungen sind nach der Regierungsbegründung zum UMAG wegen ihrer Zukunftsbezogenheit durch Prognosen und nicht justitiable Einschätzungen geprägt. Dies unterscheidet sie von der Beachtung gesetzlicher, satzungsmäßiger oder anstellungsvertraglicher Pflichten ohne tatbestandlichen Beurteilungsspielraum[49]. Maßgeblich für den Begriff der unternehmerischen Entscheidung ist daher, dass die Entscheidung nicht von vornherein gegen Gesetz oder Satzung verstößt, dass sie Prognosecharakter hat, es also in tatsächlicher Hinsicht

---

[45] *Schnabel/Lücke* in Beck'sches Mandatshdb Vorstand der AG § 6 Rn 62; *Bürgers/Israel* in Bürgers/Körber AktG § 93 Rn 9; *Fleischer* in Spindler/Stilz AktG § 93 Rn 13; *Seibert/Schütz* ZIP 2004, 252, 254; *Kock/Dinkel* NZG 2004, 441, 443; *Kuthe* BB 2004, 449; *Linnerz* NZG 2004, 307, 311; *Brömmelmeyer* WM 2005 2065, 2069; *Roth* BB 2004, 1066, 1068; *Holzborn/Bunnemann* BKR 2005, 51; *Langenbucher* DStR 2005, 2083, 2085.

[46] Vgl. *Roth* BB 2004, 1066, 1067 m.w.N.

[47] *Hüffer* AktG § 93 Rn 16a; *Bürgers/Israel* in Bürgers/Körber AktG § 93 Rn 27; *Fleischer* in Spindler/Stilz AktG § 93 Rn 207; *Spindler* NZG 2005, 865, 872; *Weiss/Buchner* WM 2005, 162, 165; *Langenbucher* DStR 2005, 2083, 2084; *Holzborn/Bunnemann* BKR 2005, 51, 52; *Roth* BB 2004, 1066, 1067.

[48] *Hüffer* AktG § 93 Rn 4a; *Bürgers/Israel* in Bürgers/Körber AktG § 93 Rn 9; *Fleischer* in Spindler/Stilz AktG § 93 Rn 55; *Weiss/Buchner* WM 2005, 162, 163; *Schäfer* ZIP 2005, 1253, 1255; *Spindler* NZG 2005, 865, 871; *Holzborn/Bunnemann* BKR 2005, 51, 52; *Langenbucher* DStR 2005, 2083, 2085; *Grundei/v. Werder* AG 2005, 825, 827.

[49] Begründung UMAG-RegE BT-Drs. 15/5092 S. 11; *Hüffer* AktG § 93 Rn 4 f.; *Bürgers/Israel* in Bürgers/Körber AktG § 93 Rn 11; *Hopt/Roth* in Großkomm AktG § 116 Rn 93; *Arnold* in Marsch-Barner/Schäfer Hdb börsennotierte AG § 22 Rn 20.

ungewiss ist, wie sich die Dinge entwickeln werden, und schließlich, dass die Entscheidung des Vorstands in ein Handeln oder Unterlassen mündet, zu dem er nicht verpflichtet ist[50].

Fraglich ist, ob auch die Entscheidung, Ansprüche der Gesellschaft gegen Dritte gerichtlich durchzusetzen, eine unternehmerische Entscheidung in diesem Sinne darstellt. Der Bundesgerichtshof hatte in seiner ARAG/Garmenbeck-Entscheidung eine unternehmerische Entscheidung abgelehnt, soweit es um die Durchsetzung von Schadenersatzansprüchen durch den Aufsichtsrat gegen den Vorstand ging[51]. Problematisch hierbei ist jedoch, dass auf der einen Seite das Bestehen oder Nichtbestehen eines Anspruchs zum Zeitpunkt der Entscheidung schon objektiv feststeht, was gegen ihren unternehmerischen Charakter spricht. Auf der anderen Seite ist die Entscheidung über die Geltendmachung von Ersatzansprüchen aber insofern von einer Prognose geprägt, als in tatsächlicher Hinsicht ungewiss ist, ob das Gericht die „richtige" Entscheidung treffen wird. Solche tatsächlichen Unsicherheitsfaktoren reichen von einer Beweisnot bis hin zu Rechtsanwendungsfehlern des urteilenden Richters[52]. Dies spricht für das Vorliegen einer unternehmerischen Entscheidung. Insofern erscheint die ARAG/Garmenbeck-Entscheidung des Bundesgerichtshofs – zumal sie vor Einführung der Business Judgement Rule in § 93 Abs. 1 S. 2 AktG ergangen ist – insbesondere dadurch gekennzeichnet, dass es sich bei dem ihr zugrunde liegenden Fall um die Haftung des Vorstands handelte und daher der Bereich einer unternehmerischen Entscheidung eher eng auszulegen war[53]. Es ist daher grundsätzlich von einer Verpflichtung zur Geltendmachung von Ansprüchen der Gesellschaft auszugehen; dem Vorstand ist dabei jedoch ein Ermessen einzuräumen[54].

(b) Beschaffung angemessener Informationen. Grundlage jeder unternehmerischen Entscheidung ist die sorgfältige Ermittlung der Entscheidungsgrundlagen[55]. Der Vorstand ist daher grundsätzlich verpflichtet, alle ihm zur Verfügung stehenden – nicht

---

[50] *Hüffer* AktG § 93 Rn 4 f.; *Fleischer* in Spindler/Stilz AktG § 93 Rn 63; *Schäfer* ZIP 2005, 1253, 1256.

[51] BGHZ 135, 244, 254.

[52] Vgl. *Schäfer* ZIP 2005, 1253, 1256.

[53] *Schäfer* ZIP 2005, 1253, 1257.

[54] *Hüffer* AktG § 93 Rn 4 f.; *Fleischer* in Spindler/Stilz AktG § 93 Rn 80; *Hopt/Roth* in GroßKomm AktG § 116 Rn 160; *Roth* Unternehmerisches Ermessen und Haftung des Vorstands S. 123; *Hopt* in GroßKomm AktG § 93 Rn 112; *Wiesner* in Münch Hdb AG § 25 Rn 7; *Mertens* in Kölner Komm AktG § 93 Rn 46; *Schnabel/Lücke* in Beck'sches Mandatshdb Vorstand der AG § 6 Rn 81; *Landwehrmann* in Heidel AktG § 93 Rn 66.

[55] BGH ZIP 2008, 1675; BGHZ 135, 244, 253; OLG Celle NZG 2008, 669; *Bürgers/Israel* in Bürgers/Körber AktG § 93 Rn 13; *Fleischer* in Spindler/Stilz AktG § 93 Rn 69; *Semler* in FS für Ulmer S. 627, 632 f.; *Schnabel/Lücke* in Beck'sches Mandatshdb Vorstand der AG § 6 Rn 61; *Ulmer* DB 2004, 859, 860 f.; *Brömmelmeyer* WM 2005, 2065, 2067; *Grundei/v. Werder* AG 2005, 825 ff.

aber alle erdenklichen – Erkenntnisquellen auszuschöpfen[56]. Je größer die Bedeutung der zu treffenden Entscheidung ist, desto höher sind die Anforderungen, die an die Ermittlung der Entscheidungsgrundlage zu stellen sind[57]. Allerdings muss der Vorstand auch hierbei zwischen den Kosten und dem Nutzen einer umfangreichen Sachverhaltsermittlung abwägen[58]. Der Informationsbedarf richtet sich daher unter anderem:

- Nach der Tragweite der Entscheidung. Je stärker der Bestand und der Erfolg des Unternehmens von der Entscheidung abhängen, desto höher ist die gebotene Informationsdichte[59].
- Nach den Kosten der Informationsbeschaffung. Je kostenintensiver die Informationsrecherche ist, umso eher kann der Vorstand je nach Tragweite der Entscheidung auf die Information verzichten[60].
- Nach der Relevanz der Information. Insbesondere bei Investitionen ist die Einholung von Informationen, insbesondere über Rentabilität und Risiko, Investitionsvolumen und Finanzierung, zwingend erforderlich, da diese unverzichtbare Entscheidungsparameter darstellen[61]. Ohne die Durchführung einer Due Diligence stellt daher etwa die Durchführung eines Unternehmenskaufs jedenfalls dann keine informierte Entscheidung im Sinne der Business Judgement Rule dar, wenn nicht ausreichende, gesicherte Erkenntnisse über das zu erwerbende Unternehmen vorhanden sind oder wenn vorhandene Informationen Unklarheiten aufweisen, wie insbesondere bei dem Erwerb aus einer Insolvenz[62].
- Nach der für die Entscheidung zur Verfügung stehenden Zeit. Bei besonderer Eilbedürftigkeit einer Entscheidung kann nicht jede verfügbare Information genutzt werden, sodass ein Rückgriff auf die in der zur Verfügung stehenden Zeit erreichbaren Informationen ausreichen kann[63].

---

[56] *Fleischer* in Spindler/Stilz AktG § 93 Rn 69; *Fleischer* ZIP 2004, 685, 691; *Brömmelmeyer* WM 2005, 2065, 2067.

[57] *Hüffer* AktG § 93 Rn 4g; *Schnabel/Lücke* in Beck'sches Mandatshdb Vorstand der AG § 6 Rn 68.

[58] *Bürgers/Israel* in Bürgers/Körber AktG § 93 Rn 13; *Fleischer* in Spindler/Stilz AktG § 93 Rn 69; *Schnabel/Lücke* in Beck'sches Mandatshdb Vorstand der AG § 6 Rn 61; *Spindler* in MünchKomm AktG § 93 Rn 47; *Böttcher* NZG 2009, 1047, 1049.

[59] *Brömmelmeyer* WM 2005, 2065, 2067; *Kock/Dinkel* NZG 2004, 441, 444; *Spindler* NZG 2005, 865, 872; *Weiss/Buchner* WM 2005, 162, 164; *Rodewald/Unger* BB 2006, 113, 114.

[60] *Brömmenmeyer* WM 2005, 2065, 2067.

[61] Vgl. Begründung UMAG-RegE BT-Drs. 15/5092 S. 12; *Brömmelmeyer,* WM 2005, 2065, 2067.

[62] OLG Oldenburg NZG 2007, 434, 436 (für die GmbH); *Brömmelmeyer* WM 2005, 2065, 2067; *Rodewald/Unger* BB 2006, 113, 114; *Böttcher* NZG 2005, 49 ff; *Ek/von Hoyenberg* Unternehmenskauf, S. 32 f.

[63] Vgl. Begründung UMAG-RegE BT-Drs. 15/5092 S. 12; *Schnabel/Lücke* in Beck'sches Mandatshdb Vorstand der AG § 6 Rn 61; *Landwehrmann* in Heidel AktG § 93 Rn 12; *Hopt* in Großkomm AktG § 93 Rn 84; *Spindler* in MünchKomm AktG § 93 Rn 47; *Ulmer* DB

Bei der Beurteilung, welcher Informationsbedarf im Zusammenhang mit der konkreten Entscheidung besteht, steht dem Vorstand ein Beurteilungsspielraum zu. Der Vorstand handelt daher nur dann nicht auf der Grundlage angemessener Informationen, wenn er in der konkreten Entscheidungssituation verfügbare Informationsquellen ignoriert, die er ohne unverhältnismäßig hohen Aufwand hätte berücksichtigen können und bei Anwendung der Sorgfalt eines ordentlichen Geschäftsleiters hätte berücksichtigen müssen[64]. Nach der Regierungsbegründung zum UMAG soll die unternehmerische Entscheidung jedoch nicht verrechtlicht oder „(schein)objektiviert" werden. Sie beruhe vielmehr auf Instinkt, Erfahrung und Fantasie sowie auf einem Gespür für künftige Entwicklungen und einem Gefühl für die Märkte. Sie lasse sich daher nicht vollständig durch objektive Informationen ersetzen[65]. Ungeachtet dessen ist es jedoch gerade Aufgabe der Business Judgement Rule sicherzustellen, dass Entscheidungen nicht „aus dem Handgelenk", sondern auf der Basis der – mit Blick auf Inhalt und Tragweite der Entscheidung – gebotenen Informationsgrundlage erfolgen. Notwendig ist daher eine reflektierte und keine intuitive Entscheidung[66].

Durch die Formulierung in § 93 Abs. 1 S. 2 AktG, dass das Vorstandsmitglied *„vernünftigerweise annehmen durfte, auf der Grundlage angemessener Information [...] zu handeln"* wird zudem ausgedrückt, dass dem Vorstand bei der Bewertung des Informationsbedarfs zwar ein subjektiver Beurteilungsspielraum zukommt, die Ausübung dieses Beurteilungsspielraums jedoch grundsätzlich einer Überprüfung durch die Gerichte auf Basis eines objektiven Maßstabs unterliegt. Bei der Frage, ob die einer Entscheidung zugrunde gelegte Information angemessen war, kommt es daher nicht auf die subjektiven Kenntnisse und Fähigkeiten des Vorstandsmitglieds an. Vielmehr ist der auch sonst gemäß § 93 Abs. 1 S. 1 AktG anzuwendende allgemeine Sorgfaltsmaßstab eines ordentlichen und gewissenhaften Geschäftsleiters anzuwenden[67].

(c) Handeln im Interesse oder zum Wohl der Gesellschaft. Vorstandsentscheidungen haben sich stets am Unternehmensinteresse zu orientieren. Das Vorstandsmitglied darf daher bei seiner Entscheidungsfindung keinesfalls eigene Interessen oder die Interessen Dritter verfolgen[68]. Auch sachfremde Einflüsse außerhalb des Unternehmensinteresses dürfen Entscheidungen des Vorstands nicht beeinflussen[69].

2004, 859, 860; Brömmelmeyer WM 2005, 2065, 2067; Holzborn/Bunnemann BKR 2005, 51, 52; Langenbucher DStR 2005, 2083, 2087; Weiss/Buchner WM 2005, 162, 164; vgl. hierzu aus betriebswirtschaflicher Sicht Grundei/v. Werder AG 2005, 825, 828 ff.

[64] *Fleischer* in Spindler/Stilz AktG § 93 Rn 70; *Brömmelmeyer* WM 2005, 2065, 2067; *Weiss/Buchner* WM 2005, 162, 164; *Spindler* NZG 2005, 865, 872.

[65] Begründung UMAG-RegE BT-Drs. 15/5092 S. 11 f.

[66] *Brömmenmeyer* WM 2005, 2065, 2067; *Ihrig* WM 2004, 2098, 2106.

[67] *Bürgers/Israel* in Bürgers/Körber AktG § 93 Rn 3; *Schäfer* ZIP 2005, 1253, 1258.

[68] BGHZ 135, 244, 253; *Bürgers/Israel* in Burgers/Körber AktG § 93 Rn 14; *Hüffer* AktG § 93 Rn 4g; *Fleischer* in Spindler/Stilz AktG § 93 Rn 68; *Hopt* in Großkomm AktG § 93 Rn 83; *Schnabel/Lücke* in Beck'sches Mandatshdb Vorstand der AG § 6 Rn 61; *Brömmelmeyer*

Dem Unternehmensinteresse dient eine Maßnahme dann, wenn sie die Marktstellung, die finanzielle Lage oder die interne Verfassung der Gesellschaft stärkt[70]. Insbesondere eine Maßnahme, die den Gesellschaftszweck fördert, erfolgt regelmäßig zum Wohle der Gesellschaft. Da allgemein die Gewinnerzielung Gesellschaftszweck ist, erfolgt in der Regel jede Maßnahme, die den Gewinn erhöht, zum Wohle des Unternehmens[71].

Auch insoweit verlangt § 93 Abs. 1 S. 2 AktG, dass das Vorstandsmitglied bei seiner Entscheidung *„vernünftigerweise annehmen durfte, [...] zum Wohle der Gesellschaft zu handeln"*. Ebenso wie bei der Frage der Angemessenheit der der Entscheidung zugrunde gelegten Informationen, ist die Frage, ob das Vorstandsmitglied zum Wohle der Gesellschaft handelte, subjektiv aus seiner Sicht ex ante zu beurteilen. Beschränkt wird diese subjektive Einschätzungsprärogative jedoch durch die objektive Komponente des „annehmen dürfens". War die Annahme des Vorstands, zum Wohl der Gesellschaft zu handeln, aus objektiver Sicht eines ordnungsgemäß handelnden Geschäftsleiters nicht vertretbar, scheidet daher eine Berufung des Vorstands auf eine zum Zeitpunkt der Entscheidungsfindung tatsächlich vorhandene Vorstellung zum Wohle der Gesellschaft zu handeln, aus[72].

bb) Geschäftsführung

Unter Geschäftsführung versteht man jede tatsächliche oder rechtsgeschäftliche Tätigkeit für die Aktiengesellschaft. Sie umfasst die Leitung der Aktiengesellschaft als überaus wichtigen Teilbereich, aber auch jede Einzelmaßnahme, die der Vorstand intern oder gegenüber Dritten trifft[73]. Besteht der Vorstand aus mehreren Personen, so sind grundsätzlich sämtliche Vorstandsmitglieder nur gemeinschaftlich zur Geschäftsführung befugt (§ 77 Abs. 1 S. 1 AktG), so dass der Vorstand nur handeln kann, wenn alle Mitglieder der beabsichtigten Maßnahme ausdrücklich oder kon-

---

WM 2005, 2065, 2068; Schäfer ZIP 2005, 1253, 1257; Spindler NZG 2005, 865, 872; Holzborn/Bunnemann BKR 2005, 51, 52.

[69] *Fleischer* in Spindler/Stilz AktG § 93 Rn 68; *Bürgers/Israel* in Bürgers/Körber AktG § 93 Rn 14; *Semler* in FS für Ulmer S. 627, 637; *Schnabel/Lücke* in Beck'sches Mandatshdb Vorstand der AG § 6 Rn 61.

[70] *Fleischer* in Spindler/Stilz AktG § 93 Rn 67; *Kock/Dinkel* NZG 2004, 441, 443; *Brömmelmeyer* WM 2005, 2065, 2068; *Schäfer* ZIP 2005, 1253, 1257; *Spindler* NZG 2005, 865, 872; *Holzborn/Bunnemann* BKR 2005, 51, 52.

[71] *Semler* in FS für Ulmer S. 627, 628; *Ebenroth/Lange* GmbHR 1992, 69, 72.

[72] *Holzborn/Bunnemann*, BKR 2005, 51, 52; *Schäfer* ZIP 2005, 1253, 1257; *Fleischer* ZIP 2004, 685, 690; *Brömmelmeyer* WM 2005, 2065, 2069.

[73] *Hüffer* AktG § 77 Rn 3; *Fleischer* in Spindler/Stilz AktG § 77 Rn 3; *Bürgers/Israel* in Bürgers/Körber AktG § 77 Rn 2; *Mertens* in Kölner Komm AktG § 77 Rn 2 ff.; *Tomat* in Schüppen/Schaub MünchAnwaltshdb AktR § 22 Rn 140; *Ek/von Hoyenberg* Aktiengesellschaften S. 87 f.

kludent zugestimmt haben[74]. Die Satzung oder die Geschäftsordnung des Vorstands kann jedoch gemäß § 77 Abs. 1 S. 2 AktG etwas anderes bestimmen[75]. Eine Delegierung der Geschäftsführungsbefugnisse auf einzelne Vorstandsmitglieder findet seine Grenze allerdings bei Leitungsaufgaben des Vorstands; insoweit hat der Vorstand als Gesamtorgan tätig zu werden[76].

cc) Vertretung

Der Vorstand vertritt die Gesellschaft gerichtlich und außergerichtlich (§ 78 Abs. 1 AktG). Vertretung der Aktiengesellschaft ist jedes nach außen gerichtete rechtsgeschäftliche und prozessuale Handeln im Namen der Gesellschaft und mit Wirkung für diese[77]. Die Vertretungsmacht des Vorstands ist grundsätzlich unbeschränkt (§ 78 Abs. 1 AktG) und gemäß § 82 Abs. 1 AktG auch nicht wirksam beschränkbar. Daher tritt mit einer Beschränkung der Geschäftsführungsbefugnis nicht zugleich eine Beschränkung der Vertretungsmacht ein[78].

Ausnahmsweise wird die Gesellschaft (alleine) vom Aufsichtsrat vertreten, wenn es um Rechtsverhältnisse der Vorstandsmitglieder mit der Gesellschaft geht (§ 112 AktG). In Anfechtungs- und Nichtigkeitsverfahren (§§ 246 Abs. 2, 249 AktG) wird die Gesellschaft von Vorstand und Aufsichtsrat vertreten.

Der Vorstand der Aktiengesellschaft ist in den so genannten Fällen der Mehrfachvertretung gemäß § 181 BGB von der Vertretung ausgeschlossen. Das Verbot der Mehrfachvertretung besagt in Bezug auf den Vorstand einer Aktiengesellschaft, dass er über das Verbot des § 112 AktG hinaus als gesetzlicher Vertreter der Gesellschaft auch nicht mit einem Dritten, den er selbst vertritt, Rechtsgeschäfte vornehmen darf. Etwas anderes gilt nur dann, wenn er durch die Satzung oder den Aufsichtsrat vom Verbot der Mehrfachvertretung befreit ist[79].

---

[74] *Hüffer* AktG § 77 Rn 6; *Fleischer* in Spindler/Stilz AktG § 77 Rn 8; *Bürgers/Israel* in Bürgers/Körber AktG § 77 Rn 5; *Mertens* in Kölner Komm AktG § 77 Rn 27; *Spindler* in MünchKomm AktG § 77 Rn 4; *Tomat* in Schüppen/Schaub MünchAnwaltshdb AktR § 22 Rn 144.

[75] Vgl. zu den möglichen Konstellationen: *Hüffer* AktG § 77 Rn 10 f.; *Fleischer* in Spindler/Stilz AktG § 77 Rn 10 ff.; *Tomat* in Schüppen/Schaub MünchAnwaltshdb AktR § 22 Rn 150 f.

[76] *Hüffer* AktG § 77 Rn 18; *Fleischer* in Spindler/Stilz AktG § 77 Rn 19; *Spindler* in MünchKomm AktG § 76 Rn 15; *Mertens* in Kölner Komm AktG § 76 Rn 4; *Tomat/Nehls* in Schüppen/Schaub MünchAnwaltshdb AktR § 22 Rn 7.

[77] *Hüffer* AktG § 78 Rn 3; *Bürgers/Israel* in Bürgers/Körber AktG § 77 Rn 2.

[78] *Spindler* in MünchKomm AktG § 78 Rn 6; *Tomat* in Schüppen/Schaub MünchAnwaltshdb AktR § 22 Rn 166.

[79] *Hüffer* AktG § 78 Rn 7; *Bürgers/Israel* in Bürgers/Körber AktG § 78 Rn 7; *Fleischer* in Spindler/Stilz AktG § 78 Rn 12; *Wiesner* in MünchHdb AG § 23 Rn 22; *Ek/von Hoyenberg* Aktiengesellschaften S. 91.

Zwischen mehreren Vorstandsmitgliedern besteht Gesamtvertretung (§ 78 Abs. 2 AktG). Sofern die Satzung nichts anderes bestimmt, sind daher alle Vorstandsmitglieder nur gemeinschaftlich zur Vertretung der Gesellschaft befugt[80]. Umgekehrt ist es jedoch nach § 78 Abs. 2 S. 2 AktG ausreichend, dass eine gegenüber der Aktiengesellschaft abzugebende Willenserklärung allein einem Vorstandsmitglied gegenüber abgegeben wird. Die Satzung oder der Aufsichtsrat – sofern er hierzu durch die Satzung ermächtigt wurde – können eine von der Gesamtvertretung abweichende Regelung treffen (§ 78 Abs. 3 AktG). Insbesondere kann Einzelvertretungsmacht zugunsten eines oder aller Vorstandsmitglieder vereinbart werden. Der Umfang der Einzelvertretungsmacht kann gemäß § 82 Abs. 1 AktG nicht beschränkt werden.

dd) Größe des Vorstands

Der Vorstand kann gemäß § 76 Abs. 2 S. 1 AktG aus einer oder mehreren Personen bestehen. Bei Gesellschaften mit einem Grundkapital von mehr als 3 Mio. EURO muss der Vorstand aus mindestens zwei Personen bestehen, es sei denn die Satzung bestimmt, dass er nur aus einer Person besteht (§ 76 Abs. 2 S. 2 AktG). Diese sehr offene Gesetzesregelung hat dazu geführt, dass in Satzungen deutscher Aktiengesellschaften zumeist genaue Regelungen zur Anzahl der Vorstandsmitglieder enthalten sind. Gemäß § 23 Abs. 3 Nr. 6 AktG ist in der Satzung in jedem Fall die Mindest- und/oder Höchstzahl der Vorstandsmitglieder anzugeben. Die genaue Anzahl der Vorstandsmitglieder liegt dann im Ermessen des Aufsichtsrats[81].

ee) Persönliche Voraussetzungen

§ 76 AktG bestimmt, dass Mitglied des Vorstands nur eine natürliche, unbeschränkt geschäftsfähige Person sein kann. Juristische Personen können nicht Vorstandsmitglied sein[82]. Im Übrigen besteht ein Bestellungshindernis in den ausdrücklich in § 76 Abs. 3 S. 3 und 4 AktG genannten Fällen, bei rechtskräftiger Verurteilung wegen einer Insolvenzstraftat oder bei einschlägigen Berufsverboten[83]. In Betracht kommen rechtskräftige Verurteilungen wegen Bankrotts (§ 283 StGB), Verletzung

---

[80] *Hüffer* AktG § 78 Rn 11; *Bürgers/Israel* in Bürgers/Körber AktG § 78 Rn 10; *Fleischer* in Spindler/Stilz AktG § 78 Rn 23; *Tomat* in Schüppen/Schaub MünchAnwaltshdb AktR § 22 Rn 169.

[81] *Hüffer* AktG § 76 Rn 22; *Fleischer* in Spindler/Stilz AktG § 76 Rn 98; *Spindler* in MünchKomm AktG § 76 Rn 96.

[82] *Hüffer* AktG § 76 Rn 25; *Fleischer* in Spindler/Stilz AktG § 76 Rn 106; *Bürgers/Israel* in Bürgers/Körber AktG § 76 Rn 33; *Spindler* in MünchKomm AktG § 76 Rn 103; *Kort* in Großkomm AktG § 76 Rn 207; *Peltzer* in Semler/Peltzer ArbHdb für Vorstandsmitglieder § 2 Rn 19.

[83] Zu den Einzelheiten vgl.: *Kort* in Großkomm AktG § 76 AktG Rn 212 ff.; *Mertens* in Kölner Komm AktG § 76 Rn 102 ff.; *Fleischer* in Spindler/Stilz AktG § 76 Rn 118 ff.; *Spindler* in MünchKomm AktG § 76 Rn 111 f.

der Buchführungspflicht (§ 283b StGB), Gläubigerbegünstigung (§ 283c StGB) oder Schuldnerbegünstigung (§ 283d StGB).

Zum Vorstandsmitglied kann auch berufen werden, wer Aktionär – auch Allein- oder Mehrheitsaktionär – der Gesellschaft ist[84]. Inkompatibel sind hingegen die gleichzeitige Mitgliedschaft in Vorstand und Aufsichtsrat (§ 105 Abs. 1 AktG). Hierdurch soll vermieden werden, dass ein Aufsichtsratsmitglied im Rahmen der Kontrollpflichten des Aufsichtsrats über die Rechtmäßigkeit seines eigenen Vorstandshandelns zu entscheiden hat[85]. Der Aufsichtsrat kann einzelne seiner Mitglieder nur ausnahmsweise für einen begrenzten Zeitraum von höchstens einem Jahr zu Stellvertretern von fehlenden oder verhinderten Vorstandsmitgliedern bestellen (§ 105 Abs. 2 AktG).

Keine gesetzlichen Eignungsvoraussetzungen bestehen hinsichtlich der Staatsangehörigkeit[86] oder des Wohnsitzes[87]. Ein Vorstandsmitglied muss demnach weder deutscher Staatsangehöriger sein noch seinen Wohnsitz im Inland haben. Das vorgesehene Vorstandsmitglied muss allerdings nach zutreffender herrschender Meinung berechtigt sein, in die Bundesrepublik Deutschland einzureisen[88].

Die Satzung der Aktiengesellschaft kann neben den gesetzlichen Voraussetzungen zusätzliche persönliche und fachliche Qualifikationen für den Vorstand fordern. Zulässig ist es, Eignungsvoraussetzungen festzulegen, die im Hinblick auf die Art und Größe des Unternehmens, den Unternehmensgegenstand und auch wegen der speziellen Funktion des betreffenden Vorstandsmitglieds sinnvoll sind, also etwa eine spezielle Berufsausbildung oder Auslandserfahrung[89].

---

[84] *Hüffer* AktG § 76 Rn 25; *Spindler* in MünchKomm AktG § 76 Rn 106; *Ek/von Hoyenberg* Aktiengesellschaften S. 68.

[85] *Hüffer* AktG § 105 Rn 1; *Spindler* in Spindler/Stilz AktG § 105 Rn 6; *Bürgers/Israel* in Bürgers/Körber AktG § 105 Rn 1; *Mertens* in Kölner Komm AktG § 105 Rn 2; *Ek* Aktiengesellschaften S. 68.

[86] *Hüffer* AktG § 76 Rn 25; *Fleischer* in Spindler/Stilz AktG § 76 Rn 109; *Bürgers/Israel* in Bürgers/Körber AktG § 76 Rn 33; *Spindler* in MünchKomm AktG § 76 Rn 104; *Kort* in Großkomm AktG § 76 Rn 209; *Erdmann* NZG 2002, 503 f.

[87] *Hüffer* AktG § 76 Rn 25; *Fleischer* in Spindler/Stilz AktG § 76 Rn 109; *Bürgers/Israel* in Bürgers/Körber AktG § 76 Rn 33; *Kort* in Großkomm AktG § 76 Rn 209; *Mertens* in Kölner Komm AktG § 76 Rn 101; *Erdmann* NZG 2002, 503, 505 ff.

[88] OLG Celle ZIP 2007, 1157 f.; OLG Frankfurt/Main FGPrax 2001, 124 f.; OLG Hamm FGPrax 1999, 233, 234; OLG Köln GmbHR 1999, 182, 183; *Hüffer* AktG § 76 Rn 25; *Fleischer* in Spindler/Stilz AktG § 76 Rn 109; *Kort* in Großkomm AktG § 76 Rn 209; *Erdmann* NZG 2002, 503, 505 ff.; *Teichmann* IPRax 2000, 110, 113 f.; *Bürgers/Israel* in Bürgers/Körber AktG § 76 Rn 33; *Oltmanns* in Heidel AktG § 76 Rn 24; *Seibt* in Schmidt/Lutter AktG § 76 Rn 24; *Fleischer* in ders. Hdb des Vorstandsrechts § 1 Rn 78; a.A. OLG Düsseldorf NZG 2009, 682; OLG Dresden NZG 2003, 628, 629; *Wiesner* in MünchHdb AG § 20 Rn 1; *Mertens* in Kölner Komm AktG § 76 Rn 101.

[89] *Hüffer* AktG § 76 Rn 26; *Fleischer* in Spindler/Stilz AktG § 76 Rn 115; *Bürgers/Israel* in Bürgers/Körber AktG § 76 Rn 37.

ff) Bestellung und Abberufung

Für die Bestellung der Vorstandsmitglieder ist allein der Aufsichtsrat zuständig (§ 84 Abs. 1 AktG). Zuständig ist insoweit immer der gesamte Aufsichtsrat. Er darf die Bestellung eines Vorstandsmitglieds weder an Dritte oder die Hauptversammlung noch an einen Ausschuss, insbesondere nicht den Personalausschuss, delegieren (§ 107 Abs. 3 S. 2 AktG)[90].

Erfüllt der Bewerber die in Gesetz und Satzung aufgeführten Eignungsvoraussetzungen, unterliegt der Aufsichtsrat im Übrigen hinsichtlich der Auswahl keiner Bindung[91]. Besteht der Vorstand aus mehreren Mitgliedern, so kann der Aufsichtsrat einen Vorstandsvorsitzenden ernennen (§ 84 Abs. 2 AktG). Geschieht dies nicht, kann der Vorstand selbst einen Vorstandssprecher bestimmen, dessen Funktion nach der Gesetzesintention aber im Wesentlichen auf Repräsentation und Sitzungsleitung beschränkt ist[92]. Ausnahmsweise kommt eine Ersatzbestellung von Vorstandsmitgliedern durch das Gericht in Betracht, wenn ein erforderliches Vorstandsmitglied fehlt, der Aufsichtsrat sich nicht auf einen Kandidaten einigen kann und eine Vervollständigung des Vorstands dringend erforderlich ist (§ 85 Abs. 1 AktG).

Die Amtszeit eines Vorstandsmitglieds kann höchstens fünf Jahre betragen (§ 84 Abs. 1 S. 1 AktG). Die Frist beginnt mit dem Tag, an dem das Vorstandsmitglied bestellt wurde. Der Bestellungsakt ist dann abgeschlossen, wenn die ausgewählte Person erklärt hat, dass sie das Vorstandsamt annimmt[93]. In den Grenzen der gesetzlichen Höchstdauer von fünf Jahren ist der Aufsichtsrat frei, die Dauer der Amtszeit festzulegen[94]. In diesem Rahmen liegt die Dauer der Bestellung im Ermessen des Aufsichtsrats[95]. Er kann demnach die ausgewählte Person auch nur für ein oder zwei Jahre bestellen. Eine wiederholte Bestellung oder Verlängerung für jeweils höchstens fünf Jahre ist zulässig (§ 84 Abs. 1 S. 2 AktG). In einem solchen Fall muss der Aufsichtsrat jeweils einen neuen Beschluss fassen. Dieser Beschluss darf nicht früher

---

[90] *Hüffer* AktG § 84 Rn 5; *Fleischer* in Spindler/Stilz AktG § 84 Rn 9; *Bürgers/Israel* in Bürgers/Körber AktG § 84 Rn 3; *Mertens* in Kölner Komm AktG § 84 Rn 8; *Ek/von Hoyenberg* Aktiengesellschaften S. 73.

[91] *Hüffer* AktG § 84 Rn 5; *Spindler* in MünchKomm AktG § 84 Rn 12 f.; *Mertens* in Kölner Komm AktG § 84 Rn 9.

[92] *Hüffer* AktG § 84 Rn 22; *Fleischer* in Spindler/Stilz AktG § 84 Rn 88; *Bürgers/Israel* in Bürgers/Körber AktG § 84 Rn 22; *Spindler* in MünchKomm AktG § 84 Rn 102.

[93] *Hüffer* AktG § 84 Rn 3; *Spindler* in MünchKomm AktG § 84 Rn 21; *Ek/von Hoyenberg* Aktiengesellschaften S. 70.

[94] Eine Mindestdauer ist nicht gesetzlich vorgeschrieben, wird aber zu Recht bei einem Jahr angenommen, um die Unabhängigkeit des Vorstands nicht zu unterlaufen, vgl.: *Tomat/Nehls* in Schüppen/Schaub MünchAnwaltshdb AktR § 22 Rn 39; *Fleischer* in Spindler/Stilz AktG § 84 Rn 12; *Bürgers/Israel* in Bürgers/Körber AktG § 84 Rn 8; *Spindler* in MünchKomm AktG § 84 Rn 38.

[95] *Fleischer* in Spindler/Stilz AktG § 84 Rn 14; *Bürgers/Israel* in Bürgers/Körber AktG § 84 Rn 7; *Tomat/Nehls* in Schüppen/Schaub MünchAnwaltshdb AktR § 22 Rn 40; *Spindler* in MünchKomm AktG § 84 Rn 38.

als ein Jahr vor Ablauf der bisherigen Amtszeit gefasst werden (§ 84 Abs. 1 S. 3, 2. Hbs. AktG).

Wie die Bestellung liegt auch ihr Widerruf in der ausschließlichen, unbeschränkbaren Zuständigkeit des Aufsichtsrats[96]. Gemäß § 84 Abs. 3 S. 1 i.V.m. § 108 Abs. 1 AktG kann die Bestellung eines Vorstandsmitglieds aus wichtigem Grund durch Aufsichtsratsbeschluss widerrufen werden. Ein wichtiger Grund ist insbesondere bei grober Pflichtverletzung, Unfähigkeit zur ordnungsgemäßen Geschäftsführung oder Vertrauensentzug durch die Hauptversammlung aus nicht offenbar unsachlichen Gründen gegeben und wenn die Fortsetzung des Organverhältnisses bis zum Ende der Amtszeit – nach herrschender, aber sehr zweifelhafter Meinung unter Berücksichtigung sowohl der Interessen der Gesellschaft als auch des Vorstandsmitglieds[97] – für die Gesellschaft unzumutbar ist[98].

c) Der Aufsichtsrat

Der Aufsichtsrat ist Pflichtorgan der Aktiengesellschaft. Ihm obliegt in erster Linie die Überwachung, Kontrolle und Beratung des Vorstands (§ 111 Abs. 1 AktG). Um dieser Aufgabe sachgerecht nachkommen zu können ist der Aufsichtsrat berechtigt, jederzeit die Bücher und Schriften der Gesellschaft sowie deren Vermögensgegenstände einzusehen und zu prüfen (§ 111 Abs. 2 AktG). Zudem besteht eine ausführliche Berichtspflicht des Vorstands, die mit einem Informationsrecht des Aufsichtsrats korrespondiert (§ 90 AktG). In die Berichtspflicht einbezogen ist insbesondere die Erläuterung der künftigen Unternehmenspolitik in allen wichtigen Gebieten, beispielsweise bezogen auf die Produkte oder Dienstleistungen des Unternehmens, die Investitionsentwicklung und die Personalpolitik[99].

---

[96] *Hüffer* AktG § 84 Rn 85; *Fleischer* in Spindler/Stilz AktG § 84 Rn 94; *Bürgers/Israel* in Bürgers/Körber AktG § 84 Rn 7; *Tomat/Nehls* in Schüppen/Schaub MünchAnwaltshdb AktR § 22 Rn 47; *Spindler* in MünchKomm AktG § 84 Rn 105; *Mertens* in Kölner Komm AktG § 84 Rn 93, 115; *Peltzer* in Semler/Peltzer ArbHdb für Vorstandsmitglieder § 2 Rn 97.

[97] BGH WM 1962, 811 f.; BGH WM 1968, 1325, 1326; BGH NJW-RR 1988, 352, 353; *Hüffer* AktG § 84 Rn 26; *Fleischer* in Spindler/Stilz AktG § 84 Rn 100; *Bürgers/Israel* in Bürgers/Körber AktG § 84 Rn 28; *Mertens* in Kölner Komm AktG § 84 Rn 103; *Tomat/Nehls* in Schüppen/Schaub MünchAnwaltshdb AktR § 22 Rn 50; *Janzen* NZG 2003, 468, 470; *Grumann/Gillmann* DB 2003, 770, 771; a.A. (allein die Interessen der Gesellschaft sind zu berücksichtigen) *Krieger* Personalentscheidungen des Aufsichtsrats *S. 132; Wiesner* in MünchHdb AG § 20 Rn 43; *Spindler* in MünchKomm AktG § 84 Rn 117.

[98] BGH NJW-RR 1988, 352, 353; OLG Stuttgart AG 2003, 211, 212; *Fleischer* in Spindler/Stilz AktG § 84 Rn 99; *Bürgers/Israel* in Bürgers/Körber AktG § 84 Rn 28; *Hüffer* AktG § 84 Rn 26. Zu den in § 84 Abs. 3 S. 2 AktG genannten Beispielsfällen für eine Abberufung aus wichtigem Grund vgl.: *Hüffer* AktG § 84 Rn 28; *Tomat/Nehls* in Schüppen/Schaub MünchAnwaltshdb AktR § 22 Rn 54 ff.; *Spindler* in MünchKomm AktG § 84 Rn 119 ff.

[99] *Hüffer* AktG § 90 Rn 4 ff.; *Fleischer* in Spindler/Stilz AktG § 90 Rn 19 ff.; *Bürgers/Israel* in Bürgers/Körber AktG § 90 Rn 8.

Dem Aufsichtsrat ist ferner eine Reihe wichtiger unternehmerischer Führungsentscheidungen zugewiesen. Der Aufsichtsrat ist insbesondere zuständig für die Bestellung, die Anstellung und die Abberufung von Vorstandsmitgliedern (§ 84 AktG). Hiermit korrespondiert, dass die gerichtliche und außergerichtliche Vertretung der Aktiengesellschaft gegenüber aktuellen und ausgeschiedenen Vorstandsmitgliedern durch den Aufsichtsrat erfolgt (§ 112 AktG). Weiterhin bestehen seine wesentlichen Aufgaben in der Zustimmung zu bestimmten Arten von Geschäften (§ 111 Abs. 4 S. 2 AktG), der Prüfung und Feststellung des Jahresabschlusses (§§ 171, 172 AktG) und der Vertretung der Gesellschaft in Anfechtungs- und Nichtigkeitsprozessen (§§ 246 Abs. 2, 249 AktG). Wegen des Grundsatzes der Satzungsstrenge (§ 23 Abs. 5 AktG) können die Zuständigkeiten des Aufsichtsrats durch die Satzung weder erweitert noch eingeschränkt werden.

aa) Überwachung der Geschäftsführung

Vornehmliche Aufgabe des Aufsichtsrats ist die Überwachung der Geschäftsführung durch den Vorstand. Anders als nach § 77 AktG umfasst der Begriff der Geschäftsführung i.S.v. § 111 Abs. 1 AktG nicht alle Geschäftsführungsmaßnahmen des Vorstands. Die Überwachungs- und Kontrollaufgabe des Aufsichtsrats beschränkt sich daher auf die Leitungs- und Führungsentscheidungen des Vorstands i.S.v. § 76 Abs. 1 AktG sowie auf wesentliche Einzelgeschäftsführungsmaßnahmen[100]. Die Kontrolle von Geschäftsführungsmaßnahmen, die weniger wichtig sind, wie das laufende Tagesgeschäft, muss unterbleiben, um nicht in die Leitungsautonomie des Vorstands einzugreifen[101]. Konkretisiert werden die Überwachungsaufgaben des Aufsichtsrats durch die gesetzlich ausdrücklich angesprochenen Prüfungspflichten[102] und durch die Berichtspflichten des Vorstands gegenüber dem Aufsichtsrat (§ 90 Abs. 1 AktG). Soweit eine Berichtspflicht des Vorstands besteht, besteht auch eine Prüfungspflicht des Aufsichtsrats[103].

Die Überwachung des Vorstands richtet sich sowohl auf die abgeschlossene Tätigkeit des Vorstands – insbesondere die Prüfung des Jahresabschlusses und des Lageberichts (§ 171 Abs. 1 AktG) sowie der Berichte des Vorstands (§ 90 Abs. 1 AktG) –

---

[100] *Hüffer* AktG § 111 Rn 3; *Spindler* in Spindler/Stilz AktG § 111 Rn 7; *Bürgers/Israel* in Bürgers/Körber AktG § 111 Rn 3; *Lutter/Krieger* Rechte und Pflichten des AR Rn 63 ff.; *Tomat* in Schüppen/Schaub MünchAnwaltshdb AktR § 23 Rn 64; *Hopt/Roth* in Großkomm AktG § 111 Rn 160.

[101] *Spindler* in Spindler/Stilz AktG § 111 Rn 8; *Lutter/Krieger* Rechte und Pflichten des AR Rn 65 f.; a.A. wohl *Hopt/Roth* in Großkomm AktG § 111 Rn 161.

[102] Prüfung des Jahresabschlusses, Konzernabschlusses, Lageberichts und des Vorschlags für die Gewinnverwendung (§ 171 Abs. 1 AktG) und Pflicht zur Prüfung eines etwaigen Abhängigkeitsberichts (§ 314 Abs. 1 AktG).

[103] *Semler* in MünchKomm AktG § 111 Rn 99; *Hopt/Roth* in Großkomm AktG § 111 Rn 162.

als auch präventiv auf geplante Geschäftsführungsmaßnahmen[104]. Ferner hat der Aufsichtsrat mögliche Pflichtverletzungen des Vorstands und etwaige Schadenersatzsprüche der Gesellschaft zu untersuchen und diese gegebenenfalls geltend zu machen[105].

Im Hinblick auf zukünftige Maßnahmen ist der Aufsichtsrat aber auch verpflichtet, den Vorstand zu beraten und mit ihm Fragen der Geschäftsleitung zu erörtern. Der Aufsichtsrat nimmt so an der Leitungsaufgabe des Vorstands teil[106]. Begrenzt wird das Recht zur Beratung durch den Bereich der Leitungsbefugnis, die ausschließlich dem Vorstand zugewiesen ist[107].

bb) Größe und Zusammensetzung des Aufsichtsrats

Der Aufsichtsrat besteht aus mindestens drei Mitgliedern (§ 95 Abs. 1 S. 1 AktG). Die Satzung kann eine bestimmte höhere Zahl festsetzen, die jedoch durch drei teilbar sein muss (§ 95 Abs. 1 S. 3 AktG). Möglich ist daher nur ein Aufsichtsrat mit drei, sechs, neun, zwölf usw. Mitgliedern[108]. Die zulässige Höchstzahl der Aufsichtsratsmitglieder richtet sich nach der Höhe des Grundkapitals der Gesellschaft und beträgt höchstens einundzwanzig (§ 95 Abs. 1 S. 4 AktG). Sofern die Aktiengesellschaft mindestens 500 Arbeitnehmer beschäftigt, sind die mitbestimmungsrechtlichen Vorschriften für die Besetzung des Aufsichtsrats entscheidend[109]. In einem solchen Fall müssen mindestens ein Drittel der Mitglieder des Aufsichtsrats Arbeitnehmervertreter sein[110]. Ab 2000 Mitarbeitern ist der Aufsichtsrat im Anwendungsbereich des Mitbestimmungsgesetzes zur Hälfte aus Arbeitnehmervertretern zu besetzen. Er besteht abhängig von der Anzahl der Arbeitnehmer aus zwölf, sech-

[104] BGHZ 114, 127 ff.; *Hüffer* AktG § 111 Rn 4, 5; *Spindler* in Spindler/Stilz AktG § 111 Rn 10; *Tomat* in Schüppen/Schaub MünchAnwaltshdb AktR § 23 Rn 66 ff.; *Hoffmann-Becking* in MünchHdb AG § 29 Rn 22, 32; *Hopt/Roth* in Großkomm AktG § 111 Rn 204; *Schlitt* DB 2005, 2007.

[105] BGHZ 135, 244 ff.; BGH NZG 2009, 550; OLG Karlsruhe WM 2009, 1147; *Hüffer* AktG § 111 Rn 4a f.; *Spindler* in Spindler/Stilz AktG § 111 Rn 27; *Breuer/Fraune* in Heidel AktG § 111 Rn 12; *Hopt/Roth* in Großkomm AktG § 111 Rn 238.

[106] BGHZ 114, 127, 130; *Hüffer* AktG § 111 Rn 5; *Spindler* in Spindler/Stilz AktG § 111 Rn 10; *Bürgers/Israel* in Bürgers/Körber AktG § 111 Rn 4; *Hoffmann-Becking* in MünchHdb AG § 29 Rn 32; *Lutter/Krieger* Rechte und Pflichten des AR Rn 94; a. A. (keine Pflicht zur Beratung des Vorstands) *Jäger* DStR 1996, 671, 675; *Theisen* AG 1995, 193, 199 f.

[107] *Spindler* in Spindler/Stilz AktG § 111 Rn 10; *Lutter/Krieger* Rechte und Pflichten des AR Rn 94.

[108] *Hüffer* AktG § 95 Rn 3; *Spindler* in Spindler/Stilz AktG § 95 Rn 14; *Bürgers/Israel* in Bürgers/Körber AktG § 95 Rn 5; *Tischendorf/Faust-Beyer* Der AG-Vorstand S. 23; *Hopt/Roth* in Großkomm AktG § 95 Rn 61.

[109] Mitbestimmungsgesetz 1976 (MitbestG), Montan-Mitbestimmungsgesetz (MontanMitbestG), Montan-Mitbestimmungsergänzungsgesetz (MontanMitbestErgG), Drittelbeteiligungsgesetz (DrittelbG).

[110] Vgl. § 4 Abs. 1 DrittelbG.

zehn oder zwanzig Mitgliedern[111]. Im Anwendungsbereich des Montanmitbestimmungsgesetzes besteht er in der Regel aus elf Mitgliedern, wobei die Satzung in Abhängigkeit vom Nennkapital eine Mitgliederzahl von fünfzehn oder einundzwanzig vorsehen kann[112].

cc) Persönliche Voraussetzungen

Nur natürliche, unbeschränkt geschäftsfähige Personen können Aufsichtsratsmitglieder sein (§ 100 Abs. 1 S. 1 AktG). Der Wohnsitz oder die Staatsangehörigkeit der Aufsichtsratsmitglieder ist unbeachtlich[113].

Ausgeschlossen als Aufsichtsratsmitglied ist gemäß § 100 Abs. 2 AktG, wer bereits in zehn Handelsgesellschaften, die gesetzlich einen Aufsichtsrat zu bilden haben, Aufsichtsratsmitglied ist (§ 100 Abs. 2 Nr. 1 AktG), wer gesetzlicher Vertreter eines von der Gesellschaft abhängigen Unternehmens ist (§ 100 Abs. 2 Nr. 2 AktG) oder wer gesetzlicher Vertreter einer anderen Kapitalgesellschaft ist, deren Aufsichtsrat ein Vorstandsmitglied der Gesellschaft angehört (§ 100 Abs. 2 Nr. 3 AktG – so genannte Überkreuzverflechtung)[114]. Zudem ist eine Mitgliedschaft im Aufsichtsrat gemäß § 105 Abs. 1 AktG für Mitglieder des Vorstands ausgeschlossen. Die weiteren an Aufsichtsratsmitglieder der Arbeitnehmer zu stellenden persönlichen Voraussetzungen richten sich nach den Mitbestimmungsgesetzen (§ 100 Abs. 3 AktG). Für die Aufsichtsratsmitglieder der Anteilseigner sowie nach der Satzung zu entsendende Aufsichtsratsmitglieder kann die Satzung weitergehende Anforderungen vorsehen, sofern hierdurch die freie Auswahl durch die Hauptversammlung nicht eingeschränkt wird[115]. Durch das kürzlich verabschiedete Gesetz zur Angemessenheit der Vorstandsvergütung (VorstAG) dürfen ehemalige Vorstandsmitglieder während einer zweijährigen Karenzzeit nach ihrem Ausscheiden nicht Mitglieder des Aufsichtsrats werden. Dies gilt nicht, wenn die Wahl in den Aufsichtsrat auf Vorschlag von Aktionären erfolgt, die mehr als 25% der Stimmrechte an der Gesellschaft halten (§ 100 Abs. 2 S. 1 Nr. 4 AktG), wodurch insbesondere den Interessen von Familiengesellschaften Rechnung getragen werden soll[116]. Der Deutsche Corporate Governance Kodex empfiehlt für diesen Fall, dass die Übernahme des Aufsichtsrats-

[111] Vgl. § 7 Abs. 1 Nr. 1 bis 3 MitbestG.

[112] Vgl. §§ 4, 9 MontanMitbestG.

[113] *Hüffer* AktG § 100 Rn 2; *Mertens* in Kölner Komm AktG § 100 Rn 6; *Hopt/Roth* in Großkomm AktG § 100 Rn 19.

[114] Vgl. zur Berechnung der Gesamtzahl der Aufsichtsratsmandate nach § 100 Abs. 2 S. 3 AktG: *Hüffer* AktG § 100 Rn 3 ff.; *Spindler* in Spindler/Stilz AktG § 100 Rn 10 ff.; *Bürgers/Israel* in Bürgers/Körber AktG § 100 Rn 3; *Breuer/Fraune* in Heidel AktG § 100 Rn 6 ff.; *Hopt/Roth* in Großkomm AktG § 100 Rn 32 ff.

[115] RGZ 133, 90, 94; *Hüffer* AktG § 100 Rn 9; *Spindler* in Spindler/Stilz AktG § 100 Rn 36; *Bürgers/Israel* in Bürgers/Körber AktG § 100 Rn 10; *Mertens* in Kölner Komm AktG § 100 Rn 28; *Hopt/Roth* in Großkomm AktG § 100 Rn 100 ff.

[116] Begründung VorstAG-RegE BT-Drs 16/13433 S. 17; *Hohenstatt* ZIP 2009, 1349, 1355.

vorsitzes durch das ehemalige Vorstandsmitglied eine zu begründende Ausnahme bilden soll (Ziffer 5.4.4 DCGK).

Nach Inkrafttreten des Gesetzes zur Modernisierung des Bilanzrechts (BilMoG)[117] am 25. Mai 2009 muss bei kapitalmarktorientierten Unternehmen mindestens ein unabhängiges Aufsichtsratsmitglied über speziellen Sachverstand in den Bereichen Rechnungslegung und Abschlussprüfung verfügen (§ 100 Abs. 5 AktG). Entsprechendes gilt für den Prüfungsausschuss. Bezüglich der Unabhängigkeit führt die Regierungsbegründung zum BilMoG aus, dass *„nicht nur die aktuelle Zugehörigkeit zur Geschäftsführung, sondern auch andere Gesichtspunkte, insbesondere unmittelbare oder mittelbare geschäftliche, finanzielle oder persönliche Beziehungen zur Geschäftsführung [...] eine Besorgnis der Befangenheit begründen"*[118]. Die Neuregelung findet ab der ersten Bestellung nach Inkrafttreten des BilMoG Anwendung, sei es durch Aufsichtsratswahl oder gerichtliche Bestellung[119].

dd) Bestellung und Abberufung

Die Bestellung der Aufsichtsratsmitglieder erfolgt durch Wahl oder Entsendungsakt[120]. Die Aufsichtsratsmitglieder, die nicht Arbeitnehmervertreter sind oder in den Aufsichtsrat zu entsenden sind, werden von der Hauptversammlung gewählt (§ 101 Abs. 1 AktG). Nur der erste Aufsichtsrat der Gesellschaft wird durch die Gründer bestellt (§ 30 Abs. 1 AktG). Die Wahl der Aufsichtsratsmitglieder der Arbeitnehmer bestimmt sich nach den Vorschriften der Mitbestimmungsgesetze[121]. Das Wahlrecht ist unabdingbar und die Hauptversammlung daher frei und unabhängig in ihrer Wahl[122]. In der Satzung kann namentlich benannten Aktionären oder Inhabern bestimmter vinkulierter Inhaberaktien das Recht zur Entsendung einer Person oder mehrerer Personen in den Aufsichtsrat, höchstens jedoch bis zu einem Drittel der Aktionärsvertreter im Aufsichtsrat, eingeräumt werden (§ 101 Abs. 2 AktG)[123].

---

[117] BGBl I 2009, S. 1102.

[118] Begründung BilMoG-RegE, BT-Drs. 16/10067 S. 101; *Bröcker/Mosel* GWR 2009, 132.

[119] *van Laak* AG-Report 2009, R 249.

[120] *Hüffer* AktG § 101 Rn 3; *Spindler* in Spindler/Stilz AktG § 101 Rn 14; *Bürgers/Israel* in Bürgers/Körber AktG § 101 Rn 1; *Mertens* in Kölner Komm AktG § 101 Rn 1; *Hopt/Roth* in Großkomm AktG § 101 Rn 13 ff.

[121] Vgl. *Fuchs/Köstler* Hdb AR-Wahl Rn 15 ff.; *Spindler* in Spindler/Stilz AktG § 101 Rn 20; *Bürgers/Israel* in Bürgers/Körber AktG § 101 Rn 8; *Mertens* in Kölner Komm AktG § 96 Rn 4 ff.; *Hopt/Roth* in Großkomm AktG § 96 Rn 7 ff.

[122] *Spindler* in Spindler/Stilz AktG § 101 Rn 15; *Bürgers/Israel* in Bürgers/Körber AktG § 101 Rn 4; *Mertens* in Kölner Komm AktG § 101 Rn 17; *Hopt/Roth* in Großkomm AktG § 101 Rn 18.

[123] *Hüffer* AktG § 101 Rn 8 ff.; *Spindler* in Spindler/Stilz AktG § 101 Rn 47 ff.; *Bürgers/Israel* in Bürgers/Körber AktG § 101 Rn 10 ff.; *Mertens* in Kölner Komm AktG § 101 Rn 38 ff.; *Hopt/Roth* in Großkomm AktG § 101 Rn 102 ff.

Die Aufsichtsratsmitglieder können längstens für die Zeit bis zur Beendigung der Hauptversammlung gewählt werden, die über die Entlastung für das vierte Geschäftsjahr nach dem Beginn der Amtszeit beschließt. Dabei wird das Geschäftsjahr, in dem die Amtszeit beginnt, nicht mitgerechnet (§ 102 I AktG). Dies bedeutet, dass die höchstzulässige Amtsdauer etwa fünf Jahre beträgt. Die Satzung kann eine kürzere Amtsdauer vorsehen[124]. Wirksam wird die Bestellung durch Wahl oder Entsendung mit der Annahmeerklärung der gewählten bzw. entsandten Person[125]. Die Amtszeit endet durch Zeitablauf. Das Amt kann allerdings durch Amtsniederlegung oder Abberufung auch vorzeitig beendet werden.

Die Niederlegung des Amtes durch ein Aufsichtsratsmitglied darf nicht zur Unzeit erfolgen[126]. Sie erfordert eine empfangsbedürftige Willenserklärung des Aufsichtsratsmitglieds. Sie wird wirksam, wenn sie der Gesellschaft zugeht[127]. Umstritten ist, ob die Erklärung dem Vorstand zuzugehen hat oder ob auch eine Erklärung gegenüber dem Aufsichtsratsvorsitzenden oder sogar gegenüber der Hauptversammlung ausreichend ist[128]. Eine Erklärung gegenüber dem Vorstand ist jedenfalls zulässig und ausreichend und deshalb zu empfehlen. Eine zusätzliche Übersendung an den Aufsichtsratsvorsitzenden zur Unterrichtung ist in der Praxis üblich.

Die Abberufung der Aufsichtsratsmitglieder der Anteilseigner setzt einen entsprechenden Beschluss der Hauptversammlung voraus (§ 103 Abs. 1 S. 1 AktG), der in der Regel eine Mehrheit von mindestens Dreiviertel der abgegebenen Stimmen erfordert (§ 103 Abs. 1 S. 2 AktG). Die Satzung kann gemäß § 103 Abs. 1 S. 3 AktG eine andere Mehrheit oder weitergehende Abberufungsvoraussetzungen vorsehen.

---

[124] *Hüffer* AktG § 102 Rn 4; *Spindler* in Spindler/Stilz AktG § 102 Rn 10; *Bürgers/Israel* in Bürgers/Körber AktG § 102 Rn 4; *Lutter/Krieger* Rechte und Pflichten des AR Rn 25; *Mertens* in Kölner Komm AktG § 102 Rn 6; *Tomat* in Schüppen/Schaub MünchAnwaltshdb AktR § 23 Rn 140; *Hopt/Roth* in Großkomm AktG § 102 Rn 14.

[125] *Hüffer* AktG § 101 Rn 7; *Spindler* in Spindler/Stilz AktG § 101 Rn 9; *Bürgers/Israel* in Bürgers/Körber AktG § 101 Rn 7; *Mertens* in Kölner Komm AktG § 101 Rn 26; *Hopt/Roth* in Großkomm AktG § 102 Rn 30.

[126] *Hüffer* AktG § 103 Rn 17; *Spindler* in Spindler/Stilz AktG § 103 Rn 59; *Bürgers/Israel* in Bürgers/Körber AktG § 103 Rn 17; *Hoffmann-Becking* MünchHdb AG § 30 Rn 48; *Mertens* in Kölner Komm AktG § 103 Rn 56; *Hopt/Roth* in Großkomm AktG § 103 Rn 83; a.A. *Lutter/Krieger* Rechte und Pflichten des AR Rn 27.

[127] *Hüffer* AktG § 103 Rn 17; *Bürgers/Israel* in Bürgers/Körber AktG § 103 Rn 18; *Mertens* in Kölner Komm AktG § 103 Rn 58; *Lutter/Krieger* Rechte und Pflichten des AR Rn 29; *Hopt/Roth* in Großkomm AktG § 103 Rn 89.

[128] (Nur gegenüber dem Vorstand) *Hoffmann-Becking* in MünchHdb AG § 30 Rn 49; *Hopt/Roth* in Großkomm AktG § 103 Rn 89; (auch gegenüber dem Aufsichtsratsvorsitzenden) *Spindler* in Spindler/Stilz AktG § 103 Rn 60; *Bürgers/Israel* in Bürgers/Körber AktG § 103 Rn 18; *Lutter/Krieger* Rechte und Pflichten des AR Rn 29; *Mertens* in Kölner Komm AktG § 103 Rn 58; *v. Godin/Wilhelmi* AktG § 103 Rn 10; (auch gegenüber der Hauptversammlung) *Mertens* in Kölner Komm AktG § 103 Rn 58; *Lutter/Krieger* Rechte und Pflichten des AR Rn 29; *v. Godin/Wilhelmi* AktG § 103 Rn 10; (soweit das Aufsichtsratsmitglied durch die Hauptversammlung gewählt wurde) *Hüffer* AktG § 103 Rn 17.

Die Abberufung der Arbeitnehmervertreter richtet sich wie deren Bestellung nach den Bestimmungen der Mitbestimmungsgesetze[129]. Entsandte Aufsichtsratsmitglieder können gemäß § 103 Abs. 2 AktG grundsätzlich vom Entsendungsberechtigten abberufen werden. Die Abberufung durch den Entsendungsberechtigten kann jederzeit erfolgen, ohne dass es eines wichtigen Grundes bedarf[130].

d) Die Hauptversammlung

Die Aktionäre üben ihre Rechte in den Angelegenheiten der Gesellschaft in der Hauptversammlung aus, soweit das Gesetz nichts anderes bestimmt (§ 118 Abs. 1 AktG). Die Hauptversammlung ist der Ort, an dem die Aktionäre Beschlüsse fassen. Nach der strikten aktienrechtlichen Kompetenzverteilung zwischen Hauptversammlung, Vorstand und Aufsichtsrat stehen der Hauptversammlung keine allumfassenden Kompetenzen zu. Vielmehr ist die Hauptversammlung nur dann zuständig, wenn ihr in Gesetz, Satzung oder durch richterliche Rechtsfortbildung Kompetenzen ausdrücklich zugewiesen werden[131].

Kraft Gesetzes ist die Hauptversammlung insbesondere bei den in § 119 Abs. 1 AktG genannten regelmäßig wiederkehrenden Maßnahmen zuständig, wie der Wahl der Aufsichtsratsmitglieder der Aktionäre, der Verwendung des festgestellten Bilanzgewinns, der Entlastung von Vorstand und Aufsichtsrat oder der Bestellung des Abschlussprüfers und bei Grundlagen- oder Strukturmaßnahmen, wie Satzungsänderungen, Maßnahmen der Kapitalbeschaffung und -herabsetzung oder der Auflösung der Gesellschaft. Darüber hinaus kommt der Hauptversammlung eine Entscheidungskompetenz in sonst gesetzlich geregelten Fällen, wie bei Unternehmensverträgen (§§ 293 Abs. 1, Abs. 2, 295 Abs. 1 AktG), Squeeze-Out-Beschlüssen (§§ 327a ff. AktG), Verschmelzungen (§§ 65, 73 UmwG), Vermögensübertragungen (§ 179a Abs. 1 AktG, §§ 174 ff. UmwG) oder Umwandlungen (§§ 226 ff. UmwG) zu.

Bei Geschäftsführungsmaßnahmen besteht grundsätzlich keine Zuständigkeit der Hauptversammlung. Das Aktiengesetz selbst lässt von diesem Grundsatz nur eine Ausnahme zu, wenn der Vorstand die Beschlussfassung der Hauptversammlung ausdrücklich verlangt (§§ 119 Abs. 2, 111 Abs. 4 S. 3 AktG). Ob daneben weitere, un-

---

[129] Vgl. hierzu: *Hoffmann/Preu* Aufsichtsrat, Rn 710 ff.; *Spindler* in Spindler/Stilz AktG § 103 Rn 41 f.; *Bürgers/Israel* in Bürgers/Körber AktG § 103 Rn 15; *Fuchs/Köstler* Hdb AR-Wahl Rn 399 ff. (MitbestG), 549 ff. (DrittelbG); *Hopt/Roth* in Großkomm AktG § 103 Rn 77.

[130] *Hüffer* AktG § 103 Rn 7; *Spindler* in Spindler/Stilz AktG § 103 Rn 18; *Mertens* in Kölner Komm AktG § 103 Rn 19; *Hopt/Roth* in Großkomm AktG § 103 Rn 29.

[131] *Hüffer* AktG § 119 Rn 1; *Hoffmann* in Spindler/Stilz AktG § 119 Rn 1; *Reger* in Bürgers/Körber AktG § 119 Rn 1; *Semler* in Semler/Volhard ArbHdb HV § 1 Rn 1; *Kubis* in MünchKomm AktG § 119 Rn 1; *Ek* Praxisleitfaden für die Hauptversammlung Rn 37.

geschriebene Hauptversammlungskompetenzen bestehen, ist streitig[132]. In seiner Holzmüller-[133] und seinen beiden Gelatine-Entscheidungen[134] hat der Bundesgerichtshof jedenfalls eine Ausnahmekompetenz der Hauptversammlung für solche Entscheidungen angenommen, die *„an die Kernkompetenz der Hauptversammlung, über die Verfassung der Gesellschaft zu bestimmen, rühren, und in ihren Auswirkungen einem Zustand nahezu entsprechen, der allein durch eine Satzungsänderung herbeigeführt werden kann"*[135].

2. Vorstandsmitglieder als Haftungsadressaten

a) Allgemeines

In der Praxis steht der Vorstand als Haftungsadressat im Vordergrund. Er ist zur Vertretung der Aktiengesellschaft berufen (§ 77 AktG) und leitet die Gesellschaft unter eigener Verantwortung (§ 76 Abs. 1 AktG). Er trifft damit die Unternehmensentscheidungen und handelt für die Gesellschaft. Den ordentlichen Vorstandsmitgliedern gleichgestellt sind die stellvertretenden Vorstandsmitglieder (§ 94 AktG). Die Stellvertretereigenschaft hat lediglich interne Bedeutung. Das stellvertretende Vorstandsmitglied handelt daher nach außen mit allen Rechten und Pflichten[136]. Auch das nach § 85 AktG gerichtlich bestellte Vorstandsmitglied ist den übrigen Vorstandsmitgliedern gleichgestellt. Es ersetzt das fehlende Vorstandsmitglied mit allen Rechten und Pflichten für die Zeit und im Umfang der gerichtlichen Bestellung, sofern die Geschäftsführungsbefugnis im Bestellungsbeschluss nicht ausdrücklich abweichend geregelt wird[137].

b) Fehlerhaft bestelltes und faktisches Organ

Vorstand ist, wer hierzu bestellt worden ist[138]. Auf die Wirksamkeit oder Fehlerhaftigkeit der Bestellung kommt es nicht an. Entscheidend ist nur, dass ein – wenn auch

---

[132] Vgl. *Hüffer* AktG § 119 Rn 16 ff.; *Hoffmann* in Spindler/Stilz AktG § 119 Rn 21 ff.; *Reger* in Bürgers/Körber AktG § 119 Rn 12 ff.; *Mülbert* in Großkomm AktG § 119 Rn 17 ff.; *Kubis* in MünchKomm AktG § 119 Rn 31 ff.; *Ek/von Hoyenberg* Praxisleitfaden für die Hauptversammlung Rn 106 ff.

[133] BGHZ 83, 122.

[134] BGH NZG 2004, 571; BGH NZG 2004, 575.

[135] BGH NZG 2004, 571, 574; BGH NZG 2004, 575, 579.

[136] *Hüffer* AktG § 94 Rn 2; *Fleischer* in Spindler/Stilz AktG § 94 Rn 2; *Holzborn* in Bürgers/Körber AktG § 94 Rn 1; *Thümmel* Persönliche Haftung von Managern und Aufsichtsräten Rn 50; *Mertens* in Kölner Komm AktG § 94 Rn 3; *Wiesner* in MünchHdb AG § 26 Rn 3; *Spindler* in MünchKomm AktG § 94 Rn 1.

[137] *Hüffer* AktG § 85 Rn 5; *Fleischer* in Spindler/Stilz AktG § 85 Rn 13 f.; *Bürgers/Israel* in Bürgers/Körber AktG § 85 Rn 6; *Wiesner* in MünchHdb AG § 26 Rn 3; *Mertens* in Kölner Komm AktG § 85 Rn 16.

[138] *Thümmel* Persönliche Haftung von Managern und Aufsichtsräten Rn 51.

fehlerhafter – Bestellungsvorgang stattgefunden hat, und dass das Vorstandsmitglied auch tatsächlich als solches tätig geworden ist[139].

Ob sich auch ein faktisches Organ, d.h. eine Person, die als Organ auftritt, ohne hierzu bestellt worden zu sein, haftbar machen kann, ist streitig. Nach einer Ansicht kommt eine Haftung im Wesentlichen nur aufgrund eines tatsächlichen Bestellungsakts in Betracht, der vom zuständigen Organ ausgehen muss[140]. Nach der vorherrschenden Ansicht in Schrifttum und Rechtsprechung haftet hingegen stets auch das faktische Organ[141]. Die Haftung des faktischen Organs beruhe darauf, dass derjenige, der ohne dazu berufen zu sein, wie ein geschäftsführendes Organ handelt, auch die Verantwortung eines solchen Organs tragen und wie ein solches haften müsse[142]. Für die Mindermeinung, die stets einen Bestellungsakt für erforderlich hält, spricht zwar in dogmatischer Hinsicht, dass die Organstellung eines Vorstandsmitglieds mit den daraus resultierenden Pflichten nicht vertraglich und daher auch nicht konkludent begründet werden kann. Für die herrschende Ansicht spricht jedoch maßgeblich, dass Hauptanknüpfungspunkt für die Haftung des Vorstands eine Pflichtverletzung bei Ausübung seiner Funktion ist. Es ist daher sachgerecht, mit der herrschenden Ansicht an die tatsächliche Funktionsausübung anzuknüpfen und einen tatsächlichen Bestellungsakt für entbehrlich zu halten.

c) Haftung überstimmter und verhinderter Vorstandsmitglieder

Die Tatsache, dass ein Vorstandsmitglied von der Mehrheit der übrigen Vorstandsmitglieder überstimmt wird, lässt seine Verantwortlichkeit nicht entfallen. Zwar haften Vorstandsmitglieder nur für eigenes Verschulden, so dass die Zurechnung des Verschuldens der anderen Vorstandsmitglieder nicht in Betracht kommt, jedoch kann ein überstimmtes Vorstandsmitglied verpflichtet sein, einen gesetzwidrigen, satzungswidrigen oder gesellschaftsschädlichen Beschluss zu verhin-

---

[139] BGHZ 41, 282, 287; BGH WM 1995, 799, 800; RGZ 144, 384, 387; RGZ 152, 273, 277; *Baums* Geschäftsleitervertrag S. 174 ff.; *Hüffer* AktG § 93 Rn 12; *Fleischer* in Spindler/Stilz AktG § 93 Rn 169; *Bürgers/Israel* in Bürgers/Körber AktG § 93 Rn 18; *Thümmel* Persönliche Haftung von Managern und Aufsichtsräten Rn 51; *Mertens* in Kölner Komm AktG § 93 Rn 11; *Tischendorf/Faust-Beyer* Der AG-Vorstand S. 50; a.A. (Annahme des Amtes durch das bestellte Vorstandsmitglied genügt) *Stein* Das faktische Organ S. 124.

[140] *Hüffer* AktG § 93 Rn 12; *Fleischer* in Spindler/Stilz AktG § 93 Rn 170; *Bürgers/Israel* in Bürgers/Körber AktG § 93 Rn 18; *Mertens* in Kölner Komm AktG § 93 Rn 12; *Stein* Das faktische Organ S. 121; *Wiesner* in MünchHdb AG § 26 Rn 3.

[141] BGHZ 104, 44, 46 ff. (für die GmbH), bestätigt durch BGHZ 150, 61 und bezüglich der deliktischen Haftung BGH ZIP 2005, 1414 f.; *Bürgers/Israel* in Bürgers/Körber AktG § 93 Rn 18; *Hopt* in Großkomm AktG § 93 Rn 49; *Thümmel* Persönliche Haftung von Managern und Aufsichtsräten Rn 51; *Bürgers/Israel* in Bürgers/Körber AktG § 93 Rn 18; ausführlich *Fleischer* in Fleischer Hdb des Vorstandsrechts § 11 Rn 17 ff.

[142] BGHZ 104, 44, 47; *Fleischer* in Spindler/Stilz AktG § 93 Rn 187.

dern[143]. Auch eine Enthaltung kann das Vorstandsmitglied nicht von seiner Haftung entbinden. Es ist vielmehr verpflichtet, klar zu dem pflichtwidrigen Beschluss des Gesamtvorstands Stellung zu nehmen und im Interesse der Gesellschaft tätig zu werden[144].

Was einem Vorstandsmitglied zugemutet werden kann, um die Ausführung eines pflichtwidrigen Beschlusses zu verhindern, hängt stets vom Einzelfall ab[145]. Die Verantwortung eines überstimmten Vorstandsmitglieds entfällt nur dann, wenn das Mitglied die ihm nach Lage der Sache zu Gebote stehenden Mittel eingesetzt hat, um die Ausführung des Beschlusses zu verhindern, etwa durch eindringliche Warnungen und Gegenvorstellungen[146]. Das Vorstandsmitglied sollte jedenfalls Widerspruch gegen den Beschluss des Gesamtvorstands zu Protokoll erklären[147]. Lässt sich der Gesamtvorstand nicht von der Fassung bzw. Ausführung eines pflichtwidrigen Beschlusses abbringen, so hat sich das überstimmte Vorstandsmitglied an den Aufsichtsrat zu wenden, damit dieser im Rahmen seiner Zuständigkeit gegen den pflichtwidrig handelnden Vorstand vorgehen kann[148]. Der Aufsichtsrat kann gegebenenfalls einen Ad-hoc-Zustimmungsvorbehalt festlegen oder sogar die Vorstandsmitglieder aus wichtigem Grund nach § 84 Abs. 3 AktG abberufen[149].

Zur Vermeidung einer Haftung kommt auch eine Niederlegung des Amtes durch das überstimmte Vorstandsmitglied in Betracht. Hierzu ist es jedoch nicht verpflichtet, zumal dadurch die Ausführung des Beschlusses in der Regel nicht verhindert werden kann[150].

Hat ein Vorstandsmitglied an einem Beschluss nicht mitgewirkt, da es an der Teilnahme der Vorstandssitzung verhindert war, kommt eine Haftung wegen pflicht-

---

[143] *Bürgers/Israel* in Bürgers/Körber AktG § 93 Rn 20; *Fleischer* in Spindler/Stilz AktG § 77 Rn 29; *Hopt* in Großkomm AktG § 93 Rn 52; *Schnabel/Lücke* in Beck'sches Mandatshdb Vorstand der AG § 6 Rn 40.

[144] *Fleischer* in Spindler/Stilz AktG § 77 Rn 29; *Spindler* in MünchKomm AktG § 93 Rn 150; *Semler* in MünchKomm AktG § 116 Rn 38.

[145] *Fleischer* in Spindler/Stilz AktG § 77 Rn 31 ff.; *Spindler* in MünchKomm AktG § 93 Rn 149; *Taschke* in Semler/Peltzer ArbHdb für Vorstandsmitglieder § 10 Rn 16 ff.; vgl. ausführlich *Fleischer* in Fleischer Hdb des Vorstandsrechts § 11 Rn 43 ff.

[146] *Hopt* in Großkomm AktG § 93 Rn 52; *Spindler* in MünchKomm AktG § 93 Rn 149.

[147] OLG Düsseldorf BB 1996, 230, 231; *Bürgers/Israel* in Bürgers/Körber AktG § 93 Rn 20; *Spindler* in MünchKomm AktG § 93 Rn 149; Schnabel/Lücke in Beck'sches Mandatshdb Vorstand der AG § 6 Rn 40, *Fleischer* in Fleischer Hdb des Vorstandsrechts § 11 Rn 41.

[148] *Mertens* in Kölner Komm AktG § 77 Rn 38; *Fleischer* in Spindler/Stilz AktG § 77 Rn 32; *Bürgers/Israel* in Bürgers/Körber AktG § 93 Rn 20; *Hopt* in Großkomm AktG § 93 Rn 53; *Spindler* in MünchKomm AktG § 93 Rn 150.

[149] *Spindler* in MünchKomm AktG § 93 Rn 150.

[150] *Hopt* in Großkomm AktG § 93 Rn 54; *Fleischer* in Spindler/Stilz AktG § 77 Rn 32; *Mertens* in Kölner Komm AktG § 93 Rn 17; § 77 AktG Rn 39; *Spindler* in MünchKomm AktG § 93 Rn 150.

widriger Stimmausübung nicht in Betracht, es sei denn, das Vorstandsmitglied ist bewusst der Vorstandssitzung ferngeblieben, um eine eigene Abstimmung zu vermeiden. Das abwesende Vorstandsmitglied ist darüber hinaus jedoch auch verpflichtet, von den anderen Vorstandsmitgliedern gefasste Beschlüsse eigenständig zu prüfen und bei Zweifeln an der Rechtmäßigkeit gegebenenfalls eine neue Sitzung anzuregen oder gegen den Beschluss bei den anderen Vorstandsmitgliedern zu remonstrieren[151].

3. Aufsichtsratsmitglieder als Haftungsadressaten

Die Mitglieder des Aufsichtsrats haften ebenfalls für durch sie begangene Pflichtverletzungen. Ihre Haftung im Innenverhältnis ist gemäß § 116 AktG an die der Vorstandsmitglieder nach § 93 AktG angelehnt. Eine Haftung der Aufsichtsratsmitglieder kann sich somit aus §§ 93, 116 AktG in Verbindung mit den den Aufsichtsratsmitgliedern zugewiesenen Aufgaben, insbesondere der Überwachungs- und Kontrollfunktion des Aufsichtsrats, ergeben[152]. Gemäß § 116 S. 2 AktG sind die Aufsichtsratsmitglieder zudem zur Verschwiegenheit über erhaltene vertrauliche Berichte und vertrauliche Beratungen verpflichtet, Verstöße können ebenfalls eine Haftung begründen.

Stellvertretende Aufsichtsratsmitglieder gibt es nicht[153], jedoch können gemäß § 101 Abs. 3 S. 2 AktG Ersatzmitglieder bestellt werden, die bei Wegfall eines Aufsichtsratsmitglieds für den Rest der Amtszeit an dessen Stelle nachrücken. Für die Zeit ihrer Amtszeit haben die Ersatzmitglieder die gleichen Rechte und Pflichten wie die Aufsichtsratsmitglieder, die sie ersetzen[154]. Auch das gemäß § 104 AktG gerichtlich bestellte Aufsichtsratsmitglied ist den übrigen Aufsichtsratsmitgliedern gleichgestellt[155]. Hinsichtlich fehlerhaft bestellter und faktischer Aufsichtsratsmitglieder[156] sowie der Haftung überstimmter und verhinderter Aufsichtsratsmitglieder[157] gilt das zum Vorstand Gesagte entsprechend.

---

[151] *Spindler* in MünchKomm AktG § 93 Rn 153; *Fleischer* in Fleischer Hdb des Vorstandsrechts § 11 Rn 54.

[152] *Doralt* in Semler/v. Schenk ArbHdb für Aufsichtsratsmitglieder § 13 Rn 5 f.; *Spindler* in Spindler/Stilz AktG § 116 Rn 1; *Bürgers/Israel* in Bürgers/Körber AktG § 116 Rn 1.

[153] *Hüffer* AktG § 101 Rn 11; *Bürgers/Israel* in Bürgers/Körber AktG § 101 Rn 1; *Semler* in Semler/v. Schenk ArbHdb für Aufsichtsratsmitglieder § 2 Rn 62.

[154] *Hüffer* AktG § 101 Rn 12; *Spindler* in Spindler/Stilz AktG § 101 Rn 88; *Semler* in Semler/v. Schenk ArbHdb für Aufsichtsratsmitglieder § 2 Rn 65; *Hopt/Roth* in Großkomm AktG § 116 Rn 12.

[155] *Mertens* in Kölner Komm AktG § 104 Rn 33; *Spindler* in Spindler/Stilz AktG § 104 Rn 3; *Bürgers/Israel* in Bürgers/Körber AktG § 104 Rn 11.

[156] *Thümmel* Persönliche Haftung von Managern und Aufsichtsräten Rn 52; *Spindler* in Spindler/Stilz AktG § 116 Rn 11 f.

[157] *Mertens* in Kölner Komm AktG § 93 Rn 17; *Spindler* in Spindler/Stilz AktG § 116 Rn 11 f.; *Semler* in MünchKomm AktG § 116 Rn 38; *Hopt/Roth* in Großkomm AktG § 116 Rn 17 ff.; *Spindler* in Spindler/Stilz AktG § 116 Rn 41 f.

4. Haftung in Kollegialorganen

Gemäß § 76 Abs. 2 S. 1 AktG kann der Vorstand aus einer oder mehreren Personen bestehen. Der Vorstand einer Gesellschaft mit einem Grundkapital von mehr als 3 Mio. EURO hat, sofern die Satzung keine abweichende Regelung vorsieht, stets aus mindestens zwei Personen zu bestehen (§ 76 Abs. 2 S. 2 AktG). Sämtliche Vorstandsmitglieder sind grundsätzlich nur gemeinschaftlich zur Geschäftsführung befugt, die Satzung oder die Geschäftsordnung des Vorstands können jedoch Abweichendes bestimmen (§ 77 Abs. 1 S. 2 AktG). In der Praxis wird hiervon regelmäßig Gebrauch gemacht. Üblich ist insbesondere eine Verteilung der Geschäfte des Vorstands auf einzelne Mitglieder nach regionalen, organisatorischen, fachlichen und personellen Gesichtspunkten. Insbesondere bei größeren Gesellschaften ist eine solche Geschäftsverteilung meist unerlässlich[158]. Bei mehreren Betrieben oder Niederlassungen kann es erforderlich sein, bestimmte Vorstandsmitglieder mit der Leitung einzelner Betriebe oder Niederlassungen zu betrauen. Es kommt auch eine Einteilung unter fachlichen Gesichtspunkten in Betracht, so dass beispielsweise einem Mitglied die kaufmännische Leitung, einem anderen die technische Leitung und wieder einem anderen die Personal- oder Lohnfragen übertragen werden[159].

Soweit nach der Geschäftsverteilung im Vorstand Einzelgeschäftsführung für alle oder einzelnen Geschäftsbereiche besteht, sind die Vorstandsmitglieder jedoch nicht von ihrer haftungsrechtlichen Gesamtverantwortung befreit[160]. Die Geschäftsverteilung bewirkt nicht, dass sich die Vorstandsmitglieder nur noch um die ihnen speziell übertragenen Geschäftsbereiche zu kümmern haben. Der Geschäftsbereich des jeweiligen Vorstandsmitglieds und der Bereich, für den er haftungsrechtlich verantwortlich ist, decken sich nicht[161]. Zwar beschränkt sich ihre unmittelbare, verwaltende Tätigkeit zunächst nur auf den eigenen Geschäftsbereich mit der Folge, dass ein Vorstandsmitglied nicht in die Geschäftsbereiche der anderen Vorstandsmitglieder eingreifen darf[162]. Aus der unabdingbaren Gesamtverantwortung aller Vorstandsmitglieder für die Geschäftsführung folgt jedoch die Verpflichtung, die Tätigkeit der jeweils anderen Vorstandsmitglieder in den ihnen zugewiesenen Sachbereichen zu überwachen. Durch die Geschäftsverteilung wandelt sich daher die Sorgfaltspflicht für die über den eigenen Geschäftsbereich hinausgehen-

---

[158] *Bürgers/Israel* in Bürgers/Körber AktG § 77 Rn 14; *Spindler* in MünchKomm AktG § 77 Rn 34; *Wiesner* in MünchHdb AG § 22 Rn 12.

[159] *Bürgers/Israel* in Bürgers/Körber AktG § 77 Rn 15; *Spindler* in MünchKomm AktG § 77 Rn 66; *Wiesner* in MünchHdb AG § 22 Rn 13.

[160] *Hüffer* AktG § 77 Rn 14; *Bürgers/Israel* in Bürgers/Körber AktG § 77 Rn 12; *Spindler* in MünchKomm AktG § 77 Rn 66; *Wiesner* in MünchHdb AG § 22 Rn 14.

[161] *Spindler* in MünchKomm AktG § 77 Rn 59.

[162] *Fleischer* in Spindler/Stilz AktG § 77 Rn 47; *Spindler* in MünchKomm AktG § 77 Rn 58; *Fleischer* NZG 2003, 449, 452.

den Geschäftsführungsmaßnahmen. Insoweit besteht lediglich eine Aufsichtspflicht gegenüber den Vorstandskollegen[163].

Inhalt und Umfang der aus der Gesamtverantwortung der Vorstandsmitglieder folgenden allgemeinen Aufsichtspflicht ist stets eine Frage des Einzelfalls. Anders als die Überwachungspflicht des Aufsichtsrats gemäß § 111 Abs. 1 AktG bezieht sich die allgemeine Aufsichtspflicht der Vorstandsmitglieder nicht auf die laufende und umfassende Kontrolle eines jeden Vorstandsmitglieds. Da eine Geschäftsverteilung auf gegenseitigem Vertrauen der Vorstandsmitglieder beruht, genügt das jeweilige Vorstandsmitglied gewöhnlich seiner allgemeinen Aufsichtspflicht, wenn es sich auf den Sitzungen des Gesamtvorstands über die Tätigkeit und Vorkommnisse in den anderen Geschäftsbereichen hinreichend informiert[164]. Eine Verletzung der allgemeinen Aufsichtspflicht kommt daher regelmäßig erst dann in Betracht, wenn für einen ordentlichen und gewissenhaften Geschäftsleiter der Verdacht bestehen musste, dass die Geschäfte nicht ordnungsgemäß geführt werden und die Interessen der Gesellschaft gefährdet sind[165]. Dann muss sich das überwachende Vorstandsmitglied einschalten, um nicht selbst ersatzpflichtig zu werden[166]. Sofern hingegen keine Anhaltspunkte für eine unsorgfältige Geschäftsführung bestehen, kommt eine Pflichtverletzung wegen Missachtung der allgemeinen Aufsichtspflicht nicht in Betracht[167]. Um einen festgestellten Mangel abzustellen, hat sich das Vorstandsmitglied an den Gesamtvorstand oder den Aufsichtsrat zu wenden, damit entweder über die in Frage stehende Geschäftsführungsmaßnahme durch den Gesamtvorstand entschieden oder eine andere Geschäftsverteilung vorgenommen wird[168].

5. Mehrheit von Haftpflichtigen

Beruht ein Schaden der Gesellschaft auf dem Verhalten mehrerer Organmitglieder, von denen jedes die Voraussetzungen einer anspruchsbegründenden Haftungsnorm

---

163 *Hüffer* AktG § 77 Rn 15; *Fleischer* in Spindler/Stilz AktG § 77 Rn 48; *Spindler* in MünchKomm AktG § 77 Rn 59; *Mertens* in Kölner Komm AktG § 77 Rn 18; *Kort* in Großkomm AktG § 77 Rn 35, 37.

164 *Hüffer* AktG § 77 Rn 15; *Bürgers/Israel* in Bürgers/Körber AktG § 77 Rn 12; *Fleischer* in Spindler/Stilz AktG § 77 Rn 54; *Wiesner* in MünchHdb AG § 22 Rn 15; *Kort* in Großkomm AktG § 77 Rn 37 f.; *Schnabel/Lücke* in Beck'sches Mandatshdb Vorstand der AG § 6 Rn 36.

165 *Spindler* in MünchKomm AktG § 93 Rn 138; *Fleischer* in Spindler/Stilz AktG § 77 Rn 51 ff.; *Kort* in Großkomm AktG § 77 Rn 37; *Fleischer* in Fleischer Hdb des Vorstandsrechts § 8 Rn 19.

166 BGHZ 133, 370, 378 f.; OLG Köln NZG 2001, 135, 136; OLG Köln AG 2000, 281, 284; OLG Koblenz NZG 1998, 953, 954; *Wiesner* in MünchHdb AG § 22 Rn 14; *Fleischer* in Spindler/Stilz AktG § 77 Rn 51; *Mertens* in Kölner Komm AktG § 77 Rn 22 ff.

167 OLG Köln NZG 2001, 135, 136; *Spindler* in MünchKomm AktG § 93 Rn 138.

168 *Hüffer* AktG § 77 Rn 15; *Fleischer* in Spindler/Stilz AktG § 77 Rn 32; *Bürgers/Israel* in Bürgers/Körber AktG § 93 Rn 20; *Spindler* in MünchKomm AktG § 77 Rn 60; *Wiesner* in MünchHdb AG § 22 Rn 14; *Schnabel/Lücke* in Beck'sches Mandatshdb Vorstand der AG § 6 Rn 38.

erfüllt, so haften die Organmitglieder grundsätzlich als Gesamtschuldner. § 93 Abs. 2 S. 1 AktG bestimmt dies ausdrücklich für die Innenhaftung der Vorstandsmitglieder gegenüber der Gesellschaft und in Verbindung mit § 116 AktG auch für die Aufsichtsratsmitglieder. Soweit es um Außenhaftungsansprüche Dritter gegenüber den Mitgliedern der Verwaltungsorgane der Gesellschaft geht, ergibt sich die Gesamtschuldnerschaft in der Regel aus dem allgemeinen Deliktsrecht, insbesondere aus § 840 Abs. 1 BGB[169]. Sind Mitglieder des Vorstands und des Aufsichtsrats nebeneinander haftbar, so haften alle gesamtschuldnerisch[170]. Voraussetzung der gesamtschuldnerischen Haftung ist, dass jedes Organmitglied für sich die Haftungsvoraussetzungen erfüllt. Nicht erforderlich ist hingegen, dass die gesamtschuldnerisch haftenden Organmitglieder die gleiche Pflichtverletzung begangen haben. Möglich ist daher auch, dass ein Vorstandsmitglied eine in sein Ressort fallende Pflicht verletzt und ein anderes Vorstandsmitglied seine allgemeine Überwachungspflicht[171]. Zudem muss jedem Organmitglied ein eigenes Verschulden zur Last fallen[172].

Die gesamtschuldnerische Haftung führt zur Anwendbarkeit der §§ 421 ff. BGB. Danach ist jedes mithaftende Organmitglied verpflichtet, in voller Höhe Ersatz zu leisten[173]. Die Organmitglieder tragen den Schaden gemäß § 426 Abs. 1 BGB untereinander in der Regel zu gleichen Teilen, sofern sich nicht insbesondere aus § 254 BGB etwas anderes ergibt[174]. Daher kann sich im Innenverhältnis zwischen den haftenden Organmitgliedern ein anderer Verteilungsschlüssel ergeben, wenn auf sie ein unterschiedlicher Verschuldensmaßstab anzuwenden ist.

III. Innenhaftung und Außenhaftung

1. Allgemeines

Der Begriff der Organhaftung beschreibt die Verpflichtung von Vorstand und Aufsichtsrat, für solche Schäden einzustehen, die durch ihr Handeln für ihr Unterneh-

---

[169] *Thümmel* Persönliche Haftung von Managern und Aufsichtsräten Rn 65.

[170] *Hopt* in Großkomm AktG § 93 Rn 298; *Fleischer* in Spindler/Stilz AktG § 93 Rn 219; *Bürgers/Israel* in Bürgers/Körber AktG § 93 Rn 30; *Hopt/Roth* in Großkomm AktG § 116 Rn 286; *Mertens* in Kölner Komm AktG § 93 Rn 21.

[171] *Fleischer* in Spindler/Stilz AktG § 93 Rn 195; *Wiesner* in MünchHdb AG § 26 Rn 11.

[172] *Thümmel* Persönliche Haftung von Managern und Aufsichtsräten Rn 68; *Bürgers/Israel* in Bürgers/Körber AktG § 93 Rn 30; *Wiesner* in MünchHdb AG § 26 Rn 12; *Mertens* in Kölner Komm AktG § 93 Rn 21.

[173] *Wiesner* in MünchHdb AG § 26 Rn 11; *Fleischer* in Spindler/Stilz AktG § 93 Rn 219; *Bürgers/Israel* in Bürgers/Körber AktG § 93 Rn 30; *Thümmel* Persönliche Haftung von Managern und Aufsichtsräten Rn 65; *Hopt* in Großkomm AktG § 93 Rn 299.

[174] *Hüffer* AktG § 93 Rn 18; *Fleischer* in Spindler/Stilz AktG § 93 Rn 220; *Bürgers/Israel* in Bürgers/Körber AktG § 93 Rn 31; *Wiesner* in MünchHdb AG § 26 Rn 11; *Mertens* in Kölner Komm AktG § 93 Rn 21; *Hopt* in Großkomm AktG § 93 Rn 301.

men – sei es durch Tun oder Unterlassen – dem Unternehmen selbst oder Dritten entstanden sind[175]. Abhängig davon, wem gegenüber eine Ersatzpflicht der Organmitglieder besteht – gegenüber der Gesellschaft oder gegenüber Dritten – ist zwischen der Innenhaftung und der Außenhaftung zu unterscheiden. Diese Differenzierung ist insofern von besonderer Bedeutung, als die Innenhaftung und die Außenhaftung gesetzlich grundsätzlich unterschiedlich geregelt sind. Daher sind bei der Prüfung einer Haftung der Organmitglieder unterschiedliche Anspruchsgrundlagen und somit auch andere Anspruchsvoraussetzungen zu beachten[176]. Während die Innenhaftung weitgehend im Aktiengesetz geregelt ist, ist hinsichtlich der Außenhaftung im Wesentlichen auf die allgemeinen Anspruchsgrundlagen, insbesondere das Deliktsrecht, zurückzugreifen[177].

2. Innenhaftung

Die Innenhaftung bezeichnet die haftungsrechtliche Verantwortlichkeit der Organmitglieder gegenüber der Gesellschaft. Innenhaftungsansprüche können daher immer nur der Aktiengesellschaft selbst zustehen, für die der Vorstand oder der Aufsichtsrat tätig ist[178]. Die Haftung der Vorstandsmitglieder gegenüber der Aktiengesellschaft ergibt sich insbesondere aus § 93 Abs. 2 S. 1 AktG. Danach sind Vorstandsmitglieder, die ihre Pflichten verletzen, der Gesellschaft zum Ersatz des daraus entstehenden Schadens verpflichtet. Die entsprechende Verpflichtung der Aufsichtsratsmitglieder gegenüber der Aktiengesellschaft ergibt sich aus § 116 AktG, der unmittelbar auf § 93 AktG verweist. Die Haftung der Organmitglieder im Innenverhältnis gegenüber der Gesellschaft ergibt sich unmittelbar aus ihrer Organstellung. Eine vertragliche Verpflichtung ist darüber hinaus zur Begründung der Haftung nicht erforderlich[179]. Vielmehr umfasst § 93 AktG sowohl die Haftung für die Verletzung der Organstellung als auch des Anstellungsvertrages[180]. Über die Generalklausel des § 93 Abs. 2 S. 1 AktG werden daher in der Regel alle

---

175 *Thümmel* Persönliche Haftung von Managern und Aufsichtsräten Rn 24.

176 *Plück/Lattwein* Haftungsrisiken für Manager S. 18; *Thümmel* Persönliche Haftung von Managern und Aufsichtsräten Rn 25.

177 *Plück/Lattwein* Haftungsrisiken für Manager S. 19, 23; *Thümmel* Persönliche Haftung von Managern und Aufsichtsräten Rn 25, 33.

178 *Thümmel* Persönliche Haftung von Managern und Aufsichtsräten Rn 25.

179 *Thümmel* Persönliche Haftung von Managern und Aufsichtsräten Rn 30; *Fleischer* in Spindler/Stilz AktG § 93 Rn 166; *Bürgers/Israel* in Bürgers/Körber AktG § 93 Rn 18; *Hopt* in Großkomm AktG § 93 Rn 226; *Wiesner* in MünchHdb AG § 26 Rn 3; *Krause* BB 2009, 1370, 1371.

180 BGH NJW 1997, 741; BGH ZIP 1989, 1390, 1392; BGH WM 1992, 691, 692; *Hüffer* AktG § 93 Rn 13; *Fleischer* in Spindler/Stilz AktG § 93 Rn 166; *Bürgers/Israel* in Bürgers/Körber AktG § 93 Rn 18; *Schnabel/Lücke* in Beck'sches Mandatshdb Vorstand der AG § 6 Rn 9; *Hopt* in Großkomm AktG § 93 Rn 226; *Zöllner/Noack* in Baumbach/Hueck § 43 GmbHG Rn 4; *Lutter/Hommelhoff* GmbHG § 43 Rn 3; a. A. *Hübner* Managerhaftung S. 37 f.

Pflichtverletzungen erfasst. Nur ausnahmsweise ist eine selbstständige über die Haftung gemäß § 93 Abs. 2 AktG hinausgehende Haftung aus dem Anstellungsvertrag denkbar[181].

3. Außenhaftung

Die Außenhaftung betrifft die persönliche Haftung von Vorstands- und Aufsichtsratsmitgliedern gegenüber Dritten, denen die Organmitglieder weder organschaftlich gegenüberstehen noch persönlich vertraglich verbunden sind[182]. Dritte können daher Aktionäre der Gesellschaft, Arbeitnehmer, Lieferanten, Kunden, Wettbewerber, sonstige Gläubiger oder unbeteiligte Personen sein[183]. Einen geschlossenen Katalog von Anspruchsgrundlagen, die zur Außenhaftung der Organmitglieder führen, gibt es nicht. Mögliche Anspruchsgrundlagen ergeben sich insbesondere aus dem Deliktsrecht (§§ 823 ff. BGB), aus der bürgerlich-rechtlichen oder der spezialgesetzlichen Prospekthaftung oder aus Verschulden bei Vertragsschluss (culpa in contrahendo). Die Außenhaftung der Organmitglieder wird gerade in wirtschaftlich schlechten Zeiten, insbesondere in der Insolvenz der Gesellschaft, bedeutsam.

Haftungsansprüche Dritter wegen schädigender Handlungen der Organmitglieder, die von der Gesellschaft erfüllt werden, können in Innenhaftungsansprüche der Gesellschaft gegenüber ihren Organmitgliedern umschlagen. In der Regel stellen schädigende Handlungen der Organmitglieder gegenüber Dritten gleichzeitig eine Sorgfaltspflichtverletzung im Innenverhältnis dar, die dann einen Ersatzanspruch der Gesellschaft gegenüber dem Organmitglied gemäß § 93 AktG (gegebenenfalls in Verbindung mit § 116 AktG) auslöst.

---

[181] Vgl. *Thümmel* Persönliche Haftung von Managern und Aufsichtsräten Rn 31 f.

[182] *Thümmel* Persönliche Haftung von Managern und Aufsichtsräten Rn 33; *Plück/Lattwein* Haftungsrisiken für Manager S. 23.

[183] *Thümmel* Persönliche Haftung von Managern und Aufsichtsräten Rn 33; *Spindler* in MünchKomm AktG § 93 Rn 262 ff.

B. Haftungsrisiken für Vorstände

I. Innenhaftung

1. Einleitung

nnenhaftungsansprüche der Gesellschaft gegenüber ihren Vorstandsmitgliedern sind weitgehend spezialgesetzlich geregelt. Für bestimmte Pflichtverletzungen im Lebenszyklus der Gesellschaft, wie beispielsweise Pflichtverletzungen der Vorstandsmitglieder in der Gründungsphase der Gesellschaft, sieht das Aktiengesetz spezielle Anspruchsgrundlagen vor. Weitergehende Pflichten der Vorstandsmitglieder ergeben sich aus der allgemeinen Sorgfaltspflicht der Vorstände gemäß § 93 Abs. 1 AktG. Soweit darüber hinaus spezielle Sachverhalte betroffen sind, enthalten entweder das AktG (bei Konzernverhältnissen) oder bereichsspezifische Spezialgesetze wie das BörsG bzw. WpPG (Prospekthaftung) oder das WpHG (Kapitalmarktinformationshaftung) spezielle Pflichten und Anspruchsgrundlagen.

2. Verletzung ausdrücklich geregelter Pflichten

a) Bei der Gründung der Gesellschaft

Besondere Pflichten der Vorstandsmitglieder ergeben sich bei der Gründung der Gesellschaft. Bei Verletzung dieser Pflichten droht eine spezialgesetzlich geregelte Haftung des Vorstands gemäß § 48 S. 1 AktG. Daneben steht im Übrigen gemäß § 48 S. 2 AktG auch die „allgemeine" Haftung nach § 93 AktG. Durch die Regelung in § 48 AktG wird klargestellt, dass die Vorschriften zu den Sorgfaltspflichten der Vorstandsmitglieder auch bereits während des Gründungsstadiums, also noch vor Eintragung der Gesellschaft in das Handelsregister, gelten. Die Innenhaftung der Vorstandsmitglieder gegenüber der Gesellschaft entsteht allerdings erst mit Eintragung der Gesellschaft[184]. Die Vorschrift des § 48 AktG bezweckt, die Gesellschaft vor Schädigungen im Rahmen der Gründung zu schützen. Sie dient damit ebenso wie die §§ 46, 47 AktG, die die Haftung der Gründer bzw. ihnen gleichgestellten Personen regeln, dem Schutz der Kapitalaufbringung[185].

---

[184] *Hüffer* AktG § 48 Rn 2; *Wellhöfer* in Wellhöfer/Peltzer/Müller Haftung § 4 Rn 297; *Gerber* in Spindler/Stilz AktG § 48 Rn 1; *Körber* in Bürgers/Körber AktG § 48 Rn 3; *Pentz* in MünchKomm AktG § 48 Rn 2; *Plück/Lattwein* Haftungsrisiken für Manager S. 28.

[185] *Hüffer* AktG § 48 Rn 1; *Gerber* in Spindler/Stilz AktG § 48 Rn 1; *Körber* in Bürgers/Körber AktG § 48 Rn 2; *Pentz* in MünchKomm AktG § 48 Rn 3.

§ 48 AktG nennt beispielhaft ausdrücklich eine Verantwortlichkeit der Vorstandsmitglieder dafür, dass die Einlagen der Gründer zur freien Verfügung des Vorstandes eingezahlt sind und dass die Zahlstelle, d. h. in der Regel die Bank, an die die Einlageleistung der Aktionäre zu erbringen ist, hierfür geeignet ist. Daneben existieren jedoch weitere Pflichten, insbesondere die Pflicht zur Prüfung des Gründungs- bzw. Nachgründungsberichts gemäß den §§ 33 Abs. 1, 34 AktG (bei der Nachgründung in Verbindung mit § 53 AktG) sowie die Pflicht, die Gesellschaft ordnungsgemäß zur Eintragung in das Handelsregister anzumelden (§§ 36 ff., 54 Abs. 3 AktG)[186].

aa) Keine freie Verfügung des Vorstands über die geleisteten Einlagen

Gemäß § 54 Abs. 3 S. 1 AktG sind alle Einlageleistungen der Gründungsgesellschafter vor Anmeldung der Gesellschaft zum Handelsregister zur freien Verfügung des Vorstands einzuzahlen. Die Tatsache, dass die auf die Einlage geleisteten Beträge zur freien Verfügung des Vorstands geleistet wurden, haben die Gründungsgesellschafter und Organmitglieder gemäß §§ 36, 37 Abs. 1 AktG in der Anmeldung ausdrücklich zu versichern. Erst durch die Einzahlung der Beträge zur freien Verfügung des Vorstands werden die Gründungsgesellschafter gegenüber der Gesellschaft von ihrer Einlageverpflichtung befreit[187].

Die Zahlungen sind dann zur freien Verfügung des Vorstands erbracht, wenn die eingezahlten Mittel der Gesellschaft effektiv und endgültig zugeflossen sind, der Vorstand darüber im Rahmen seiner Aufgaben ohne Einschränkung verfügen kann und der Einlagenschuldner seine Verfügungsmacht über die Mittel vollständig und vorbehaltlos aufgegeben hat[188]. An der freien Verfügbarkeit kann es insbesondere dann fehlen, wenn die Einlage unmittelbar oder mittelbar aus dem Vermögen der Gesellschaft stammt, da ihr dann kein neues Kapital zufließt[189], oder wenn die Gesellschaft sich zu ihrer Rückzahlung verpflichtet[190]. Bei Einlageleistung durch Kontogutschrift fehlt es an der freien Verfügbarkeit, wenn das Konto gesperrt oder gepfändet ist oder das kontoführende Institut nur bestimmte Verwendungen zulässt oder ermächtigt ist, selbst über den gutgeschriebenen Betrag zu verfügen[191].

---

[186] *Hüffer* AktG § 48 Rn 3; *Wellhöfer* in Wellhöfer/Peltzer/Müller Haftung § 4 Rn 297; *Gerber* in Spindler/Stilz AktG § 48 Rn 4; *Körber* in Bürgers/Körber AktG § 48 Rn 6; *Pentz* in MünchKomm AktG § 48 Rn 14 ff.; *Kraft* in Kölner Komm AktG § 48 Rn 7.

[187] *Hüffer* AktG § 54 Rn 11 ff.; *Cahn/Senger* in Spindler/Stilz AktG § 54 Rn 70; *Bungeroth* in MünchKomm AktG § 54 Rn 67; *Wiesner* in MünchHdb AG § 16 Rn 5.

[188] *Hüffer* AktG § 54 Rn 18; *Cahn/Senger* in Spindler/Stilz AktG § 54 Rn 71; *Bungeroth* in MünchKomm AktG § 54 Rn 68; *Lutter* in Kölner Komm AktG § 54 Rn 46.

[189] BGHZ 122, 180, 184 f.; *Hüffer* AktG § 36 Rn 8; *Pentz* in MünchKomm AktG § 36 Rn 57.

[190] *Hüffer* AktG § 36 Rn 8; *Cahn/Senger* in Spindler/Stilz AktG § 54 Rn 73.

[191] *Hüffer* AktG § 36 Rn 8; *Lohse* in Bürgers/Körber AktG § 36 Rn 6; *Döbereiner* in Spindler/Stilz AktG § 36 Rn 20 f.; *Lutter* in Kölner Komm AktG § 54 Rn 49.

Bei Verstoß gegen die Verpflichtung, für eine vollständige Einzahlung der Einlagebeträge zur freien Verfügung des Vorstands zu sorgen, haftet der Vorstand gemäß § 48 S. 1 AktG insbesondere für die mangels Erfüllung der Einlageverpflichtung der Aktionäre noch offenen Einlagen, sofern von den Aktionären keine Zahlung zu erlangen ist[192].

bb) Auswahl einer ungeeigneten Zahlstelle für die Einlageleistungen

Gemäß § 48 S. 1 AktG sind die Vorstandsmitglieder verpflichtet, eine geeignete Stelle zur Einzahlung der Einlageleistungen der Gründungsgesellschafter auszuwählen. Dem liegt zugrunde, dass gemäß § 54 Abs. 3 AktG die von der Gesellschaft eingeforderten Einlageleistungen auch durch Gutschrift auf ein Konto der Gesellschaft bzw. des Vorstands bei einem Kreditinstitut erfolgen kann. Die für die Entgegennahme der Einzahlungen geforderte Eignung setzt im Hinblick auf den Sinn und Zweck der Bestimmung voraus, dass die kontoführende Stelle zahlungsfähig und zuverlässig ist und demgemäß zu erwarten ist, dass die Einlageleistung der Gesellschaft zukommt[193].

cc) Verletzung der Pflicht zur Prüfung des Gründungsberichts bzw. des Nachgründungsberichts

Gemäß § 33 Abs. 1 AktG haben die Mitglieder des Vorstands und des Aufsichtsrats den Hergang der Gründung der Gesellschaft zu prüfen. Zusammen mit der Gründungsprüfung gemäß § 33 Abs. 2 AktG[194] unter Einschaltung eines externen Gründungsprüfer soll die Prüfung durch die Verwaltungsmitglieder die ordnungsgemäße Errichtung der Aktiengesellschaft sicherstellen. Zudem soll der Öffentlichkeit ein Überblick über die Gründungsverhältnisse gegeben werden und die gerichtliche Gründungsprüfung der Gründung gemäß § 38 AktG erleichtert werden. Grundlage der Gründungsprüfung ist der Gründungsbericht der Gründer gemäß § 32 AktG[195]. Der Inhalt der Prüfung gemäß § 33 Abs. 1 AktG richtet sich nach § 34 AktG. Danach muss sich die Prüfung auf alle Umstände erstrecken, die für die späteren Aktionäre und Gläubiger von Belang sein können, sowie auf alle Vorgänge, die Gegenstand der registerrechtlichen Prüfung nach § 38 AktG sind[196]. Die in § 34 Abs. 1 AktG ausdrücklich genannten besonderen Prüfungsgegenstände stellen daher keine

---

[192] *Hüffer* AktG § 48 Rn 5; *Körber* in Bürgers/Körber AktG § 48 Rn 6; *Gerber* in Spindler/Stilz AktG § 48 Rn 3; *Pentz* in MünchKomm AktG § 48 Rn 24; *Kraft* in Kölner Komm AktG § 48 Rn 14.

[193] *Hüffer* AktG § 46 Rn 8; *Körber* in Bürgers/Körber AktG § 48 Rn 6; *Pentz* in MünchKomm AktG § 46 Rn 4; *Kraft* in Kölner Komm AktG § 46 Rn 31.

[194] Vgl. zur Sachgründung ohne externe Gründungsprüfung § 33a AktG.

[195] *Hüffer* AktG § 33 Rn 1; *Lohse* in Bürgers/Körber AktG § 33 Rn 1; *Gerber* in Spindler/Stilz AktG § 32 Rn 1; *Pentz* in MünchKomm AktG § 33 Rn 5.

[196] *Lohse* in Bürgers/Körber AktG § 34 Rn 2; *Gerber* in Spindler/Stilz AktG § 34 Rn 3; *Pentz* in MünchKomm AktG § 34 Rn 9; *Röhricht* in Großkomm AktG § 33 Rn 5.

abschließende Regelung, sondern nur eine beispielhafte Hervorhebung besonderer und in jedem Falle ausdrücklich zu behandelnder Prüfungsgegenstände dar[197].

Zu prüfen sind insbesondere[198]:

- Die Feststellung und der Inhalt der Satzung sowie ihre Vollständigkeit und Vereinbarkeit mit den gesetzlichen Bestimmungen, einschließlich der Ordnungsmäßigkeit und Wirksamkeit der Beurkundung sowie etwaiger Vollmachten.
- Die Erbringung der Einlagen, sofern diese zum Zeitpunkt der Gründungsprüfung bereits ganz oder teilweise erbracht sind. Die Tatsache, dass die Einlagen noch nicht vollständig geleistet wurden, ist ggf. im Prüfungsbericht zu vermerken.
- Die Richtigkeit und Vollständigkeit der Angaben der Gründer über die Übernahme der Aktien, die Einlagen und das Grundkapital und die Festsetzungen nach §§ 26, 27 AktG. Sofern sich bei pflichtgemäßer Sorgfalt Zweifel aufdrängen, ist auch die Zahlungsfähigkeit und der Zahlungswille der Gründer zu prüfen. Bedenken sind im Prüfungsbericht zu vermerken.
- Die Ordnungsmäßigkeit der Sacheinlage und Sachübernahmevereinbarungen sowie die Werthaltigkeit ihrer Gegenstände. Zu bestätigen ist in diesem Rahmen, dass der Wert der Sacheinlage den geringsten Ausgabebetrag der dafür gewährten Aktien erreicht.
- Die Zulässigkeit einer etwaigen Vorratsgründung.
- Das Vorliegen erforderlicher Genehmigungen.
- Die Ordnungsmäßigkeit der Bestellung der Vorstands- und Aufsichtsratsmitglieder und Abschlussprüfer.
- Das Vorliegen des Gründungsberichts der Gründer nach § 32 AktG.

Eine Verletzung der Gründungsprüfungspflicht durch die Organmitglieder führt zur Schadenersatzverpflichtung gemäß § 48 S. 1 AktG. Ist etwa durch die Verletzung der Gründungsprüfungspflicht eine Sacheinlage falsch bewertet worden, so haben sie die Gesellschaft so zu stellen, wie sie stünde, wenn die Sache tatsächlich den ihr beigemessenen Wert gehabt hätte[199]. Darüber hinaus können sich die Verwaltungsmitglieder gemäß § 399 Abs. 1 Nr. 2 AktG strafbar machen, wenn sie im Gründungsbericht falsche Angaben machen oder erhebliche Umstände verschweigen[200].

---

[197] *Hüffer* AktG § 34 Rn 2; *Lohse* in Bürgers/Körber AktG § 34 Rn 1; *Gerber* in Spindler/Stilz AktG § 34 Rn 3; *Pentz* in MünchKomm AktG § 34 Rn 9.

[198] Vgl. *Hüffer* AktG § 34 Rn 2; *Lohse* in Bürgers/Körber AktG § 34 Rn 2; *Gerber* in Spindler/Stilz AktG § 34 Rn 3 ff.; *Pentz* in MünchKomm AktG § 34 Rn 10; *Hoffmann-Becking* in MünchHdb AG § 3 Rn 17; *Röhricht* in Großkomm AktG § 34 Rn 4 ff.; *Kraft* in Kölner Komm AktG § 34 Rn 4 f.

[199] *Pentz* in MünchKomm AktG § 48 Rn 24.

[200] *Lohse* in Bürgers/Körber AktG § 32 Rn 1; *Pentz* in MünchKomm AktG § 33 Rn 12; *Röhricht* in Großkomm AktG § 33 Rn 7.

Entsprechende Pflichten obliegen dem Vorstand bei einer Nachgründung gemäß § 52 AktG. Eine Nachgründung ist die Begründung von Erwerbspflichten der Gesellschaft innerhalb von zwei Jahren seit Eintragung der Gesellschaft in das Handelsregister gegenüber einem Gründer der Gesellschaft oder Aktionären, die mit mehr als 10% am Grundkapital beteiligt sind, zu einer Vergütung, die 10% des Grundkapitals übersteigt. Verstößt der Vorstand gegen die ihm in diesem Zusammenhang obliegenden Sorgfaltspflichten, so haften die Vorstandsmitglieder gemäß § 53 AktG.

dd) Fehlende Vollständigkeit und Richtigkeit der Angaben gegenüber dem Registergericht

Gemäß § 36 Abs. 1 AktG ist die Gesellschaft von den Mitgliedern der Verwaltungsorgane sowie allen Gründern zur Eintragung in das Handelsregister anzumelden. In der Anmeldung ist gemäß § 37 Abs. 1 AktG zu erklären, dass die Voraussetzungen der §§ 36 Abs. 2 und 36a AktG erfüllt sind. Bei der Vereinbarung von Bareinlagen ist eine Erklärung darüber abzugeben, dass der eingeforderte Betrag auf jede Aktie ordnungsgemäß eingezahlt worden ist und endgültig zur freien Verfügung des Vorstands steht (§ 36 Abs. 2 AktG). Zudem ist gemäß § 36a AktG bei Bareinlagen eine Erklärung darüber abzugeben, dass mindestens ein Viertel des geringsten Ausgabebetrages zuzüglich eines etwa vereinbarten Agios eingefordert wurde[201].

Bei Sacheinlagen ist zu erklären, dass der Wert der Sacheinlage den geringsten Ausgabebetrag und bei Vereinbarung einer Überpariemission auch dem Mehrbetrag entspricht (§ 36a Abs. 2 S. 3 AktG)[202]. Zudem ist zu erklären, ob die Sacheinlage gemäß § 36a Abs. 2 S. 1 AktG bereits vor der Anmeldung der Gesellschaft oder nach § 36a Abs. 2 S. 2 AktG erst innerhalb von fünf Jahren nach der Eintragung der Gesellschaft bewirkt werden muss. Ist die Einlage bereits erbracht, ist zu versichern, dass die Sacheinlage endgültig zur freien Verfügung des Vorstands steht[203].

Ferner haben die Vorstandsmitglieder gemäß § 37 Abs. 2 AktG zu versichern, dass keine Umstände vorliegen, die ihrer Bestellung nach § 76 Abs. 3 S. 2 und 3 AktG entgegenstehen, und dass sie über ihre unbeschränkte Auskunftspflicht gegenüber dem Gericht belehrt worden sind[204]. Schließlich ist gemäß § 37 Abs. 3 AktG anzugeben, welche Vertretungsbefugnis die Vorstandsmitglieder im Einzelnen haben. Dies soll die Eintragung der entsprechenden Angaben in das Handelsregister gemäß § 39 Abs. 1 S. 2 AktG vorbereiten[205].

---

201 *Hüffer* AktG § 37 Rn 3, § 36a Rn 2 f.; *Diebereiner* in Spindler/Stilz AktG § 37 Rn 3; *Lohse* in Bürgers/Körber AktG § 37 Rn 2; *Pentz* in MünchKomm AktG § 37 Rn 16 f.

202 *Hüffer* AktG § 37 Rn 4; *Diebereiner* in Spindler/Stilz AktG § 37 Rn 8; *Lohse* in Bürgers/Körber AktG § 37 Rn 2; *Pentz* in MünchKomm AktG § 37 Rn 40.

203 *Diebereiner* in Spindler/Stilz AktG § 37 Rn 8; *Lohse* in Bürgers/Körber AktG § 37 Rn 2; *Pentz* in MünchKomm AktG § 37 Rn 41.

204 *Hüffer* AktG § 37 Rn 6; *Diebereiner* in Spindler/Stilz AktG § 37 Rn 13 f.; *Lohse* in Bürgers/Körber AktG § 37 Rn 4 f.; *Pentz* in MünchKomm AktG § 37 Rn 43; *Röhricht* in Großkomm AktG § 37 Rn 36.

205 *Diebereiner* in Spindler/Stilz AktG § 37 Rn 8; *Lohse* in Bürgers/Körber AktG § 37 Rn 5; *Pentz* in MünchKomm AktG § 37 Rn 52.

b) Verstoß gegen den Grundsatz der Kapitalerhaltung

aa) Allgemeines

Für Verstöße gegen den Grundsatz der Kapitalerhaltung enthält § 93 Abs. 3 AktG eigene Anspruchsgrundlagen für die Gesellschaft gegen den Vorstand[206]. Er umfasst insgesamt neun Tatbestände, bei deren Verwirklichung sich der Vorstand gegenüber der Gesellschaft schadenersatzpflichtig macht. Es handelt sich bei diesen Tatbeständen um eine nicht abschließende Aufzählung von Schadenersatzpflichten bei Verstoß gegen die Kapitalerhaltungsvorschriften[207]. Ausreichend für ihr Eingreifen ist jede gesetzeswidrige Minderung des Gesellschaftsvermögens[208].

Das jeweilige Vorstandsmitglied ist bei Verwirklichung eines der Tatbestände des § 93 Abs. 3 AktG zum Ersatz des eingetretenen Schadens verpflichtet[209]. Die Höhe des Schadens beläuft sich in der Regel auf den Wert, der entgegen den Kapitalerhaltungsvorschriften an den Aktionär oder Dritten geleistet wurde[210]. Nach dem Wortlaut des § 93 Abs. 3 AktG wird der Eintritt eines Schadens in dieser Höhe vermutet[211]. Insoweit tritt eine Umkehr der Beweislast ein. Das Vorstandsmitglied ist daher verpflichtet, darzulegen und gegebenenfalls zu beweisen, dass die Gesellschaft trotz pflichtwidrigen Verhaltens nicht geschädigt wurde[212]. Soweit allerdings ein über die aufgewandten Mittel hinausgehender Schaden geltend gemacht wird, trifft die Beweislast den Anspruchsteller[213].

Für den Nachweis des Vorstandsmitglieds, dass ein Schaden nicht eingetreten sei, genügt nicht die Behauptung, dass der Gesellschaft bisher kein Schaden entstanden

---

[206] *Spindler* in MünchKomm AktG § 93 Rn 192; *Fleischer* in Spindler/Stilz AktG § 93 Rn 1; *Mertens* in Kölner Komm AktG § 93 Rn 96.

[207] *Hüffer* AktG § 93 Rn 22; *Thümmel* Persönliche Haftung von Managern und Aufsichtsräten Rn 106.

[208] *Hüffer* AktG § 57 Rn 3; *Wellhöfer* in Wellhöfer/Peltzer/Müller Haftung § 4 Rn 322; *Fleischer* in Spindler/Stilz AktG § 93 Rn 216; *Bürgers/Israel* in Bürgers/Körber AktG § 93 Rn 41; *Semler* AG 2005, 321, 326.

[209] *Spindler* in MünchKomm AktG § 93 Rn 204.

[210] *Fleischer* in Spindler/Stilz AktG § 93 Rn 214; *Bürgers/Israel* in Bürgers/Körber AktG § 93 Rn 41; *Thümmel* Persönliche Haftung von Managern und Aufsichtsräten Rn 106; *Mertens* in Kölner Komm AktG § 93 Rn 96.

[211] RGZ 159, 211, 230; *Fleischer* in Spindler/Stilz AktG § 93 Rn 214; *Bürgers/Israel* in Bürgers/Körber AktG § 93 Rn 41; *Thümmel* Persönliche Haftung von Managern und Aufsichtsräten Rn 106; *Mertens* in Kölner Komm AktG § 93 Rn 96; *Spindler* in MünchKomm AktG § 93 Rn 193.

[212] RGZ 159, 211, 230; LG Bochum ZIP 1989, 1557, 1558 f.; *Fleischer* in Spindler/Stilz AktG § 93 Rn 214; *Bürgers/Israel* in Bürgers/Körber AktG § 93 Rn 42; *Mertens* in Kölner Komm AktG § 93 Rn 96, 107; *Spindler* in MünchKomm AktG § 93 Rn 193; *Thümmel* Persönliche Haftung von Managern und Aufsichtsräten Rn 106.

[213] RGZ 159, 211, 231; *Hüffer* AktG § 93 Rn 22; *Mertens* in Kölner Komm AktG § 93 Rn 96; *Spindler* in MünchKomm AktG § 93 Rn 204.

ist. Erforderlich ist vielmehr der Nachweis, dass durch die Pflichtverletzung auch in Zukunft eine Schädigung der Gesellschaft nicht mehr möglich ist[214]. Dieser Nachweis ist geführt, wenn ein die Zahlung aus dem Gesellschaftsvermögen ausgleichender Wert endgültig in das Vermögen der Gesellschaft gelangt ist[215].

Ansprüche der Gesellschaft aufgrund einer Pflichtverletzung nach § 93 Abs. 3 AktG können auch von den Gläubigern der Gesellschaft geltend gemacht werden soweit sie von dieser keine Befriedigung erlangen können (§ 93 Abs. 5 AktG).

bb) Verbotene Einlagenrückgewähr

Gemäß § 93 Abs. 3 Nr. 1 AktG macht sich der Vorstand schadenersatzpflichtig, wenn die Gesellschaft gemäß § 57 Abs. 1 AktG verbotswidrig Einlagen an die Aktionäre zurückgewährt. Danach ist jede Leistung der Aktiengesellschaft, die wegen der Mitgliedschaft einzelner oder aller Aktionäre erbracht wird, verboten, wenn sie nicht aus dem Bilanzgewinn erfolgt oder ausnahmsweise gesetzlich zugelassen ist[216]. Entscheidend ist daher nicht, ob das Zurückgewährte ursprünglich eine Einlage i.S.v. § 54 AktG war.

Nicht nur Leistungen der Aktiengesellschaft an ihre Aktionäre, sondern auch an Dritte werden erfasst, wenn solche Leistungen nach Sinn und Zweck des § 57 AktG dem Aktionär zuzurechnen sind. Das ist auch dann der Fall, wenn die Leistung auf Veranlassung eines Aktionärs an seinen Ehegatten oder an seine minderjährigen Kinder erfolgt[217]. Ebenso werden aber auch Leistungen Dritter an Aktionäre erfasst, sofern die Leistung für Rechnung der Aktiengesellschaft erfolgt und daher das Gesellschaftsvermögen belastet[218]. § 93 Abs. 3 Nr. 1 AktG umfasst auch Verstöße gegen das Zahlungsverbot des § 230 AktG für Beträge, die aus der Auflösung von Kapital- oder Gewinnrücklagen bzw. aus einer Kapitalherabsetzung gewonnen wurden[219].

---

[214] RGZ 159, 211, 230; *Fleischer* in Spindler/Stilz AktG § 93 Rn 214; *Spindler* in MünchKomm AktG § 93 Rn 97.

[215] *Spindler* in MünchKomm AktG § 93 Rn 193; *Mertens* in Kölner Komm AktG § 93 Rn 96.

[216] RGZ 77, 11, 13; RGZ 107, 161, 168; RGZ 149, 385, 400; BGHZ 90, 381, 386; OLG Frankfurt/Main AG 1996, 324, 325; OLG Hamburg AG 1980, 275, 278; KG NZG 1999, 161; OLG Koblenz AG 1977, 231; *Hüffer* AktG § 57 Rn 2; *Cahn/Senger* in Spindler/Stilz AktG § 57 Rn 10; *Westermann* in Bürgers/Körber AktG § 57 Rn 5; *Thümmel* Persönliche Haftung von Managern und Aufsichtsräten Rn 107; *Bayer* in MünchKomm AktG § 57 Rn 7; *Lutter* in Kölner Komm AktG § 57 Rn 5.

[217] *Hüffer* AktG § 57 Rn 15; *Cahn/Senger* in Spindler/Stilz AktG § 57 Rn 73; *Westermann* in Bürgers/Körber AktG § 57 Rn 8; *Thümmel* Persönliche Haftung von Managern und Aufsichtsräten Rn 107; *Lutter* in Kölner Komm AktG § 57 Rn 44.

[218] *Hüffer* AktG § 57 Rn 3, 13; *Cahn/Senger* in Spindler/Stilz AktG § 57 Rn 55; *Westermann* in Bürgers/Körber AktG § 57 Rn 9; *Lutter* in Kölner Komm AktG § 57 Rn 37 f.

[219] *Spindler* in MünchKomm AktG § 93 Rn 99; *Lutter* in Kölner Komm AktG § 230 Rn 17; *Oechsler* in MünchKomm AktG § 230 Rn 11, 13.

Das Verbot der Einlagenrückgewähr wird durch § 62 AktG ergänzt. Demnach sind sämtliche Leistungen, die die Aktionäre entgegen den Vorschriften des Aktiengesetzes von der Gesellschaft empfangen haben, an diese zurückzugewähren[220]. Sind die Beträge von dem betroffenen Aktionär nicht mehr zu erlangen oder macht der Vorstand den Rückzahlungsanspruch nicht geltend, so machen sich die Mitglieder des Vorstands schadenersatzpflichtig und haften gemäß § 93 Abs. 3 Nr. 1 AktG persönlich[221].

cc) Zahlung von Zinsen oder Gewinnanteilen an Aktionäre

Nach § 93 Abs. 3 Nr. 2 AktG macht sich der Vorstand schadenersatzpflichtig, wenn die Aktiengesellschaft entgegen § 57 Abs. 2 AktG an Aktionäre Zinsen auf ihre Einlage zahlt oder entgegen § 57 Abs. 3 AktG über den ausschüttungsfähigen Bilanzgewinn hinaus aus dem Gesellschaftsvermögen Gewinnanteile an Aktionäre gewährt.

Zinsen i.S.v. § 57 Abs. 2 AktG sind alle wiederkehrenden, in ihrer Höhe bestimmten oder bestimmbaren Zahlungen auf die Einlage des Aktionärs, die ohne Rücksicht auf den Bilanzgewinn geleistet werden sollen[222]. Umfasst sind auch Dividendengarantien[223]. § 57 Abs. 3 AktG erfasst jede Verteilung von Gesellschaftsvermögen an die Aktionäre, soweit es sich nicht um Bilanzgewinn handelt. Eine Ausschüttung solchen Vermögens an die Aktionäre darf erst nach förmlicher Auflösung der Gesellschaft und Einhaltung der in §§ 271, 272 AktG geregelten Gläubigerschutzregularien erfolgen[224]. Gemäß § 271 AktG sind zunächst die Verbindlichkeiten der Gesellschaft zu begleichen und gemäß § 272 AktG der Ablauf der dort näher geregelten einjährigen Sperrfrist abzuwarten. Unabhängig davon ist bei jeder Gewinnausschüttung aus Bilanzgewinn auch § 233 AktG zu beachten, wonach Gewinn an die Aktionäre erst dann ausgeschüttet werden darf, wenn die gesetzliche Rücklage und die Kapitalrücklage zusammen 10% des Grundkapitals erreicht haben. Zudem wird durch § 233 Abs. 2 AktG die Höhe des auszuschüttenden Gewinns bei vorangegangener Kapitalherabsetzung für die zwei auf den entsprechenden Beschluss folgenden Jahre auf 4% des Grundkapitals beschränkt.

---

[220] *Hüffer* AktG § 62 Rn 1; *Cahn* in Spindler/Stilz AktG § 62 Rn 4; *Westermann* in Bürgers/Körber AktG § 62 Rn 9.

[221] *Hüffer* AktG § 93 Rn 22; *Fleischer* in Spindler/Stilz AktG § 93 Rn 215; *Bürgers/Israel* in Bürgers/Körber AktG § 93 Rn 41.

[222] *Hüffer* AktG § 57 Rn 21; *Cahn/Senger* in Spindler/Stilz AktG § 57 Rn 80; *Westermann* in Bürgers/Körber AktG § 57 Rn 29; *Lutter* in Kölner Komm AktG § 57 Rn 49; *Henze* in Großkomm AktG § 57 Rn 162.

[223] *Hüffer* § 57 Rn 21; *Lutter* in Kölner Komm AktG § 57 Rn 49; *Henze* in Großkomm AktG § 57 Rn 162.

[224] *Hüffer* § 57 AktG Rn 22; *Westermann* in Bürgers/Körber AktG § 57 Rn 32.

dd) Erwerb eigener Aktien

Nach § 93 Abs. 3 Nr. 3 AktG haftet der Vorstand, wenn die Gesellschaft oder ihr nach § 56 Abs. 2 AktG gleichstehende abhängige oder im Mehrheitsbesitz der Aktiengesellschaft stehende Gesellschaften eigene Aktien der Gesellschaft zeichnen, erwerben, als Pfand nehmen oder einziehen. Die entsprechenden Verbote sind in §§ 56, 71 bis 71e und 237 bis 239 AktG geregelt[225].

Gemäß § 56 Abs. 1 AktG ist der originäre Erwerb von Aktien durch Zeichnung verboten. Hierunter fällt der Erwerb junger Aktien bei einer Kapitalerhöhung gegen Einlageleistung (§ 185 Abs. 1 AktG) oder bei der Verwendung genehmigten Kapitals (§ 185 Abs. 1 AktG i.V.m. § 203 Abs. 1 S. 1 AktG) oder die Abgabe einer Bezugserklärung im Rahmen einer bedingten Kapitalerhöhung (§ 198 AktG)[226]. Nicht verboten ist dagegen der Erwerb eigener Aktien bei einer Kapitalerhöhung aus Gesellschaftsmitteln gemäß § 215 Abs. 1 AktG, da sie nicht der Kapitalaufbringung dient[227]. § 56 Abs. 2 AktG erstreckt das Verbot der originären Übernahme von Aktien der eigenen Gesellschaft auch auf abhängige (§ 16 AktG) und im Mehrheitsbesitz (§ 17 AktG) stehende Unternehmen[228].

Darüber hinaus ist auch der abgeleitete, rechtsgeschäftliche Erwerb eigener Aktien verboten. Erwerb in diesem Sinne ist jedes Rechtsgeschäft, das die Aktiengesellschaft auf Dauer oder vorübergehend zum Inhaber oder Mitinhaber der Aktie macht oder einen schuldrechtlichen Titel für einen solchen Erwerb schafft[229]. Verboten sind nach § 71a AktG zudem alle Umgehungsgeschäfte: Nach § 71d AktG sind alle Erwerbsgeschäfte durch Dritte, aber auf Rechnung der Aktiengesellschaft verboten, sofern sie nicht auch der Gesellschaft nach § 71 Abs. 1 Nr. 1 bis 5, 7 und 8 und Abs. 2 AktG gestattet wären, sowie nach § 71e AktG die Inpfandnahme eigener Aktien durch die Aktiengesellschaft.

Nicht vom Verbot erfasst sind die in § 71 Abs. 1 AktG genannten Erwerbstatbestände. Der Erwerb ist insbesondere dann zulässig, wenn er notwendig ist, um einen schweren, unmittelbar bevorstehenden Schaden von der Gesellschaft abzuwenden (§ 71 Abs. 1 Nr. 1 AktG), zur Ausgabe von Belegschaftsaktien (§ 71 Abs. 1 Nr. 2 AktG), zum Eigenhandel von Banken (§ 71 Abs. 1 Nr. 7 AktG) oder aufgrund besonderer ausdrücklicher Ermächtigung der Hauptversammlung (§ 71 Abs. 1 Nr. 8 AktG).

---

[225] *Hüffer* AktG § 93 Rn 23.

[226] *Thümmel* Persönliche Haftung von Managern und Aufsichtsräten Rn 109; *Westermann* in Bürgers/Körber AktG § 56 Rn 4; *Cahn/Senger* in Spindler/Stilz AktG § 56 Rn 11; *Henze* in Großkomm AktG § 56 Rn 7.

[227] *Hüffer* AktG § 56 Rn 3; *Cahn/Senger* in Spindler/Stilz AktG § 56 Rn 11; *Lutter* in Kölner Komm AktG § 56 Rn 11.

[228] *Hüffer* AktG § 56 Rn 9; *Westermann* in Bürgers/Körber AktG § 56 Rn 5; *Cahn/Senger* in Spindler/Stilz AktG § 56 Rn 24.

[229] *Hüffer* AktG § 71 Rn 4; *Wieneke* in Bürgers/Körber AktG § 71 Rn 2; *Lutter* in Kölner Komm AktG § 71 Rn 18.

ee) Ausgabe von Aktien vor vollständiger Leistung des Ausgabebetrags

§ 10 Abs. 1 AktG bestimmt, dass die Gesellschaft Namens- und Inhaberaktien ausgeben kann. Die Form der auszugebenden Aktien ist zwingend in die Satzung aufzunehmen (§ 23 Abs. 3 Nr. 5 AktG). Sollen Inhaberaktien ausgegeben werden, so dürfen diese – wie sich aus einem Umkehrschluss aus § 10 Abs. 2 AktG ergibt – nur nach vollständiger Leistung des Ausgabebetrages (und eines etwa geschuldeten Agios) ausgegeben werden[230]. Werden Namensaktien vor vollständiger Einzahlung des Ausgabebetrages ausgegeben, was nach § 10 Abs. 2 S. 1 AktG grundsätzlich zulässig ist, so ist auf der Aktie der Betrag der erbrachten Teilleistung anzugeben (§ 10 Abs. 2 S. 2 AktG), einerseits um der Gesellschaft die Feststellung ihrer Schuldner zu erleichtern, und andererseits um bei einer etwaigen Weiterveräußerung der Aktien die Gutgläubigkeit des Käufers hinsichtlich der vollständigen Einzahlung des Ausgabebetrages auszuschließen[231].

Gibt die Gesellschaft entgegen dieser Verpflichtung entweder Inhaberaktien vor vollständiger Einzahlung des Ausgabebetrages oder Namensaktien ohne entsprechenden Vermerk aus, obwohl lediglich eine Teileinzahlung des Ausgabebetrages erfolgt ist, macht sich der Vorstand der Aktiengesellschaft nach § 93 Abs. 3 Nr. 4 AktG schadenersatzpflichtig.

ff) Verteilung von Gesellschaftsvermögen

Der Vorstand haftet nach § 93 Abs. 3 Nr. 5 AktG, wenn er unerlaubt Gesellschaftsvermögen verteilt. Die Verteilung von Gesellschaftsvermögen wird insbesondere durch die §§ 57 Abs. 3, 225 Abs. 2, 230, 233, 237 Abs. 2, 271, 272 AktG beschränkt und für unzulässig erklärt[232]. Die genannten Vorschriften stellen eine Präzisierung des Verbots der Einlagenrückgewähr gemäß § 57 Abs. 1 S. 1 AktG dar[233]. Der Tatbestand des § 93 Abs. 3 Nr. 5 AktG überschneidet sich daher weitgehend mit den Tatbeständen der Nr. 1 und Nr. 2. Über deren Anwendungsbereich hinaus kommt dem Tatbestand der Nr. 5 insbesondere bei Verstößen gegen die §§ 61 und 225 Abs. 2 AktG Bedeutung zu.

Gemäß § 61 AktG darf den Aktionären für Nebenleistungen, die keine Einlage i.S.d. § 54 AktG darstellen, auch ohne Ausweisung als Bilanzgewinn eine Vergütung gewährt werden, sofern sie nicht den Wert der Nebenleistung übersteigt. § 61

---

[230] *Hüffer* AktG § 10 Rn 6; *Westermann* in Bürgers/Körber AktG § 10 Rn 5; *Vatter* in Spindler/Stilz AktG § 10 Rn 8; *Thümmel* Persönliche Haftung von Managern und Aufsichtsräten Rn 110.

[231] *Hüffer* AktG § 10 Rn 6; *Westermann* in Bürgers/Körber AktG § 10 Rn 6; *Vatter* in Spindler/Stilz AktG § 10 Rn 76; *Thümmel* Persönliche Haftung von Managern und Aufsichtsräten Rn 110; *Kraft* in Kölner Komm AktG § 10 Rn 21.

[232] *Hüffer* AktG § 93 Rn 23; *Mertens* in Kölner Komm AktG § 93 Rn 92; *Wiesner* in MünchHdb AG § 26 Rn 21; *Hopt* in Großkomm AktG § 93 Rn 247.

[233] *Thümmel* Persönliche Haftung von Managern und Aufsichtsräten Rn 111.

AktG setzt für die Rechtmäßigkeit der Vergütung voraus, dass die Entgeltlichkeit der Nebenleistung in die Satzung aufgenommen wurde[234]. Ist dies nicht der Fall oder übersteigt die Vergütung den marktüblichen Anschaffungswert, so erfolgt die Leistung unter Verstoß gegen §§ 93 Abs. 3 Nr. 5, 61 AktG mit der dort geregelten Haftungsfolge.

Nach § 225 Abs. 2 AktG dürfen bei einer ordentlichen Herabsetzung des Grundkapitals Zahlungen an Aktionäre erst dann erfolgen, wenn sechs Monate seit der Bekanntmachung verstrichen sind und Gläubiger, die sich auf die Bekanntmachung gemeldet haben, befriedigt worden sind oder ihnen aufgrund ihrer Forderungen Sicherheit geleistet worden ist. Dies gilt gemäß § 237 Abs. 2 AktG auch bei der Einziehung von Aktien. § 230 AktG verbietet Zahlungen an die Aktionäre aus der Auflösung von Kapital- oder Gewinnrücklagen oder aus der vereinfachten Kapitalherabsetzung gemäß § 229 AktG.

gg) Zahlungen entgegen Zahlungsverbot nach eingetretener Insolvenzreife

(1) Inhalt des Zahlungsverbots. Gemäß § 93 Abs. 3 Nr. 6 AktG machen sich die Mitglieder des Vorstands schadenersatzpflichtig, wenn sie entgegen dem in § 92 Abs. 2 AktG geregelten Verbot Zahlungen leisten, nachdem die Zahlungsunfähigkeit der Gesellschaft eingetreten ist oder sich die Überschuldung ergeben hat. In der Regel entsteht der Gesellschaft durch einen Verstoß gegen das Zahlungsverbot kein Schaden, da sie durch die infrage stehenden Zahlungen meist von einer Forderung befreit wird[235]. Im Rahmen der Tatbestände des § 93 Abs. 3 AktG wird der Eintritt eines Schadens jedoch vermutet. Hiergegen steht dem Vorstand zwar der Gegenbeweis offen, jedoch kommt es dabei nicht auf einen Schaden der Gesellschaft an. Angesichts der Insolvenzreife der Gesellschaft sollen sämtliche Gläubiger der Gesellschaft in den Genuss eines geordneten, den Grundsatz der Gläubigergleichbehandlung beachtenden Verteilungsverfahrens kommen[236]. Abzustellen ist daher auf den durch die Masseschmälerung eintretenden Gesamtgläubigerschaden[237].

---

[234] *Hüffer* AktG § 61 Rn 1; *Westermann* in Bürgers/Körber AktG § 61 Rn 1; *Cahn* in Spindler/Stilz AktG § 61 Rn 2; *Lutter* in Kölner Komm AktG § 61 Rn 4; *Henze* in Großkomm AktG § 61 Rn 10.

[235] *Thümmel* Persönliche Haftung von Managern und Aufsichtsräten Rn 112; *Fleischer* in Spindler/Stilz AktG § 92 Rn 38; *Habersack* in Großkomm AktG § 92 Rn 91.

[236] *Habersack* in Großkomm AktG § 92 Rn 91; *Fleischer* in Spindler/Stilz AktG § 92 Rn 51; *Wellhöfer* in Wellhöfer/Peltzer/Müller Haftung § 4 Rn 334.

[237] *Hüffer* AktG § 92 Rn 20; *Pelz* in Bürgers/Körber AktG § 92 Rn 62; *Thümmel* Persönliche Haftung von Managern und Aufsichtsräten Rn 112; *Habersack* in Großkomm AktG § 92 Rn 96; *Wiesner* in MünchHdb AG § 25 Rn 58; *Oltmanns* in Heidel AktG § 92 Rn 21; *Mertens* in Kölner Komm AktG § 92 Rn 64; zur Berechnung vgl. *Habersack* in Großkomm AktG § 92 Rn 99; *Spindler* in MünchKomm AktG § 92 Rn 67.

Ausgenommen vom Zahlungsverbot sind gemäß § 92 Abs. 2 S. 2 AktG Zahlungen, die mit der Sorgfalt eines ordentlichen und gewissenhaften Geschäftsleiters vereinbar sind[238]. Dabei handelt es sich um Zahlungen, die entweder masseneutral sind oder die innerhalb der Insolvenzantragsfrist des § 15a Abs. 1 S. 1 InsO zur Abwendung der Insolvenz erfolgen[239]. In ausdrücklicher Abkehr von seiner bisherigen Rechtsprechung hat der zweite Zivilsenat des Bundesgerichtshofes auch die Zahlung der Arbeitnehmeranteile zur Sozialversicherung und die Zahlung von Steuern angesichts der drohenden persönlichen strafrechtlichen Verfolgung des Vorstandes als mit der Sorgfalt eines ordentlichen und gewissenhaften Geschäftsleiters vereinbar angesehen[240].

Das Zahlungsverbot des § 92 Abs. 2 AktG und damit die Haftung nach § 93 Abs. 3 Nr. 6 AktG greift nur bei Vorliegen der Insolvenzgründe der Zahlungsunfähigkeit (§ 17 InsO) oder der Überschuldung (§ 19 InsO) ein. Sollte eine Zahlung an die Aktionäre zur Zahlungsunfähigkeit der Gesellschaft führen, unterliegt der Vorstand ebenfalls dem Zahlungsverbot (§ 92 Abs. 2 S. 3 AktG). Hierbei werden Zahlungen erfasst, die eine Zahlungsunfähigkeit herbeiführen mussten, es sei denn, dass dies aus Sicht eines sorgfältigen Geschäftsführers nicht erkennbar war[241].

(2) Zahlungsunfähigkeit und Überschuldung. Zahlungsunfähigkeit liegt gemäß § 17 InsO vor, wenn die Gesellschaft nicht mehr in der Lage ist, ihre fälligen und durchsetzbaren auf Geld gerichteten Zahlungspflichten zu erfüllen[242], die Illiquidität der Gesellschaft also bereits tatsächlich eingetreten ist. Bei drohender Zahlungsunfähigkeit hingegen wird die Gesellschaft aufgrund einer Prognose erst bei Eintritt der Fälligkeit bestehender Zahlungsverpflichtungen nicht mehr in der Lage sein, diese zu erfüllen (§ 18 Abs. 2 InsO). Nicht zur Zahlungsunfähigkeit führen nur vorübergehende Zahlungsstockungen und ganz geringfügige Liquiditätslücken[243]. Nach

---

[238] *Habersack* in Großkomm AktG § 92 Rn 95; *Pelz* in Bürgers/Körber AktG § 92 Rn 34; *Fleischer* in Spindler/Stilz AktG § 92 Rn 61; *Spindler* in MünchKomm AktG § 92 Rn 63; *Mertens* in Kölner Komm AktG § 92 Rn 59.

[239] *Hüffer* AktG § 92 Rn 14b; *Pelz* in Bürgers/Körber AktG § 92 Rn 34; *Fleischer* in Spindler/Stilz AktG § 92 Rn 61; *Habersack* in Großkomm AktG § 92 Rn 95; *Mertens* in Kölner Komm AktG § 92 Rn 59.

[240] BGH NJW 2007, 2118; kritisch *Streit/Bürk* DB 2008, 742, 746; zur fehlenden Privilegierung bei der Zahlung von Arbeitgeberanteilen zur Sozialversicherung vgl. BGH NZG 2009, 568.

[241] Begründung MoMiG-RegE BT-Drs. 16/6140 S. 111; *Zattler* GWR 2009, 285, 286; *Hirte* NZG 2008, 761, 764; *Bittmann* NStZ 2009, 113, 118.

[242] *Thümmel* Persönliche Haftung von Managern und Aufsichtsräten Rn 117; *Wellhöfer* in Wellhöfer/Peltzer/Müller Haftung § 4 Rn 337; *Pelz* in Bürgers/Körber AktG § 92 Rn 10; *Fleischer* in Spindler/Stilz AktG § 92 Rn 22; *Müller* in Jaeger § 17 InsO Rn 6; *Habersack* in Großkomm AktG § 92 Rn 37.

[243] BGH NJW 2005, 3062; *Wellhöfer* in Wellhöfer/Peltzer/Müller Haftung § 4 Rn 337; *Pelz* in Bürgers/Körber AktG § 92 Rn 13; *Fleischer* in Spindler/Stilz AktG § 92 Rn 23; *Mül-*

der Rechtsprechung des Bundesgerichtshofs liegt lediglich eine Zahlungsstockung und damit keine Zahlungsunfähigkeit im Sinne von § 17 InsO vor, wenn sich die Zahlungsunfähigkeit voraussichtlich innerhalb kurzer Zeit beheben lässt. Die Zahlungsstockung darf daher den Zeitraum nicht überschreiten, den eine kreditwürdige Person benötigt, um über die benötigten Mittel ein Darlehen aufzunehmen. Hierfür sind drei Wochen erforderlich, aber auch ausreichend[244]. Eine geringfügige Liquiditätslücke, die nicht zu einer Zahlungsunfähigkeit führt, liegt zudem nur dann vor, wenn sie, obwohl sie innerhalb von drei Wochen nicht zu beseitigen ist, weniger als 10% der fälligen Gesamtverbindlichkeiten ausmacht, es sei denn, es ist bereits absehbar, dass die Lücke demnächst mehr als 10% betragen wird[245].

Die Zahlungsunfähigkeit der Gesellschaft tritt insbesondere dann zu Tage, wenn die Gesellschaft ihre Zahlungen eingestellt hat (§ 17 Abs. 1 S. 2 InsO), also beispielsweise Löhne und Gehälter oder Sozialversicherungsbeiträge nicht mehr oder nur in geringem Umfang zahlt[246].

Nach bisheriger Rechtslage war die Überschuldung gemäß § 19 Abs. 2 InsO bereits dann gegeben, wenn das Vermögen des Schuldners die bestehenden Verbindlichkeiten nicht mehr deckt. Durch das Gesetz zur Umsetzung eines Maßnahmenpakets zur Stabilisierung des Finanzmarktes (FMStG)[247] vom 17. Oktober 2008 wurde in § 19 Abs. 2 S. 1 InsO zunächst befristet bis zum 31. Dezember 2010 ergänzt, dass eine Überschuldung jedoch dann nicht vorliegt, wenn die Fortführung des Unternehmens nach den Umständen überwiegend wahrscheinlich ist. Diese Regelung will das ökonomisch unbefriedigende Ergebnis vermeiden, dass Unternehmen, bei denen es wahrscheinlich ist, dass sie weiter erfolgreich am Markt operieren können, zwingend ein Insolvenzverfahren zu durchlaufen haben[248]. Im Herbst 2009 ist diese Regelung bis Ende 2013 verlängert worden.

Nach neuer Rechtslage wird zunächst eine bilanzielle Betrachtung der Vermögenslage des Unternehmens vorgenommen, wobei auf eine Überschuldungsbilanz abzustellen ist. In dieser Überschuldungsbilanz sind die Liquiditätswerte anzusetzen. Der Liquidationswert eines Vermögensgegenstands ist sein Einzelveräußerungswert, wie

---

ler in Jaeger § 17 InsO Rn 5, 23 ff.; *Thümmel* Persönliche Haftung von Managern und Aufsichtsräten Rn 117; *Habersack* in Großkomm AktG § 92 Rn 38; *Schmerbach* in Frankfurter Komm § 17 InsO Rn 5, 14.

[244] BGH NJW 2005, 3062; *Pelz* in Bürgers/Körber AktG § 92 Rn 13; *Fleischer* in Spindler/Stilz AktG § 92 Rn 23; *Neumaier* NJW 2005, 3041 ff.

[245] BGH NJW 2005, 3062; *Wellhöfer* in Wellhöfer/Peltzer/Müller Haftung § 4 Rn 338; *Pelz* in Bürgers/Körber AktG § 92 Rn 13; *Neumaier* NJW 2005, 3041 ff.

[246] BGH ZIP 2002, 853, 855; BGH WM 1985, 396; *Pelz* in Bürgers/Körber AktG § 92 Rn 15; *Thümmel* Persönliche Haftung von Managern und Aufsichtsräten Rn 117; *Hess* in Hess/Weis/Wienberg § 17 InsO Rn 19 ff.

[247] BGBl I 2008, S. 1982.

[248] Beschlussempfehlung Haushaltsausschuss FMStG-RegE BT-Drs. 16/10651 S. 15.

er bei einer Zerschlagung des Unternehmens realisiert werden würde[249]. Liegt hierbei rechnerisch keine Überschuldung der Gesellschaft vor, besteht keine Insolvenzantragspflicht[250].

Liegt eine Überschuldung vor, kommt es auf eine positive Fortführungsprognose für die Gesellschaft an. Hierfür sind der Wille des Unternehmers zur Fortführung des Unternehmens und objektive Erfolgsaussichten Grundvoraussetzungen[251]. Fällige Verbindlichkeiten müssen wenigstens auf mittelfristige Sicht von dem Unternehmen beglichen werden können, was durch ein aussagekräftiges Unternehmenskonzept nachgewiesen werden muss[252]. Ist die Fortführungsprognose positiv, besteht keine Pflicht zur Stellung eines Insolvenzantrages[253].

(3) Umfang des Zahlungsverbots. Streitig ist, welchen sachlichen Umfang das Zahlungsverbot hat. Nach seinem Wortlaut bezieht sich § 92 Abs. 2 AktG allein auf „Zahlungen“. Dies könnte bedeuten, dass allein Geldzahlungen in bar vom Zahlungsverbot umfasst werden[254]. Nach anderer, zutreffender Ansicht hingegen soll § 92 Abs. 2 AktG auch alle sonstigen Leistungen umfassen wie z.B. Scheckeinreichungen auf ein debitorisches Konto der Gesellschaft[255]. Die letztgenannte Ansicht wird vom Bundesgerichtshof geteilt. Der Bundesgerichtshof stellte für den Geschäftsführer einer insolvenzreifen GmbH fest, dass dieser aufgrund seiner Masseerhaltungspflicht dafür zu sorgen habe, dass Zahlungen von Gesellschaftsschuldnern nicht auf ein debitorisch geführtes Bankkonto der Gesellschaft geleistet werden, indem er ein neues kreditorisch geführtes Bankkonto bei einer anderen Bank zu eröffnen und den aktuellen Gesellschaftsschuldnern unverzüglich die geänderte Bankverbindung bekannt zu geben habe[256]. In diesem Fall kann damit schon die bloße Untätigkeit einen Verstoß gegen das Zahlungsverbot begründen. Zugleich hat der Bundesgerichtshof festgestellt, dass in der Zahlung von einem debitorischen Konto an einen Gesellschaftsgläubiger im Stadium der Insolvenzreife nur eine bloße Auswechselung des Gesellschaftsgläubigers, nicht aber eine haftungsbegründende Benachteiligung der Gläubigergesamtheit liege[257].

---

[249] *Müller* in Jaeger § 19 InsO Rn 46; *Thümmel* Persönliche Haftung von Managern und Aufsichtsräten Rn 120; *Habersach* in Großkomm AktG § 92 Rn 54; *Möhlmann-Mahlau/Schmitt* NZI 2009, 19, 22.

[250] Möhlmann-Mahlau/Schmitt NZI 2009, 19, 22.

[251] *Dahl* NZG 2009, 567, 567; *Hecker/Glozbach* BB 2009, 1544, 1545.

[252] BGH NZI 2007, 44.

[253] *Dahl* NZI 2009, 567, 567.

[254] RGZ 159, 211, 234; *Mertens* in Kölner Komm AktG § 92 Rn 57.

[255] BGHZ 143, 184, 186 ff.; BGH NJW 2001, 304 f.; OLG Jena NZG 2002, 1116, 1117; *Hüffer* AktG § 92 Rn 14a; *Pelz* in Bürgers/Körber AktG § 92 Rn 33; *Fleischer* in Spindler/Stilz AktG § 92 Rn 23; *Habersack* in Großkomm AktG § 92 Rn 93; *Zattler* GWR 2009, 285.

[256] BGH GmbHR 2007, 596 ff.; OLG Hamm LSK 2009, 360616; *Umbeck* GWR 2009, 274.

[257] BGH GmbHR 2007, 596 ff.

(4) Zeitpunkt für den Eintritt des Zahlungsverbots. In der Literatur war bislang umstritten, auf welchen Zeitpunkt hinsichtlich des Eintritts des Zahlungsverbots abzustellen ist: den Zeitpunkt der Insolvenzreife oder den Eintritt der Pflicht zur Stellung des Insolvenzantrags[258]. Der Bundesgerichtshof bejaht das Zahlungsverbot des § 92 Abs. 2 S. 1 AktG bereits ab Eintritt der Insolvenzreife[259]. Hierfür spricht vor allem das Bedürfnis nach einem umfassenden Schutz der Insolvenzmasse[260]. Je früher das Zahlungsverbot eingreift, desto umfassender wird die Insolvenzmasse zur Befriedigung aller Gläubiger erhalten.

(5) Erkennbarkeit der Insolvenzreife. Streitig ist, ob es für die Entstehung des Zahlungsverbots auf die Kenntnis des Vorstands von der Insolvenzreife ankommt. Während die herrschende Meinung die Erkennbarkeit der Insolvenzreife für die Entstehung des Zahlungsverbots für ausreichend hält[261], verlangt die Gegenauffassung die tatsächliche Kenntnis von der Insolvenzreife[262]. Die überzeugenderen Argumente sprechen für die erste Ansicht, die die Erkennbarkeit genügen lässt. Hierdurch wird dem Schutzzweck des Zahlungsverbots, die Gesamtheit der Gläubiger vor einer Masseschmälerung zu bewahren, Rechnung getragen. Aufgrund der Verbotsausnahme in § 92 Abs. 2 S. 2 AktG im Falle ernsthafter Sanierungsbestrebungen hält das Argument der Sanierungsfeindlichkeit gegenüber der überzeugenden Regelung der Masseerhaltung nicht stand[263].

hh) Vergütung an Aufsichtsräte

Gemäß § 113 Abs. 1 S. 1 AktG darf Aufsichtsratsmitgliedern eine Vergütung für ihre Tätigkeit nur dann gewährt werden, wenn sie in der Satzung festgesetzt ist oder von der Hauptversammlung bewilligt wurde. Die Zahlung einer darüber hinausgehenden Vergütung ist unzulässig[264].

Zudem sind nach § 114 AktG Dienst- und Werkverträge über Tätigkeiten höherer Art außerhalb der Aufsichtsratstätigkeit nur mit Zustimmung des Aufsichtsrats zu-

---

[258] Vgl. hierzu *Fleischer* in Spindler/Stilz AktG § 92 Rn 59 m. w. N.

[259] BGH NJW 2009, 2545; *Bork* NZG 2009, 775.

[260] BGH NJW 2009, 2545, 2455; *Zattler* GWR 2009, 285; *Bork* NZG 2009, 775.

[261] BGHZ 143, 184, 185 f.; BGH NJW 2001, 304; OLG Oldenburg GmbHR 2004, 1014; OLG Celle GmbHR 2004, 568 f.; *Hüffer* AktG § 92 Rn 14a; *Fleischer* in Spindler/Stilz AktG § 92 Rn 59; *Spindler* in MünchKomm AktG § 92 Rn 61; *Thümmel* Persönliche Haftung von Managern und Aufsichtsräten Rn 122; *Habersack* in Großkomm AktG § 92 Rn 62.

[262] BGHZ 75, 96, 110; OLG Koblenz NZG 2005, 79, 81; OLG Frankfurt/Main. NZG 2004, 1157, 1159; OLG Düsseldorf ZIP 1985, 876, 886; *Fleischer* in Spindler/Stilz AktG § 92 Rn 59; *Wiesner* in MünchHdb AG § 25 Rn 58; *Mertens* in Kölner Komm AktG § 92 Rn 61 f.

[263] *Fleischer* in Spindler/Stilz AktG § 92 Rn 59; *Spindler* in MünchKomm AktG § 92 Rn 62.

[264] *Hüffer* AktG § 113 Rn 2; *Bürgers/Israel* in Bürgers/Körber AktG § 113 Rn 2; *Spindler* in Spindler/Stilz AktG § 113 Rn 21; *Thümmel* Persönliche Haftung von Managern und Aufsichtsräten Rn 124; *Mertens* in Kölner Komm AktG § 113 Rn 5.

lässig. Dies gilt nicht nur für unmittelbar mit dem Aufsichtsratsmitglied geschlossene Verträge, sondern auch für Verträge mit Gesellschaften, die dem Umfeld des Aufsichtsratsmitglieds zuzuordnen sind[265]. Wann eine Gesellschaft dem Umfeld des Aufsichtsratsmitglieds zuzuordnen ist, war lange umstritten. Zum Teil wurde auf eine analoge Anwendung von § 115 Abs. 3 AktG, also auf eine Beherrschung der beratenden Gesellschaft durch das Aufsichtsratsmitglied oder darauf abgestellt, dass das Aufsichtsratsmitglied an der beratenden Gesellschaft nicht nur marginal beteiligt ist[266]. Der Bundesgerichtshof hat jedoch festgestellt, dass der Anwendungsbereich der §§ 113, 114 AktG stets eröffnet ist, wenn einem Aufsichtsratsmitglied aufgrund der Beratung durch einen Dritten mittelbar Zuwendungen über die Vergütung für den Beratervertrag zufließen und diese nicht abstrakt betrachtet geringfügig sind oder im Vergleich zu der Aufsichtsratsvergütung einen nur vernachlässigenswerten Umfang haben[267]. Dies ist unabhängig von der Höhe der Beteiligung bei jeder gewinnbezogenen gesellschaftlichen Beteiligung des Aufsichtsratsmitglieds am Beratungsunternehmen der Fall[268]. Es ist außerdem unerheblich, ob das betreffende Aufsichtsratsmitglied selbst persönlich an der Beratung mitgewirkt hat[269].

In der Praxis sind vom Genehmigungserfordernis des § 114 AktG überwiegend Beraterverträge betroffen. Gehört dem Aufsichtsrat beispielsweise ein Rechtsanwalt an, so kann die Aktiengesellschaft mit diesem einen Beratervertrag über die rechtliche Beratung des Unternehmens abschließen. Gegenstand eines derartigen Beratervertrags dürfen aber nur Tätigkeiten sein, die das Aufsichtsratsmitglied nicht ohnehin schon in seiner Stellung als Organ erbringen muss. Sämtliche Tätigkeiten, die in einem engen Zusammenhang mit der Organtätigkeit bestehen, können demnach nicht Gegenstand eines Beratervertrags sein[270]. So ist der Aufsichtsrat für die umfassende Kontrolle der Geschäftsführung durch den Vorstand zuständig (§ 111 Abs. 1 AktG). Die Prüfung der Ordnungs- und Rechtmäßigkeit des Vorstandshandelns bei einer besonderen Geschäftsführungsmaßnahme gehört also für jedes Aufsichtsratsmitglied zu den Aufgaben als Organmitglied. Sie kann daher nicht Gegenstand eines

---

[265] BGH NZG 2007, 103; BGH NGZ 2007, 12; OLG Frankfurt/Main NZG 2006, 29; KG AG 1997, 42, 44; *Bürgers/Israel* in Bürgers/Körber AktG § 114 Rn 5; *Spindler* in Spindler/Stilz AktG § 114 Rn 9; *Hopt/Roth* in Großkomm AktG § 114 Rn 40.

[266] Für die letztgenannte Ansicht OLG Frankfurt/Main NZG 2006, 29 mit ausführlichen Nachweisen zu den verschiedenen Ansichten.

[267] BGH NJW 2007, 298, 298; *Hüffer* AktG § 114 Rn 2a; *Bürgers/Israel* in Bürgers/Körber AktG § 114 Rn 5; *Spindler* in Spindler/Stilz AktG § 114 Rn 9; *Leuering/Simon* NJW-Spezial 2006, 171, 172; *Semler* NZG 2007, 881, 887; *Bosse* NZG 2007, 172, 173.

[268] BGH NJW 2007, 298, 299; *Bürgers/Israel* in Bürgers/Körber AktG § 114 Rn 5; *Spindler* in Spindler/Stilz AktG § 114 Rn 9; *Semler* NZG 2007, 881, 887; *Bosse* NZG 2007, 172, 173.

[269] BGH NJW 2007, 298, 299 f.

[270] BGH ZIP 2009, 1661; BGHZ 114, 127 ff.; BGHZ 126, 340, 344 ff.; *Hüffer* AktG § 114 Rn 4; *Bürgers/Israel* in Bürgers/Körber AktG § 114 Rn 2; *Spindler* in Spindler/Stilz AktG § 114 Rn 15; *Leuering/Simon* NJW-Spezial 2006, 171.

Beratervertrags sein[271]. Zulässig sind daher nur solche Tätigkeiten, die außerhalb der Organpflichten des Aufsichtsrats liegen und umfangreiche Spezialkenntnisse erfordern, so dass sie üblicherweise extern vergeben werden[272].

Die Abgrenzung zwischen zulässigen und unzulässigen Tätigkeiten ist im Einzelfall überaus schwierig. Nach Auffassung des Bundesgerichtshofs schließt die Organfunktion zunächst auch den Einsatz individueller Sachkenntnis und Erfahrung des Aufsichtsratsmitglieds, die ihn häufig für die Wahl in den Aufsichtsrat qualifiziert haben, und bei Bedarf eine das übliche Maß übersteigende Beanspruchung ein[273]. Zu den organschaftlichen Pflichten eines Rechtsanwalts gehört es daher auch, aus juristischer Sicht zu den grundlegenden Fragen der Unternehmenspolitik Stellung zu nehmen, während er sich mit Einzelproblemen bei der konkreten Umsetzung derartiger Zielsetzungen und ganz allgemein mit dem operativen Geschäft nicht befassen muss[274]. Auch die Übernahme der Prozessführung gehört nicht zu den organschaftlichen Pflichten eines Aufsichtsratsmitglieds[275]. Allerdings können Aufsichtsratsmitglieder von der Aktiengesellschaft kein Entgelt für die Nutzung ihrer „Netzwerke" fordern, wenn beispielsweise der Vorstand aufgrund von Finanzierungsfragen Kontakt zu einer Bank sucht, zu der ein Aufsichtsratsmitglied enge Beziehungen hat. Andererseits stellt die aktive Teilnahme an Tätigkeiten des operativen Geschäfts keine Aufgabe von Aufsichtsratsmitgliedern dar. Die Gewinnung von Kunden oder Investoren ist deshalb vergütbar.

Ein Beratungsvertrag muss eindeutige Feststellungen darüber zulassen, ob die zu erbringende Tätigkeit zu den organschaftlichen Pflichten gehört oder nicht[276]. Die konkreten Beratungsgegenstände, der Umfang der Tätigkeit und das dafür zu entrichtende Entgelt müssen daher so konkret bezeichnet werden, dass sich der Aufsichtsrat ein eigenständiges Urteil über Art und Umfang der Leistung sowie über die Höhe und Angemessenheit der Vergütung bilden kann[277]. Insbesondere eine pauschale Festlegung des Beratungsgegenstandes auf „betriebswirtschaftliche Fragen"[278] oder „anwaltliche Beratung in sämtlichen Angelegenheiten der Gesellschaft"[279] ist

---

[271] *Hüffer* AktG § 114 Rn 7 f.; *Spindler* in Spindler/Stilz AktG § 114 Rn 16; *Mertens* in Kölner Komm AktG § 114 Rn 5 f.

[272] BGHZ 114, 127, 131 ff.; *Ek/von Hoyenberg* Aktiengesellschaften S. 131; *Hoffmann-Becking* MünchHdb AG § 33 Rn 27; *Jäger* Aktiengesellschaft § 22 Rn 152 ff.

[273] BGH BB 2006, 1813; *Spindler* in Spindler/Stilz AktG § 114 Rn 17; *Henze* Aktienrecht Rn 797.

[274] OLG Hamburg ZIP 2007, 814.

[275] OLG Hamburg ZIP 2007, 814.

[276] BGH BB 2006, 1813; *Thümmel* Persönliche Haftung von Managern und Aufsichtsräten Rn 124; *Bosse* NZG 2007, 172, 173; *Leuering/Simon* NJW-Spezial 2006, 171, 172; eingehend zur Abgrenzung *Vetter* AG 2006, 173, 175 f.

[277] BGH BB 2006, 1813; BGHZ 126, 340, 345; *Henze* Aktienrecht Rn 800; *Bosse* NZG 2007, 172, 173; *Leuering/Simon* NJW-Spezial 2006, 171, 172.

[278] BGH BB 2006, 1813.

[279] BGH DB 2007, 1296; *Knapp* DStR 2008, 1045, 1049.

nach Ansicht des Bundesgerichtshofs nicht geeignet, dem Bestimmtheitserfordernis im Sinne einer Abgrenzbarkeit der Tätigkeit zu den organschaftlichen Pflichten zu genügen. Rahmenverträge mit bloß beispielhafter Aufzählung der Aufgaben scheiden damit aus[280]. Des Weiteren verbietet sich die Vereinbarung eines Pauschalhonorars oder ein Verweis auf den „üblichen“ Stundensatz[281], wohingegen bei gebührenrechtlich geregelten Tätigkeiten ein Verweis auf die gesetzliche Vergütungsregelung als zulässig erachtet wird[282]. Ist der Umfang der Tätigkeit und die Höhe des Entgelts beispielsweise bei einem Großprojekt nur schwer zu schätzen, ist dem Aufsichtsrat die erwartete Größenordnung des Entgelts anzugeben. Die Praxis tendiert darüber hinaus dazu, nach Abschluss eines Projektes den Aufsichtsrat noch einmal mit dem Beratervertrag zu befassen und das Entgelt vorsorglich nachträglich genehmigen zu lassen. Zumindest in den Fällen, in denen die Schätzung von dem tatsächlich gezahlten Entgelt erheblich abwich, ist diese Vorgehensweise sinnvoll.

Lange Zeit umstritten war ferner der Umgang mit den praktischen Schwierigkeiten, die sich hinsichtlich der Zustimmung des Aufsichtsrats zu Beraterverträgen gemäß § 114 AktG insbesondere bei einem aus drei Mitgliedern bestehenden Aufsichtsrat ergeben. Gemäß § 108 Abs. 2 S. 3 AktG müssen mindestens drei Mitglieder an der Beschlussfassung teilnehmen, damit der Aufsichtsrat beschlussfähig ist. Nach allgemeiner Ansicht ist das Aufsichtsratsmitglied, mit dem der Beratervertrag abgeschlossen werden soll, nach dem entsprechend anzuwendenden § 34 BGB nicht stimmberechtigt[283]. Hinsichtlich der Kontroverse, ob dieser Stimmrechtsausschluss auch zu einer Beschlussunfähigkeit des Organs gemäß § 108 Abs. 2 S. 2 und 3 AktG führt und der Zustimmungsbeschluss daher auch bei einer Enthaltung des betroffenen Aufsichtsratsmitglieds unwirksam ist[284], hat der Bundesgerichtshof für Rechtssicherheit gesorgt. Der Stimmrechtsausschluss eines von drei Aufsichtsratsmitgliedern führt nicht zur Beschlussunfähigkeit des Organs gemäß § 108 Abs. 2 S. 2 und 3 AktG, vielmehr könne und müsse das betreffende Aufsichtsratsmitglied zur Vermeidung einer Beschlussunfähigkeit des Organs an der Beschlussfassung „teilnehmen“, habe sich aber der Stimme zu enthalten[285].

---

[280] BGH NJW 2007, 298; *Bosse* NZG 2007, 172, 173; *Knapp* DStR 2008, 1045, 1049.

[281] *Bosse* NZG 2007, 172, 173.

[282] LG Stuttgart ZIP 1998, 1275.

[283] BGH DB 2007, 1296; BayObLG NZG 2003, 691, 692; OLG Frankfurt/Main NZG 2006, 29; LG Düsseldorf NZG 2004, 1057, 1065; *Hüffer* AktG § 108 Rn 9; *Spindler* in Spindler/Stilz AktG § 108 Rn 39; *Mertens* in Kölner Komm AktG § 108 Rn 49.

[284] Für Unwirksamkeit: BayObLG NZG 2003, 691; OLG Frankfurt/Main NZG 2006, 29; LG Düsseldorf (Strafgericht) NZG 2004, 1057, 1065; *Hüffer* AktG § 108 Rn 11; *Keusch/Rotter* NZG 2003, 671, 673; *Leuering* EWiR 2003, 847, 848; *Jäger* NZG 2003, 1033, 1036; vgl. für die Gegenmeinung *Mertens* in Kölner Komm AktG § 108 Rn 49; *Hoffmann/Preu* Der Aufsichtsrat Rn 501; *Stadler/Berner* NZG 2003, 49, 51.

[285] BGH DB 2007, 1296; *Bürgers/Israel* in Bürgers/Körber AktG § 108 Rn 12; *Spindler* in Spindler/Stilz AktG § 108 Rn 39.

Ohne Zustimmung des Aufsichtsrats erfolgte Zahlungen an Aufsichtsratsmitglieder sind nach § 114 Abs. 2 S. 1 AktG vom Vorstand zurückzufordern. Gleiches gilt für den Fall, dass ein Beratervertrag aufgrund eines Verstoßes gegen die Bestimmtheitsanforderungen nicht genehmigungsfähig und damit nach §§ 113 AktG, 134 BGB nichtig ist. Der Rückgewähranspruch nach § 114 Abs. 2 S. 1 AktG greift nach seinem Sinn und Zweck in allen Fällen von gemäß §§ 113, 114 AktG unwirksamen Beratungsverträgen ein, da die Kumulation beider Unwirksamkeitsgründe nicht zu schwächeren Rechtsfolgen als das bloße Fehlen einer (wirksamen) Zustimmung führen kann[286]. Bereicherungsansprüche der Aufsichtsratsmitglieder gegen die Gesellschaft für erbrachte Leistungen kommen grundsätzlich nur für Tätigkeiten in Betracht, die nicht bereits zum organschaftlichen Pflichtenkreis des Aufsichtsrats gehören[287]. Werden entgegen den Verboten der §§ 113, 114 AktG dennoch Zahlungen an Aufsichtsratsmitglieder geleistet und nicht wieder zurückgezahlt, macht sich der Vorstand nach § 93 Abs. 3 Nr. 7 AktG haftbar[288]. Die Vorschriften dienen dem Schutz der Gläubiger der Gesellschaft vor gegenseitiger Selbstbegünstigung von Vorstand und Aufsichtsrat zu Lasten des Gesellschaftsvermögens sowie dem Schutz der Aufsichtsratsmitglieder vor unsachlicher Beeinflussung[289].

ii) Gewährung von Krediten an Organmitglieder

Gemäß § 93 Abs. 3 Nr. 8 AktG macht sich der Vorstand haftbar, wenn die Gesellschaft entgegen §§ 89 bzw. 115 AktG Kredite an ihre Vorstands- oder Aufsichtsratsmitglieder, Prokuristen oder Gesamthandlungsbevollmächtigten ausgibt. Ebenso erfasst sind Stundungen, die Bereitstellung von Sicherheiten sowie die Gestattung von Entnahmen durch Vorstandsmitglieder[290].

Eine wirksame Kreditgewährung ist nur aufgrund eines Beschlusses des Aufsichtsrats zulässig. Der Beschluss muss sich auf ein konkretes Kreditgeschäft beziehen und darf nicht länger als drei Monate im Voraus gefasst werden. Er muss die Verzinsung und die Rückzahlung des Kredites regeln. Ausgenommen von § 89 AktG sind nur Kleinkredite, deren Wert ein Monatsgehalt nicht übersteigt. Neben der Gewährung eines Kredites an die genannten Personen selbst werden auch so genannte Umgehungstatbestände erfasst, beispielsweise wenn der Kredit an Ehepartner, Lebenspartner oder minderjährige Kinder einer der genannten Personen oder an andere, für

---

[286] BGH BB 2006, 1813.

[287] BGH ZIP 2009, 1661; *Spindler* in Spindler/Stilz AktG § 114 Rn 26.

[288] *Hüffer* AktG § 114 Rn 7; *Spindler* in Spindler/Stilz AktG § 114 Rn 24; *Bürgers/Israel* in Bürgers/Körber AktG § 114 Rn 9; *Thümmel* Persönliche Haftung von Managern und Aufsichtsräten Rn 124.

[289] *Hüffer* AktG § 113 Rn 1; § 114 Rn 1; *Thümmel* Persönliche Haftung von Managern und Aufsichtsräten Rn 124.

[290] *Hüffer* AktG § 89 Rn 2; *Bürgers/Israel* in Bürgers/Körber AktG § 89 Rn 2; *Fleischer* in Spindler/Stilz AktG § 89 Rn 6 f.; *Thümmel* Persönliche Haftung von Managern und Aufsichtsräten Rn 125; *Mertens* in Kölner Komm AktG § 89 Rn 11.

ihre Rechnung handelnde Personen gewährt wird (§§ 89 Abs. 3, 115 Abs. 2 AktG)[291]. Werden Kredite ohne entsprechenden Aufsichtsratsbeschluss gewährt, so sind die bereits erfolgten Zahlungen unverzüglich zurückzugewähren (§§ 89 Abs. 5, 115 Abs. 4 AktG). Wird der aktienrechtlich unzulässig ausgezahlte Kredit nicht oder nicht sofort zurückgewährt, tritt die Haftung des den Kredit gewährenden Vorstands nach § 93 Abs. 3 Nr. 8 AktG ein.

jj) Ausgabe von Bezugsaktien bei bedingter Kapitalerhöhung

Gemäß § 199 AktG darf der Vorstand bei einer bedingten Kapitalerhöhung nach §§ 192 ff. AktG Bezugsaktien insbesondere nicht vor der vollen Leistung des sich aus dem Kapitalerhöhungsbeschluss ergebenden Gegenwerts bzw. bei Wandelschuldverschreibungen des Unterschiedsbetrags nach § 199 Abs. 2 AktG ausgeben. Verstößt er hiergegen, so tritt nach § 93 Abs. 3 Nr. 9 AktG eine Schadenersatzpflicht des Vorstands ein. Die Regelung dient, ebenso wie § 93 Abs. 3 Nr. 4 AktG, der Erhaltung des Gesellschaftskapitals zugunsten der Gläubiger[292].

kk) Verstoß gegen Berichtspflichten

Während der Vorstand die Gesellschaft in eigener Verantwortung leitet (§ 76 Abs. 1 AktG), hat der Aufsichtsrat die Aufgabe, die Geschäftsführung des Vorstands zu überwachen (§ 111 Abs. 1 AktG). Voraussetzung zur Erfüllung dieser Überwachungspflicht ist eine ausreichende Information über die Vorgänge in der Gesellschaft. Da der Aufsichtsrat die Gesellschaft nicht leitet, verfügt er über keine eigenen Anschauungen über das Tagesgeschäft. Er ist auf Informationen angewiesen, die er durch den jährlichen Bericht des Abschlussprüfers (§ 170 Abs. 3 AktG i.V.m. § 111 Abs. 2 S. 3 AktG) und unter Umständen auch aufgrund eigener Einsichtnahme und Prüfung der Bücher und Schriften der Gesellschaft (§ 111 Abs. 2 AktG) erlangt.

Der Aufsichtsrat ist darüber hinaus auf die direkte Information durch den Vorstand der Gesellschaft angewiesen. In § 90 AktG hat der Gesetzgeber daher ein umfassendes Auskunftsrecht des Aufsichtsrats bzw. eine Auskunftspflicht des Vorstands begründet. Danach ist zwischen den so genannten Regelberichten (§ 90 Abs. 1 S. 1 und 2 AktG), den Sonderberichten (§ 90 Abs. 1 S. 3 AktG) und den Anforderungsberichten (§ 90 Abs. 3 AktG) zu unterscheiden. Verstößt der Vorstand gegen diese Berichtspflichten, so ist er für den hierdurch eingetretenen Schaden gemäß § 93 Abs. 2 AktG ersatzpflichtig[293]. Ein Ersatzanspruch kommt

---

[291] *Bürgers/Israel* in Bürgers/Körber AktG § 89 Rn 6; *Fleischer* in Spindler/Stilz AktG § 89 Rn 19; *Wellhöfer* in Wellhöfer/Peltzer/Müller Haftung § 4 Rn 147 ff.

[292] *Hüffer* AktG § 199 Rn 1; *Marsch-Barner* in Bürgers/Körber AktG § 199 Rn 1.

[293] *Hüffer* AktG § 90 Rn 12; *Bürgers/Israel* in Bürgers/Körber AktG § 90 Rn 22; *Fleischer* in Spindler/Stilz AktG § 90 Rn 65; *Wellhöfer* in Wellhöfer/Peltzer/Müller Haftung § 4 Rn 199; *Mertens* in Kölner Komm AktG § 90 Rn 54.

insbesondere dann in Betracht, wenn ein bei der Gesellschaft eingetretener Verlust bei richtiger und rechtzeitiger Information des Aufsichtsrats hätte verhindert werden können.

(1) Regelberichte. § 90 Abs. 1 AktG nennt eine Reihe von Gegenständen, über die der Vorstand dem Aufsichtsrat regelmäßig zu berichten hat. So hat der Vorstand dem Aufsichtsrat regelmäßig über die beabsichtigte Geschäftspolitik und andere grundsätzliche Fragen der Unternehmensplanung – insbesondere die Finanz-, Investitions- und Personalplanung – zu berichten, wobei auf Abweichungen der tatsächlichen Entwicklung von früher berichteten Zielen unter Angabe von Gründen einzugehen ist (§ 90 Abs. 1 Nr. 1 AktG).

Der Vorstand hat über die beabsichtigte Geschäftspolitik und die Unternehmensplanung mindestens einmal jährlich zu berichten (§ 90 Abs. 2 Nr. 1 AktG). Zudem ist er verpflichtet, bei Änderungen der Lage oder wenn neue Entwicklungen eine unverzügliche Berichterstattung gebieten, auch außerhalb des jährlichen Rhythmus erneut zu berichten (so genannte „Follow-Up"-Berichte)[294].

Weiterhin ist der Vorstand gemäß § 90 Abs. 1 Nr. 2 AktG verpflichtet, dem Aufsichtsrat regelmäßig über die Rentabilität der Gesellschaft, insbesondere die Rentabilität des Eigenkapitals, zu berichten. In diesem Rahmen hat er alle maßgeblichen Rentabilitätskennziffern darzulegen, wie den Cash-flow und die Rentabilität des Gesamtkapitals, des Umsatzes und wesentlicher Investitionen. Auch eine Wertschöpfungsrechnung sowie genauere Angaben über diejenigen Faktoren, die das Betriebsergebnis wesentlich beeinflusst haben, sind beizufügen[295]. Die Angaben über die Rentabilität des Unternehmens sollen dem Aufsichtsrat bei der Entscheidungsfindung über die Billigung des Jahresabschlusses als Hilfestellung dienen[296]. Gemäß § 90 Abs. 2 Nr. 2 AktG sind die Berichte über die Rentabilität der Gesellschaft und des Eigenkapitals in der Sitzung des Aufsichtsrats, in der über den Jahresabschluss entschieden wird, zu erstatten.

Zudem hat der Vorstand dem Aufsichtsrat gemäß § 90 Abs. 1 Nr. 3 AktG über den Gang der Geschäfte zu berichten. Dies umfasst die gesamte operative Geschäftstätigkeit der Gesellschaft und der von ihr abhängigen Unternehmen, soweit letztere für das herrschende Unternehmen relevant sind[297]. Da der Geschäftsgang erst durch

---

[294] *Hüffer* AktG § 90 Rn 4b; *Bürgers/Israel* in Bürgers/Körber AktG § 90 Rn 9; *Fleischer* in Spindler/Stilz AktG § 90 Rn 23; *Wellhöfer* in Wellhöfer/Peltzer/Müller Haftung § 4 Rn 192; *Klose* in Beck'sches Mandatshdb Vorstand der AG § 4 Rn 72.

[295] *Hüffer* AktG § 90 Rn 5; *Fleischer* in Spindler/Stilz AktG § 90 Rn 25; *Wellhöfer* in Wellhöfer/Peltzer/Müller Haftung § 4 Rn 191; *Mertens* in Kölner Komm AktG § 90 Rn 35; *Wiesner* in MünchHdb AG § 25 Rn 16.

[296] *Wiesner* in MünchHdb AG § 25 Rn 16; *Fleischer* in Spindler/Stilz AktG § 90 Rn 26; *Mertens* in Kölner Komm AktG § 90 Rn 35.

[297] *Hüffer* AktG § 90 Rn 6; *Mertens* in Kölner Komm AktG § 90 Rn 36.

den Vergleich mit Planrechnungen beurteilt werden kann, sind auch diese gemäß § 90 Abs. 1 Nr. 3 AktG mitzuteilen[298]. Stets darzustellen sind die finanzielle Situation, die Ertragslage und die Liquidität der Gesellschaft, die Marktlage, sowie Besonderheiten des Geschäftsverlaufs oder erhebliche Risiken der künftigen Entwicklung[299]. Gemäß § 90 Abs. 2 Nr. 3 AktG sind die Berichte über den Gang der Geschäfte in regelmäßigen, längstens vierteljährlichen Abständen zu erstatten. Die vierteljährliche Berichtspflicht korrespondiert mit dem regelmäßig vierteljährlichen Sitzungsrhythmus des Aufsichtsrats gemäß § 110 Abs. 3 AktG[300].

Gemäß § 90 Abs. 1 Nr. 4 AktG ist der Vorstand zudem verpflichtet, dem Aufsichtsrat über Geschäfte zu berichten, die für die Rentabilität oder Liquidität der Gesellschaft von erheblicher Bedeutung sein können. Angesichts des Wortlautes „sein können" hat die Berichterstattung bereits vor Abschluss des Geschäfts zu erfolgen[301]. Welche Geschäfte für die Rentabilität oder Liquidität der Gesellschaft von erheblicher Bedeutung sein können, ist gesetzlich nicht weiter bestimmt. Insofern kommt es auf den konkreten Einzelfall an[302]. Bei der Bestimmung der relevanten Geschäfte ist maßgeblich auf die Größe, den Gegenstand und die Lage des Unternehmens sowie auf die Art, das Ausmaß und das Risiko des einzelnen Geschäfts abzustellen[303]. Die Berichte sind gemäß § 90 Abs. 2 Nr. 4 AktG möglichst so rechtzeitig zu erstatten, dass der Aufsichtsrat vor Vornahme der Geschäfte Gelegenheit hat, zu ihnen Stellung zu nehmen.

(2) Sonderberichte. Der Vorstand hat zudem gemäß § 90 Abs. 1 S. 3 AktG aus wichtigem Anlass Sonderberichte zu erstellen. Wichtige Anlässe können die Gefährdung von Außenständen durch die drohende Insolvenz eines Großkunden, empfindliche behördliche Umweltauflagen, drohende Arbeitskämpfe, erhebliche Betriebsstörungen, Verwicklungen der Gesellschaft in einen Prozess, bei dem wichtige Geschäftsinteressen auf dem Spiel stehen, ernsthafte Störungen der Zusammenarbeit im Vorstand, wesentliche Steuernachforderungen oder Liquiditätsprobleme in Folge Kreditkündigung sein[304]. Aus Gründen der Eilbedürftigkeit ist anders als in

---

[298] *Hüffer* AktG § 90 Rn 6; *Fleischer* in Spindler/Stilz AktG § 90 Rn 27; *Wiesner* in MünchHdb AG § 25 Rn 17; *Spindler* in MünchKomm AktG § 90 Rn 27.

[299] *Spindler* in MünchKomm AktG § 90 Rn 27; *Fleischer* in Spindler/Stilz AktG § 90 Rn 27; *Mertens* in Kölner Komm AktG § 90 Rn 36.

[300] *Spindler* in MünchKomm AktG § 90 Rn 27.

[301] *Bürgers/Israel* in Bürgers/Körber AktG § 90 Rn 12; *Klose* in Beck'sches Mandatshdb Vorstand der AG § 4 Rn 75.

[302] *Spindler* in MünchKomm AktG § 90 Rn 28; *Bürgers/Israel* in Bürgers/Körber AktG § 90 Rn 12; *Klose* in Beck'sches Mandatshdb Vorstand der AG § 4 Rn 76.

[303] *Hüffer* AktG § 90 Rn 7; *Fleischer* in Spindler/Stilz AktG § 90 Rn 28; *Spindler* in MünchKomm AktG § 90 Rn 28; *Klose* in Beck'sches Mandatshdb Vorstand der AG § 4 Rn 76.

[304] *Hüffer* AktG § 90 Rn 8; *Fleischer* in Spindler/Stilz AktG § 90 Rn 31; *Wellhöfer* in Wellhöfer/Peltzer/Müller Haftung § 4 Rn 192; *Klose* in Beck'sches Mandatshdb Vorstand der AG § 4 Rn 77; *Wiesner* in MünchHdb AG § 25 Rn 19; *Mertens* in Kölner Komm AktG § 90 Rn 39.

den Fällen des § 90 Abs. 1 S. 1 AktG gegenüber dem Aufsichtsratsvorsitzenden Bericht zu erstatten und nicht gegenüber dem Aufsichtsrat als Organ (§ 90 Abs. 1 S. 3 AktG)[305]. Der Aufsichtsratsvorsitzende bzw. bei Verhinderung sein Stellvertreter hat daraufhin zu entscheiden, was aufgrund des Berichts zu veranlassen ist und ob er die übrigen Mitglieder des Aufsichtsrats hierüber sofort unterrichtet[306]. Die anderen Mitglieder des Aufsichtsrats sind gemäß § 90 Abs. 5 S. 3 AktG jedenfalls spätestens in der nächsten Aufsichtsratssitzung von dem Bericht des Vorstands nach § 90 Abs. 1 S. 3 AktG zu unterrichten[307].

(3) Anforderungsberichte. Der Vorstand ist auch dann zur Berichterstattung gegenüber dem Aufsichtsrat verpflichtet, wenn der Aufsichtsrat dies verlangt. § 90 Abs. 3 AktG räumt dem Aufsichtsrat ein umfassendes Auskunftsrecht ein. Danach kann der Aufsichtsrat vom Vorstand jederzeit einen Bericht über die Angelegenheiten der Gesellschaft, über ihre rechtlichen und geschäftlichen Beziehungen zu verbundenen Unternehmen sowie über geschäftliche Vorgänge bei diesen Unternehmen verlangen, sofern sie auf die Lage der Gesellschaft von erheblichem Einfluss sein können. Grenze des Auskunftsrechts bildet allein das Missbrauchsverbot und die Grundsätze von Treu und Glauben[308]. Der Gegenstand des verlangten Berichts muss hinreichend präzisiert werden[309].

Gemäß § 90 Abs. 3 S. 2 AktG kann ein Anforderungsbericht auch von jedem einzelnen Aufsichtsratsmitglied verlangt werden. Der Bericht ist dann jedoch vom Vorstand an den Aufsichtsrat als Organ, vertreten durch den Aufsichtsratsvorsitzenden, zu erstatten[310]. Der angeforderte Bericht ist unverzüglich zu erstatten[311].

(4) Grundsätze der Berichterstattung. Die Grundsätze der Berichterstattung sind in § 90 Abs. 4 AktG geregelt. Danach haben die Berichte den Grundsätzen ei-

---

[305] *Hüffer* AktG § 90 Rn 8; *Fleischer* in Spindler/Stilz AktG § 90 Rn 32; *Wellhöfer* in Wellhöfer/Peltzer/Müller Haftung § 4 Rn 192; *Mertens* in Kölner Komm AktG § 90 Rn 39; *Pohle* in Semler/Peltzer ArbHdb für Vorstandsmitglieder § 5 Rn 95.

[306] *Klose* in Beck'sches Mandatshdb Vorstand der AG § 4 Rn 78.

[307] Der Verweis des § 90 Abs. 5 S. 3 AktG auf § 90 Abs. 1 S. 2 AktG ist insofern ein Redaktionsversehen, vgl. *Krieger/Sailer* in Schmidt/Lutter AktG § 90 Rn 67.

[308] *Klose* in Beck'sches Mandatshdb Vorstand der AG § 4 Rn 79; *Mertens* in Kölner Komm AktG § 90 Rn 41; *Spindler* in MünchKomm AktG § 90 Rn 32 ff.

[309] OLG Köln AG 1987, 26; LG Bonn AG 1987, 24; *Bürgers/Israel* in Bürgers/Körber AktG § 90 Rn 16; *Fleischer* in Spindler/Stilz AktG § 90 Rn 41; *Mertens* in Kölner Komm AktG § 90 Rn 41; *Klose* in Beck'sches Mandatshdb Vorstand der AG § 4 Rn 79; *Pohle* in Semler/Peltzer ArbHdb für Vorstandsmitglieder § 5 Rn 103.

[310] *Hüffer* AktG § 90 Rn 12; *Klose* in Beck'sches Mandatshdb Vorstand der AG § 4 Rn 80, 82.

[311] *Klose* in Beck'sches Mandatshdb Vorstand der AG § 4 Rn 83; *Bürgers/Israel* in Bürgers/Körber AktG § 90 Rn 16; *Fleischer* in Spindler/Stilz AktG § 90 Rn 42; *Mertens* in Kölner Komm AktG § 90 Rn 41.

ner gewissenhaften und getreuen Rechenschaft zu entsprechen und sind möglichst rechtzeitig und – mit Ausnahme der Sonderberichte nach § 90 Abs. 1 S. 3 AktG – in der Regel in Textform zu erstatten[312]. Sowohl hinsichtlich der Form als auch hinsichtlich der Frist der Berichterstattung verbleibt damit explizit eine gewisse Flexibilität.

Die Textform bestimmt sich nach § 126b BGB und umfasst die Berichterstattung in einer Urkunde oder in einer anderen zur dauerhaften Wiedergabe in Schriftzeichen geeigneten Weise bei Angabe der Person des Erklärenden und Kenntlichmachung des Abschlusses der Erklärung[313]. Die Textform ermöglicht damit auch eine Übermittlung per Post, Fax oder E-Mail, in letzteren beiden Fällen jedoch nur, sofern der Empfänger durch Angabe seiner Fax-Nummer oder E-Mail-Anschrift oder in sonstiger Weise zu erkennen gegeben hat, dass er mit der telekommunikativen Übermittlung einverstanden ist[314]. In diesem Fall sollte angesichts der Verschwiegenheitsverpflichtung bei der Versendung auf Datensicherheit z.B. durch die Verwendung von Codes zur Öffnung der Dateien geachtet werden[315]. Nach allgemeiner Ansicht besteht bei besonderer Vertraulichkeit des Inhalts oder besonderer Dringlichkeit im Falle aktuellster Entwicklungen die Möglichkeit zu mündlicher Berichterstattung[316], wobei der Aufsichtsrat jeweils die mündliche Erläuterung schriftlicher Berichte und die schriftliche Niederlegung mündlicher Berichte verlangen kann[317]. Ebenso handelt es sich bei der Pflicht zur Rechtzeitigkeit der Berichterstattung lediglich um ein Regelerfordernis. Wiederum mit Ausnahme der Fälle besonderer Eilbedürftigkeit oder eines gesteigerten Geheimhaltungsbedürfnisses muss dem Aufsichtsrat eine angemessene Zeit verbleiben, sich noch mit dem Inhalt der Berichte befassen und gegebenenfalls reagieren zu können[318].

Den Erfordernissen einer gewissenhaften und getreuen Rechenschaft entspricht der Bericht dann, wenn er den Aufsichtsrat in die Lage versetzt, seiner Überwachungsaufgabe nachzukommen[319]. Der Bericht muss daher inhaltlich vollständig und sach-

---

[312] *Bürgers/Israel* in Bürgers/Körber AktG § 90 Rn 5; *Fleischer* in Spindler/Stilz AktG § 90 Rn 49; *Wellhöfer* in Wellhöfer/Peltzer/Müller Haftung § 4 Rn 196.

[313] *Ellenberger* in Palandt § 126b Rn 3–5.

[314] *Ellenberger* in Palandt § 126b Rn 3.

[315] *Pohle* in Semler/Peltzer ArbHdb für Vorstandsmitglieder § 5 Rn 15; *Bürgers/Israel* in Bürgers/Körber AktG § 90 Rn 5; *Oltmanns* in Heidel AktG § 90 Rn 17.

[316] *Krieger/Sailer* in Schmidt/Lutter § 90 Rn 58; *Bürgers/Israel* in Bürgers/Körber AktG § 90 Rn 5; *Fleischer* in Spindler/Stilz AktG § 90 Rn 49.

[317] *Oltmanns* in Heidel AktG § 90 Rn 17; *Klose* in Beck'sches Mandatshdb Vorstand der AG § 4 Rn 87; *Krieger/Sailer* in Schmidt/Lutter AktG § 90 Rn 58.

[318] *Krieger/Sailer* in Schmidt/Lutter AktG § 90 Rn 58; *Oltmanns* in Heidel AktG § 90 Rn 18; *Fleischer* in Spindler/Stilz AktG § 90 Rn 50.

[319] *Krieger/Sailer* in Schmidt/Lutter AktG § 90 Rn 52; *Fleischer* in Spindler/Stilz AktG § 90 Rn 48.

lich richtig sowie übersichtlich, klar gegliedert und im Ergebnis verständlich sein[320]. Daraus ergibt sich, dass Tatsachen und Wertungen zu trennen sind und inhaltlich ein Detaillierungsgrad erforderlich ist, der dem Aufsichtsrat schnell und präzise einen Vergleich der aktuellen Zahlen mit den Vorjahreswerten und dem Budget vermitteln muss[321]. Die Verwendung von Schaubildern, Tabellen und graphischen Darstellungen kann hierbei hilfreich sein, der verbale Erläuterungscharakter des Berichts sollte aber weiterhin im Vordergrund stehen[322]. Trotz der Möglichkeit, den Bericht im Rahmen der Sitzung mündlich zu erläutern, muss er aus sich heraus verständlich sein, eine bloß stichpunkthafte Darstellung im Wege von Charts dürfte dieser Anforderung daher in der Regel nicht genügen.

c) Verstoß gegen die Pflicht zur ordnungsgemäßen Buchführung und Bilanzierung

Gemäß § 91 Abs. 1 AktG hat der Vorstand dafür zur sorgen, dass die erforderlichen Handelsbücher geführt werden. Die Norm stellt die allgemeine Verantwortung des Vorstands für die Erfüllung der Buchführungspflicht klar. Sie ergibt sich im Übrigen bereits aus der Leitungsaufgabe des Vorstands sowie aus der Verpflichtung zur ordnungsgemäßen Geschäftsführung[323]. Der Inhalt der Buchführungspflicht wird konkretisiert durch die einschlägigen Bestimmungen des HGB (§§ 238 ff. HGB) sowie die Grundsätze ordnungsgemäßer Buchführung (GoB)[324]. Die Buchführungspflicht ist Leitungsaufgabe des Gesamtvorstands i. S. v. § 76 Abs. 1 AktG und daher nicht auf Dritte delegierbar. Lediglich die Delegation der technischen Durchführung auf eigenes oder fremdes Personal bzw. fremde Einrichtungen, wie zum Beispiel ein Rechenzentrum, ist zulässig[325]. Wird die technische Durchführung der Buchführung auf Dritte übertragen, so obliegt dem Vorstand insoweit eine Organisations- und Kontrollpflicht[326]. Sieht die Geschäftsverteilung vor, dass ein oder mehrere Vorstandsmitglieder für die Buchführung verantwortlich sind, so obliegt den übrigen Vorstandsmitgliedern jedenfalls eine allgemeine Überwachungspflicht.

---

[320] *Bürgers/Israel* in Bürgers/Körber AktG § 90 Rn 4; *Fleischer* in Spindler/Stilz AktG § 90 Rn 48; *Krieger/Sailer* in Schmidt/Lutter AktG § 90 Rn 52.

[321] *Klose* in Beck'sches Mandatshdb Vorstand der AG § 4 Rn 93; *Krieger/Sailer* in Schmidt/Lutter AktG § 90 Rn 52.

[322] *van Kann* Vorstand der AG Rn 167; *Krieger/Sailer* in Schmidt/Lutter AktG § 90 Rn 52.

[323] *Hüffer* AktG § 91 Rn 1 f.; *Fleischer* in Spindler/Stilz AktG § 91 Rn 4; *Thümmel* Persönliche Haftung von Managern und Aufsichtsräten Rn 130; *Plück/Lattwein* Haftungsrisiken für Manager S. 42.

[324] *Plück/Lattwein* Haftungsrisiken für Manager S. 42; *Thümmel* Persönliche Haftung von Managern und Aufsichtsräten Rn 144.

[325] *Hüffer* AktG § 91 Rn 3; *Plück/Lattwein* Haftungsrisiken für Manager S. 42; *Thümmel* Persönliche Haftung von Managern und Aufsichtsräten Rn 144.

[326] *Plück/Lattwein* Haftungsrisiken für Manager S. 42; *Thümmel* Persönliche Haftung von Managern und Aufsichtsräten Rn 145.

Die Buchführungspflicht umfasst die Führung der erforderlichen Handelsbücher, insbesondere gemäß der besonderen Vorschriften über die Rechnungslegung (§§ 150 ff. AktG) sowie den allgemeinen Buchführungs- und Bilanzierungspflichten (§§ 238 ff. HGB)[327]. Danach umfasst die Buchführungspflicht insbesondere die Aufstellung des Jahresabschlusses, bestehend aus Bilanz, Gewinn- und Verlustrechnung und dem Anhang, sowie bei großen Aktiengesellschaften die Aufstellung des Lageberichts[328].

Vorstandsmitglieder, die die Buchführungs- und Bilanzierungspflicht verletzen, sind der Gesellschaft gegenüber gemäß § 93 Abs. 2 AktG als Gesamtschuldner verpflichtet. Unter bestimmten Umständen kann die Verletzung der Buchführungspflicht zudem auch eine Strafbarkeit, insbesondere gemäß der §§ 283b, 283 Abs. 1 Nr. 5 bis 7 StGB, nach sich ziehen[329].

d) Verstoß gegen die Verpflichtung zur Einrichtung eines Risikomanagementsystems

Gemäß § 91 Abs. 2 AktG hat der Vorstand geeignete Maßnahmen zu treffen, insbesondere ein Überwachungssystem einzurichten, damit Entwicklungen, die den Fortbestand der Gesellschaft gefährden, früh erkannt werden. Damit wird ein Aspekt der allgemeinen Leitungsaufgabe des Vorstands nach § 76 Abs. 1 AktG gesetzlich konkretisiert. Als den Fortbestand der Gesellschaft gefährdende Entwicklungen sind insbesondere risikobehaftete Geschäfte (beispielsweise Derivatgeschäfte), Unrichtigkeiten der Rechnungslegung und Verstöße gegen gesetzliche Vorschriften, die sich auf die Vermögens-, Finanz- und Ertragslage der Gesellschaft oder des Konzerns wesentlich auswirken, anzusehen[330]. Die Anforderungen an die einzurichtende Organisation konkretisiert das Gesetz nicht. Ihre konkrete Ausformung ist von den Umständen, insbesondere der Größe, Branche, Struktur oder dem Kapitalmarktzugang des jeweiligen Unternehmens abhängig[331]. Erforderlich ist es daher, Maßnahmen zu ergreifen, die geeignet sind, bestandsgefährdende Entwicklungen frühzeitig zu erkennen[332]. Ob darüber hinaus stets die Einrichtung eines detaillier-

---

[327] *Hüffer* AktG § 91 Rn 2; *Bürgers/Israel* in Bürgers/Körber AktG § 91 Rn 4; *Fleischer* in Spindler/Stilz AktG § 91 Rn 5.

[328] *Bürgers/Israel* in Bürgers/Körber AktG § 91 Rn 4; *Sattler/Jursch/Pegels* Haftung von Vorstand und Aufsichtsrat einer Aktiengesellschaft S. 21.

[329] *Plück/Lattwein* Haftungsrisiken für Manager S. 42; *Thümmel* Persönliche Haftung von Managern und Aufsichtsräten Rn 145.

[330] *Hüffer* AktG § 91 Rn 6; *Bürgers/Israel* in Bürgers/Körber AktG § 91 Rn 9; *Fleischer* in Spindler/Stilz AktG § 91 Rn 32.

[331] *Hüffer* AktG § 91 Rn 7; *Bürgers/Israel* in Bürgers/Körber AktG § 91 Rn 9; *Fleischer* in Spindler/Stilz AktG § 91 Rn 33.

[332] *Hüffer* AktG § 91 Rn 6 f.; *Bürgers/Israel* in Bürgers/Körber AktG § 91 Rn 10; *Fleischer* in Spindler/Stilz AktG § 91 Rn 33; *Wellhöfer* in Wellhöfer/Peltzer/Müller Haftung § 4 Rn 171; *Schmidt* BB 2009, 1295, 1296.

ten Überwachungssystems – gegebenenfalls sogar in Form eines umfassenden Risikomanagementsystems – erforderlich ist, ist umstritten. Insbesondere von Teilen der betriebswirtschaftlichen Literatur wird vertreten, dass stets ein umfassendes Risikomanagementsystem einzurichten sei[333]. Von einem umfassenden Risikomanagementsystem geht auch der vom Institut der Wirtschaftsprüfer in Deutschland e. V.[334] aufgestellte Prüfungsstandard IDW PS 340 aus, der als Richtschnur bei der Prüfung des Überwachungssystems durch den Abschlussprüfer gemäß § 317 Abs. 4 HGB dienen soll. Zwar können diese Standards dem Vorstand als Orientierung bei der Errichtung eines ganzeinheitlichen Systems zur Risikoerfassung und -bewertung dienen, jedoch ist der Vorstand nicht verpflichtet, sich an diesen oder einen anderen Standard zu halten. Eine entsprechende Festlegung würde das Leitungsermessen und die Organisationsfreiheit des Vorstands verkennen[335].

Auf der juristischen Ebene wird die Frage nach der Pflicht zur Einführung eines Risikomanagementsystems derzeit insbesondere unter dem Stichwort der Corporate Compliance diskutiert[336]. Der Begriff „Corporate Compliance" umschreibt die Gesamtheit der Maßnahmen, die das rechtmäßige Verhalten eines Unternehmens, der Leitungs- und Aufsichtsorgane und seiner Mitarbeiter sicherstellen soll[337]. Dies beinhaltet neben der Einhaltung sämtlicher für das Unternehmen relevanten gesetzlichen Pflichten, Vorschriften und Regeln auch die fachliche Kompetenz und persönliche Verantwortung in Verbindung mit internen und externen Regeln sowie im Rahmen von freiwilligen Verhaltensrichtlinien des Unternehmens[338]. Der Deutsche Corporate Governance Kodex enthält in Ziffer 4.1.3 eine durch einen Klammerzusatz als „Compliance" definierte Pflicht des Vorstandes, für die Einhaltung der gesetzlichen Bestimmungen und der unternehmensinternen Richtlinien zu sorgen und auf deren Beachtung durch die Konzernunternehmen hinzuwirken. Neben der Legalitätspflicht beinhaltet die Compliance damit eine Organisations- und Überwachungspflicht, die Ordnungsmäßigkeit und Nachhaltigkeit der Geschäftsführung durch Informationsregeln innerhalb eines Compliance-Systems sicherzustellen[339]. In

---

[333] *Wolf* DStR 2002, 1729 ff.; *Preußner/Becker* NZG 2002, 846, 848; *Lück* DB 2000, 1473; *Schmidbauer* DB 2000, 153.

[334] www.idw.de.

[335] *Hüffer* AktG § 91 Rn 9; *Bürgers/Israel* in Bürgers/Körber AktG § 91 Rn 12; *Spindler* in MünchKomm AktG § 91 Rn 27.

[336] Zum aktuellen Stand der Diskussion vgl. *Kort* NZG 2008, 81.

[337] *Thümmel* Persönliche Haftung von Managern und Aufsichtsräten Rn 146; *Kort* NZG 2008, 81; *Bürkle* BB 2007, 1797, 1798; *Rodewald/Unger* BB 2006, 113; *Hauschka* NJW 2004, 257; *Wolf* DStR 2006, 1995.

[338] *Dahnz/Grimminger* Manager und Ihr Berufsrisiko S. 327; *Wecker/van Laak* Compliance S. 54; *Wolf* DStR 2006, 1995, 1996; *Schneider* ZIP 2003, 645, 646.

[339] *Fleischer* in Spindler/Stilz AktG § 91 Rn 43; *Thümmel* Persönliche Haftung von Managern und Aufsichtsräten Rn 147; *Lutter/Krieger* Rechte und Pflichten des AR Rn 72; *Bürkle* BB 2007, 1797.

diesem Zusammenhang wird als organisatorische Mindestvoraussetzung gefordert, dass der Vorstand eine Ressortzuständigkeit für die Compliance festlegt und einen Compliance-Officer beruft, der ihm regelmäßig berichtet, sich mit ihm berät und dessen Tätigkeit er mit Hilfe einer internen Revision überwacht[340]. Eine ausdrückliche Pflicht zur Einführung eines ausgefeilten Compliance-Systems besteht aber nach den Bestimmungen des Deutschen Corporate Governance Kodex selbst für börsennotierte Aktiengesellschaften nicht, so dass es bisher erst recht keinen Raum für eine entsprechende Rechtspflicht bei nicht börsennotierten Aktiengesellschaften gibt[341]. Trotz der Ausstrahlungswirkung des Deutschen Corporate Governance Kodex und weiterer sektorspezifischer Anforderungen an die Compliance wie in § 33 WpHG, in § 25a KWG und in § 64a VAG auch auf die Auslegung und Konkretisierung der Generalklauseln des Aktiengesetzes bleibt es also nach derzeitigem Stand hinsichtlich der Einführung eines Überwachungssystems generell bei einem weiten Gestaltungsspielraum des Vorstands[342].

Nach zutreffender und herrschender Ansicht in der juristischen Literatur steht es daher im Ermessen des Vorstands, die für das konkrete Unternehmen erforderlichen Schritte zu vollziehen, um eine systematische Aufdeckung bestehender Risiken als auch bestandsgefährdender Entwicklungen frühzeitig zu ermöglichen[343]. Das in § 91 Abs. 2 AktG genannte Überwachungssystem stellt dabei nur eine Möglichkeit einer vom Vorstand zulässigerweise zu ergreifenden Maßnahme dar[344]. In der Regel genügt es daher, wenn im Unternehmen eine interne Revision sowie eine Controlling-Abteilung eingerichtet sind und somit die laufende Information des Vorstands hinsichtlich aller risikoträchtigen Zustände und Entwicklungen sowie die Bewertung der Risiken sichergestellt ist[345]. Auf Grundlage der so erlangten Informationen ist es möglich, eine Realisierung der Risiken je nach Art und Dringlichkeit durch sofortige oder längerfristige Maßnahmen zu verhindern bzw. zu begrenzen[346]. Um die Kontrolle und Überprüfung des Überwachungssystems zu ermöglichen, aber

---

[340] *Bürkle* in Hauschka, Corporate Compliance § 8 Rn 10 ff.

[341] *Kort* NZG 2008, 81.

[342] *Kort* NZG 2008, 81.

[343] *Hüffer* AktG § 91 Rn 8 f.; *Bürgers/Israel* in Bürgers/Körber AktG § 91 Rn 9; *Fleischer* in Spindler/Stilz AktG § 91 Rn 43; *Wellhöfer* in Wellhöfer/Peltzer/Müller Haftung § 4 Rn 173; *Lutter/Krieger* Rechte und Pflichten des Aufsichtsrats Rn 82; *Schmidt* BB 2009, 1295, 1296; *Schnabel/Lücke* in Beck'sches Mandatshdb Vorstand der AG § 6 Rn 100.

[344] *Spindler* in MünchKomm AktG § 91 Rn 26.

[345] *Spindler* in MünchKomm AktG § 91 Rn 28; *Bürgers/Israel* in Bürgers/Körber AktG § 91 Rn 11; *Fleischer* in Spindler/Stilz AktG § 91 Rn 43; *Wiesner* in MünchHdb AG § 25 Rn 5; *Zimmer/Sonneborn* in Lange/Wall Risikomanagement nach dem KonTraG § 1 Rn 187; *Schnabel/Lücke* in Beck'sches Mandatshdb Vorstand der AG § 6 Rn 100; *Thümmel* Persönliche Haftung von Managern und Aufsichtsräten Rn 147; *Hauschka* AG 2004, 461, 475; *Drygala/Drygala* ZIP 2000, 297, 305.

[346] *Schnabel/Lücke* in Beck'sches Mandatshdb Vorstand der AG § 6 Rn 109; *Hauschka* AG 2004, 461, 468.

auch um die Einhaltung der Verpflichtung zur Einrichtung eines Überwachungssystems nachweisen zu können, ist eine laufende Dokumentation erforderlich[347].

Obwohl ein konkretes System zur Überwachung der Risiken nicht gefordert werden kann, bietet sich jedoch unter Umständen die Einrichtung einer konkreten Ablauforganisation zur Risikoerfassung und -begrenzung an. Insbesondere bei großen Unternehmen wird nur so die Erfassung aller Risiken, ihre sichere Kommunikation an den Vorstand sowie die Vermeidung von Risiken wirksam möglich sein[348]. In der Praxis dient der IDW-Prüfungsstandard bei der Einrichtung des Systems als Richtschnur.

Bei börsennotierten Aktiengesellschaften hat der Abschlussprüfer im Rahmen seiner Prüfung ein Urteil darüber abzugeben, ob die erforderlichen Maßnahmen zur Erkennung von Risken getroffen wurden und zweckentsprechend sind, und ob das Überwachungssystem nach § 91 Abs. 2 AktG während des gesamten Prüfungszeitraums bestanden hat (§ 317 Abs. 4 HGB)[349].

Eine Verletzung der Pflicht des Vorstands zur Einrichtung eines Überwachungssystems kann eine Haftung der Vorstandsmitglieder gemäß § 93 Abs. 2 S. 1 AktG nach sich ziehen[350].

e) Verstoß gegen Pflichten im Zusammenhang mit der Hauptversammlung

Die in der Regel einmal jährlich stattfindende Hauptversammlung der Gesellschaft ist für den Vorstand von besonderer Bedeutung. Der Vorstand hat als Vertreter der Gesellschaft dafür zu sorgen, dass die Hauptversammlung ordnungsgemäß vorbereitet und durchgeführt wird. Soweit es im Einflussbereich des Vorstands liegt, hat er dafür Sorge zu tragen, dass die Beschlüsse der Hauptversammlung anfechtungssicher zustande kommen. Gerade bei wesentlichen Strukturmaßnahmen kann der Gesellschaft bei erfolgreichen Anfechtungsklagen ein erheblicher Schaden entstehen. Ist eine Anfechtungsklage aufgrund von zurechenbaren Versäumnissen des Vorstands erfolgreich, droht die persönliche Haftung der Vorstandsmitglieder.

In der Hauptversammlung üben die Aktionäre ihre Rechte in den Angelegenheiten der Gesellschaft aus, soweit das Gesetz nichts anderes bestimmt (§ 118 Abs. 1 AktG). Die Hauptversammlung ist der Ort, an dem die Aktionäre Beschlüsse fassen.

---

[347] *Schnabel/Lücke* in Beck'sches Mandatshdb Vorstand der AG § 6 Rn 109; *Bürgers/Israel* in Bürgers/Körber AktG § 91 Rn 11; *Fleischer* in Spindler/Stilz AktG § 91 Rn 35; *Rodewald/Unger* BB 2006, 113, 115; *Hauschka* AG 2004, 461.

[348] Vgl. *Rodewald/Unger* BB 2006, 113 ff.

[349] *Bürgers/Israel* in Bürgers/Körber AktG § 91 Rn 13; *Plück/Lattwein* Haftungsrisiken für Manager S. 174.

[350] *Fleischer* in Spindler/Stilz AktG § 91 Rn 44; *Plück/Lattwein* Haftungsrisiken für Manager S. 173.

An deren Zustandekommen wirkt der einzelne Aktionär mit, indem er sein Rede- und Fragerecht ausübt sowie von seinem Stimmrecht Gebrauch macht. Die Hauptversammlung ist demnach die zentrale Plattform für den Aktionär zur Geltendmachung seiner Rechte[351]. Umgekehrt sind die Rechte der Aktionäre jedoch auch mediatisiert, da Einflussmöglichkeiten nur dann bestehen, sofern die Hauptversammlung zuständig ist, und eine Stimmenmehrheit für einen Hauptversammlungsbeschluss zustande kommt[352]. Somit ist aus der Sicht der Gesellschaft der Aktionärseinfluss in geordnete Bahnen gelenkt.

Das Hauptversammlungsumfeld deutscher Aktiengesellschaften variiert stark. Gerade bei vielen börsennotierten Gesellschaften hat sich eine „Kultur" bei Hauptversammlungen entwickelt, nach der einzelne kritische Aktionäre und die so genannten „Berufsopponenten" die Hauptversammlung gezielt nicht nur zur Informationsbeschaffung, sondern gerade auch zur Beeinträchtigung der Geschäftstätigkeit der Gesellschaft nutzen[353].

Für deutsche Aktiengesellschaften besonders problematisch sind die sogenannten Berufsopponenten. Hierunter wird eine Gruppe von etwa 100 Personen verstanden, die einen Lästigkeitswert aufbauen wollen, indem sie im Rahmen der Hauptversammlung versuchen, Anfechtungsgründe zu schaffen. Der erworbene Lästigkeitswert soll dann im Rahmen einer vergleichsweisen Einigung von der Gesellschaft oder dem Mehrheitsaktionär abgekauft werden[354]. Aus diesem Grund wird in der öffentlichen Diskussion oftmals die Bezeichnung „räuberische Aktionäre" für diesen Personenkreis benutzt. Das Bundesministerium der Justiz definiert die Gruppe der räuberischen Aktionäre wie folgt:

> *„Aktionäre, die aktienrechtliche Anfechtungsklagen gegen Hauptversammlungsbeschlüsse nur deshalb anstreben, um dadurch die Unternehmenspolitik einer Aktiengesellschaft erheblich zu stören und um sich anschließend die Klage gegen Gewährung erheblicher finanzieller Vorteile abkaufen zu lassen"*[355].

Das Auftreten von Berufsopponenten bei einer Hauptversammlung muss ein Warnsignal für die Gesellschaft bedeuten, da das konkrete Risiko besteht, dass Anfech-

---

[351] *Semler* in Semler/Volhard ArbHdb HV § 1 Rn 1; *Reger* in Bürgers/Körber AktG § 181 Rn 1; *Hoffmann* in Spindler/Stilz AktG § 118 Rn 5; *Jäger* Aktiengesellschaft § 24 Rn 1; *Pluta* in Heidel AktG § 118 Rn 1; *Ek* Praxisleitfaden für die Hauptversammlung Rn 1.

[352] *Hüffer* AktG § 118 Rn 1; *Kubis* in MünchKomm AktG § 118 Rn 31; *Pluta* in Heidel AktG § 118 Rn 3.

[353] *Wellhöfer* in Wellhöfer/Peltzer/Müller Haftung § 4 Rn 222; *Verse* NZG 2009, 1127; *Baums/Keinath/Gajek* ZIP 2007, 1629.

[354] Vgl. zu den Rechtsfragen in Zusammenhang mit dem Verhalten von Berufsopponenten im Einzelnen *Korte* Missbräuchliche Wahrnehmung der Anfechtungsbefugnis S. 1 ff. und *Hüffer* AktG § 245 Rn 22 ff.

[355] Pressemitteilung des Bundesministeriums der Justiz vom 29. Mai 2009: Bundestag verabschiedet ARUG. Gute Zeiten für Online-Aktionäre – schlechte Zeiten für Berufskläger.

tungsklagen gegen die Hauptversammlungsbeschlüsse bevorstehen. Besonders problematisch ist dies, sofern Strukturmaßnahmen wie beispielsweise Umwandlungen von der Hauptversammlung beschlossen werden sollen, die der Eintragung in das Handelsregister bedürfen. Zwar gibt es im Rahmen von Freigabeverfahren die Möglichkeit, trotz anhängiger Anfechtungsklage eine Eintragung in das Handelsregister zu erreichen, doch führt die Einreichung einer Anfechtungsklage jedenfalls zu einer erheblichen zeitlichen Verzögerung der Strukturmaßnahme.

Die Taktik der „schwarzen Schafe“ dieser Gruppe ist in den letzten Jahren verfeinert worden. Früher wurde der Gesellschaft ganz unverhohlen die Rücknahme einer Anfechtungsklage gegen Zahlung eines bestimmten Betrages angeboten. So sollte beispielsweise in einem vom Bundesgerichtshof entschiedenen Fall für „Rechtsberatung“ durch den klagenden Aktionär ein Betrag von 10 Mio. DM gezahlt werden, sofern der Aktionär seine Anfechtungsklage zurückziehen würde[356]. Zu den später üblichen verdeckteren Methoden gehörte das Angebot, die Hauptversammlung durch eine Gesellschaft zu organisieren, die dem Aktionär gehört. Gegen Zahlung einer hohen Veranstaltungsgebühr sollte „sichergestellt“ werden, dass keine Anfechtungsklagen erhoben werden. In den letzten Jahren ist es üblich geworden, dass Anfechtungsklagen nach Abschluss umfassender Vergleiche zurückgenommen werden. Die Vergleiche regeln, oftmals neben untergeordneten Transparenzpflichten, eine Kostenübernahmepflicht der beklagten Gesellschaft unter Zugrundelegung eines hohen Streitwertes und insbesondere eines in der Regel unangemessenen hohen Vergleichsmehrwertes. Es wird vermutet, dass ein Teil der hierdurch erzielten Anwaltsgebühren in vielen Fällen den Berufsopponenten wirtschaftlich zu Gute kommen.

Die Rechtssprechung tendiert seit einigen Jahren dazu, den Berufsopponenten ihre rechtlichen Grenzen aufzuzeigen[357]. Grundlegend war in diesem Zusammenhang insbesondere die Kochs-Adler-Entscheidung des Bundesgerichtshofs[358], wonach einer Anfechtungsklage der Einwand des Rechtsmissbrauchs entgegengehalten werden könne. Ein solcher Missbrauch liegt vor, wenn der Kläger in grob eigennütziger Weise die Gesellschaft veranlassen will, ihm Leistungen zukommen zu lassen, auf die er sonst keinen Anspruch hat. Seitdem hatten sowohl der Bundesgerichtshof[359] als auch die unterinstanzlichen Gerichte[360] mehrfach Gelegenheit, diese Rechtspre-

---

356 BGH NJW 1992, 569, 570.

357 Vgl. hierzu auch *Hüffer* AktG § 245 Rn 22 m.w.N.; *Göz* in Bürgers/Körber AktG § 245 Rn 19 f.

358 BGHZ 107, 296.

359 BGHZ 112, 9, 30; BGH NJW 1992, 569; BGH NJW 1992, 2821; BGH AG 1991, 102, 104; BGH NJW 1990, 322.

360 Siehe beispielsweise OLG Frankfurt/Main NZG 2009, 222; OLG Frankfurt/Main ZIP 2007, 1463; OLG Stuttgart AG 2003, 456, 457; OLG Frankfurt/Main AG 1996, 135; LG Hamburg BeckRS 2009, 20764; LG Frankfurt/Main BB 2007, 2362; LG Frankfurt/Main ZIP 2008, 1591.

chung zum Missbrauch des Anfechtungsrechts zu bekräftigen. Auch der Gesetzgeber versucht verstärkt, insbesondere durch die Schaffung von mehr Transparenz und durch Erleichterungen für die Gesellschaften im Freigabeverfahren, das Geschäftsmodell der Berufsopponenten zu erschweren. Zudem sind auch Gesellschaften in den letzten Jahren dazu übergegangen, härter gegen Berufsopponenten vorzugehen, indem sie vermehrt Schadenersatzklagen einreichen und gegebenenfalls auch Strafanzeigen stellen.

aa) Einberufung der Hauptversammlung bei einem Verlust in Höhe der Hälfte des Grundkapitals

Wenn sich bei Aufstellung der Jahres- oder einer Zwischenbilanz ergibt oder bei pflichtgemäßem Ermessen anzunehmen ist, dass ein Verlust in Höhe der Hälfte des Grundkapitals besteht, hat der Vorstand gemäß § 92 Abs. 1 AktG unverzüglich die Hauptversammlung einzuberufen und ihr dies anzuzeigen. Ein Verlust in Höhe der Hälfte des Grundkapitals ist eingetreten, wenn der Wert des Gesellschaftsvermögens nur noch die Hälfte des Nennkapitals deckt[361]. Die Verlustanzeige ist zur ordnungsgemäßen Einberufung der Hauptversammlung zwingend in die Tagesordnung aufzunehmen[362]. Nach zutreffender herrschender Meinung dient die Vorschrift der Information der Hauptversammlung über eine krisenhafte Zuspitzung der wirtschaftlichen Lage der Gesellschaft sowie dazu, die Handlungsfähigkeit der Aktionäre, die allein in der Hauptversammlung besteht, herzustellen[363].

Liegen die Voraussetzungen des § 92 Abs. 1 AktG vor, so ist der Vorstand verpflichtet, unverzüglich die Hauptversammlung einzuberufen und ihr den Verlust anzuzeigen. Bei der Bemessung der Zeitspanne ist von der Sorgfalt eines ordentlichen und gewissenhaften Geschäftsleiters gemäß § 93 Abs. 1 AktG auszugehen. Der Termin der Hauptversammlung ist so zu bestimmen, dass unnötige Verzögerungen vermieden werden. Nötig kann eine kurze Verzögerung etwa sein, wenn rasche Sanierungsmaßnahmen des Vorstands Erfolg versprechend sind[364]. Denkbar ist auch, dass

---

[361] BGH AG 1958, 293; OLG Köln AG 1978, 17, 22; *Hüffer* AktG § 92 Rn 2; *Fleischer* in Spindler/Stilz AktG § 92 Rn 7; *Thümmel* Persönliche Haftung von Managern und Aufsichtsräten Rn 127; *Mertens* in Kölner Komm AktG § 92 Rn 12 f.; *Wiesner* in MünchHdb AG § 25 Rn 52.

[362] *Hüffer* AktG § 92 Rn 5; *Pelz* in Bürgers/Körber AktG § 92 Rn 7; *Fleischer* in Spindler/Stilz AktG § 92 Rn 15; *Wellhöfer* in Wellhöfer/Peltzer/Müller Haftung § 4 Rn 228; *Thümmel* Persönliche Haftung von Managern und Aufsichtsräten Rn 127.

[363] BGH NJW 1979, 1829, 1831; *Hüffer* AktG § 92 Rn 1; *Pelz* in Bürgers/Körber AktG § 92 Rn 8; *Fleischer* in Spindler/Stilz AktG § 92 Rn 17; *Habersack* in Großkomm AktG § 92 Rn 2; *Mertens* in Kölner Komm AktG § 92 Rn 10.

[364] Zu Einzelheiten vgl.: *Hüffer* AktG § 92 Rn 5; *Pelz* in Bürgers/Körber AktG § 92 Rn 7; *Fleischer* in Spindler/Stilz AktG § 92 Rn 10; *Mertens* in Kölner Komm AktG § 92 Rn 15; *Habersack* in Großkomm AktG § 92 Rn 203; *Thümmel* Persönliche Haftung von Managern und Aufsichtsräten Rn 129.

die Verlustanzeige bei Gelegenheit einer ordentlichen Hauptversammlung erfolgt, welche ohnehin für einen unwesentlich späteren Zeitpunkt geplant ist als der frühestmögliche Termin nach der Feststellung des Verlusts. Zur Vermeidung unverhältnismäßiger Kosten kann bei einer solchen Konstellation von der Einberufung einer außerordentlichen Hauptversammlung abgesehen werden.

Verstößt der Vorstand gegen die Verpflichtung zur Einberufung der Hauptversammlung nach § 92 Abs. 1 AktG, ist er gemäß § 93 Abs. 2 AktG der Gesellschaft gegenüber schadenersatzpflichtig, wenn ihm ein Verschulden zur Last fällt[365]. Schwierig stellt sich bei unterlassener bzw. nicht ordnungsgemäß erfolgter Einberufung der Hauptversammlung der Nachweis eines hierauf beruhenden Schadens für die Gesellschaft dar. Angesichts der vielfältigen Reaktionsmöglichkeiten der Hauptversammlung auf die Einberufung wird in der Regel kaum nachzuweisen sein, dass die Aktionäre bei rechtzeitiger Einberufung gerade solche Maßnahmen ergriffen hätten, die den tatsächlich eingetretenen Verlust verringert hätten[366].

Gemäß § 401 Abs. 1 Nr. 1 AktG macht sich der Vorstand bei unterlassener Einberufung der Hauptversammlung entgegen § 92 Abs. 1 AktG zudem strafbar. Die Tat wird mit Freiheitsstrafe bis zu drei Jahren oder mit Geldstrafe bestraft.

bb) Vorbereitung und Ausführung von Maßnahmen im Zuständigkeitsbereich der Hauptversammlung

Der Vorstand ist verpflichtet, Hauptversammlungen der Gesellschaft ordnungsgemäß vorzubereiten und durchzuführen. Er hat insbesondere gemäß § 83 Abs. 1 AktG auf Verlangen der Hauptversammlung diejenigen Maßnahmen, die in ihre Zuständigkeit fallen, vorzubereiten und im Anschluss an die Beschlussfassung der Hauptversammlung auszuführen. Im Rahmen der Vorbereitung ist der Vorstand gemäß § 124 Abs. 3 S. 1 AktG insbesondere verpflichtet, der Hauptversammlung geeignete Beschlussvorschläge zu unterbreiten, über die sie im Rahmen ihrer Zuständigkeit beschließt.

Die Hauptversammlung ist zuständig, wenn ihr in Gesetz, Satzung oder durch richterliche Rechtsfortbildung Kompetenzen ausdrücklich zugewiesen sind[367]. Verstöße gegen die Verpflichtungen bei der Vorbereitung und Durchführung von Hauptversammlungen führen zur Schadenersatzpflicht des Vorstands gemäß § 93 Abs. 2 AktG. Ein Schaden kommt beispielsweise dann in Betracht, wenn das

---

[365] *Hüffer* AktG § 92 Rn 15; *Pelz* in Bürgers/Körber AktG § 92 Rn 8; *Fleischer* in Spindler/Stilz AktG § 92 Rn 16; *Wellhöfer* in Wellhöfer/Peltzer/Müller Haftung § 4 Rn 229; *Thümmel* Persönliche Haftung von Managern und Aufsichtsräten Rn 129.

[366] *Thümmel* Persönliche Haftung von Managern und Aufsichtsräten Rn 129.

[367] *Hüffer* AktG § 119 Rn 1; *Reger* in Bürgers/Körber AktG § 119 Rn 1; *Hoffmann* in Spindler/Stilz AktG § 119 Rn 1; *Semler* in Semler/Volhard ArbHdb HV § 1 Rn 1; *Kubis* in MünchKomm AktG § 119 Rn 1; *Mülbert* in Großkomm AktG § 119 Rn 5; *Plück/Lattwein* Haftungsrisiken für Manager S. 50 f.

pflichtgemäße Verhalten des Vorstands bei der Gesellschaft den Eintritt von Verlusten verhindert hätte[368].

(1) Zuständigkeit der Hauptversammlung kraft Gesetzes. Nach § 119 Abs. 1 AktG beschließt die Hauptversammlung in den im Gesetz und in der Satzung ausdrücklich bestimmten Fällen. Die Norm selbst enthält bereits einen Katalog wesentlicher Zuständigkeiten. Es handelt sich hierbei jedoch nicht um eine abschließende, sondern lediglich um eine beispielhafte Aufzählung. Von besonderer Bedeutung sind die Konstellationen, mit denen die Hauptversammlung in regelmäßigen Abständen immer wieder befasst werden muss, insbesondere:

- Entgegennahme des festgestellten Jahresabschlusses und des Lageberichts,
- Beschlussfassung über die Verwendung des Bilanzgewinns,
- Beschlussfassung über die Entlastung der Mitglieder des Vorstands und des Aufsichtsrats,
- Wahl des Abschlussprüfers,
- Bestellung der Mitglieder des Aufsichtsrats, soweit sie nicht entsendet oder als Arbeitnehmervertreter in den Aufsichtsrat gewählt werden.

Die Hauptversammlung ist von Gesetzes wegen immer bei so genannten Strukturmaßnahmen, die das Wesen der Gesellschaft als solche betreffen, zu befassen. Hierbei handelt es sich insbesondere um:

- Satzungsänderungen gemäß § 179 AktG,
- Maßnahmen der Kapitalbeschaffung und der Kapitalherabsetzung gemäß §§ 182 ff. AktG und §§ 222 ff. AktG,
- Verpflichtung zur Übertragung des gesamten Gesellschaftsvermögens gemäß § 179a AktG,
- Abschluss und Änderung von Unternehmensverträgen gemäß §§ 291 ff. AktG,
- Eingliederungsmaßnahmen gemäß §§ 319 ff. AktG,
- aktienrechtlicher Squeeze-Out gemäß §§ 327a ff. AktG,
- Verschmelzungen, Spaltungen, Vermögensübertragungen und Rechtsformwechsel nach dem UmwG,
- die Auflösung der Gesellschaft gemäß §§ 262 ff. AktG sowie die Fortsetzung der Gesellschaft nach beschlossener Auflösung gemäß § 274 Abs. 1 AktG.

(2) Zuständigkeit der Hauptversammlung kraft Satzung. Neben den gesetzlich normierten Fällen kann auch die Satzung der Gesellschaft der Hauptversammlung besondere Zuständigkeiten übertragen (§ 119 Abs. 1 2. Alt. AktG). Gemäß § 23 Abs. 5 AktG darf die Satzung Abweichungen von den gesetzlichen Regelungen jedoch nur insofern enthalten, als das Gesetz dies ausdrücklich zulässt. Der praktische Anwendungsbereich satzungsmäßiger Zuständigkeiten ist deshalb sehr

---

[368] *Hüffer* AktG § 83 Rn 6; *Thümmel* Persönliche Haftung von Managern und Aufsichtsräten Rn 133.

beschränkt. Insbesondere im Bereich der Kompetenzverteilung zwischen den Organen der Gesellschaft, also im Verhältnis der Hauptversammlung zu Vorstand und Aufsichtsrat, lässt das Gesetz Abweichungen nicht zu[369].

Beispiele für Kompetenzen der Hauptversammlung kraft Satzung sind:

- Ausgestaltung der (minimalen) Freiräume, die der Satzungsgeber in Bezug auf das Verhältnis zwischen Versammlungsleiter und Hauptversammlung hat. Dies sind beispielsweise Bestimmungen zur Form der Stimmrechtsausübung (§ 134 Abs. 4 AktG), zur Person des Versammlungsleiters sowie zur Art und Weise der Übertragung der Hauptversammlung (§ 118 Abs. 4 AktG). Die Satzung kann ferner nur die vom Gesetz vorgegebenen Kompetenzen des Versammlungsleiters inhaltlich ausgestalten; sie kann diese Kompetenzen nicht erweitern oder beschränken[370].
- Errichtung von Beiräten oder anderen Beratungsgremien sowie Bestellung der Mitglieder dieser Gremien. Die Gremien dürfen jedoch keine Funktionen wahrnehmen, die zwingend anderen Organen zugewiesen sind, so dass lediglich beratende Funktionen möglich sind[371].
- Erteilung oder Verweigerung der Zustimmung zur Übertragung von vinkulierten Namensaktien (§ 68 Abs. 2 S. 3 AktG).
- Die Hauptversammlung kann in der Satzung bestimmte Arten von Geschäften unter den Vorbehalt der Zustimmung des Aufsichtsrats stellen (§ 111 Abs. 4 S. 2 AktG).

(3) Zuständigkeit der Hauptversammlung bei Geschäftsführungsmaßnahmen

Vorlage durch Vorstand

Der Vorstand kann bei Maßnahmen der Geschäftsführung selbst fordern, dass die Hauptversammlung über diese Maßnahmen beschließt. In einem solchen Fall gibt der Vorstand also einen Teil seiner Kompetenz für bestimmte Geschäftsführungsmaßnahmen an die Hauptversammlung ab. Dies ist nach § 119 Abs. 2 AktG zulässig. Fasst die Hauptversammlung einen Beschluss über die vorgelegte Geschäftsführungsmaßnahme, ist der Vorstand verpflichtet, den Beschluss auszuführen[372].

---

[369] *Hüffer* AktG § 119 Rn 10; *Reger* in Bürgers/Körber AktG § 119 Rn 7; *Hoffmann* in Spindler/Stilz AktG § 119 Rn 46; *Kubis* in MünchKomm AktG § 119 Rn 17; *Pluta* in Heidel AktG § 119 Rn 12; *Zöllner* in Kölner Komm AktG § 119 Rn 43 f.; *K. Schmidt* GesR S. 869.

[370] *Semler* in Semler/Volhard ArbHdb HV § 1 Rn 268; *Kubis* in MünchKomm AktG § 119 Rn 116; § 129 AktG Rn 6.

[371] *Hüffer* AktG § 119 Rn 10; *Reger* in Bürgers/Körber AktG § 119 Rn 7; *Hoffmann* in Spindler/Stilz AktG § 119 Rn 46; *Reichert* in Beck'sches Hdb AG § 5 Rn 25.

[372] *Hüffer* AktG § 119 Rn 15; *Reger* in Bürgers/Körber AktG § 119 Rn 10; *Spindler* in Schmidt/Lutter AktG § 119 Rn 25; *Göhmann* in Henn/Frodermann/Jannott Hdb AktR 9 Rn 11; *Mülbert* in Großkomm AktG § 119 Rn 54.

Der Vorstand entscheidet durch Beschluss, ob eine Geschäftsführungsmaßnahme der Hauptversammlung vorgelegt wird. Der Beschluss muss grundsätzlich einstimmig gefasst werden, sofern Satzung oder Geschäftsordnung keine anderen Mehrheitserfordernisse vorsehen[373]. Ein einzelnes Vorstandsmitglied kann die Vorlage an die Hauptversammlung somit nicht durchsetzen.

Der Hauptversammlung muss ein konkreter Beschlussvorschlag zu einer Maßnahme unterbreitet werden, über den die Hauptversammlung abstimmt. Die Hauptversammlung muss mit der einfachen Stimmenmehrheit des § 133 Abs. 1 AktG dem Antrag der Verwaltung zustimmen, sofern die Satzung keine strengeren Anforderungen bestimmt[374].

Wesentliche Strukturmaßnahmen

Der Grund für die Befassung der Hauptversammlung mit einer Geschäftsführungsmaßnahme kann auch darin liegen, dass der Vorstand – zu Recht oder zu Unrecht – davon ausgeht, hierzu verpflichtet zu sein. Zwar enthält das Aktiengesetz keine Verpflichtung, Geschäftsführungsmaßnahmen der Hauptversammlung vorzulegen. Jedoch hat der Bundesgerichtshof in seiner bekannten Holzmüller-Entscheidung[375] festgelegt, dass es im Bereich der Geschäftsführung Strukturmaßnahmen von herausragender Bedeutung gibt, die der Zustimmung der Hauptversammlung bedürfen. Demnach hat der Vorstand bei grundlegenden Entscheidungen die Hauptversammlung zu beteiligen, wenn er vernünftigerweise nicht annehmen kann, er dürfe diese Entscheidungen in ausschließlicher Verantwortung treffen.

Die Holzmüller-Entscheidung des Bundesgerichtshofs betraf eine klassische Ausgliederung. Unternehmensgegenstand der beklagten Aktiengesellschaft war unter anderem der Betrieb einer Umschlag- und Lagerungshalle für Holz sowie die Vermittlung, Durchführung und Finanzierung von Holzgeschäften. Der Seehafenbetrieb als der mit einem wertmäßigen Anteil von 80% mit Abstand wertvollste Unternehmensteil wurde im Rahmen einer Sachgründung in eine einhundertprozentige Tochtergesellschaft eingebracht. Hierzu war im Vorfeld der Einbringung bereits der Unternehmensgegenstand der Gesellschaft dahingehend geändert worden, dass der Geschäftsbetrieb ganz oder teilweise Tochtergesellschaften überlassen werden durfte. Der Bundesgerichtshof entschied, dass die Einbringung des mit Abstand wertvollsten Unternehmensteils in eine Tochtergesellschaft der Zustimmung der Hauptversammlung bedarf, auch wenn die Maßnahme durch die Satzung der Aktiengesellschaft gedeckt ist und die Voraussetzungen des § 179a AktG (Veräußerung des gesamten Vermögens einer Aktiengesellschaft) nicht vorliegen. Die Vertretungs-

---

[373] *Hüffer* AktG § 119 Rn 13; *Spindler* in Schmidt/Lutter AktG § 119 Rn 16; *Mülbert* in Großkomm AktG § 119 Rn 45.

[374] *Hüffer* AktG § 119 Rn 14; *Reger* in Bürgers/Körber AktG § 119 Rn 9; *Hoffmann* in Spindler/Stilz AktG § 119 Rn 8; *Spindler* in Schmidt/Lutter AktG § 119 Rn 23; *Pluta* in Heidel AktG § 119 Rn 29.

[375] BGHZ 83, 122.

macht des Vorstands im Außenverhältnis bleibt jedoch hiervon unberührt, so dass die Geschäftsführungsmaßnahme im Verhältnis zu anderen Vertragsparteien trotz fehlender Zustimmung der Hauptversammlung wirksam ist.

Der Bundesgerichtshof hat im April 2004 die dogmatische Rechtfertigung der Holzmüller-Doktrin in seinen beiden Gelatine-Urteilen[376] konkretisiert und zumindest in Teilbereichen Unsicherheiten für die Praxis beseitigt. Die Hauptversammlung der Deutsche Gelatine-Fabriken Stoess AG wurde mit einer Umstrukturierung der Gesellschaft zu einer reinen Holdinggesellschaft befasst. Zum einen sollten Geschäftsanteile einer deutschen GmbH & Co. KG in eine andere Tochtergesellschaft der Gesellschaft eingebracht werden. Zum anderen sollten Beteiligungen an schwedischen und englischen Tochtergesellschaften an eine andere Tochtergesellschaft der Gesellschaft übertragen werden. Allein die schwedische Tochtergesellschaft trug 30% zum Vorsteuerergebnis des Konzerns bei. Der Unternehmensgegenstand der Gesellschaft konnte auch durch Tochtergesellschaften bzw. Zweigniederlassungen erfüllt werden, so dass eine Satzungsänderung nicht erforderlich war. Zwischen dem klagenden Aktionär und der Gesellschaft war jedoch streitig, ob für die Beschlussfassung über die beiden Umstrukturierungsvorgänge eine Drei-Viertel-Mehrheit erforderlich gewesen wäre, da die Zustimmungsbeschlüsse nur mit einfacher Mehrheit zustande gekommen waren.

Der Bundesgerichtshof entschied, dass die Umstrukturierungsmaßnahmen keine Holzmüller-Fälle darstellten und hielt deshalb die Anfechtungsklagen für unbegründet. Die Maßnahmen hätten nicht in den Kernbereich des Unternehmens eingegriffen und daher die Aktionäre nicht in ihren mitgliedschaftlichen Rechten beeinträchtigt. Der Bundesgerichtshof bestätigte, dass eine ungeschriebene Kompetenz der Hauptversammlung dann vorliegen könne, wenn eine Umstrukturierung „an die Kernkompetenz der Hauptversammlung, über die Verfassung der Aktiengesellschaft zu bestimmen, rührt, weil sie Veränderungen nach sich zieht, die denjenigen zumindest nahe kommt, welche allein durch eine Satzungsänderung herbeigeführt werden können“[377]. Eine Geschäftsführungsmaßnahme, bei der gegebenenfalls die Zustimmung der Hauptversammlung einzuholen ist, setze jedoch immer voraus, dass wie im Holzmüller-Fall ein Mediatisierungseffekt bei einer Ausgliederung eines wichtigen Betriebes einer Tochtergesellschaft oder bei der Umstrukturierung des Beteiligungsbesitzes eintrete.

Der Bundesgerichtshof stellte zudem klar, dass die im Schrifttum genannten Schwellenwerte für ein Eingreifen der Holzmüller-Grundsätze, die zwischen 10% und 50% schwankten, nicht ausreichen können. Eine Kompetenz der Hauptver-

---

[376] BGH NZG 2004, 571; BGH NZG 2004, 575; vgl. hierzu *Bungert* BB 2004, 1345; *Fuhrmann* AG 2004, 339; *Fleischer* NJW 2004, 2335; *Goette* DStR 2004, 927; *Koppensteiner* Der Konzern 2004, 381; *Simon* DStR 2004, 1482 und 1528; *Weißhaupt* AG 2004, 585.

[377] BGH NZG 2004, 571; BGH NZG 2004, 575; *Hüffer* AktG § 119 Rn 20; *Reger* in Bürgers/Körber AktG § 119 Rn 14; *Spindler* in Schmidt/Lutter AktG § 119 Rn 30.

sammlung könne nur dann in Frage kommen, wenn ein mit der Holzmüller-Entscheidung vergleichbarer Sachverhalt vorläge[378]. Bei der Holzmüller-Entscheidung waren 80% des Gesellschaftsvermögens betroffen. Der Bundesgerichtshof ließ jedoch offen, auf welche Kennzahl, wie beispielsweise Bilanzsumme, Eigenkapital, Umsatz oder Ergebnis vor Steuern, abzustellen ist[379].

Der Bundesgerichtshof ging auch ausdrücklich auf die Frage ein, ob bei einem Holzmüller-Beschluss die einfache Mehrheit ausreicht. Nach Auffassung des Bundesgerichtshofs bedarf der Beschluss einer Drei-Viertel-Mehrheit des vertretenen Grundkapitals. Dies gelte auch bei einer in der Satzung enthaltenen Konzernklausel und auch dann, wenn die Satzung der Aktiengesellschaft außer bei zwingenden Mehrheitserfordernissen nach Gesetz oder Satzung die einfache Mehrheit genügen lässt[380].

Der Praxis hat sich an den neuen Vorgaben des Bundesgerichtshofs ausgerichtet. Da es der Bundesgerichtshof ausdrücklich abgelehnt hat, einen Katalog von Geschäftsführungsmaßnahmen zu erstellen, die gegebenenfalls zustimmungspflichtig sein könnten, muss jeder Sachverhalt weiterhin einzelfallbezogen geprüft werden. Eine Zuständigkeit der Hauptversammlung aufgrund der Holzmüller-Doktrin bei Unternehmenskäufen und -verkäufen scheidet in der Regel aus[381]. Die Holzmüller-Doktrin ist demnach nur noch in Ausnahmekonstellationen von Bedeutung, wenn im Kernbereich des Unternehmens (qualitative Komponente) Strukturmaßnahmen anstehen, die hohe Schwellenwerte (quantitative Komponente) erreichen[382].

Sofern die Hauptversammlung ausnahmsweise mit einer Geschäftsführungsmaßnahme nach der Holzmüller-Doktrin befasst wird, ist aufgrund der Vorgabe des Bundesgerichtshofs für die Wirksamkeit des Beschlusses eine Drei-Viertel-Mehrheit des vertretenen Grundkapitals nötig. Der Vorstand wird deshalb im Vorfeld einer Holzmüller-Maßnahme eingehend prüfen müssen, ob das Erreichen der qualifizierten Mehrheit in der Hauptversammlung realistisch ist. Aufgrund der unnöti-

---

[378] BGH NZG 2004, 571, 574; BGH NZG 2004, 575, 579; *Hüffer* AktG § 119 Rn 18b; *Reger* in Bürgers/Körber AktG § 119 Rn 14, 21; *Schubel* in Henn/Frodermann/Jannott Hdb AktR 14 Rn 74.

[379] BGH NZG 2004, 571, 575; BGH NZG 2004, 575, 579 f.; *Spindler* in Schmidt/Lutter AktG § 119 Rn 31; *Reger* in Bürgers/Körber AktG § 119 Rn 22.

[380] BGH NZG 2004, 571, 575; BGH NZG 2004, 575, 579; *Hüffer* AktG § 119 Rn 20; *Reger* in Bürgers/Körber AktG § 119 Rn 26; a.A. *Ek* in Hölters Handbuch des Unternehmens- und Beteiligungskaufs Teil XI Rn 124 und *Simon* DStR 2004, 1528, 1529.

[381] Vgl. die Entscheidungen zur fehlenden Erforderlichkeit der Hauptversammlungszustimmung bei Beteiligungveräußerungen BGH NZG 2007, 234; OLG Stuttgart NZG 2007, 234 und beim Erwerb von Beteiligungen OLG Frankfurt/Main AG 2008, 862; LG Hanau AG 2007, 718.

[382] *Hüffer* AktG § 119 Rn 18a, 18b; *Reger* in Bürgers/Körber AktG § 119 Rn 21 ff.; *Spindler* in Schmidt/Lutter AktG § 119 Rn 30 f.; *Bungert* BB 2004, 1345, 1351; *Fuhrmann* AG 2004, 339, 340.

gen Kosten für die Vorbereitung der Maßnahme und die Durchführung der Hauptversammlung sowie des Ansehensverlustes für die Gesellschaft, wird ein Vorstand die Hauptversammlung nur dann mit dem Vorgang befassen, wenn er davon ausgehen kann, dass diese Mehrheit auch erreicht wird.

cc) Wesentliche Pflichten des Vorstands bei der Vorbereitung und Durchführung der Hauptversammlung

Im Vorfeld der Hauptversammlung ist in rechtlicher Hinsicht entscheidend, dass sämtliche Formalia eingehalten werden. So müssen Hauptversammlungen insbesondere rechtzeitig einberufen werden. Zudem kann es notwendig sein, Vorstandsberichte zu erstellen und zusammen mit zustimmungspflichtigen Verträgen neben den „üblichen" vorlagepflichtigen Unterlagen wie dem Jahresabschluss, dem Lagebericht, dem Bericht des Aufsichtsrats und dem Vorschlag des Vorstands für die Verwendung des Bilanzgewinns auszulegen. Außerdem ist die fristgerechte Veröffentlichung etwaiger Gegenanträge von Aktionären sicherzustellen.

Bei der Durchführung der Hauptversammlung ist für den Vorstand entscheidend, dass er alle organisatorischen Maßnahmen ergreift, damit diese ordnungsgemäß und ohne Störung ablaufen kann. Schwerpunkt der aktienrechtlichen Pflichten des Vorstands im Rahmen der Hauptversammlung ist die Beantwortung zulässiger Fragen der Aktionäre. Die Versammlungsleitung selbst obliegt dem Vorstand hingegen nicht, in der aktienrechtlichen Praxis ist hierfür aufgrund einer entsprechenden Satzungsregelung überwiegend der Vorsitzende des Aufsichtsrats zuständig. Der Versammlungsleiter wird vom Vorstand jedoch bei der Erfüllung seiner Aufgabe, insbesondere durch die Bereitstellung von „Hilfspersonen", beispielsweise von fachkundigen Mitarbeitern und externen Beratern im Rahmen eines Back-Office, unterstützt.

(1) Vorbereitung der Hauptversammlung

Einberufung

Nach § 121 Abs. 2 AktG ist für die Einberufung der Hauptversammlung im Regelfall der Vorstand zuständig, der mit einfacher Mehrheit beschließt[383]. Wie bei jedem Beschluss des Vorstands ist aus Nachweisgründen darauf zu achten, dass die Beschlussfassung ordnungsgemäß dokumentiert und daher in das Protokoll einer Vorstandssitzung aufgenommen wird.

Die Einberufung muss durch den Vorstand als Gesamtorgan erfolgen. Die Übertragung der Einberufungszuständigkeit auf einzelne Vorstandsmitglieder ist nicht zulässig[384]. Dies gilt auch dann, wenn die Vorstandsmitglieder ansonsten kraft Satzung

---

[383] *Hüffer* AktG § 121 Rn 6; *Willamowski* in Spindler/Stilz AktG § 121 Rn 6.

[384] BGHZ 149, 158, 161; LG Münster NZG 1998, 352; *Semler* in Münch Hdb AG § 35 Rn 6; *Pluta* in Heidel AktG § 121 Rn 12.

alleingeschäftsführungs- oder vertretungsbefugt sind. Etwas anderes gilt jedoch für die Durchführung der Einberufung nach einem Vorstandsbeschluss, die einem einzelnen Vorstandsmitglied übertragen werden kann[385].

Der ordnungsgemäße Vorstandsbeschluss zur Einberufung der Hauptversammlung setzt die Handlungsfähigkeit des Vorstands, also eine ordnungsgemäße Besetzung voraus. Sofern der Vorstand bei einer Gesellschaft mit einem Grundkapital von mehr als 3 Mio. EURO mangels anderweitiger Satzungsbestimmungen nach § 76 Abs. 2 S. 2 AktG aus mindestens zwei Mitgliedern zu bestehen hat oder er aufgrund einer verschärften Satzungsregelung aus mehr als zwei Mitgliedern bestehen muss, ist bei einer Unterschreitung der gesetzlichen oder satzungsmäßigen Sollstärke eine ordnungsgemäße Einberufung nicht möglich[386]. Bei einer Unterbesetzung des Vorstands bedarf es demnach der vorherigen Berufung eines oder mehrerer Vorstandsmitglieder durch den Aufsichtsrat. Ist dies nicht möglich, ist eine registergerichtliche Bestellung notwendig.

Eine Einberufung der Hauptversammlung durch den Aufsichtsrat hilft im Regelfall bei einer Unterbesetzung des Vorstands nicht weiter, da der Vorstand auch nicht in der Lage ist, ordnungsgemäße Beschlussvorschläge für die Hauptversammlung zu unterbreiten. Vorstand und Aufsichtsrat haben zu jedem Gegenstand der Tagesordnung, über den die Hauptversammlung beschließen soll, in der Bekanntmachung der Tagesordnung Vorschläge zur Beschlussfassung zu machen (§ 124 Abs. 3 S. 1 AktG). Für die Beschlussvorschläge des Vorstands bedarf es jedoch eines ordnungsgemäß zustande gekommenen Vorstandsbeschlusses, der bei einer gesetzeswidrigen oder satzungswidrigen Unterbesetzung des Vorstands nicht möglich ist[387]. Mangels ordnungsgemäßen Beschlussvorschlages durch den Vorstand können die betroffenen Hauptversammlungsbeschlüsse bei einer solchen Konstellation anfechtbar sein.

Inhalt der Einberufung

Die wesentlichen Grundsätze für die Einberufung der Hauptversammlung finden sich in § 121 AktG, der neben der Einberufungszuständigkeit auch die Formalia der Einberufung, den Ort der Hauptversammlung und die Besonderheiten bei einer Vollversammlung regelt. Welchen Inhalt die Einberufung zu haben hat, ist in § 121 Abs. 3 S. 1 AktG zwingend vorgeschrieben. Danach muss die Einberufung die folgenden (Mindest-) Angaben enthalten:

---

[385] *Hüffer* AktG § 121 Rn 6; *Zöllner* in Kölner Komm AktG § 121 Rn 18; *Reger* in Bürgers/Körber AktG § 121 Rn 6.

[386] BGHZ 149, 158, 161; OLG Dresden NZG 2000, 426, 428; LG Heilbronn AG 2000, 373, 374; LG Münster NZG 1998, 352; *Hüffer* AktG § 76 Rn 23; *Bürgers/Israel* in Bürgers/Körber AktG § 76 Rn 32; *Semler* in Münch Hdb AG § 35 Rn 6; *Werner* in Großkomm AktG § 121 Rn 27; *Butzke* in Obermüller/Werner/Winden Die HV der AG B Rn 31; a.A. *Kort* in Großkomm AktG § 76 Rn 199; *Mertens* in Kölner Komm AktG § 76 Rn 96, 98.

[387] BGHZ 149, 158; *Hüffer* AktG § 124 Rn 12; *Pluta* in Heidel AktG § 124 Rn 15.

- Firma der Gesellschaft,
- Sitz der Gesellschaft,
- Zeit der Hauptversammlung,
- Ort der Hauptversammlung.

Zudem ist gemäß § 121 Abs. 3 S. 2 AktG die Tagesordnung der Hauptversammlung anzugeben. Bei börsennotierten Gesellschaften sind darüber hinaus weitere Angaben in der Einberufung zu machen (§ 121 Abs. 3 S. 3 AktG).

Der Text der Einladung sollte die in der Praxis üblichen Formulierungen enthalten. Zur Vermeidung von Anfechtungsrisiken ist auf kreative eigene Formulierungen unbedingt zu verzichten.

Besonderheiten für börsennotierte Aktiengesellschaften

§ 121 Abs. 3 S. 3 AktG erweitert den Inhalt der Einberufung einer Hauptversammlung für börsennotierte Gesellschaften. Neben Firma, Sitz der Gesellschaft sowie Zeit und Ort der Hauptversammlung (und der Tagesordnung) sind die Teilnahmebedingungen, das Verfahren für die Stimmabgabe, die Rechte der Aktionäre und der Informationszugang auf der Internetseite anzugeben. Gemäß § 30b Abs. 1 WpHG sind im zeitlichen Zusammenhang mit der Einberufung auch die Gesamtzahl der Aktien und Stimmrechte im elektronischen Bundesanzeiger zu veröffentlichen, so dass es sich in der Praxis empfiehlt, diese Angaben ebenfalls in die Einberufung mit aufzunehmen.

Bis zum Inkrafttreten des ARUG waren die Teilnahmebedingungen in der Einberufung bei allen Aktiengesellschaften aufzunehmen. Diese Pflicht ist nunmehr auf börsennotierte Gesellschaften beschränkt[388].

Börsennotierte Gesellschaften haben in der Einberufung die Voraussetzungen für die Teilnahme an der Hauptversammlung und die Ausübung des Stimmrechtes sowie ggf. den Nachweisstichtag (Record Date) und dessen Bedeutung in der Einberufung aufzunehmen (§ 121 Abs. 3 S. 3 Nr. 1 AktG). Durch die Erläuterungen zum Nachweisstichtag soll den Aktionären verdeutlicht werden, dass nur Personen zur Teilnahme an der Versammlung und zur Stimmabgabe berechtigt sind, die zum Stichtag Aktionäre der Gesellschaft sind[389]. Die sorgfältige Formulierung der Teilnahmebedingungen ist zur Vermeidung von Anfechtungsrisiken überaus wichtig[390].

---

[388] Begründung ARUG-RegE BT-Drs. 847/08 S. 40.

[389] Beschlussempfehlung Rechtsausschuss zum ARUG BT-Drs. 16/13098 S. 56.

[390] Vgl. zu missverständlichen Formulierungen bei der Vollmachtserteilung an Stimmrechtsvertreter LG Dresden Der Konzern 2007, 461; zu fehlerhaften Formulierungen zur Vollmachterteilung OLG Frankfurt/Main NZG 2008, 796; LG Frankfurt/Main BB 2008, 2141; einschränkend zu Recht OLG München BB 2008, 2366; OLG Düsseldorf ZIP 2009, 518; LG München I ZIP 2008, 2124; LG Krefeld BB 2008, 2372.

Börsennotierte Gesellschaften haben in der Einberufung Angaben zu bestimmten Verfahren zur Stimmabgabe zu machen[391]. Dies beinhaltet zum einen die Stimmabgabe durch einen Bevollmächtigten. Hierfür ist insbesondere ein Hinweis auf die Formulare, die für die Erteilung einer Stimmrechtsvollmacht zu verwenden sind, und auf die Art und Weise, wie der Gesellschaft ein Nachweis über die Bestellung eines Bevollmächtigung elektronisch übermittelt werden kann, vorgeschrieben. Zum anderen muss die Einberufung Angaben zu der Stimmabgabe durch Briefwahl oder im Wege elektronischer Kommunikation beinhalten, soweit die Satzung (oder der durch die Satzung ermächtigte Vorstand) eine entsprechende Form der Stimmrechtsausübung vorsieht[392].

In der Einberufung sind zwingend Angaben zu den einzelnen Rechten der Aktionäre zu machen. Dies umfasst die Rechte nach § 122 Abs. 2 AktG (Minderheitsverlangen), § 126 Abs. 1 AktG (Gegenanträge), § 127 AktG (Wahlvorschläge) und § 131 Abs. 1 AktG (Auskunftsrecht der Aktionäre). Die Fristen müssen konkret berechnet und das jeweilige Datum angegeben werden[393]. Die Gesellschaft kann sich bei diesen Angaben auf die Angabe der jeweiligen Fristen beschränken, soweit sich in der Einberufung ein Hinweis zu weiterführenden Erläuterungen auf der Internetseite der Gesellschaft befindet.

Die Einberufung muss die Aktionäre auf die Internetseite der Gesellschaft hinweisen, über die die Informationen zur Hauptversammlung nach § 124a AktG zugänglich sind. Hierdurch soll die Internetseite der börsennotierten Gesellschaft zum zentralen Medium des Informationsaustauschs zwischen Gesellschaft und Aktionär ausgebaut und den Aktionären der Zugriff auf hauptversammlungsrelevante Informationen erleichtert werden[394].

Gemäß § 30b Abs. 1 WpHG haben börsennotierte Gesellschaften die Gesamtzahl der Aktien und Stimmrechte im Zeitpunkt der Einberufung der Hauptversammlung unverzüglich im elektronischen Bundesanzeiger zu veröffentlichen[395]. In der Praxis werden diese Angaben bereits in der Hauptversammlungseinladung aufgenommen. Verstößt die börsennotierte Aktiengesellschaft gegen diese Pflicht, kann dies jedoch nicht die Anfechtung der in der Hauptversammlung gefassten Beschlüsse rechtfertigen (§ 30g WpHG).

Frist zur Einberufung

Die Hauptversammlung ist mindestens 30 Tage vor dem Tag der Versammlung einzuberufen (§ 123 Abs. 1 AktG). Diese Frist kann durch die Satzung zwar verlängert,

---

[391] Begründung ARUG-RegE BT-Drs. 847/08 S. 41.
[392] Begründung ARUG-RegE BT-Drs. 847/08 S. 41.
[393] Begründung ARUG-RegE BT-Drs. 847/08 S. 41; *Drinhausen/Keinath* BB 2009, 64, 66; *Bosse* NZG 2009, 806, 809.
[394] Begründung ARUG-RegE BT-Drs. 847/08 S. 44.
[395] *Drinhausen/Keinath* BB 2009, 64, 66.

nicht aber verkürzt werden[396]. Muss der Aktionär im Vorfeld der Hauptversammlung Anmeldungspflichten oder eine Pflicht zum Nachweis der Teilnahmeberechtigung erfüllen, hat der Gesetzgeber eine Verlängerung der Frist vorgesehen. Die Einberufungsfrist, die kurzfristige Entscheidungen der Hauptversammlungen zu dringenden Sachverhalten erheblich erschwert, soll es den Aktionären ermöglichen, sich auf den Hauptversammlungstermin rechtzeitig einzurichten und auf die Versammlung umfassend vorbereiten zu können.

Die Fristberechnung folgt einer vereinfachten Regel. Nach § 121 Abs. 7 AktG ist bei sämtlichen Fristen und Terminen, die von der Hauptversammlung zurückzuberechnen sind, der Tag der Versammlung nicht mitzuberechnen[397]. Weiterhin ist in den Vorschriften, die entsprechende Fristen beinhalten, der Tag der jeweiligen Handlung bei der Fristberechnung ausgeschlossen[398]. So ist zum Beispiel der Tag der Einberufung der Hauptversammlung nicht mitzurechnen. Eine Verlegung von einem Sonntag, einem Sonnabend oder einem Feiertag auf den vorhergehenden oder nachfolgenden Werktag kommt nicht mehr in Betracht. Rückgriffe auf das Berechnungsinstrumentarium der §§ 187 bis 193 BGB werden klarstellend ausgeschlossen[399].

Im Ergebnis bedeutet dies, dass bei den im Gesetz angegebenen Fristen gedanklich ein weiterer Tag hinzugerechnet werden muss, an dem die jeweilige Handlung spätestens vorgenommen werden muss. Am Beispiel der Einberufungsfrist von 30 Tagen ergibt sich hieraus, dass die Einberufung spätestens am 31. Tag vor der Hauptversammlung erfolgen muss. Der 31. Tag vor der Hauptversammlung bleibt auch der letztmögliche Einberufungstag, wenn er auf einen Samstag, Sonntag oder Feiertag fällt. Zwar ist an diesen Tagen eine Einberufung durch Veröffentlichung im elektronischen Bundesanzeiger faktisch nicht möglich, da dieser an diesen Tag nicht erscheint, so dass die Einberufung dann ein oder mehrere Tage früher erfolgen muss. Dogmatisch bleibt es jedoch beim 31. Tag vor der Hauptversammlung als letzten Einberufungstag, der im Beispielsfall bei Samstagen, Sonntagen oder Feiertagen dann von praktischer Bedeutung ist, wenn die Gesellschaft durch eingeschriebenen Brief einberuft. Hier reicht es aus, am letzten Tag der Frist die eingeschriebenen Briefe aufzugeben, auch wenn dieser auf einen Samstag, Sonntag oder Feiertag fällt.

Bei nicht börsennotierten Gesellschaften kann die Satzung für die Fristberechnung eine andere Regelung als in § 121 Abs. 7 AktG vorsehen. In der Praxis empfehlen sich entsprechende Abweichungen von der gesetzlich vorgesehene Fristenregelung

---

[396] *Ludwig* in Happ AktR 10.09 Rn 5; *Werner* in Großkomm AktG § 123 Rn 15; *Semler* in Münch Hdb AG § 35 Rn 27.

[397] Begründung ARUG-RegE BT-Drs. 847/08 S. 42.

[398] *Drinhausen/Keinath* BB 2009, 64, 65; *Seibert/Florstedt* ZIP 2008, 2145, 2148.

[399] Begründung ARUG-RegE BT-Drs. 847/08 S. 42; *Drinhausen/Keinath* BB 2009, 2322, 2324; *Seibert/Florstedt* ZIP 2008, 2145, 2149.

nicht, da hierdurch ggf. wieder (neue) Unklarheiten entstehen können. Aus diesem Grund ist anzuraten, bei der Neuformulierung entsprechender Satzungsbestimmungen auch bei nicht börsennotierten Gesellschaften weitestgehend auf den Gesetzeswortlaut zurückzugreifen. Bei „Altsatzungen", bei denen diese Anpassung nicht erfolgt ist, ist bei der Vorbereitung der Hauptversammlung sorgfältig zu prüfen, ob sich aus den bei nicht börsennotierten Gesellschaften insoweit weiterhin relevanten Satzungsregelungen modifizierte Fristen ergeben.

Sieht die Satzung der Gesellschaft ein Anmeldeerfordernis vor, so verlängert sich gemäß § 123 Abs. 2 S. 5 AktG die Einberufungsfrist um die Tage der Anmeldefrist von sechs Tagen gemäß § 123 Abs. 2 S. 2 AktG[400]. Demnach ist in einem solchen Fall die Hauptversammlung spätestens am 37. Tag vor der Hauptversammlung einzuberu-fen. Entsprechendes gilt bei Gesellschaften mit Inhaberaktien, deren Satzung die Berechtigung zur Teilnahme an der Hauptversammlung oder zur Ausübung des Stimmrechts von einem zu erbringenden Nachweis der Aktionärsstellung abhängig macht (§ 123 Abs. 3 S. 1, 2. Hbs. AktG).

Form der Einberufung

Die Einberufung der Hauptversammlung ist in den Gesellschaftsblättern bekannt zu machen (§ 121 Abs. 4 AktG). Sofern die Satzung einer Gesellschaft vorsieht, dass Bekanntmachungen in mehreren Gesellschaftsblättern notwendig sind, so gilt die Einberufung erst mit Erscheinen des letzten Gesellschaftsblattes als erfolgt[401]. Durch das statutarische Erfordernis mehrerer Gesellschaftsblätter potenziert sich somit das Risiko von Fristversäumnissen, aber auch von Übermittlungs- und Veröffentlichungsfehlern, so dass hiervon abzuraten ist.

Eine Veröffentlichung der Einladung zur Hauptversammlung im elektronischen Bundesanzeiger ist nicht notwendig, wenn der Aktiengesellschaft alle Aktionäre namentlich bekannt sind und die Satzung nichts anderes bestimmt (§ 121 Abs. 4 AktG). Eine Einladung durch eingeschriebenen Brief ist dann ausreichend. Damit die Einberufung durch eingeschriebenen Brief ordnungsgemäß erfolgen kann, muss der Gesellschaft sowohl der Name aller Aktionäre als auch deren Anschrift bekannt sein[402].

---

[400] Der Gesetzestext stellt auf die Mindesfrist von sechs Tagen gemäß § 123 Abs. 2 S. 2 AktG ab und nicht auf die tatsächliche Anmeldefrist, die durch die Satzung verkürzt werden kann. Dies erscheint nicht sachgerecht. Da allerdings nicht sicher angenommen werden kann, dass es sich um ein redaktionelles Versehen des Gesetzgebers handelt, sollte (bis auf Weiteres) aus Gründen der Vorsicht auch bei durch Satzung verkürzter Anmeldefrist von einer Verlängerung der Einberufungsfrist um sechs Tage ausgegangen werden.

[401] *Hüffer* AktG § 121 Rn 9; *Ziemons* in Schmidt/Lutter AktG § 121 Rn 40; *Reichert* in Beck'sches Hdb AG § 5 Rn 117.

[402] *Hüffer* AktG § 121 Rn 11a; *Reger* in Bürgers/Körber AktG § 121 Rn 15; *Ziemons* in Schmidt/Lutter AktG § 121 Rn 45; *Ludwig* in Happ AktR 10.10 Rn 2; *Deilmann* in Hölters/Deilmann/Buchta Die kleine AG S. 96.

Gemäß § 46 Abs. 4 WpHG haben börsennotierte Aktiengesellschaften die Einberufung der Hauptversammlung (wie auch Mitteilungen über die Ausschüttung und Auszahlung von Dividenden, die Ausgabe neuer Aktien und die Ausübung von Umtausch-, Bezugs- und Zeichnungsrechten gemäß § 30b WpHG) bis zum 31. Dezember 2010 in einem Börsenpflichtblatt zu veröffentlichen. Überregionale Pflichtblätter sind zum Beispiel die Frankfurter Allgemeine Zeitung oder die Börsen-Zeitung. In der Praxis wird die – oftmals verkürzte – Mitteilung am gleichen Tag wie die Einberufung der Hauptversammlung unter Hinweis auf die Veröffentlichung im elektronischen Bundesanzeiger veröffentlicht. Ein Verstoß gegen die Veröffentlichungspflicht im Börsenpflichtblatt ist aktienrechtlich allerdings unschädlich, da dieser Verstoß keine gesellschaftsrechtlichen Auswirkungen hat[403]. Die auf der Hauptversammlung getroffenen Beschlüsse sind wirksam, auch wenn die Veröffentlichung im Börsenpflichtblatt fehlerhaft oder verzögert war bzw. gänzlich unterblieben ist.

Darüber hinaus haben börsennotierte Gesellschaften, die nicht ausschließlich Namensaktien ausgegeben haben und die Einberufung den Aktionären nicht unmittelbar übersenden, nach Inkrafttreten des ARUG die Veröffentlichung der Einberufung zusätzlich in Medien zu veröffentlichen, die geeignet sind, die Informationen in der gesamten Europäischen Union zu verbreiten (§ 121 Abs. 4a AktG). Weiterhin haben börsennotierte Gesellschaften alsbald nach der Einberufung gemäß § 124a AktG verschiedene Informationen über die Internetseite der Gesellschaft zugänglich zu machen. Zweck der Regelung ist der Ausbau der Internetseite der Gesellschaft zum zentralen Medium des Informationsaustauschs[404]. Ein Verstoß gegen die Veröffentlichungspflichten des § 124a AktG führt gemäß § 243 Abs. 3 Nr. 2 AktG nicht zur Anfechtbarkeit der Beschlüsse der Hauptversammlung[405]. Zu den Veröffentlichungspflichten auf der Internetseite gehören der Inhalt der Einberufung, Erläuterungen bei fehlenden Beschlussfassungen zu einem Tagesordnungspunkt (z. B. der Punkt „Vorlage des festgestellten Jahresabschlusses"), sämtliche in der Hauptversammlung auszulegende Unterlagen, die Gesamtzahl der Aktien und Stimmrechte im Zeitpunkt der Einberufung der Hauptversammlung sowie ggf. Formulare für die Stimmabgabe durch einen Bevollmächtigten oder durch Briefwahl.

Beschlussvorschläge

Mit der Bekanntmachung der Tagesordnung haben Vorstand und Aufsichtsrat Vorschläge für die Beschlussfassungen zu machen. Beschlussvorschläge können ausnahmsweise unterbleiben, wenn bei Aufsichtsratswahlen eine Bindungswirkung

---

[403] *Hüffer* AktG § 121 Rn 9; *Kubis* in MünchKomm AktG § 121 Rn 30; *Eckardt* in Geßler/Hefermehl/Eckardt/Kropff § 121 AktG Rn 28; *Semler* in Münch Hdb AG § 35 Rn 25; *Reichert* in Beck'sches Hdb AG § 5 Rn 117.

[404] Begründung ARUG-RegE BT-Drs. 847/08 S. 44.

[405] Begründung ARUG-RegE BT-Drs. 847/08 S. 62; *Drinhausen/Keinath* BB 2009, 64, 68.

nach den Mitbestimmungsgesetzen für Wahlvorschläge besteht oder wenn Gegenstände auf Verlangen einer Minderheit auf die Tagesordnung gesetzt worden sind. Beim Minderheitsverlangen ist die Verwaltung jedoch berechtigt, freiwillig einen Vorschlag zu unterbreiten[406].

Vorstand und Aufsichtsrat müssen sich rechtzeitig vor der Hauptversammlung mit den einzelnen Tagesordnungspunkten befassen und durch Beschluss ihre Vorschläge an die Hauptversammlung festlegen. Für den Vorstand handelt es sich bei der Beschlussfassung um eine Geschäftsführungsaufgabe nicht bloß tatsächlicher Art, so dass der Vorstand beschlussfähig besetzt sein muss[407]. Auch der Aufsichtsrat, der sich in der Praxis überwiegend den Vorschlägen des Vorstands anschließt, muss beschlussfähig sein[408].

In der Regel unterbreiten Vorstand und Aufsichtsrat inhaltlich übereinstimmende Vorschläge. Rechtlich betrachtet handelt es sich jedoch nicht um einen gemeinsamen Vorschlag, sondern vielmehr um zwei eigenständige, wenn auch gleichlautende Vorschläge. Schließt sich der Aufsichtsrat ausnahmsweise einem Vorschlag des Vorstands nicht an, so hat jedes Organ einen eigenen Vorschlag zu unterbreiten.

Die herrschende Auffassung in der Literatur hält es für ausreichend, dass entweder der Vorstand oder der Aufsichtsrat ihrer Vorschlagspflicht nachkommen[409]. Die notwendige Vorbereitungsfunktion für die Aktionäre und die institutionellen Stimmrechtsvertreter sei auch durch einen einzigen Vorschlag gewahrt, da gerade das Fehlen eines der beiden Verwaltungsvorschläge besonders sensibilisieren dürfte. Die Rechtsprechung ist dieser Auffassung jedoch nicht gefolgt[410]. Wenn ein nicht ordnungsgemäß zustande gekommener Vorschlag von Vorstand oder Aufsichtsrat, beispielsweise wegen Besetzungsmängeln, zu einer Anfechtbarkeit von Beschlüssen führt, muss dies auch bei einem Unterlassen eines Beschlussvorschlages durch ein Organ gelten. Bei der Prüfung der Relevanz des Verstoßes kann sich jedoch im Einzelfall ergeben, dass eine Anfechtungsklage nicht durchgreift.

---

[406] *Hüffer* AktG § 124 Rn 15; *Reger* in Bürgers/Körber AktG § 124 Rn 20; *Ziemons* in Schmidt/Lutter AktG § 124 Rn 24; *Kubis* in MünchKomm AktG § 124 Rn 44; *Zöllner* in Kölner Komm AktG § 124 Rn 40.

[407] BGHZ 149, 158, 161; OLG Dresden AG 2000, 43, 44; 46; OLG Dresden AG 1999, 517, 518; LG Heilbronn AG 2000, 373, 374; LG Dresden AG 1999, *Hüffer* AktG § 124 Rn 12; *Göhmann* in Henn/Frodermann/Jannott Hdb AktR 9 Rn 82; *Reger* in Bürgers/Körber AktG § 124 Rn 17; *Henze* BB 2002, 847, 848; a.A. *Götz* ZIP 2002, 1745, 1748; *Rottnauer* NZG 2000, 414 ff.

[408] *Siebel* in Semler/v. Schenck ArbHdb für Aufsichtsratsmitglieder § 5 Rn 92, 74.

[409] *Göhmann* in Henn/Frodermann/Jannott Hdb AktR 9 Rn 82 f.; *Kubis* in MünchKomm AktG § 124 Rn 67; *Werner* in Großkomm AktG § 124 Rn 99; *Semler* in Münch Hdb AG § 38 Rn 52; *Kort* EWiR 2004, 625 f.

[410] OLG München NZG 2002, 678, 679; LG Frankfurt/Main EWiR 2004, 625.

Eine Ausnahme vom gemeinsamen Vorschlagsrecht der Verwaltung besteht bei der Wahl von Aufsichtsratsmitgliedern und des Abschlussprüfers, für die nur der Aufsichtsrat einen Beschlussvorschlag zu unterbreiten hat. Macht der Vorstand zu diesen Tagesordnungspunkten einen Beschlussvorschlag, hat dies die Anfechtbarkeit der später gefassten Beschlüsse zur Folge. Dies soll nach Auffassung des Bundesgerichtshofs selbst dann gelten, wenn vor oder in der Hauptversammlung erkannt wird, dass der Vorstand irrtümlicherweise einen Beschlussvorschlag unterbreitet hat und dieser ausdrücklich nicht zur Abstimmung gestellt wird[411].

Auslegung von Unterlagen

Vom Zeitpunkt der Einberufung der Hauptversammlung an bis zu deren Abschluss sind gesetzlich näher bezeichnete Unterlagen in den Geschäftsräumen der Gesellschaft zur Einsicht der Aktionäre auszulegen. Auf Verlangen ist den Aktionären eine Abschrift dieser Unterlagen zu übersenden.

Nach § 175 Abs. 2 AktG besteht bei einer ordentlichen Hauptversammlung eine Pflicht zur Auslegung von Unterlagen stets bezüglich des Jahresabschlusses, des Lageberichts, des Berichts des Aufsichtsrats sowie des Vorschlags des Vorstands für die Verwendung des Bilanzgewinns. Ist die Aktiengesellschaft Mutterunternehmen i. S. v. § 290 Abs. 1 und 2 HGB, sind auch der Konzernabschluss, der Konzernlagebericht und der Prüfungsbericht des Aufsichtsrats hierüber auszulegen.

Soll die Hauptversammlung ihre Zustimmung zu bestimmten Strukturmaßnahmen geben, wie zum Beispiel dem Abschluss eines Unternehmensvertrages, einer Eingliederung, Verschmelzung oder Spaltung, müssen weitere Unterlagen ausgelegt werden. Je nach Art der Maßnahme betrifft dies den zugrunde liegenden Vertrag bzw. Vertragsentwurf, den dazu zu erstattenden Bericht des Vorstands sowie Jahres- und Zwischenbilanzen und Lageberichte[412]. In der Praxis ist im Vorfeld der Hauptversammlung sorgfältig zu prüfen, ob und welche Unterlagen auszulegen sind, damit diese rechtzeitig vorbereitet und erstellt werden können. Werden die Unterlagen nicht ordnungsgemäß oder nicht vollständig ausgelegt, begründet dies einen Anfechtungsgrund hinsichtlich der hiervon betroffenen Beschlüsse der Hauptversammlung[413]. Die Anfechtung der Beschlüsse ist nur ausgeschlossen,

---

[411] BGH NJW 2003, 970, 971 (Wahl eines Sonderprüfers); zustimmend: *Hüffer* AktG § 124 Rn 13; *Reger* in Bürgers/Körber AktG § 124 Rn 18; *Ziemons* in Schmidt/Lutter AktG § 124 Rn 22; *Semler* in Münch Hdb AG § 35 Rn 56; einschränkend: *Kubis* in MünchKomm AktG § 124 Rn 46; a. A. OLG München AG 2001, 193, 196; LG München I AG 2000, 235, 236.

[412] Vgl. §§ 52 Abs. 2 S. 2, 179a Abs. 2 S. 1, 293 f., 319 Abs. 3 Ziff. 1 AktG; §§ 63 Abs. 1, 125, 230, 238 UmwG.

[413] *Hüffer* AktG § 176 Rn 6; *Wellhöfer* in Wellhöfer/Peltzer/Müller Haftung § 4 Rn 249; *Reger* in Bürgers/Körber AktG § 176 Rn 7; *Ludwig* in Happ AktR 10.09 Rn 20; *Rodewig* in Semler/Volhard ArbHdb HV § 12 Rn 53; *Kropff* in MünchKomm AktG § 176 Rn 19; *Brönner* in Großkomm AktG § 176 Rn 11, *Steiner* in Heidel AktG § 176 Rn 8.

wenn die unterbliebene Vorlage der Unterlagen ohne Relevanz für den gefassten Beschluss ist oder ein objektiv urteilender Aktionär der Maßnahme auch ohne den Verfahrensfehler zugestimmt hätte[414]. Letzteres ist insbesondere dann anzunehmen, wenn beispielsweise die Unterlagen mit geringfügiger Zeitverzögerung ausgelegt wurden[415].

Die Unterlagen sind in den Geschäftsräumen der Gesellschaft auszulegen. Dies ist nicht zwingend der Sitz der Gesellschaft im Sinne des § 5 AktG[416]. Unterhält die Gesellschaft eine Hauptverwaltung, sind die Unterlagen an dem Ort der Hauptverwaltung auszulegen[417].

Gemäß § 175 Abs. 2 S. 4 AktG bedarf es einer Auslegung der Unterlagen in den Geschäftsräumen und einer Übersendung an die Aktionäre auf Verlangen nicht, sofern die Unterlagen ab Einberufung der Hauptversammlung über die Internetseite der Gesellschaft zugänglich sind. Diese Regelung gilt jedoch nur im Rahmen des § 175 AktG, nicht etwa für die Auslegung von Unterlagen aufgrund anderer Rechtvorschriften beispielsweise des Umwandlungsgesetzes. Aufgrund eines fehlenden Anfechtungsausschlusses für technische Störungen bei der Zugänglichmachung der Unterlagen auf der Internetseite sollte auf eine zusätzliche Auslegung der Unterlagen in den Geschäftsräumen der Gesellschaft aus Gründen der Vorsicht nicht verzichtet werden[418]. Zur Vermeidung von Nachweisproblemen sind viele Gesellschaften dazu übergegangen, die § 175-Unterlagen sowohl in den Geschäftsräumen auszulegen und auf Anforderung an die Aktionäre zu übersenden als auch die Unterlagen zeitgleich mit der Einberufung der Hauptversammlung auf ihre Homepage zu stellen.

Mitteilungspflichten

Nach § 125 Abs. 1 AktG hat der Vorstand mindestens 21 Tage vor der Hauptversammlung wesentliche Informationen (wie z.B. die Einberufung mitsamt Tagesordnung) an Kreditinstitute und die anderen in § 125 AktG Genannten zu übermitteln, wobei der Tag der Mitteilung nicht mitzurechnen ist. Demnach ist die Mitteilung spätestens am 22. Tag vor der Versammlung zu machen[419]. § 125 Abs. 2 AktG verlangt weiterhin, dass der Vorstand die gleiche Mitteilung an die Aktionäre zu machen hat, die dies verlangen oder zu Beginn des 14. Tages vor der Versammlung als

[414] BGHZ 136, 133, 136; *Rodewig* in Semler/Volhard ArbHdb HV § 12 Rn 53.
[415] *Rodewig* in Semler/Volhard ArbHdb HV § 12 Rn 54; *Grunewald* in Lutter § 64 UmwG Rn 2.
[416] *Hüffer* AktG § 175 Rn 5; *Kropff* in MünchKomm AktG § 175 Rn 25.
[417] *Reger* in Bürgers/Körber § 175 AktG Rn 6; *Euler/Müller* in Spindler/Stilz AktG § 175 Rn 26; *Adler/Düring/Schmaltz* AktG § 175 Rn 17; *Kropff* in MünchKomm AktG § 175 Rn 25; *Steiner* in Heidel AktG § 175 Rn 11.
[418] *Bosse* NZG 2009, 806, 810.
[419] Begründung ARUG-RegE BT-Drs. 847/08 S. 45.

Aktionär im Aktienregister der Gesellschaft eingetragen sind. Durch eine Satzungsregelung kann die Übermittlung der Mitteilung an die Aktionäre auf den Weg der elektronischen Kommunikation beschränkt werden[420].

Nach § 128 AktG sind die Kreditinstitute und Aktionärsvereinigungen verpflichtet, die ihnen übermittelten Mitteilungen an die Aktionäre unverzüglich weiterzuleiten. Ohne diese Mitteilungen würden viele Aktionäre von der Hauptversammlung keine Kenntnis erlangen, da der elektronische Bundesanzeiger nicht regelmäßig von den Aktionären, insbesondere von Kleinanlegern, gelesen wird. Da im Fall von Inhaberaktien die Gesellschaft selbst keinen Überblick darüber hat, wer Aktien der Gesellschaft hält, überträgt das Gesetz die Mitteilungspflicht den Depotbanken bzw. Aktionärsvereinigungen. Sollte die Satzung der Gesellschaft eine Beschränkung der Übermittlung der § 125-Mitteilung auf den elektronischen Weg vorsehen, so gilt gleiches für die Kreditinstitute[421].

Nach § 121 Abs. 4 S. 3 AktG gelten die §§ 125 bis 127 AktG bei der Einberufung der Hauptversammlung durch eingeschriebenen Brief sinngemäß. Dies bedeutet zunächst, dass auch Gesellschaften mit kleinem Aktionärskreis, die sämtliche Aktionäre individuell eingeladen haben, grundsätzlich die Mitteilung zu erstellen und zu versenden haben. Für die Praxis kleinerer Aktiengesellschaften ist es jedoch von entscheidender Bedeutung, dass die § 125-Mitteilung bei einer Einberufung durch eingeschriebenen Brief vollständig unterbleiben kann, sofern alle in § 125 AktG genannten Angaben bereits im Einberufungsschreiben enthalten sind[422]. Unberührt bleiben jedoch Ansprüche der Kreditinstitute und Aktionärsvereinigungen auf Erhalt der Mitteilung, sofern sie in der letzten Hauptversammlung Stimmrechte für Aktionäre ausgeübt oder die Mitteilung verlangt haben.

Gegenanträge und Wahlvorschläge von Aktionären

Die §§ 126 und 127 AktG befassen sich mit Gegenanträgen und Wahlvorschlägen von Aktionären, die gegen die Beschluss- bzw. Wahlvorschläge der Verwaltung opponieren wollen. Sinn und Zweck dieser Vorschriften ist es, andere Aktionäre frühzeitig über die beabsichtigten Anträge und Wahlvorschläge der opponierenden Aktionäre zu informieren[423]. Dem Vorstand obliegt es, nach rechtlicher Prüfung der Gegenanträge und Wahlvorschläge diese unverzüglich zugänglich zu machen. Es

---

[420] Begründung ARUG-RegE BT-Drs. 847/08 S. 46; *Seibert/Florstedt* ZIP 2008, 2145, 2147; *Drinhausen/Keinath* BB 2009, 64, 66 f.

[421] Begründung ARUG-RegE BT-Drs. 847/08 S. 47.

[422] Begründung Gesetz über die kleine Aktiengesellschaft-RegE BT-Drs. 12/6721 S. 8 f.; *Hüffer* AktG § 121 Rn 11h; *Reger* in Bürgers/Körber AktG § 121 Rn 19; *Ziemons* in Schmidt/Lutter AktG § 121 Rn 49; Zimmermann in Seibert/Kiem Hdb der kleinen AG Rn 545; *Kubis* in MünchKomm AktG § 121 Rn 52.

[423] *Hüffer* AktG § 126 Rn 2; *Pluta* in Heidel AktG § 126 Rn 3; *Werner* in Großkomm AktG § 126 Rn 1.

genügt, wenn diese auf der Website der Gesellschaft veröffentlicht werden[424]. Bei börsennotierten Gesellschaften hat das Zugänglichmachen zwingend auf der Homepage der Gesellschaft zu erfolgen (§ 126 Abs. 1 S. 3 AktG).

Wesentliche Fristen und Termine im Rahmen der Hauptversammlung

Einberufung der Hauptversammlung	Spätestens am 31. Tag vor der HV (i. d. R. wegen Anmeldefrist auf den 37. Tag verlängert)
Antrag auf Ergänzung der Tagesordnung	Spätestens am 31. Tag vor der HV bei börsennotierter AG, ansonsten spätestens am 25. Tag vor der HV
Mitteilung an Kreditinstitute und Aktionärsvereinigungen	Spätestens am 22. Tag vor der HV
Record Date	Beginn des 21. Tages vor der HV
Gegenantrag	Spätestens am 15. Tag vor der HV
Letzter Anmeldetag	Spätestens am 7. Tag vor der HV (Satzung kann Frist verkürzen)

(2) Durchführung der Hauptversammlung

Ablauf

Der Ablauf einer Hauptversammlung erfolgt regelmäßig nach folgendem Schema: Zunächst eröffnet der Versammlungsleiter die Hauptversammlung und begrüßt die Teilnehmer. Im Anschluss daran stellt er die anwesenden Mitglieder von Vorstand und Aufsichtsrat sowie ggf. den beurkundenden Notar und den Abschlussprüfer vor. Dann stellt er die Ordnungsgemäßheit der Einberufung fest und skizziert die Tagesordnung. Nach den Berichten des Aufsichtsrats und des Vorstands wird oftmals eine Generaldebatte über sämtliche Tagesordnungspunkte geführt. Während dieser Generaldebatte haben alle Redebeiträge zu erfolgen. Zudem müssen die Aktionäre ihre Fragen stellen, die dann vom Vorstand zu beantworten sind. Alternativ zur Generaldebatte wird gerade bei kleineren Aktiengesellschaften jeder einzelne Tagesordnungspunkt einzeln behandelt. Der Versammlungsleiter hat sicherzustellen, dass die Debatte ordnungsgemäß und in zeitlich angemessenem Rahmen verläuft. Ihm stehen hierbei umfassende Leitungsbefugnisse zur Verfügung, beispielsweise auch das Recht, Redezeiten angemessen zu beschränken. Sieht die Satzung bzw. die Geschäftsordnung der Hauptversammlung eine entsprechende Ermächtigung vor, kann der Versammlungsleiter zusätzlich zum Rede- auch das Fragerecht der Aktionäre zeitlich angemessen beschränken (§ 131 Abs. 2 S. 2 AktG). Der Versamm-

[424] Begründung ARUG-RegE BT-Drs. 847/08 S. 46; *Hüffer* AktG § 126 Rn 6; *Kubis* in MünchKomm AktG § 126 Rn 21; *Pluta* in Heidel AktG § 126 Rn 7; *Sasse* NZG 2004, 153, 156; *Mutter* AG-Report 2003, R 34; *Noack* BB 2003, 1393, 1395; *Noack* NZG 2003, 241, 244; *Ihrig/Wagner* BB 2002, 789, 794; *Grage* RNotZ 2002, 326, 328; *Seibert* NZG 2002, 608, 611.

lungsleiter soll sich bei der Anordnung von Einschränkungen davon leiten lassen, dass eine Hauptversammlung, in der keine tiefgreifenden unternehmensstrukturellen Maßnahmen zu erörtern sind, in vier bis sechs Stunden abgehandelt sein sollte[425]. Im Anschluss an die Diskussion werden dann Beschlüsse zu den jeweiligen Tagesordnungspunkten gefasst.

Findet eine Generaldebatte statt, stellt nach Ende der Diskussion und Behandlung sämtlicher Fragen der Aktionäre der Versammlungsleiter den Schluss der Debatte fest und es beginnt die Abstimmung über die Tagesordnungspunkte. Teilweise wird Tagesordnungspunkt für Tagesordnungspunkt abgehandelt und darüber abgestimmt. Mit Hilfe moderner Technik ist es aber auch möglich, dass über sämtliche Tagesordnungspunkte „en bloc" abgestimmt wird, indem beispielsweise alle Stimmkarten zeitgleich eingesammelt werden. Im Anschluss wird das Ergebnis der Abstimmungen verkündet und vom Versammlungsleiter festgestellt. Mit einem Dank für das Erscheinen und ggf. auch für das sachgerechte Verhalten der Aktionäre während der Versammlung schließt der Versammlungsleiter dann die Hauptversammlung.

Aus der Sicht des Vorstands ist es entscheidend, den Versammlungsleiter bei der Erfüllung seiner vielfältigen Pflichten zu unterstützen, beispielsweise zu Beginn der Hauptversammlung das Teilnehmerverzeichnis zu erstellen und zugänglich zu machen. Unabhängig von der Streitfrage, ob diese Pflicht den Versammlungsleiter trifft oder den für die Gesellschaft handelnden Vorstand[426], wird alleine aus praktischen Gesichtspunkten der Vorstand in der Regel die Federführung haben und sich der Versammlungsleiter auf die Überprüfung der Ordnungsgemäßheit der Aufstellung konzentrieren. Wichtig für den Vorstand ist zudem, dass auch in der Hauptversammlung die Auslegungspflichten erfüllt werden. Die bereits zum Zeitpunkt der Einberufung der Hauptversammlung an auszulegenden Unterlagen sind auch in der Hauptversammlung in ausreichender Stückzahl auszulegen.

Auskunftserteilung

Entscheidend aus der Sicht des Vorstands ist im Rahmen der Hauptversammlung die Erfüllung der Auskunftsrechte der Aktionäre, die gemäß § 131 Abs. 1 AktG ein umfassendes Recht auf Auskünfte in der Hauptversammlung haben. Jedem Aktionär ist auf Verlangen in der Hauptversammlung Auskunft über Angelegenheiten der Gesellschaft zu geben, soweit dies zur sachgerechten Beurteilung der Gegenstände

---

[425] Begründung UMAG-RegE BT-Drs. 15/5092 S. 17; *Göhmann* in Henn/Froderich/Jannott Hdb AktR 9 Rn 155; *Wicke* in Spindler/Stilz AktG Anh § 119 Rn 11; *Spindler* in Schmidt/Lutter AktG § 131 Rn 56; *Reger* in Bürgers/Körber AktG § 131 Rn 18; *Gantenberg* DB 2005, 207, 211; *Wilsing* DB 2005, 35, 40; siehe auch Ziffer 2.2.4 S. 2 DCGK.

[426] Für die Zuständigkeit des Versammlungsleiters: *Kubis* in MünchKomm AktG § 129 Rn 16; *Semler* in Münch Hdb AG § 36 Rn 28; *Butzke* in Obermüller/Werner/Winden Die HV der AG C Rn 65; für die Zuständigkeit des Vorstands: *Terbrack/Lohr* in Heidel AktG § 129 Rn 23; *v. Godin/Wilhelmi* AktG § 129 Rn 5; *Zöllner* in Kölner Komm AktG § 129 Rn 22 f.

der Tagesordnung erforderlich ist. Unter Angelegenheiten der Gesellschaft sind alle Umstände von einigem Gewicht zu verstehen, die die Gesellschaft betreffen[427]. Hierzu zählen insbesondere alle Tatsachen und Umstände, die die Vermögens-, Finanz- und Ertragslage der Gesellschaft, ihre rechtlichen und tatsächlichen Verhältnisse, ihre Geschäftspolitik, die Darstellung des Unternehmens in der Öffentlichkeit oder ihre Beziehung zu Dritten, insbesondere zu Vertragspartnern, betreffen[428].

Eine Auskunft ist erforderlich, wenn aus Sicht eines durchschnittlichen Aktionärs, der objektiv denkt und die Verhältnisse der Gesellschaft lediglich aufgrund der allgemein bekannten Tatsachen kennt, die Auskunft für seine Urteilsfindung hinsichtlich eines Tagesordnungspunkts wesentlich ist[429]. Es ist daher stets zu prüfen, ob die Auskunft gerade zur Beurteilung eines Gegenstandes der Tagesordnung erforderlich ist, da ein Auskunftsanspruch ansonsten nicht besteht. Bei einer ordentlichen Hauptversammlung mit den Tagesordnungspunkten „Jahresabschluss", „Verwendung des Bilanzgewinns" und „Entlastung von Vorstand und Aufsichtsrat" sind die Auskunftsansprüche der Aktionäre jedoch sehr weitgehend[430].

In § 131 Abs. 3 AktG sind die Fälle aufgeführt, in denen der Vorstand die Auskunft auf eine Frage eines Aktionärs verweigern darf. Von besonderer praktischer Bedeutung sind Auskunftsverweigerungen wegen möglicher Nachteilszufügung und wegen Strafbarkeit der Auskunftserteilung. Das in § 131 Abs. 3 Nr. 7 AktG im Rahmen des UMAG eingeführte Auskunftsverweigerungsrecht, soweit die Auskunft auf der Internetseite der Gesellschaft über mindestens sieben Tage vor Beginn der Hauptversammlung und zudem auch während der Hauptversammlung zugänglich gemacht wurde, hat hingegen bislang wenig praktische Bedeutung erlangt. Dieses Ausgangsverweigerungsrecht ermöglicht es der Gesellschaft, sich von der Beantwortung typischer Standardfragen sowie vom Vortrag von Statistiken, Listen, Regularien und Aufstellungen zu entlasten, indem diese bereits vor der Hauptversammlung veröffentlicht werden. Der Vorstand kann zudem bereits vor der Hauptversammlung eingereichte Fragen beantworten[431]. Zusatzfragen, die sich aus den Vorabinformationen ergeben, sind in der Hauptversammlung zu beantwor-

---

[427] *Hüffer* AktG § 131 Rn 11; *Wellhöfer* in Wellhöfer/Peltzer/Müller Haftung § 4 Rn 254; *Kubis* in MünchKomm AktG § 131 Rn 33; *Heidel* in Heidel AktG § 131 Rn 28; *Butzke* in Obermüller/Werner/Winden Die HV der AG G Rn 40 f.

[428] *Pentz* in Fleischer Hdb des Vorstandsrechts § 17 Rn 110; *Wellhöfer* in Wellhöfer/Peltzer/Müller Haftung § 4 Rn 254; *Spindler* in Schmidt/Lutter AktG § 131 Rn 25; *Hüffer* AktG § 131 Rn 12; *Kubis* in MünchKomm AktG § 131 Rn 34; *Heidel* in Heidel AktG § 131 Rn 28; *Decher* in Großkomm AktG § 131 Rn 114.

[429] BGHZ 119, 1, 14; BayObLG NZG 1999, 1218, 1219; BayObLG ZIP 1996, 1945, 1948; OLG Stuttgart ZIP 1998, 1482, 1491; *Siems* in Spindler/Stilz AktG § 131 Rn 28; *Spindler* in Schmidt/Lutter AktG § 131 Rn 27; *Hüffer* AktG § 131 Rn 12; *Kubis* in MünchKomm AktG § 131 Rn 39; *Heidel* in Heidel AktG § 131 Rn 34.

[430] *Hüffer* AktG § 131 Rn 12; *Heidel* in Heidel AktG § 131 Rn 34; *Butzke* in Obermüller/Werner/Winden Die HV der AG G Rn 43.

[431] *Spindler* in Schmidt/Lutter AktG § 131 Rn 77.

ten[432]. Ein Anspruch der Aktionäre auf Vorabinformationen bzw. auf Vorabbeantwortung von Fragen besteht jedoch nicht[433].

Die Auskunftspflicht trifft die Gesellschaft selbst, die von den Aktionären gestellten Fragen sind vom Vorstand als das für die Gesellschaft handelnde Organ zu beantworten[434]. Für den Vorstand antwortet entweder der Vorsitzende oder das jeweils fachlich zuständige Vorstandsmitglied. Zulässig ist es aber auch, dass einzelne Mitarbeiter der Gesellschaft (oder auch Dritte), die mit einer bestimmten Materie besonders vertraut sind, für den Vorstand als „Auskunftsgehilfen" antworten. In der Praxis antwortet häufig der Aufsichtsratsvorsitzende auf Fragen, die die Arbeit des Aufsichtsrates betreffen, unmittelbar. Wie bei allen anderen Auskünften, die nicht unmittelbar vom Vorstand gegeben werden, ist es jedoch auch in diesem Fall notwendig, dass sich der Vorstand die Antworten des Aufsichtsratsvorsitzenden unmittelbar oder konkludent zu eigen macht, da es sich letztlich rechtlich betrachtet um eine Beantwortung durch den Vorstand handelt.

Die verlangte Auskunft ist grundsätzlich mündlich vom Vorstand zu erteilen. Eine Verpflichtung zur Vorlage von Nachweisen besteht nicht. Der Aktionär hat auch keinen Anspruch auf Einsichtnahme in Unterlagen der Gesellschaft. Allerdings kann der Vorstand ausnahmsweise dem fragenden Aktionär während der Hauptversammlung Einsicht in eine vorhandene Aufstellung von Zahlen und Daten gewähren, wenn dies eine schnellere und zuverlässigere Unterrichtung ermöglicht. Dabei muss allerdings sicher gestellt sein, dass auch die übrigen Aktionäre diese Unterlagen auf Verlangen einsehen können[435].

Ob auch eine Verlesung von Unterlagen (zum Beispiel von Vertragswerken) verlangt werden kann, ist im Einzelnen umstritten. Die überwiegende Meinung verneint dies zu Recht[436]. Eine Verlesung kommt allenfalls ausnahmsweise dann in Betracht, wenn der Vorgang besondere Bedeutung hat, es erkennbar auf bestimmte

---

[432] *Reger* in Bürgers/Körber AktG § 131 Rn 26; *Spindler* in Schmidt/Lutter AktG § 131 Rn 77; *Siems* in Spindler/Stilz AktG § 131 Rn 54; *Seibert/Schütz* ZIP 2004, 252, 255 f.; *Weißhaupt* WM 2004, 705, 708.

[433] *Siems* in Spindler/Stilz AktG § 131 Rn 54; *Reger* in Bürgers/Körber AktG § 131 Rn 26; *Mutter/Topf* AG 2004, R 259, 260.

[434] *Hüffer* AktG § 131 Rn 5; *Reger* in Bürgers/Körber AktG § 131 Rn 4; *Spindler* in Schmidt/Lutter AktG § 131 Rn 14; *Siems* in Spindler/Stilz AktG § 131 Rn 16; *Kubis* in MünchKomm AktG § 131 Rn 16; *Schlitt* in Semler/Volhard ArbHdb HV § 12 Rn 95 ff.

[435] BGHZ 101, 1, 16; OLG Düsseldorf AG 1992, 34, 36; *Hüffer* AktG § 131 Rn 22; *Spindler* in Schmidt/Lutter AktG § 131 Rn 51; *Reger* in Bürgers/Körber AktG § 131 Rn 17.

[436] BGH NJW 1967, 1462; Hans. OLG Hamburg AG 1968, 190; *Spindler* in Schmidt/Lutter AktG § 131 Rn 51; *Reger* in Bürgers/Körber AktG § 131 Rn 17; *Schlitt* in Semler/Volhard ArbHdb HV § 12 Rn 104; *Zöllner* in Kölner Komm AktG § 131 Rn 84; *Semler* in Münch Hdb AG § 37 Rn 27; *Butzke* in Obermüller/Werner/Winden Die HV der AG G Rn 34; *Decher* in Großkomm AktG § 131 Rn 94; a. A. *Kubis* in MünchKomm AktG § 131 Rn 77.

Formulierungen ankommt und deren zusammengefasste mündliche Wiedergabe dem Fragebegehren nicht gerecht würde. Die Verlesung eines vollständigen Vertragswerkes ist allerdings regelmäßig nicht erforderlich. Auf keinen Fall kann die Verlesung von Unterlagen verlangt werden, die zur Einsichtnahme ausliegen.

Der Vorstand ist verpflichtet, sich auf die Fragenbeantwortung in der Hauptversammlung angemessen vorzubereiten[437]. Ist dem Vorstand jedoch trotz angemessener Vorbereitung die Beantwortung einzelner Fragen in der Hauptversammlung nicht möglich, wird er von seiner Auskunftspflicht frei. Es besteht keine Pflicht des Vorstands, die von den Aktionären gestellten Fragen unverzüglich zu beantworten. Der Vorstand kann daher bei der Beantwortung der Fragen von der Reihenfolge der gestellten Fragen abweichen. Auch steht es dem Vorstand frei, inhaltsgleiche oder inhaltsähnliche Fragen in einer einzigen umfassenden Antwort zusammenzufassen[438]. Kommt der Vorstand aufgrund der Vielzahl oder des Umfangs der Auskunftsverlangen mit der Beantwortung der Fragen nicht nach, so besteht die Möglichkeit, die Hauptversammlung zu unterbrechen.

Ist ein Aktionär der Auffassung, dass eine Frage vom Vorstand unberechtigterweise nicht beantwortet worden ist, kann er ein Auskunftserzwingungsverfahren einleiten und zusätzlich oder alternativ eine Anfechtungsklage gegen den gefassten Hauptversammlungsbeschluss erheben. Im Rahmen des Auskunftserzwingungsverfahrens entscheidet das Landgericht am Sitz der Gesellschaft darüber, ob der Vorstand die Auskunft geben muss (§ 132 AktG). Das Auskunftserzwingungsverfahren ist binnen zwei Wochen nach der Hauptversammlung einzuleiten. Wird die Aktiengesellschaft antragsgemäß verurteilt, hat der Vorstand die Auskunft unverzüglich zu erteilen. Da das Auskunftserzwingungsverfahren jedoch ohne Auswirkungen auf die in der Hauptversammlung gefassten Beschlüsse und auch auf etwaige Anfechtungsklagen[439] bleibt, ist es ohne größere praktische Relevanz.

Praxisrelevant ist hingegen bei einer Auskunftsverweigerung die Erhebung einer Anfechtungsklage durch Aktionäre[440]. Die Anfechtungsklage ist im Falle einer unberechtigten Auskunftsverweigerung dann Erfolg versprechend, wenn die verweigerte Auskunft den Beschlussgegenstand betraf und der Fragegegenstand so gewichtig ist, dass ein objektiv urteilender Aktionär sein Stimmrecht von der Erteilung

---

[437] BGHZ 32, 159, 165; OLG Düsseldorf AG 1992, 34, 36; *Hüffer* AktG § 131 Rn 9; *Spindler* in Schmidt/Lutter AktG § 131 Rn 54; *Reger* in Bürgers/Körber AktG § 131 Rn 15; *Siems* in Spindler/Stilz AktG § 131 Rn 62; *Kubis* in MünchKomm AktG § 131 Rn 84; *Decher* in Großkomm AktG § 131 Rn 251 ff.

[438] *Kubis* in MünchKomm AktG § 131 Rn 76; *Zöllner* in Kölner Komm AktG § 131 Rn 82.

[439] BGH DB 2009, 500, 506; *Hüffer* AktG § 132 Rn 2.

[440] *Hüffer* AktG § 131 Rn 44; *Spindler* in Schmidt/Lutter AktG § 131 Rn 98; *Reger* in Bürgers/Körber AktG § 131 Rn 34; *Bonnet* in Wojtek/Mitzkus AG-Hdb 5.4/1.4, S. 2; *Kubis* in MünchKomm AktG § 131 Rn 150; *Decher* in Großkomm AktG § 131 Rn 380.

einer bestimmten Information abhängig gemacht hätte[441]. Die Rechtsprechung tendiert dazu, die Erheblichkeit einer unberechtigten Auskunftsverweigerung oftmals zu bejahen[442]. Gerade die Gefahr der Anfechtungsklage führt in der Praxis dazu, dass die Vorstände von Aktiengesellschaften dazu tendieren, im Zweifel sämtliche Fragen der Aktionäre zu beantworten. Hierdurch wird eine teilweise jahrelange Rechtsunsicherheit hinsichtlich der Wirksamkeit eines Beschlusses vermieden. Insbesondere wegen der Gefahr einer Anfechtungsklage sollte der Versammlungsleiter vor Beginn der Abstimmungen unbedingt noch einmal ausdrücklich nachfragen, ob auch alle Fragen beantwortet worden sind. Meldet sich daraufhin kein Aktionär, so liegt darin für den Fall, dass einzelne Fragen doch nicht oder nicht vollständig beantwortet sind, ein konkludenter Verzicht auf das Fragerecht vor[443].

Sollte der Vorstand zu Unrecht die Auskunft zu einer Frage verweigert haben und entsteht der Gesellschaft hierdurch ein Schaden, kann im Einzelfall ein Schadenersatzanspruch der Gesellschaft gegen den Vorstand gemäß § 93 AktG in Betracht kommen[444]. Beantwortet der Vorstand Fragen der Aktionäre vorsätzlich unrichtig oder verschleiert er die wahren Verhältnisse bei der Beantwortung, macht er sich nach § 400 Abs. 1 Nr. 1 AktG strafbar.

f) Verstoß gegen die Insolvenzantragspflicht

Der Bundesgerichtshof hat in seiner Herstatt-Entscheidung die maßgeblichen Pflichten des Vorstands bei Insolvenzantragstellung aufgestellt[445]. Danach hat der Vorstand folgendes zu beachten:

- Der Vorstand ist verpflichtet, im Falle der Zahlungsunfähigkeit oder Überschuldung der Gesellschaft „ohne schuldhaftes Zögern", spätestens aber drei Wochen

---

[441] *Göz* in Bürgers/Körber AktG § 243 Rn 21; *Schwab* in Schmidt/Lutter AktG § 243 Rn 8; *Würthwein* in Spindler/Stilz AktG § 243 Rn 122; *Wilsing* DB 2005, 35; *Leuering* NZG 2005, 999; *Weißhaupt* ZIP 2005, 1766, 1771; *Holzborn/Bunnemann* BKR 2005, 51, 57; *Fleischer* NJW 2005, 3525, 3528 f.

[442] BGHZ 122, 211, 239; BGHZ 119, 1, 18 f.; BGH NJW 1995, 3115, 3116; BGH AG 1995, 462; OLG München AG 1996, 327, 328; *Hüffer* AktG § 243 Rn 17; *Decher* in Großkomm AktG § 131 Rn 386.

[443] LG München I AG 2007, 255; LG Braunschweig AG 1991, 36, 37; LG Mainz AG 1988, 169; *Reger* in Bürgers/Körber AktG § 131 Rn 27; *Spindler* in Schmidt/Lutter AktG § 131 Rn 83; *Volhard* in Semler/Volhard ArbHdb HV § 44 Rn 10; *Martens* Leitfaden S. 66; *Heidel* in Heidel AktG § 131 Rn 16 (Verwirkung); *Kubis* in MünchKomm AktG § 131 Rn 71 (Verwirkung); *Zimmermann* in Happ AktR 10.17 Rn 27 (widersprüchliches Verhalten); *Hüffer* AktG § 131 Rn 35 (widersprüchliches Verhalten).

[444] *Spindler* in Schmidt/Lutter AktG § 131 Rn 99; *Reger* in Bürgers/Körber AktG § 131 Rn 34; *Siems* in Spindler/Stilz AktG § 131 Rn 90; *Wellhöfer* in Wellhöfer/Peltzer/Müller Haftung § 4 Rn 259; *Hüffer* AktG § 131 Rn 44; *Kubis* in MünchKomm AktG § 131 Rn 151; *Semler* in MünchHdb AG § 37 Rn 65; *Zöllner* in Kölner Komm AktG § 131 Rn 99.

[445] BGHZ 75, 96.

nach Eintritt des Insolvenzgrundes, die Eröffnung des Insolvenzverfahrens zu beantragen[446].

- Die Frist darf nicht „ohne triftige Gründe" ausgeschöpft werden. Daher ist *„das Gebot, das Konkursverfahren oder Vergleichsverfahren ‚ohne schuldhaftes Zögern' zu beantragen, schon früher zu erfüllen [...], wenn von Anfang an feststeht oder sich vor Ablauf von drei Wochen herausstellt, dass eine rechtzeitige Sanierung nicht ernstlich zu erwarten ist"*[447].
- Der Erhalt von Arbeitsplätzen und allgemeinwirtschaftliche Belange können (gerade auch bei einem Bankhaus) dazu nötigen, einem Rettungsversuch zunächst den Vorzug zu geben vor einem alsbaldigen Insolvenzantrag[448].
- Je größer das Risiko einer Schädigung gutgläubiger Geschäftspartner ist, umso gewissenhafter ist zu überlegen, ob dieses Risiko um der Aussichten und Vorzüge einer Sanierung willen in Kauf genommen werden kann und muss[449].

Gemäß § 15a Abs. 1 InsO hat der Vorstand somit im Falle der Zahlungsunfähigkeit oder Überschuldung der Gesellschaft ohne schuldhaftes Zögern, spätestens aber drei Wochen nach Eintritt der Zahlungsunfähigkeit (§ 17 InsO) bzw. der Überschuldung (§ 19 InsO), die Eröffnung des Insolvenzverfahrens zu beantragen[450]. Die drohende Zahlungsunfähigkeit gemäß § 18 InsO eröffnet dem Vorstand der Gesellschaft zwar die Möglichkeit, einen Insolvenzantrag zu stellen, verpflichtet ihn jedoch nicht hierzu[451].

Die Dreiwochenfrist ist eine Höchstfrist. Eine Antragstellung nach Ablauf der Frist stellt stets eine schuldhafte Pflichtverletzung dar[452]. Die Frist darf jedoch nicht grundsätzlich ausgenutzt werden. Vielmehr ist ein Abwarten im Rahmen der Dreiwochenfrist nur zulässig, um insbesondere die Überschuldung der Gesellschaft sicher festzustellen oder ernsthafte und Erfolg versprechende Sanierungsbemühungen zu einem Abschluss zu bringen. Kann die Überschuldung innerhalb der Frist nicht abgewendet werden, ist innerhalb der Frist Insolvenzantrag zu stellen[453].

Wird die Insolvenzantragspflicht verletzt, machen sich die Vorstandsmitglieder schadenersatzpflichtig. Weigert sich der Gesamtvorstand zur Stellung des erforderlichen Antrags, so ist jedes Vorstandsmitglied einzeln hierzu verpflichtet und berechtigt,

---

[446] BGHZ 75, 96, 108.

[447] BGHZ 75, 96, 111.

[448] BGHZ 75, 96, 108.

[449] BGHZ 75, 96, 110.

[450] Vgl. hierzu unter B I 2 b gg.

[451] *Hüffer* AktG § 92 Rn 8; *Pelz* in Bürgers/Körber AktG § 92 Rn 9; *Fleischer* in Spindler/Stilz AktG § 92 Rn 27; *Thümmel* Persönliche Haftung von Managern und Aufsichtsräten Rn 130; *Habersack* in Großkomm AktG § 92 Rn 36.

[452] *Hüffer* AktG § 92 Rn 13; *Fleischer* in Spindler/Stilz AktG § 92 Rn 40; *Wellhöfer* in Wellhöfer/Peltzer/Müller Haftung § 4 Rn 348; *Habersack* in Großkomm AktG § 92 Rn 66.

[453] *Hüffer* AktG § 92 Rn 13; *Pelz* in Bürgers/Körber AktG § 92 Rn 24; *Fleischer* in Spindler/Stilz AktG § 92 Rn 35; *Wellhöfer* in Wellhöfer/Peltzer/Müller Haftung § 4 Rn 348.

unabhängig davon ob Gesamt- oder Einzelvertretungsmacht besteht[454]. Einer Haftung wegen Insolvenzverschleppung können die Vorstandsmitglieder auch nicht dadurch entgehen, dass sie ihr Amt niederlegen, wenn die Niederlegung dazu führen könnte, dass bei einem in Kürze zu befürchtenden Eintritt der Insolvenzreife ein handlungsfähiger Vorstand nicht mehr zur Verfügung steht[455].

g) Verstoß gegen das Verbot unzulässiger Benutzung des Einflusses auf die Gesellschaft

Gemäß § 117 Abs. 1 AktG macht sich derjenige gegenüber der Gesellschaft schadenersatzpflichtig, der vorsätzlich unter Benutzung seines Einflusses auf die Gesellschaft ein Mitglied des Vorstands oder des Aufsichtsrats, einen Prokuristen oder einen Handlungsbevollmächtigten dazu bestimmt, zum Schaden der Gesellschaft oder ihrer Aktionäre zu handeln. Die Haftung wegen schädigender Beeinflussung trifft danach jeden, der seinen Einfluss auf die Gesellschaft zum Nachteil der Gesellschaft ausnutzt. Neben Dritten, insbesondere Gläubigern oder Aktionären der Gesellschaft, kommt als Haftungsadressat auch der Vorstand in Betracht, sofern er seinen Einfluss auf die leitenden Angestellten der Gesellschaft ausnutzt[456]. Zudem haften die Vorstandsmitglieder gemäß § 117 Abs. 2 AktG auch dann, wenn sie sich unter Verletzung ihrer Pflichten durch Dritte beeinflussen lassen[457]. Im Rahmen einer Schadenersatzverpflichtung des Vorstands gegenüber der Aktiengesellschaft kommt § 117 Abs. 1 und 2 AktG selten eine eigenständige Bedeutung zu, da die jeweiligen Handlungen stets auch eine Pflichtverletzung nach § 93 Abs. 1 und 2 AktG darstellen[458]. Von größerer Bedeutung hingegen ist die in § 117 Abs. 1 S. 2 AktG angeordnete Schadenersatzverpflichtung gegenüber den Aktionären der Gesellschaft, die im Rahmen der Außenhaftung näher zu behandeln ist.

3. Verletzung allgemeiner Pflichten

Neben den vorstehend beschriebenen und gesetzlich unmittelbar geregelten Vorstandspflichten bzw. Haftungstatbeständen ergeben sich weitere Pflichten der Vorstandsmitglieder aus der ihnen obliegenden allgemeinen Sorgfaltspflicht sowie der allgemeinen Treuepflicht aus Organschafts- und Anstellungsverhältnis.

---

[454] *Pelz* in Bürgers/Körber AktG § 92 Rn 26; *Fleischer* in Spindler/Stilz AktG § 92 Rn 28.

[455] *Mertens* in Kölner Komm AktG § 92 Rn 41 m.w.N.

[456] *Hüffer* AktG § 117 Rn 3; *Bürgers/Israel* in Bürgers/Körber AktG § 117 Rn 2; *Schall* in Spindler/Stilz AktG § 117 Rn 13; *Thümmel* Persönliche Haftung von Managern und Aufsichtsräten Rn 151; *Plück/Lattwein* Haftungsrisiken für Manager S. 57; *Kort* in Großkomm AktG § 117 Rn 1.

[457] *Hüffer* AktG § 117 Rn 10; *Bürgers/Israel* in Bürgers/Körber AktG § 117 Rn 6; *Schall* in Spindler/Stilz AktG § 117 Rn 27; *Thümmel* Persönliche Haftung von Managern und Aufsichtsräten Rn 151; *Plück/Lattwein* Haftungsrisiken für Manager S. 57 f.; *Kort* in Großkomm AktG § 117 Rn 2; *Semler* AG 2005, 321, 326.

[458] *Thümmel* Persönliche Haftung von Managern und Aufsichtsräten Rn 151.

a) Verstoß gegen die allgemeine Sorgfaltspflicht

Die allgemeine Sorgfaltspflicht der Vorstandsmitglieder ergibt sich aus § 93 Abs. 1 S. 1 AktG. Danach haben die Vorstandsmitglieder *„bei ihrer Geschäftsführung die Sorgfalt eines ordentlichen und gewissenhaften Geschäftsleiters anzuwenden"*. Allgemein gesprochen haben sich die Mitglieder des Vorstands aufgrund der allgemeinen Sorgfaltspflicht wie ein ordentlicher Geschäftsmann in verantwortlich leitender Position zu verhalten, der wie ein Treuhänder die Interessen des Unternehmens zu wahren hat. Dabei haben sie alles zu unterlassen, was das Unternehmen schädigen könnte[459].

§ 93 Abs. 1 S. 1 AktG kommt nach der ganz herrschenden Meinung eine Doppelfunktion zu. Danach umschreibt die Vorschrift neben dem Verschuldensmaßstab, dem die Vorstandsmitglieder unterliegen, die objektiven Verhaltenspflichten des Vorstands in Form einer Generalklausel, aus der sich durch Konkretisierung weitere Einzelpflichten der Vorstandsmitglieder ergeben können[460]. Zur Konkretisierung der allgemeinen Sorgfaltspflicht ist es erforderlich, die Aufgabe und Funktion des Vorstands zu berücksichtigen. Gemäß § 76 Abs. 1 AktG obliegt den Vorstandsmitgliedern die Leitung der Aktiengesellschaft unter eigener Verantwortung. Der konkrete Inhalt und Umfang dieser Aufgabe hängt von der Art des Geschäfts des Unternehmens, seiner Größe und der jeweils konkreten Situation ab[461].

b) Verstoß gegen die allgemeine Treuepflicht

Über ihre gesetzlichen Pflichten hinaus unterliegen die Vorstandsmitglieder einer besonderen Treuebindung gegenüber der Aktiengesellschaft, die sich aus ihrer organschaftlichen Stellung ergibt[462]. Die Treuepflicht der Vorstandsmitglieder geht in Inhalt und Umfang über die sich aus § 242 BGB ergebenden Grundsätze von Treu und Glauben hinaus[463]. Sie erfordert von den Vorstandsmitgliedern den vollen Ein-

---

[459] BGHZ 129, 30, 34; OLG Düsseldorf AG 1997, 231, 235; OLG Hamm AG 1995, 512, 514; *Hüffer* AktG § 93 Rn 4; *Bürgers/Israel* in Bürgers/Körber AktG § 93 Rn 2; *Thümmel* Persönliche Haftung von Managern und Aufsichtsräten Rn 183; *Mertens* in Kölner Komm AktG § 93 Rn 6; *Wiesner* in MünchHdb AG § 26 Rn 5.

[460] *Hüffer* AktG § 93 Rn 3; *Bürgers/Israel* in Bürgers/Körber AktG § 93 Rn 2; *Fleischer* in Spindler/Stilz AktG § 93 Rn 1; *Thümmel* Persönliche Haftung von Managern und Aufsichtsräten Rn 182; *Mertens* in Kölner Komm AktG § 93 Rn 7; *Hopt* in Großkomm AktG § 93 Rn 18 ff.; *Wiesner* in MünchHdb AG § 26 Rn 5.

[461] *Hüffer* AktG § 93 Rn 3; *Thümmel* Persönliche Haftung von Managern und Aufsichtsräten Rn 182.

[462] BGHZ 13, 188, 192; BGHZ 20, 239, 246; BGHZ 49, 30, 31; *Hüffer* AktG § 84 Rn 9; *Bürgers/Israel* in Bürgers/Körber AktG § 93 Rn 5; *Fleischer* in Spindler/Stilz AktG § 93 Rn 102; *Hefermehl/Spindler* in MünchKomm AktG § 76 Rn 14; *Thümmel* Persönliche Haftung von Managern und Aufsichtsräten Rn 210.

[463] *Hüffer* AktG § 84 Rn 9; *Hefermehl/Spindler* in MünchKomm AktG § 76 Rn 14; *Mertens* in Kölner Komm AktG § 93 Rn 57.

satz ihrer Person. Sie haben sich mit allen Kräften den Interessen der Gesellschaft zu widmen, sie in jeder Weise zu fördern und Schaden von ihr abzuwenden. Die Treuepflicht hat daher Vorrang vor allen persönlichen Interessen der Vorstandsmitglieder[464]. Gesetzliche Einzelausprägungen der Treuepflicht liegen im Wettbewerbsverbot gemäß § 88 AktG sowie in der Verschwiegenheitspflicht der Vorstandsmitglieder gemäß § 93 Abs. 1 S. 2 AktG.

aa) Verstoß gegen das Wettbewerbsverbot

Gemäß § 88 Abs. 1 AktG dürfen Vorstandsmitglieder ohne Einwilligung des Aufsichtsrats weder ein Handelsgewerbe betreiben noch im Geschäftszweig der Gesellschaft für eigene oder fremde Rechnung Geschäfte tätigen[465]. Das Betreiben eines Handelsgewerbes umfasst gemäß § 88 Abs. 1 S. 2 AktG auch die Mitgliedschaft im Vorstand oder in der Geschäftsführung sowie als persönlich haftender Gesellschafter in einer anderen Handelsgesellschaft. Soweit den Vorstandsmitgliedern der Betrieb eines anderen Handelsgewerbes verboten ist, kommt es auf den Geschäftszweig der Aktiengesellschaft nicht an[466]. Der Gesellschaft soll insbesondere die Arbeitskraft des Vorstandsmitglieds voll erhalten werden[467].

Geschäfte machen im Geschäftszweig der Gesellschaft umfasst jede, wenn auch nur spekulative, auf Gewinnerzielung gerichtete Teilnahme am geschäftlichen Verkehr für eigene oder fremde Rechnung, die nicht nur der Befriedigung eigener privater Bedürfnisse dient[468]. Unerheblich ist, ob auch die Aktiengesellschaft selbst Geschäfte der fraglichen Art macht und das Vorstandsmitglied daher tatsächlich mit der Gesellschaft in Konkurrenz tritt[469].

Obwohl vom Wortlaut des § 88 AktG nicht unmittelbar erfasst, ist es den Vorstandsmitgliedern im Rahmen der ihnen gegenüber der Gesellschaft obliegenden

---

[464] *Bürgers/Israel* in Bürgers/Körber AktG § 93 Rn 6; *Thümmel* Persönliche Haftung von Managern und Aufsichtsräten Rn 211; *Wiesner* in MünchHdb AG § 21 Rn 12.

[465] *Wellhöfer* in Wellhöfer/Peltzer/Müller Haftung § 4 Rn 97; *Bürgers/Israel* in Bürgers/Körber AktG § 88 Rn 5 f.; *Fleischer* in Spindler/Stilz AktG § 88 Rn 1; zu Vorstandsdoppelmandaten: BGH NZG 2009, 744, 745.

[466] *Hüffer* AktG § 88 Rn 3; *Bürgers/Israel* in Bürgers/Körber AktG § 88 Rn 5; *Fleischer* in Spindler/Stilz AktG § 88 Rn 17; *Hefermehl/Spindler* in MünchKomm AktG § 88 Rn 11; *Mertens* in Kölner Komm AktG § 88 Rn 8; *Fleischer* AG 2005, 336, 342.

[467] BGH AG 1997, 328; BGH AG 2001, 468; *Hüffer* AktG § 88 Rn 1; *Bürgers/Israel* in Bürgers/Körber AktG § 88 Rn 5; *Fleischer* in Spindler/Stilz AktG § 88 Rn 17; *Mertens* in Kölner Komm AktG § 88 Rn 8; *Hefermehl/Spindler* in MünchKomm AktG § 88 Rn 11; *Fleischer* AG 2005, 336, 337, 342.

[468] BGH NJW 1997, 2055, 2056; *Hüffer* AktG § 88 Rn 3; *Bürgers/Israel* in Bürgers/Körber AktG § 88 Rn 6; *Fleischer* in Spindler/Stilz AktG § 88 Rn 20; *Hefermehl/Spindler* in MünchKomm AktG § 88 Rn 12; *Fleischer* AG 2005, 336, 342.

[469] *Hüffer* AktG § 88 Rn 3; *Bürgers/Israel* in Bürgers/Körber AktG § 88 Rn 6; *Fleischer* in Spindler/Stilz AktG § 88 Rn 20; *Hefermehl/Spindler* in MünchKomm AktG § 88 Rn 12; *Fleischer* AG 2005, 336, 342.

Treuepflicht nicht gestattet, so genannte Geschäftschancen (Corporate Opportunities) für sich oder Dritte wahrzunehmen[470]. Nach der aus dem US-amerikanischen Recht stammenden Corporate Opportunity Doctrine hat ein Vorstandsmitglied, das Kenntnis von einer in den Geschäftskreis der Gesellschaft fallenden Geschäftschance hat, diese nicht für sich selbst zu nutzen, auch wenn sie ihm persönlich angeboten worden ist[471]. Nur wenn das Vorstandsmitglied sich hinlänglich, aber erfolglos bemüht hat, dass die Gesellschaft selbst die Chance wahrnimmt, darf das Vorstandsmitglied sie selbst wahrnehmen[472]. Darüber hinaus kommt eine Befreiung von der Geschäftschancenbindung dann in Betracht, wenn der Aufsichtsrat dem Vorstand analog § 88 Abs. 1 S. 1 AktG für konkrete Geschäfte Befreiung erteilt[473]. Einwilligung bedeutet dabei die vorherige Zustimmung. Eine Genehmigung, also die nachträgliche Einwilligung des Aufsichtsrats, kommt nicht in Betracht, da der Aufsichtsrat gemäß § 93 Abs. 4 S. 2 AktG nicht über nach § 93 Abs. 2 AktG bereits entstandene Ersatzansprüche der Gesellschaft verfügen kann[474]. Erteilt der Aufsichtsrat pflichtwidrig die Einwilligung, so macht er sich selbst gegenüber der Gesellschaft gemäß §§ 116, 93 Abs. 2 AktG schadenersatzpflichtig[475].

Verstößt der Vorstand gegen das Wettbewerbsverbot des § 88 AktG bzw. die Geschäftchancenbindung, so macht er sich gemäß § 88 Abs. 2 AktG gegenüber der Gesellschaft schadenersatzpflichtig.

Das gesetzliche Wettbewerbsverbot des § 88 AktG gilt nur für amtierende Vorstandsmitglieder. Es beginnt mit der Bestellung zum Vorstandsmitglied[476] und endet nach allgemeiner Ansicht mit der Beendigung des Amtes. Für ausgeschiedene Vorstandsmitglieder gilt das Wettbewerbsverbot des § 88 AktG nicht[477]. Für die Zeit nach Ausscheiden kann den Vorstandsmitgliedern jedoch vertraglich ein Wettbewerbsverbot auferlegt werden, dass auch mit einer Vertragsstrafe bzw. einem Ein-

---

[470] *Wellhöfer* in Wellhöfer/Peltzer/Müller Haftung § 4 Rn 98; *Bürgers/Israel* in Bürgers/Körber AktG § 88 Rn 8; zur dogmatischen Einordnung vgl. *Fleischer* AG 2005, 336, 337 f.

[471] BGH WM 1977, 361, 362; *Wiesner* in MünchHdb AG § 25 Rn 9; *Wellhöfer* in Wellhöfer/Peltzer/Müller Haftung § 4 Rn 98; *Thümmel* Persönliche Haftung von Managern und Aufsichtsräten Rn 212 ff.

[472] BGH WM 1977, 361, 362; OLG Celle NZG 2002, 469, 470; *Hefermehl/Spindler* in MünchKomm AktG § 88 Rn 10.

[473] *Wellhöfer* in Wellhöfer/Peltzer/Müller Haftung § 4 Rn 97; *Bürgers/Israel* in Bürgers/Körber AktG § 88 Rn 9; *Fleischer* in Spindler/Stilz AktG § 88 Rn 26 f.; *Thümmel* Persönliche Haftung von Managern und Aufsichtsräten Rn 215.

[474] *Hüffer* AktG § 88 Rn 5; *Bürgers/Israel* in Bürgers/Körber AktG § 88 Rn 9; *Fleischer* in Spindler/Stilz AktG § 88 Rn 26; *Hefermehl/Spindler* in MünchKomm AktG § 88 Rn 25; *Mertens* in Kölner Komm AktG § 88 Rn 12.

[475] *Hefermehl/Spindler* in MünchKomm AktG § 88 Rn 25.

[476] *Fleischer* AG 2005, 336, 340 m.w.N.; *Bürgers/Israel* in Bürgers/Körber AktG § 88 Rn 3; *Fleischer* in Spindler/Stilz AktG § 88 Rn 8.

[477] *Hüffer* AktG § 88 Rn 2; *Bürgers/Israel* in Bürgers/Körber AktG § 88 Rn 3; *Fleischer* in Spindler/Stilz AktG § 88 Rn 7; zur Geltungsdauer vgl. auch *Fleischer* AG 2005, 336, 340 f.

trittsrecht der Gesellschaft gesichert werden kann[478]. Grenzen für ein nachvertragliches Wettbewerbsverbot mit Vorstandsmitgliedern ergeben sich aus § 1 GWB und § 138 BGB[479].

bb) Verstoß gegen die Verschwiegenheitspflicht

Ein weiterer gesetzlich besonders geregelter Fall der Treuepflicht ist die in § 93 Abs. 1 S. 3 AktG geregelte Verschwiegenheitspflicht. Danach haben Vorstandsmitglieder über vertrauliche Angaben und Geheimnisse der Gesellschaft, insbesondere Betriebs- und Geschäftsgeheimnisse, die ihnen durch ihre Tätigkeit im Vorstand bekannt geworden sind, Stillschweigen zu bewahren. Vertrauliche Angaben können alle Informationen sein, die Vorstandsmitglieder in dieser Eigenschaft erlangt haben. Nicht zwingend erforderlich ist, dass die Information durch ihre eigene Tätigkeit erlangt wurde. Sie kann auch von Dritten stammen oder durch Beratungen im Vorstand, durch Mitarbeiter oder in sonst vergleichbarer Weise zu ihrer Kenntnis gelangt sein[480]. Die Verschwiegenheitspflicht erstreckt sich auf alle Informationen, deren Bekanntwerden für die Gesellschaft nachteilig sein kann[481]. Geheimnisse der Gesellschaft auf der anderen Seite sind Tatsachen, die nur einem sehr begrenzten Personenkreis bekannt sind – also nicht allgemein offenkundig sind –, wenn sie nach dem bekundeten oder mutmaßlichen Willen der Gesellschaft geheim gehalten werden sollen, sofern an der Geheimhaltung ein berechtigtes wirtschaftliches Interesse besteht[482].

An die Verletzung der Verschwiegenheitspflicht knüpft das Gesetz unterschiedliche Folgen. Während die pflichtwidrige Kundgabe von vertraulichen Angaben die zivilrechtliche Schadenersatzpflicht gemäß § 93 Abs. 2 AktG nach sich zieht, ist die Offenbarung von Geheimnissen der Gesellschaft zudem gemäß § 404 AktG auch strafbar. Bei börsennotierten Aktiengesellschaften kommt auch eine Strafbarkeit nach § 38 Abs. 1 Nr. 2 WpHG in Betracht, sofern es sich bei der mitgeteilten Information um eine Insiderinformation i.S.v. § 13 Abs. 1 WpHG handelt[483].

---

[478] *Hüffer* AktG § 88 Rn 10; *Bürgers/Israel* in Bürgers/Körber AktG § 88 Rn 15 f.; *Fleischer* in Spindler/Stilz AktG § 88 Rn 42; *Mertens* in Kölner Komm AktG § 88 Rn 26.

[479] BGHZ 91, 1, 5; *Hüffer* AktG § 88 Rn 10; *Mertens* in Kölner Komm AktG § 88 Rn 26 f.

[480] *Hüffer* AktG § 93 Rn 7; *Wellhöfer* in Wellhöfer/Peltzer/Müller Haftung § 4 Rn 105; *Hopt* in Großkomm AktG § 93 Rn 195.

[481] *Hüffer* AktG § 93 Rn 7; *Fleischer* in Spindler/Stilz AktG § 93 Rn 154; *Wellhöfer* in Wellhöfer/Peltzer/Müller Haftung § 4 Rn 105; *Hopt* in Großkomm AktG § 93 AktG Rn 195.

[482] BGHZ 64, 325, 329; BGH NJW 1997, 1985, 1987; RGZ 149, 329, 333 f.; *Hüffer* AktG § 93 Rn 7; *Fleischer* in Spindler/Stilz AktG § 93 Rn 152; *Wellhöfer* in Wellhöfer/Peltzer/Müller Haftung § 4 Rn 105.

[483] *Spindler* in MünchKomm AktG § 93 Rn 98; *Fleischer* in Spindler/Stilz AktG § 93 Rn 160.

4. Besondere Pflichten im Konzern

a) *Einleitung*

In Konzernverhältnissen obliegen den Verwaltungsmitgliedern sowohl des herrschenden Unternehmens als auch der beherrschten Gesellschaft zusätzliche Pflichten. Die §§ 291 ff. AktG bzw. §§ 311 ff. AktG sehen hierfür besondere Regelungen bei Konzernverhältnissen mit und ohne Beherrschungsvertrag vor. Daneben ist zudem zwischen den Pflichten der Organmitglieder der beherrschten Gesellschaft und den Organmitgliedern des herrschenden Unternehmens zu unterscheiden.

aa) Der Vertragskonzern

Ein Vertragskonzern setzt einen Beherrschungsvertrag voraus[484]. Ein Beherrschungsvertrag ist gemäß der Legaldefinition in § 291 Abs. 1 AktG eine Vereinbarung, durch die die Leitung einer Gesellschaft einem anderen Unternehmen unterstellt wird. Der Beherrschungsvertrag unterscheidet sich von anderen Unternehmensverträgen dadurch, dass er in die Struktur des abhängigen Unternehmens eingreift, indem die Leitungskompetenzen des Vorstands der abhängigen Gesellschaft eingeschränkt werden. Besteht ein Beherrschungsvertrag, so wird gemäß § 18 Abs. 1 S. 2 AktG die Zusammenfassung beider Unternehmen unter einer einheitlichen Leitung unwiderlegbar vermutet.

Andere Unternehmensverträge sind der Gewinnabführungsvertrag (§ 291 Abs. 1 AktG), die Gewinngemeinschaft, der Teilgewinnabführungsvertrag und der Betriebspachtvertrag (§ 292 Abs. 1 AktG). Bei diesen Vertragstypen handelt es sich um Verträge mit ausschließlich schuldrechtlichem Charakter über den Austausch von Leistungen, die die Unternehmensorganisation und insbesondere die Leitungskompetenzen des Vorstands unberührt lassen[485]. Es ist nicht erforderlich, dass dem herrschenden Unternehmen eine umfassende Leitungsmacht eingeräumt wird. Auch Teilbeherrschungsverträge, die nur einen Teil der Leitungsfunktionen im Unternehmen erfassen, sind möglich[486].

bb) Abhängigkeits- und faktische Konzernverhältnisse

Außerhalb von Vertragskonzernen sind Abhängigkeits- und faktische Konzernverhältnisse in der Praxis von großer Bedeutung.

(1) Das einfache Abhängigkeitsverhältnis. Ein einfaches Abhängigkeitsverhältnis liegt gemäß § 17 Abs. 1 AktG vor, wenn ein Unternehmen auf ein anderes recht-

---

[484] *Hüffer* AktG § 18 Rn 2; *Altmeppen* in MünchKomm AktG Vor § 291 Rn 5; *Kuhlmann/Ahnis* Konzernrecht S. 259; *Tischendorf/Faust-Beyer* Der AG-Vorstand S. 125.

[485] *Altmeppen* in MünchKomm AktG Vor § 291 Rn 4; *K. Schmidt* ZGR 1984, 295, 304.

[486] *Hüffer* AktG § 291 Rn 15; *Veil* in Spindler/Stilz AktG § 291 Rn 24; *Krieger* in MünchHdb AG § 70 Rn 5; *Emmerich/Habersack* Konzernrecht S. 169.

lich selbständiges Unternehmen unmittelbar oder mittelbar einen beherrschenden Einfluss ausüben kann. Es ist also nicht Voraussetzung, dass tatsächlich Einfluss ausgeübt wird, vielmehr reicht die bloße Möglichkeit einer solchen Einflussnahme aus[487]. Im Falle des Bestehens einer Mehrheitsbeteiligung wird das Bestehen einer solchen beherrschenden Einflussnahmemöglichkeit gesetzlich vermutet (§ 17 Abs. 2 AktG).

(2) Das faktische Konzernverhältnis. Ein Konzern liegt gemäß § 18 AktG vor, wenn ein herrschendes und ein oder mehrere abhängige Unternehmen unter der einheitlichen Leitung des herrschenden Unternehmens zusammengefasst werden (so genannter Unterordnungskonzern, § 18 Abs. 1 S. 1 AktG) oder wenn rechtlich selbständige Unternehmen ohne Bestehen eines Abhängigkeitsverhältnisses unter einheitlicher Leitung zusammengefasst werden (so genannter Gleichordnungskonzern, § 18 Abs. 2 AktG). Maßgebliches Abgrenzungskriterium des Konzerns zum bloßen Abhängigkeitsverhältnis ist das Merkmal der einheitlichen Leitung. Dem Kriterium der „Zusammenfassung" der Konzernunternehmen kommt dagegen keine eigenständige Bedeutung zu[488].

Im Gegensatz zum einfachen Abhängigkeitsverhältnis setzt das faktische Konzernverhältnis eine tatsächliche Einflussnahme auf die abhängige Gesellschaft voraus. Diese wird jedoch ebenfalls gemäß § 18 AktG gesetzlich vermutet, wobei diese Vermutung, anders als bei Bestehen eines Beherrschungsvertrags, durch den Nachweis widerlegt werden kann, dass trotz des beherrschenden Einflusses keine einheitliche Leitung besteht[489].

b) Die Pflichten im Vertragskonzern

aa) Pflichten des Vorstands des herrschenden Unternehmens

(1) Gegenüber der „eigenen" Gesellschaft. Soweit es um Pflichten des Vorstands der herrschenden Gesellschaft geht, bestehen im Vertragskonzern keine spezialgesetzlichen Regelungen. Die Pflichten ergeben sich vielmehr aus den allgemeinen Bestimmungen[490]. So ist die allgemeine Sorgfaltspflicht der Vorstandsmitglieder aus §§ 76, 93 AktG nach herrschender Meinung konzernweit zu verstehen. Zur Leitungspflicht des Vorstands des herrschenden Unternehmens gegenüber seiner Ge-

---

[487] *Hüffer* AktG § 17 Rn 4; *Schall* in Spindler/Stilz AktG § 17 Rn 8; *Wellhöfer* in Wellhöfer/Peltzer/Müller Haftung § 4 Rn 356; *Fett* in Bürgers/Körber AktG § 17 Rn 3; *Kuhlmann/Ahnis* Konzernrecht S. 33.

[488] *Hüffer* AktG § 18 Rn 7; *Schall* in Spindler/Stilz AktG § 18 Rn 8; *Fett* in Bürgers/Körber AktG § 18 Rn 8.

[489] *Hüffer* AktG § 18 Rn 19; *Schall* in Spindler/Stilz AktG § 17 Rn 16; *Fett* in Bürgers/Körber AktG § 18 Rn 15; *Emmerich/Habersack* Konzernrecht S. 56; *Henze* Konzernrecht S. 55; *Krieger* in MünchHdb AG § 68 Rn 72.

[490] *S. H. Schneider/U. H. Schneider* AG 2005, 57, 58.

sellschaft gehört im Vertragskonzern daher auch die Pflicht zur Konzernleitung[491]. Zudem erstrecken sich die Loyalitätspflichten der Vorstandsmitglieder des herrschenden Unternehmens gegenüber diesem – insbesondere das Wettbewerbsverbot und die Verschwiegenheitspflicht – auch auf Konzernsachverhalte. So ist den Vorstandsmitgliedern des herrschenden Unternehmens trotz des insoweit unklaren Wortlauts von § 88 Abs. 1 AktG nach der vorherrschenden Ansicht in der Literatur auch im Geschäftszweig von Tochtergesellschaften eine Wettbewerbstätigkeit bzw. die Wahrnehmung von Geschäftschancen für eigene Rechnung verboten[492]. Entsprechendes gilt auch für die Verschwiegenheitspflicht[493]. Ihre Geltung ist unproblematisch, soweit es sich um Informationen handelt, die sowohl auf Seiten der herrschenden als auch der beherrschten Gesellschaft ein Geheimnis bzw. eine vertrauliche Angabe darstellen. Die Verschwiegenheitspflicht gilt darüber hinaus nach herrschender Meinung jedoch auch dann, wenn es sich bei der Information allein um ein Geheimnis oder eine vertrauliche Angabe der beherrschten Gesellschaft handelt[494].

(2) Gegenüber der beherrschten Gesellschaft. Den Vorstandsmitgliedern des herrschenden Unternehmens obliegt im Vertragskonzern auch gegenüber der beherrschten Gesellschaft eine Sorgfaltspflicht. Sie ergibt sich aus § 309 Abs. 1 AktG, der § 93 AktG weitgehend nachgebildet ist. Danach haben die Vorstandsmitglieder des herrschenden Unternehmens bei der Erteilung von Weisungen an die beherrschte Gesellschaft die Sorgfalt eines ordentlichen und gewissenhaften Geschäftsleiters anzuwenden. Die dem eigenen Unternehmen geschuldete Sorgfaltspflicht wird damit auf die Untergesellschaft erstreckt, soweit es um die Ausübung der Leitungsmacht durch Weisungen geht[495].

Verstößt der Vorstand des herrschenden Unternehmens gegen die ihm danach obliegende Sorgfalt, haftet er gemäß § 309 Abs. 2 AktG gegenüber der beherrschten Gesellschaft für den bei dieser eingetretenen Schaden. Dies ist nicht bereits deshalb der

---

[491] OLG Düsseldorf AG 1997, 231, 235; *Fleischer* in Spindler/Stilz AktG § 76 Rn 71; *Bürgers/Israel* in Bürgers/Körber AKtG § 76 Rn 24; *Wellhöfer* in Wellhöfer/Peltzer/Müller Haftung § 4 Rn 362; *Koppensteiner* in Kölner Komm AktG Vor § 291 Rn 71; *Mertens* in Kölner Komm AktG § 76 Rn 54 f.; *Hopt* in Großkomm AktG § 93 Rn 114; *Fleischer* DB 2005, 759, 760. Zum Umfang der Konzernleitungspflicht vgl. *S.H. Schneider/U.H. Schneider* AG 2005, 57, 58 f.; *Fleischer* DB 2005, 759, 760, 762 ff.

[492] *S.H. Schneider/U.H. Schneider* AG 2005, 57, 59; *Wellhöfer* in Wellhöfer/Peltzer/Müller Haftung § 4 Rn 362; *Fleischer* in Spindler/Stilz AktG § 88 Rn 23 f.; *Mertens* in Kölner Komm AktG § 88 Rn 9; a.A. OLG Frankfurt/Main AG 2000, 518, 519; vgl. zum Meinungsstand *Fleischer* AG 2005, 336, 343.

[493] *S.H. Schneider/U.H. Schneider* AG 2005, 57, 60; *Wellhöfer* in Wellhöfer/Peltzer/Müller Haftung § 4 Rn 362; *Hopt* in Großkomm AktG § 93 Rn 197.

[494] *S.H. Schneider/U.H. Schneider* AG 2005, 57, 60; *Hopt* in Großkomm AktG § 93 Rn 197.

[495] *Thümmel* Persönliche Haftung von Managern und Aufsichtsräten Rn 441; *S.H. Schneider/U.H. Schneider* AG 2005, 57, 61.

Fall, weil eine Weisung für die abhängige Gesellschaft nachteilig ist. Gemäß § 308 Abs. 1 S. 2 AktG sind ausdrücklich auch für die abhängige Gesellschaft nachteilige Weisungen zulässig und von ihr zu befolgen, wenn sie den Belangen des herrschenden Unternehmens oder den anderen konzernverbundenen Unternehmen dienen. Unzulässig sind nachteilige Weisungen, die nicht im Interesse des Konzerns liegen oder denen auf Seiten des Konzerns kein vergleichbarer Vorteil gegenübersteht[496].

Unzulässig sind zudem Weisungen, die gegen Gesetz oder die guten Sitten verstoßen, §§ 134, 138 BGB, wie beispielsweise eine Weisung des herrschenden Unternehmens, auf den Anspruch auf Verlustausgleich aus § 302 AktG zu verzichten. Eine weitere Grenze des Weisungsrechts stellt die Überlebensfähigkeit der abhängigen Gesellschaft dar. Dies ergibt sich aus den §§ 300 bis 307 AktG, die den Fortbestand der abhängigen Gesellschaft voraussetzen[497]. Ausgeschlossen sind somit existenzgefährdende Weisungen, wie beispielsweise der übermäßige Abzug von Liquidität. Eine derartige Maßnahme wäre mit der Sorgfalt eines ordentlichen und gewissenhaften Geschäftsleiters des herrschenden Unternehmens i. S. v. § 309 Abs. 1 AktG nicht zu vereinbaren.

bb) Pflichten des Vorstands der beherrschten Gesellschaft

Der Vorstand der beherrschten Gesellschaft unterliegt im Konzernverhältnis einem besonderen Interessenkonflikt. Gemäß §§ 93 Abs. 1 S. 1, 76 Abs. 1 AktG hat er zum einen die Interessen seiner Aktiengesellschaft wahrzunehmen. Zum anderen ist er gemäß § 308 Abs. 2 AktG verpflichtet, die Weisungen des herrschenden Unternehmens zu befolgen. Diese Pflicht entspricht spiegelbildlich dem Recht des Vorstands des herrschenden Unternehmens, dem Vorstand der beherrschten Gesellschaft Weisungen hinsichtlich ihrer Leitung zu erteilen. Da der Vorstand der beherrschten Gesellschaft jedoch nur rechtmäßige Weisungen zu befolgen hat, ist er verpflichtet, die Weisungen des herrschenden Unternehmens auf ihre Rechtmäßigkeit zu überprüfen, um sich nicht selbst wegen Verletzung der ihm obliegenden Sorgfaltspflichten haftbar zu machen[498]. Bei Rechtmäßigkeit der Weisungen scheidet eine Ersatzpflicht der Vorstandsmitglieder der beherrschten Gesellschaft für einen hierdurch eingetretenen Schaden aus[499]. Ein Ausschluss der Haftung des Vor-

---

[496] *Hüffer* AktG § 308 Rn 15; *Fett* in Bürgers/Körber AktG § 308 Rn 21; *Wellhöfer* in Wellhöfer/Peltzer/Müller Haftung § 4 Rn 386; *Emmerich* in Emmerich/Habersack Aktien- und GmbH-Konzernrecht § 308 Rn 50.

[497] OLG Düsseldorf AG 1190, 490, 492; *Peres* in Heidel AktG § 308 Rn 17; *Wellhöfer* in Wellhöfer/Peltzer/Müller Haftung § 4 Rn 386; *Fett* in Bürgers/Körber AktG § 308 Rn 24; *Hüffer* AktG § 308 Rn 19; *Emmerich/Habersack* Konzernrecht S. 349 f.; a. A. *Veil* in Spindler/Stilz AktG § 308 Rn 31.

[498] *Hüffer* AktG § 310 Rn 3; *Peres* in Heidel AktG § 308 Rn 31; *Wellhöfer* in Wellhöfer/Peltzer/Müller Haftung § 4 Rn 391; *Veil* in Spindler/Stilz AktG § 308 Rn 33; *Fett* in Bürgers/Körber AktG § 308 Rn 26; *Plück/Lattwein* Haftungsrisiken für Manager S. 58.

[499] *Hüffer* AktG § 310 Rn 6; *Veil* in Spindler/Stilz AktG § 310 Rn 3.

stands der beherrschten Gesellschaft durch Billigung seines Handelns durch den Aufsichtsrat der Gesellschaft kommt gemäß § 310 Abs. 2 AktG ausdrücklich nicht in Betracht. Die Billigung eines pflichtwidrigen Vorstandshandelns würde vielmehr eine eigene Pflichtverletzung des Aufsichtsrats darstellen[500]. Die Haftung des Vorstands gemäß § 310 AktG steht grundsätzlich konkurrierend neben der Haftung aus § 93 AktG. § 310 AktG kommt daher eine eigenständige Bedeutung im Wesentlichen durch die Normierung der Gesamtschuldnerschaft der Organmitglieder der herrschenden und der beherrschten Gesellschaft zu[501].

c) *Bei faktischer Abhängigkeit*

aa) *Pflichtverletzung des Vorstands des herrschenden Unternehmens*

Besteht zwischen dem herrschenden Unternehmen und der abhängigen Gesellschaft ein Abhängigkeitsverhältnis i.S.v. §§ 17, 18 AktG, ohne dass ein Beherrschungsvertrag abgeschlossen wurde, spricht man von einem faktischen Konzern.

Ob bei einem faktischen Konzernverhältnis eine Konzernleitungsmacht bzw. sogar eine Konzernleitungspflicht des Vorstands des herrschenden Unternehmens gegenüber der abhängigen Gesellschaft besteht, ist umstritten. Die herrschende Meinung lehnt dies zu Recht unter Hinweis darauf ab, dass durch das faktische Konzernverhältnis die Kompetenzverteilung nach § 76 AktG in der beherrschten Gesellschaft gerade nicht verändert wird, der Vorstand der abhängigen Gesellschaft die Geschäfte der Gesellschaft also weiterhin in eigener Verantwortung führt[502]. Gegenüber der abhängigen Gesellschaft obliegt dem herrschenden Unternehmen die Pflicht, diese nur dann zu einem für sie nachteiligen Rechtsgeschäft zu veranlassen, wenn es dafür einen Ausgleich gewährt (§ 311 Abs. 1 AktG).

(1) Begriff des Nachteils. Unter einem Nachteil im Sinne des § 311 AktG ist jede Minderung oder konkrete Gefährdung der Vermögens- oder Ertragslage der Gesellschaft zu verstehen, soweit sie auf die Abhängigkeit zurückzuführen ist[503]. Der

---

[500] *Hüffer* AktG § 310 Rn 5; *Fett* in Bürgers/Körber AktG § 310 Rn 5; *Veil* in Spindler/Stilz AktG § 310 Rn 4; *Altmeppen* in MünchKomm AktG § 310 Rn 15; *Koppensteiner* in Kölner Komm AktG § 310 Rn 7.

[501] *Hüffer* AktG § 310 Rn 1; *Peres* in Heidel AktG § 310 Rn 1; *Wellhöfer* in Wellhöfer/Peltzer/Müller Haftung § 4 Rn 410; *Veil* in Spindler/Stilz AktG § 310 Rn 1; *Fett* in Bürgers/Körber AktG § 310 Rn 1; *S.H. Schneider/U.H. Schneider* AG 2005, 57, 63.

[502] *Hüffer* AktG § 311 Rn 8, 48; *Wellhöfer* in Wellhöfer/Peltzer/Müller Haftung § 4 Rn 411; *H.-F. Müller* in Spindler/Stilz AktG Vor §§ 311–318 Rn 6; *Kropff* in MünchKomm AktG § 311 Rn 281; *Krieger* in MünchHdb AG § 69 Rn 24; *Koppensteiner* in Kölner Komm Vor § 311 AktG Rn 6; *Fleischer* DB 2005, 759, 761 f.; a.A. *Hommelhoff* Die Konzernleitungspflicht S. 109 ff.; *U.H. Schneider* BB 1981, 249.

[503] BGHZ 141, 79, 84; *Hüffer* AktG § 311 Rn 25; *Fett* in Bürgers/Körber AktG § 311 Rn 23; *H.-F. Müller* in Spindler/Stilz AktG § 311 Rn 27; *Habersack* in Emmerich/Habersack Aktien- und GmbH-Konzernrecht § 311 Rn 39; *Kropff* in MünchKomm AktG § 311 Rn 138; *Krieger* in MünchHdb AG § 69 Rn 65.

Nachteil muss seine Ursache in der Abhängigkeit der Gesellschaft haben. Demnach fehlt es an einem Nachteil, wenn ein ordentlicher und gewissenhafter Geschäftsleiter einer unabhängigen Gesellschaft sich ebenso verhalten hätte wie der Vorstand der abhängigen Gesellschaft[504].

Der nachteilige Charakter einer Maßnahme entfällt nicht dadurch, dass der Nachteil nicht bewertet oder beziffert werden kann, also nicht quantifizierbar ist[505]. Nachteiligen Charakter können daher auch Maßnahmen haben, die nicht unmittelbar eine Verminderung des Gesellschaftsvermögens zur Folge haben. Zu denken ist insbesondere an Maßnahmen der Personalpolitik, organisatorische Maßnahmen wie etwa die Übertragung der gesamten EDV auf ein verbundenes Unternehmen, Maßnahmen der Bilanzierung, Eingriffe in die Organisationsstruktur, ein Liquiditätsausgleich durch zentrales Cash-Management sowie allgemein die Erteilung von Informationen[506]. Nicht quantifizierbare Nachteile sind allerdings im Allgemeinen einem Ausgleich nach § 311 Abs. 2 AktG nicht zugänglich und machen deshalb die Einflussnahme der herrschenden Gesellschaft rechtswidrig[507].

(2) Möglichkeit zum Ausgleich des Nachteils. Eine nachteilige Einflussnahme durch das herrschende Unternehmen ist gerechtfertigt, wenn die Nachteile durch Gewährung gleichwertiger Vorteile ausgeglichen und damit die Vermögensinteressen der abhängigen Gesellschaft gewahrt werden. Das herrschende Unternehmen ist verpflichtet, die Nachteile innerhalb des Geschäftsjahres auszugleichen[508]. Vor Durchführung der nachteiligen Maßnahme hat der Vorstand der abhängigen Gesellschaft das herrschende Unternehmen auf den drohenden Nachteil hinzuweisen und sich die Bereitschaft zum Nachteilsausgleich erklären zu lassen[509].

---

[504] *Hüffer* AktG § 311 AktG Rn 27; *Fett* in Bürgers/Körber AktG § 311 Rn 23; *H.-F. Müller* in Spindler/Stilz AktG § 311 Rn 28; *Habersack* in Emmerich/Habersack Aktien- und GmbH-Konzernrecht § 311 Rn 40; *Kropff* in MünchKomm AktG § 311 Rn 140; *Krieger* in MünchHdb AG § 69 Rn 65.

[505] BGHZ 141, 79, 84; *Hüffer* AktG § 311 Rn 25; *Habersack* in Emmerich/Habersack Aktien- und GmbH-Konzernrecht § 311 Rn 43; *Kropff* in MünchKomm AktG § 311 Rn 138; *Krieger* in MünchHdb AG § 69 Rn 70.

[506] *Habersack* in Emmerich/Habersack Aktien- und GmbH-Konzernrecht § 311 Rn 51 f.; *Fett* in Bürgers/Körber AktG § 311 Rn 41; *Walchner* in Heidel AktG § 311 Rn 37.

[507] *Hüffer* AktG § 311 Rn 25; *H.-F. Müller* in Spindler/Stilz AktG § 311 Rn 40; *Habersack* in Emmerich/Habersack Aktien- und GmbH-Konzernrecht § 311 Rn 43; *Krieger* in MünchHdb AG § 69 Rn 70.

[508] *Habersack* in Emmerich/Habersack Aktien- und GmbH-Konzernrecht § 311 Rn 59; *H.-F. Müller* in Spindler/Stilz AktG § 311 Rn 54; *Fett* in Bürgers/Körber AktG § 311 Rn 47; *Kropff* in MünchKomm AktG § 311 Rn 256.

[509] *Fett* in Bürgers/Körber AktG § 311 Rn 60; *H.-F. Müller* in Spindler/Stilz AktG § 311 Rn 62; *Habersack* in Emmerich/Habersack Aktien- und GmbH-Konzernrecht § 311 Rn 78; *Kropff* in MünchKomm AktG § 311 Rn 336; *Altmeppen* Die Haftung des Managers im Konzern S. 69.

(3) Rechtsfolgen nachteiliger Veranlassungen. Erfolgt eine nachteilige Veranlassung i. S. v. § 311 Abs. 1 AktG, ohne dass der Nachteil nach § 311 Abs. 2 AktG ausgeglichen wird, ist das herrschende Unternehmen zum Ersatz des daraus entstehenden Schadens verpflichtet (§ 317 Abs. 1 AktG). Es handelt sich in erster Linie um einen Schadenersatzanspruch der Gesellschaft. Entsteht den Aktionären jedoch ein unmittelbarer eigener Schaden, der über die Vermögensnachteile hinausgeht, die ihnen mittelbar als Reflex durch die Schädigung der Gesellschaft entstehen, wird durch § 317 Abs. 1 S. 2 AktG auch ein eigener Ersatzanspruch der Aktionäre begründet[510]. Gesamtschuldnerisch neben dem herrschenden Unternehmen selbst haften auch dessen gesetzliche Vertreter, die die Gesellschaft zu dem Rechtsgeschäft oder der Maßnahme veranlasst haben (§ 317 Abs. 3 AktG)[511]. Die Haftung des Vorstands des beherrschten Unternehmens nach § 93 AktG wegen Befolgung nicht zulässiger Weisungen bleibt hiervon unberührt[512].

bb) Pflichtverletzung des Vorstands der beherrschten Gesellschaft

(1) Haftung wegen der Befolgung nachteiliger Weisungen. Einem besonderen Haftungsrisiko unterliegt der Vorstand der beherrschten Gesellschaft. Anders als beim Vertragskonzern wird der Umfang seiner Leitungsverantwortung gemäß § 76 Abs. 1 AktG durch das Bestehen eines faktischen Konzernverhältnisses nicht eingeschränkt[513]. Auch ist er nicht an Weisungen des herrschenden Unternehmens gebunden. Die Leitungsverantwortung hat der Vorstand ausschließlich im Hinblick auf das Unternehmensinteresse der eigenen Gesellschaft wahrzunehmen[514]. Bevor der Vorstand einer Weisung des herrschenden Unternehmens folgen kann, hat er daher zu prüfen, ob die veranlasste Maßnahme aktienrechtlich zulässig ist[515]. Verstößt der Vorstand hiergegen, kann er sich nach § 93 AktG schadenersatzpflichtig

---

[510] *Hüffer* AktG § 317 Rn 8; *H.-F. Müller* in Spindler/Stilz AktG § 317 Rn 6; *Fett* in Bürgers/Körber AktG § 317 Rn 18; *Krieger* in MünchHdb AG § 69 Rn 107; *Kropff* in MünchKomm AktG § 317 Rn 78 f.; *Emmerich/Habersack* Konzernrecht S. 402; *Kuhlmann/Ahnis* Konzernrecht S. 94 f.

[511] *Plück/Lattwein* Haftungsrisiken für Manager S. 58; *H.-F. Müller* in Spindler/Stilz AktG § 317 Rn 15; *Fett* in Bürgers/Körber AktG § 317 Rn 15; *Thümmel* Persönliche Haftung von Managern und Aufsichtsräten Rn 443; *S. H. Schneider/U. H. Schneider* AG 2005, 57, 61.

[512] *Kropff* in MünchKomm AktG § 318 Rn 24; *H.-F. Müller* in Spindler/Stilz AktG § 318 Rn 13; *Fett* in Bürgers/Körber AktG § 318 Rn 10; *Habersack* in Emmerich/Habersack Aktien- und GmbH-Konzernrecht § 317 Rn 33 f.; *Krieger* in MünchHdb AG § 69 Rn 112.

[513] *Hüffer* AktG § 311 Rn 48; *Bürgers/Israel* in Bürgers/Körber AktG § 76 Rn 27; *H.-F. Müller* in Spindler/Stilz AktG Vor §§ 311–318 Rn 6; *Habersack* in Emmerich/Habersack Aktien- und GmbH-Konzernrecht § 311 Rn 10; *Krieger* in MünchHdb AG § 69 Rn 24; *Löbbe* Unternehmenskontrolle im Konzern S. 346; *Richter* in Semler/Peltzer ArbHdb für Vorstandsmitglieder § 4 Rn 40.

[514] *Hüffer* AktG § 76 Rn 10 ff.; *Löbbe* Unternehmenskontrolle im Konzern S. 346.

[515] *Krieger* in MünchHdb AG § 69 Rn 24; *Fett* in Bürgers/Körber AktG § 311 Rn 60; *H.-F. Müller* in Spindler/Stilz AktG § 311 Rn 62; *Habersack* in Emmerich/Habersack Aktien- und GmbH-Konzernrecht § 311 Rn 78.

machen. Der Vorstand kann sich daher auch nicht generell verpflichten, Weisungen des herrschenden Unternehmens Folge zu leisten, sondern hat im Einzelfall zu prüfen, ob die jeweilige Weisung aktienrechtlich zulässig ist[516]. Hierbei hat der Vorstand der beherrschten Gesellschaft insbesondere zu prüfen, ob die Weisung den Interessen der beherrschten Gesellschaft widerspricht und für diese einen Nachteil darstellt[517]. Ist die Weisung mit Nachteilen für die abhängige Gesellschaft verbunden, hat der Vorstand der abhängigen Gesellschaft weiter zu prüfen, ob dieser Nachteil ausgleichsfähig ist und ob das herrschende Unternehmen bereit ist, den Nachteil auszugleichen. Nicht jede nachteilige Weisung durch das herrschende Unternehmen ist unzulässig. Aktienrechtlich problematisch ist eine nachteilige Weisung nur dann, wenn der der beherrschten Gesellschaft entstehende Nachteil nicht nach Maßgabe des § 311 AktG ausgeglichen wird[518]. Unter den Voraussetzungen des § 311 AktG darf der Vorstand der abhängigen Gesellschaft daher auch Weisungen des beherrschenden Unternehmens folgen, die mit Nachteilen für das beherrschte Unternehmen verbunden sind. Ist das herrschende Unternehmen jedoch nicht zum Ausgleich des Nachteils bereit oder in der Lage oder entstehen durch die Einflussnahme Nachteile, die nicht ausgeglichen werden können, ist der Vorstand des beherrschten Unternehmens verpflichtet, den Anordnungen oder Weisungen des herrschenden Unternehmens zu widersprechen und darf den Weisungen nicht nachkommen[519].

(2) Haftung wegen unterlassener Aufnahme nachteiliger Maßnahmen des Vorstands in den Abhängigkeitsbericht. Der Vorstand der abhängigen Gesellschaft hat in den ersten drei Monaten des Geschäftsjahres einen Bericht über die Beziehungen der Gesellschaft zu verbundenen Unternehmen aufzustellen (§ 312 Abs. 1 AktG). In diesem Bericht sind alle Rechtsgeschäfte aufzuführen, die die Gesellschaft im abgelaufenen Geschäftsjahr mit dem herrschenden Unternehmen (oder einem mit ihm verbundenen Unternehmen) oder auf Veranlassen oder im Interesse dieser Unternehmen vorgenommen hat, und alle anderen Maßnahmen, die sie auf Veranlassen oder im Interesse dieser Unternehmen getroffen oder unterlassen hat. Bei den Rechtsgeschäften sind Leistungen und Gegenleistungen, bei den Maßnahmen die Gründe der Maßnahmen und deren Vor- und Nachteile für die Gesellschaft anzu-

---

516 *H.-F. Müller* in Spindler/Stilz AktG § 311 Rn 62; *Löbbe* Unternehmenskontrolle im Konzern S. 347.

517 *Krieger* in MünchHdb AG § 69 Rn 24; *Fett* in Bürgers/Körber AktG § 311 Rn 60; *H.-F. Müller* in Spindler/Stilz AktG § 311 Rn 62; *Habersack* in Emmerich/Habersack Aktien- und GmbH-Konzernrecht § 311 Rn 78; *Löbbe* Unternehmenskontrolle im Konzern S. 347; *Emmerich/Habersack* Konzernrecht S. 385.

518 *Krieger* in MünchHdb AG § 69 Rn 24; *H.-F. Müller* in Spindler/Stilz AktG § 311 Rn 48; *Habersack* in Emmerich/Habersack Aktien- und GmbH-Konzernrecht § 311 Rn 78.

519 *Fett* in Bürgers/Körber AktG § 311 Rn 60; *Habersack* in Emmerich/Habersack Aktien- und GmbH-Konzernrecht § 311 Rn 78; *Krieger* in MünchHdb AG § 69 Rn 24; *Altmeppen* Die Haftung des Managers im Konzern S. 69; *Löbbe* Unternehmenskontrolle im Konzern S. 349.

geben. Bei einem Ausgleich von Nachteilen ist im Detail anzugeben, wie der Ausgleich während des Geschäftsjahres tatsächlich erfolgt ist, oder auf welche Vorteile der Gesellschaft ein Rechtsanspruch gewährt worden ist. Zum Abschluss des Berichts hat der Vorstand zu erklären, ob die Gesellschaft bei jedem Rechtsgeschäft eine angemessene Gegenleistung erhielt und dadurch, das die Maßnahme getroffen oder unterlassen wurde, nicht benachteiligt wurde bzw. im Fall der Benachteiligung, ob die Nachteile ausgeglichen worden sind (§ 312 Abs. 3 AktG). Verstoßen die Vorstandsmitglieder der herrschenden Gesellschaft gegen diese Verpflichtungen, so haften sie für den hierdurch eingetretenen Schaden gemäß § 318 Abs. 1 AktG persönlich.

5. Besondere Haftungsrisiken beim Cash-Pooling

a) Einleitung

Unter Cash-Pooling versteht man ein in der Regel konzernweites Finanzmanagementsystem, bei dem die liquiden Mittel im Umlaufvermögen aller an diesem Cash-Management-System beteiligten Unternehmen zusammengeführt und in der Regel auf einem gemeinsamen so genannten Zielkonto bei der Konzernmutter (oder einer eigens für diesen Zweck bestehenden Cash-Pool-Trägergesellschaft) verwaltet werden[520]. Beim physischen Cash-Pooling werden täglich die Salden der laufenden Bankkonten der Konzerntöchter durch das Zielkonto der Konzernmutter ausgeglichen und auf Null gestellt. Die Konten der Tochtergesellschaften, die einen Soll-Saldo aufweisen, erhalten einen positiven Übertrag von dem Zentralkonto, Konten, die einen Haben-Saldo aufweisen, übertragen hingegen ihren positiven Saldo auf das Zielkonto der Muttergesellschaft (auch „Zero-Balancing-Verfahren" genannt)[521].

Die Vorteile eines solchen Cash-Management-Systems sind einerseits die Ausnutzung der im Konzernverbund vorhandenen liquiden Mittel. Negative Salden einzelner Konzernunternehmen werden durch positive Salden anderer Konzernunterneh-

---

[520] *Hüffer* AktG § 311 Rn 48; *Westermann* in Bürgers/Körber AktG § 57 Rn 19; *Oho* in Kessler/Kröner/Köhler Konzernsteuerrecht § 10 Rn 103; *Theusinger* NZG 2009, 1017; neben dem hier beschriebenen physischen Cash-Pooling kommt auch die Einrichtung eines sogenannten virtuellen Cash-Poolings (so genanntes Notional Cash-Pooling) in Betracht, bei dem die Konten der Konzerngesellschaften allein rechnerisch von der kontoführenden Bank wie ein Konto behandelt werden, um auf den Gesamtsaldo die Haben- oder Soll-Zinsen zu bilden, vgl. *Morsch* NZG 2003, 97, 98; *Oho* in Kessler/Kröner/Köhler Konzernsteuerrecht § 10 Rn 135.

[521] *Korts* Cash-Pooling S. 3; *Oho* in Kessler/Kröner/Köhler Konzernsteuerrecht § 10 Rn 103; *Eilers/Ottermann* in Lüdike/Sistermann Unternehmenssteuerrecht § 8 Rn 33; *Theusinger* NZG 2009, 1017; *Schmelz* NZG 2006, 456; *Primozic* NZI 2005, 358, 362; *Sieger/Wirtz* ZIP 2005, 2277; *Seidel* DStR 2004, 1130, 1132; *Morsch* NZG 2003, 97 f.

men ausgeglichen. Die Aufnahme von Fremdkapital ist daher in der Regel nur dann erforderlich, wenn im Gesamtkonzern Liquiditätsbedarf besteht. Andererseits können hierdurch Zinsaufwendungen bei den Tochtergesellschaften vermieden werden und darüber hinaus für einen positiven Gesamtsaldo des Konzern-Zentralkontos Guthabenzinsen bezogen werden. Schließlich wird auch die Konzernmutter durch die Bündelung des konzernweiten Liquiditätsbedarfs bessere Kreditbedingungen erhalten als die einzelnen Konzernunternehmen.

Rechtlich stellt der Übertrag der liquiden Mittel durch die Konzerntöchter auf das Zielkonto die Gewährung eines Darlehens an die Muttergesellschaft dar. Erhalten die Konzerntöchter Mittel vom Zielkonto, so erfüllt die Muttergesellschaft ihre gegenüber den Tochtergesellschaften bestehende Darlehensrückgewährverpflichtung. Übersteigen die von der Tochtergesellschaft in Anspruch genommenen Mittel die zuvor eingebrachten Mittel, so gewährt die Muttergesellschaft der Tochter insoweit ebenfalls ein Darlehen[522].

Im Rahmen eines solchen Cash Poolings entstehen eine Reihe gesellschaftsrechtlicher Schwierigkeiten insbesondere in Zusammenhang mit der Kapitalaufbringung und der Kapitalerhaltung. Eine mögliche Haftung der Vorstandsmitglieder der beteiligten Gesellschaften kann sich insbesondere aus einem Verstoß gegen die Einlagepflicht oder aufgrund einer Einlagenrückgewähr und der einhergehenden Pflichtverletzung nach § 93 Abs. 3 Nr. 1 und 2 AktG ergeben.

b) Kapitalaufbringung

Probleme bei der Kapitalaufbringung entstehen insbesondere dann, wenn bei einer in ein physisches Cash-Pooling-System eingebundenen Tochtergesellschaft eine Kapitalerhöhung stattfinden und die neu entstandenen Anteile von der Konzernmutter übernommen werden sollen. Die Guthaben auf den Konten der in den Cash-Pool einbezogenen Tochtergesellschaften werden täglich auf das Zielkonto übertragen. Somit schließen die Konten der Tochtergesellschaften täglich mit einem Saldo von Null. Der Saldo des Zielkontos verändert sich je nach Größe des Übertrags von den Konten der Tochtergesellschaften. Ein positiver Saldo stellt ein Darlehen durch die Tochtergesellschaft dar, bei einem negativen Saldo erhält dagegen die Tochtergesellschaft ein Darlehen.

Bei einer Kapitalerhöhung fließt die von der Muttergesellschaft zur Übernahme der neuen Aktien auf das Konto der Tochtergesellschaft überwiesene Einlage somit am Ende des selben Tages an das Zielkonto des Cash-Pools und damit an die Muttergesellschaft zurück. In diesem Fall kann der Vorstand der Tochtergesellschaft nicht

---

[522] *Habersack* in Emmerich/Habersack Aktien- und GmbH-Konzernrecht § 311 Rn 47 Fn 136; *Klinck/Gärtner* NZI 2008, 457, 458; *Sieger/Wirtz* ZIP 2005, 2277; *Grothaus/Halberkamp* GmbHR 2005, 1317, 1318; *Morsch* NZG 2003, 97, 98; *Cahn* ZHR 166 (2002), 278, 280.

über die Einlage i. S. v. § 37 Abs. 1 S. 2 AktG, der im Rahmen der Kapitalerhöhung entsprechend anzuwenden ist, endgültig frei verfügen[523].

Die Leistung der Muttergeselschaft stellt eine verdeckte Sacheinlage dar, wenn der Saldo auf dem Zielkonto zu Lasten der Muttergesellschaft negativ ausfällt[524]. Statt des geschuldeten Geldbetrags wird tatsächlich nur ein Sachwert eingebracht, indem die Muttergesellschaft von ihrer Rückzahlungspflicht in Höhe des negativen Saldos befreit wird[525]. Dies befreit sie nicht von ihrer Einlagepflicht. Jedoch muss die versprochene Bareinlage aufgrund des als schuldrechtlich und dinglich wirksam angesehenen Vertrags nicht nochmals vollumfänglich erbracht werden. Vielmehr wird der geleistete Vermögensgegenstand auf die fortbestehende Geldeinlagepflicht angerechnet (§ 27 Abs. 3 S. 3 AktG)[526].

Ein Fall des Hin- und Herzahlens liegt vor, wenn der Saldo auf dem Zielkonto für die Muttergesellschaft einen positiven Saldo ausweist, der Tochtergesellschaft also ein Darlehen gewährt wird. Die Leistung der Muttergesellschaft an die Tochtergesellschaft fließt abends wieder zurück auf das Zielkonto, steht daher nicht zur freien Verfügung des Vorstands und die Einlageverpflichtung des Inferenten wird nicht erfüllt[527]. Im Gegensatz zu der verdeckten Sacheinlage wird die erbrachte Leistung nicht auf die fortbestehende Geldeinlagepflicht angerechnet[528]. Jedoch kann die Gesellschaft gemäß dem neu gefassten § 27 Abs. 4 AktG von ihrer Einlagepflicht befreit werden, *„wenn die Leistung durch einen vollwertigen Rückgewähranspruch gedeckt ist, der jederzeit fällig ist oder durch fristlose Kündigung durch die Gesellschaft fällig werden kann"*[529]. Hierfür muss die Leistung wirtschaftlich einer Rückzahlung der Einlage entsprechen, die nicht als verdeckte Sacheinlage zu beurteilen ist (§ 27 Abs. 4 S. 1 AktG).

Diese Problematik lässt sich vermeiden, indem die Einlage auf ein separates Konto der Tochtergesellschaft überwiesen wird, das unabhängig von dem Cash-Pool bei einem anderen Kreditinstitut geführt wird[530]. Die Mittel stehen hierdurch der Tochtergesellschaft für operative Zwecke zur Verfügung, ohne jedoch in den „gefährli-

---

[523] *Wellhöfer* in Wellhöfer/Peltzer/Müller Haftung § 4 Rn 313; *Bormann/Urlichs* DStR 2009, 641, 642; *Schmelz* NZG 2006, 456, 457; (zur GmbH) *Sieger/Wirtz* ZIP 2005, 2277, 2278; *Morsch* NZG 2003, 97, 98 f.

[524] BGH NZG 2009, 944, 945; *Theusinger* NZG 2009, 1017; *Altmeppen* ZIP 2009, 1545, 1546.

[525] BGH NZG 2009, 944, 945; *Theusinger* NZG 2009, 1017; *Altmeppen* ZIP 2009, 1545, 1546.

[526] BGH NZG 2009, 944, 945.

[527] BGH NZG 2009, 944, 945; *Theusinger* NZG 2009, 1017; *Altmeppen* ZIP 2009, 1545, 1546.

[528] *Altmeppen* ZIP 2009, 1545, 1547.

[529] BGH NZG 2009, 944, 945; *Theusinger* NZG 2009, 1017, 1018; *Altmeppen* ZIP 2009, 1545, 1548.

[530] Ziemons in Ziemons/Jäger GmbHG § 19 Rn 257; *Bormann/Urlichs* DStR 2009, 641, 645; *Theusinger* NZG 2009, 1017, 1018; *Hentzen* DStR 2006, 948, 956.

chen“ Rückfluss des Cash-Poolings zu fallen[531]. Da die Mittel in diesem Fall jedoch nicht dem Cash-Pool zugute kommen, leidet seine Effizienz unter einer solchen Ausgestaltung.

c) Kapitalerhaltung

Im Rahmen des Cash-Poolings sind die Kapitalerhaltungsvorschriften des § 57 Abs. 1 AktG zu beachten. Danach ist jede Leistung der Aktiengesellschaft, die wegen der Mitgliedschaft ihrer Aktionäre erbracht wird, verboten, wenn sie nicht aus dem Bilanzgewinn erfolgt oder ausnahmsweise gesetzlich zugelassen ist[532]. Hierunter fallen im Rahmen des Cash-Poolings die von der Aktiengesellschaft an die Konzernmutter, und damit ihre Aktionärin, gewährten Darlehen. Nach § 57 Abs. 1 S. 3 AktG verstoßen Zahlungen an Aktionäre jedoch dann nicht gegen das Verbot der Einlagenrückgewähr, wenn diese Zahlungen *„durch einen vollwertigen Gegenleistungs- oder Rückgewähranspruch gegen den Aktionär gedeckt sind“*.

Für die Bestimmung der Vollwertigkeit der Gegenleistung oder des Rückgewähranspruches ist die bilanzielle Betrachtungsweise heranzuziehen. Für die Zulässigkeit einer Zahlung im Rahmen des Cash-Poolings reicht es demnach aus, wenn bilanziell ein reiner Aktivtausch, Geld gegen Forderung, gegeben ist. Auch wenn § 57 Abs. 1 S. 3 AktG einen Drittvergleich nicht voraussetzt, muss nach Literatur und Rechtsprechung das Cash-Pooling gleichwohl einem Drittvergleich standhalten[533]. Die Verwaltungsorgane der anhängigen Gesellschaft sind verpflichtet, die wirtschaftliche Lage der Muttergeselschaft fortlaufend zu überwachen und bei einer Bonitätsverschlechterung ggf. das Darlehen zu kündigen bzw. ausreichend Sicherheiten anzufordern[534]. Hierfür kann die Einrichtung eines Überwachungs- und Frühwarnsystems erforderlich sein[535].

Wird bzw. kann das Darlehen an die Muttergesellschaft nicht zurückerstattet werden, so haftet der Vorstand persönlich. Ein nachträgliches Auszahlungsverbot ist nicht gegeben (analog § 31 Abs. 1 GmbHG)[536]. Durch die Neuregelung wurde die Anforderung an das Cash-Pooling vereinfacht, das zusätzliche Haftungsrisiko trägt aber der Vorstand[537].

---

[531] *Theusinger* NZG 2009, 1017, 1018; *Morsch* NZG 2003, 97, 100.

[532] BGHZ 90, 381, 386; RGZ 77, 11, 13; RGZ 107, 161, 168; RGZ 149, 385, 400; OLG Frankfurt/Main AG 1996, 324, 325; OLG Hamburg AG 1980, 275, 278; KG NZG 1999, 161; OLG Koblenz AG 1977, 231; *Hüffer* AktG § 57 Rn 2; *Westermann* in Bürgers/Körber AktG § 57 Rn 5; *Cahn/Senger* in Spindler/Stilz AktG § 57 Rn 14; *Thümmel* Persönliche Haftung von Managern und Aufsichtsräten Rn 107; *Lutter* in Kölner Komm AktG § 57 Rn 5; *Grothaus/Halberkamp* GmbHR 2005, 1317, 1318.

[533] BGH NJW 2009, 850, 851; *Eusani* GmbHR 2009, 795, 800; *Mülbert/Leuschner* NZG 2009, 281, 282.

[534] BGH NJW 2009, 850, 852; *Fleischer* NJW 2009, 2337, 2341.

[535] *Fleischer* NJW 2009, 2337, 2341.

[536] *Wellhöfer* in Wellhöfer/Peltzer/Müller Haftung § 11 Rn 155.

[537] *Fleischer* NJW 2009, 2337, 2341.

d) Darlehensrückzahlung

Entgegen früherem Recht werden aufgrund der Änderungen des MoMiG Aktionärsdarlehen nicht mehr statuarischem Kapital gleichgestellt und unterliegen demzufolge auch nicht der Rückzahlungssperre des § 57 Abs. 1 S. 1 AktG; sie sind nicht mehr „kapitalersetzend". Außerhalb einer Insolvenz kann eine Gesellschaft ein ihr von einem Aktionär gewährtes Darlehen demnach an diesen zurückzahlen (§ 57 Abs. 1 S. 4 AktG). Wird jedoch über die Gesellschaft das Insolvenzverfahren eröffnet, so kann der Insolvenzverwalter die Rückzahlung anfechten, wenn sie im letzten Jahr seit dem Insolvenzantrag oder danach erfolgte; der Aktionär ist verpflichtet, den zurückgezahlten Betrag zur Masse zurückzugewähren (§§ 135 Abs. 1 Nr. 1, 143 Abs. 1 S. 1 InsO)[538]. Erfolgte in den letzen zehn Jahren seit dem Insolvenzantrag oder danach eine Besicherung des Aktionärsdarlehens, so kann der Insolvenzverwalter im Wege der Anfechtung die Freigabe der Sicherheit verlangen (§ 135 Abs. 1 Nr. 2 InsO). Der Aktionär kann die Forderung auf Rückzahlung des Darlehens im Insolvenzverfahren nur als nachrangige Forderung geltend machen (§ 39 Abs. 1 Nr. 5 InsO)[539].

6. Besondere Pflichten in börsennotierten Unternehmen

a) Verstoß gegen die Ad-hoc-Mitteilungspflicht

aa) Die Ad-hoc-Mitteilungspflicht

Gemäß § 15 Abs. 1 S. 1 WpHG muss ein Inlandsemittent von Aktien und anderen Finanzinstrumenten Insiderinformationen, die ihn unmittelbar betreffen, unverzüglich veröffentlichen. Nach § 15 Abs. 1 S. 1 WpHG besteht zudem die Pflicht, die Insiderinformationen unverzüglich – jedoch nicht vor ihrer Veröffentlichung – dem Unternehmensregister im Sinne des § 8b HGB zu übermitteln. Weiterhin sind die Informationen nach § 3a WpAIV zur Veröffentlichung solchen Medien zuzuleiten, bei denen davon ausgegangen werden kann, dass sie die Information in der gesamten Europäischen Union und in den übrigen Vertragsstaaten des Abkommens über den Europäischen Wirtschaftsraum verbreiten[540].

Adressat der Verpflichtung nach § 15 Abs. 1 S. 1 WpHG ist der Inlandsemittent i. S. d. § 2 Abs. 7 WpHG[541]. Gemäß § 15 Abs. 1 S. 2 WpHG gilt Gleiches für einen Emittenten, für dessen Finanzinstrumente bereits ein Antrag auf Zulassung gestellt ist. Nicht erfasst werden jedoch Emittenten, deren Wertpapiere in den Freiverkehr

---

[538] *Bode* DStR 2009, 1781 f; *Fedke* NZG 2009, 928, 930; *Poepping* BKR 2009, 150, 155.
[539] *Hirte* NZG 2008, 761, 764.
[540] *Assmann* in Assmann/Schneider WpHG § 15 Rn 278; *Weber* NJW 2007, 3688, 3691; *Nießen* NZG 2007, 41, 46.
[541] *Assmann* in Assmann/Schneider WpHG § 15 Rn 42.

einbezogen sind[542]. Entsprechend der Legaldefinition des § 2 Abs. 6 WpHG sind Emittenten hierbei solche, für die Deutschland anknüpfend an den Sitz des Emittenten Herkunftsstaat ist. Die Definition des Inlandsemittenten in § 2 Abs. 7 WpHG baut hierauf auf und erweitert den Kreis insbesondere um solche Emittenten, für die ein anderer EU- oder EWR-Staat Herkunftsstaat ist, sofern die Wertpapiere ausschließlich in Deutschland zum Handel an einem organisierten Markt zugelassen sind (§ 2 Abs. 7 Nr. 2 WpHG).

In § 13 Abs. 1 WpHG ist eine Insiderinformation definiert als eine konkrete Information über nicht öffentlich bekannte Umstände, die sich auf einen oder mehrere Emittenten von Insiderpapieren oder auf die Insiderpapiere selbst beziehen und die geeignet sind, im Falle ihres öffentlichen Bekanntwerdens den Börsen- oder Marktpreis der Insiderpapiere erheblich zu beeinflussen. Mitzuteilen sind danach alle konkreten Informationen, die Umstände bzw. Ereignisse betreffen, die bereits existieren oder eingetreten sind oder bei denen man vernünftigerweise davon ausgehen kann, dass sie in Zukunft eintreten bzw. existieren werden[543]. Hiermit fallen sowohl Tatsachen, die der äußeren Wahrnehmung und dem Beweis zugänglich sind, als auch überprüfbare Prognosen und Werturteile (§ 13 Abs. 1 S. 3 WpHG)[544].

Gemäß § 15 Abs. 1 S. 3 WpHG betrifft eine Insiderinformation den Emittenten insbesondere dann unmittelbar, wenn sie sich allein auf Umstände bezieht, die in seinem Tätigkeitsbereich eingetreten sind. Erfasst werden aber auch unternehmensexterne Umstände, soweit sie erheblichen Einfluss auf den Kurs der Wertpapiere haben[545]. Unternehmensinterne Umstände, die Insiderinformationen darstellen können, sind solche Umstände, die im Tätigkeitsbereich des Emittenten eingetreten sind, wie die Ergebniszahlen des Emittenten, neue Produktentwicklungen, Vertragsabschlüsse durch den Emittenten oder Umstrukturierungsmaßnah-

---

[542] *Assmann* in Assmann/Schneider WpHG § 15 Rn 46; *Zimmer* in Schwark Kapitalmarktrecht § 15 WpHG Rn 22; *Wehowsky* in Erbs/Kohlhaas Strafrechtliche Nebengesetze § 15 WpHG Rn 4; *Schäfer* in Marsch-Barner/Schäfer Hdb börsennotierte AG § 16 Rn 6; *Zimmer* in Schwark KMRK §§ 37b, 37c WpHG Rn 19; *Richter* in Semler/Peltzer ArbHdb für Vorstandsmitglieder § 4 Rn 203 f.

[543] *Assmann* in Assmann/Schneider WpHG § 13 Rn 5; *Benner* in Wabnitz/Janovsky Hdb des Wirtschafts- und Steuerstrafrechts Kap. 9. Rn 76; *Deilmann/Lorenz* Die börsennotierte AG § 5 Rn 16 ff.; *Nikoleyczik* GWR 2009, 82; *Veith* NZG 2005, 254, 255; *Merkner/Sustmann* NZG 2005, 729, 735.

[544] *Assmann* in Assmann/Schneider WpHG § 13 Rn 7; *Hopt* in Schimansky/Bunte/Lwowski Bankrechts-Handbuch § 107 Rn 19; *Mennicke/Jakovou* in Fuchs WpHG § 13 Rn 65; *Deilmann/Lorenz* Die börsennotierte AG § 5 Rn 18; *Schäfer* in Marsch-Barner/Schäfer Hdb börsennotierte AG § 14 Rn 19; *Merkner/Sustmann* NZG 2005, 729, 731; *Veith* NZG 2005, 254, 255; *Diekmann/Sustmann* NZG 2004, 929, 930.

[545] *Grundmann* in Ebenroth/Boujong/Joost/Strohn HGB § 13 WpHG Rn VI 87; *Assmann* in Assmann/Schneider WpHG § 15 Rn 64; BaFin Emittentenleitfaden, S. 53; *Deilmann/Lorenz* Die börsennotierte AG § 5 Rn 17; *Schäfer* in Marsch-Barner/Schäfer Hdb börsennotierte AG § 14 Rn 25; *Veith* NZG 2005, 254, 255; *Spindler/Speier* BB 2005, 2031, 2032.

men. Unternehmensexterne Umstände sind hingegen solche, die von außen auf den Emittenten zukommen, wie etwa regulatorische Eingriffe, die Zustellung einer Klage oder Gerichtsentscheidung, allgemeine Marktdaten oder Terrorangriffe[546].

§ 15 Abs. 1 S. 1 WpHG verlangt, dass die Insiderinformationen den Emittenten unmittelbar betreffen müssen. Insiderinformationen mit nur mittelbarem Emittentenbezug können allein solche Informationen sein, die auf unternehmensexternen Umständen basieren. Für unternehmensinterne Sachverhalte bestimmt bereits § 15 Abs. 1 S. 3 WpHG, dass diese immer einen unmittelbaren Emittentenbezug im Sinne der Ad-hoc-Publizität gemäß § 15 Abs. 1 S. 1 WpHG haben. Nicht von § 15 Abs. 1 S. 1 WpHG erfasste unternehmensexterne Umstände mit nur mittelbarem Emittentenbezug können daher nur solche Umstände sein, die sich auf allgemeine wirtschaftliche Rahmendaten oder das allgemeine Marktumfeld beziehen, wie etwa Informationen zur Entwicklung von Rohstoffen, zu volkswirtschaftlichen Rahmendaten oder Regierungsentscheidungen zur Regulierung von Märkten oder zur Besteuerung[547]. Von außen kommende Umstände betreffen den Emittenten jedoch nur selten unmittelbar[548].

Wann eine Insiderinformation geeignet ist, den Börsen- oder Marktpreis der Insiderpapiere erheblich zu beeinflussen, kann nur in jedem Einzelfall aus einer Sicht ex ante bestimmt werden[549]. Hinsichtlich der Erheblichkeit der potenziellen Kursveränderung wird auf einen verständigen Anleger abgezielt. Demnach ist die Information dann erheblich, wenn ein verständiger Anleger die Information bei seiner Anlageentscheidung berücksichtigen würde (§ 13 Abs. 1 S. 2 WpHG)[550].

bb) Selbstbefreiung von der Ad-hoc-Mitteilungspflicht

§ 15 Abs. 3 WpHG sieht eine Möglichkeit zur Selbstbefreiung von der Verpflichtung zur unverzüglichen Mitteilung von Insiderinformationen vor, solange der Schutz der berechtigten Interessen des Emittenten dies erfordert, keine Irreführung der Öffentlichkeit zu befürchten ist und der Emittent die Vertraulichkeit der Infor-

---

[546] *Assmann* in Assmann/Schneider WpHG § 15 Rn 68; *Simon* Der Konzern 2005, 13, 14 f.

[547] *Assmann* in Assmann/Schneider WpHG § 15 Rn 64; *Fischer zu Cramburg/Royé* in Heidel § 15 WpHG Rn 4; *Simon* Der Konzern 2005, 13, 17; BaFin Emittentenleitfaden S. 53; *Pfüller* in Fuchs WpHG § 15 Rn 135; *Spindler/Speier* BB 2005, 2031, 2032.

[548] *Assmann* in Assmann/Schneider WpHG § 15 Rn 63; BaFin Emittentenleitfaden S. 53; *Merkner/Sustmann* NZG 2005, 729, 735 f.

[549] *Grundmann* in Ebenroth/Boujong/Joost/Strohn HGB § 13 WpHG Rn VI 88; *Mennicke/Jakovou* in Fuchs WpHG § 13 Rn 129.

[550] *Grundmann* in Ebenroth/Boujong/Joost/Strohn HGB § 13 WpHG Rn VI 89; *Hilgendorf* in Park Kapitalmarktstrafrecht § 13 WpHG Rn 106; *Wehowsky* in Erbs/Kohlhaas Strafrechtliche Nebengesetze § 15 WpHG Rn 11; Ringleb in Ringleb/Kremer/Lutter/v. Werder DCGK Rn 1209; *Leuering* DStR 2008, 1287, 1288; *Parmentier* NZG 2007, 407, 409;

mationen gewährleisten kann[551]. Damit wird dem Emittenten die Möglichkeit eingeräumt, die Veröffentlichung solcher Insiderinformationen herauszuzögern, durch deren Veröffentlichung berechtigte Interessen des Emittenten, insbesondere laufende Verhandlungen mit Dritten, gefährdet würden. Der Emittent kann (und muss) selbst entscheiden, ob die Voraussetzungen einer Befreiung von der Veröffentlichungspflicht vorliegen. Die BaFin fordert einen ausdrücklichen Befreiungsbeschluss des Vorstands[552]. Geht der Emittent fälschlich vom Vorliegen der Voraussetzungen des § 15 Abs. 3 WpHG aus bzw. erkennt er nicht, dass die Befreiungsvoraussetzungen nicht mehr gegeben sind, stellt dies einen Verstoß gegen die Ad-hoc-Mitteilungspflichten dar[553].

Sobald das berechtigte Interesse an der Verzögerung der Veröffentlichung entfallen ist, hat der Emittent die Veröffentlichung der Insiderinformation unverzüglich nachzuholen (§ 15 Abs. 3 S. 2 WpHG). Dabei hat er die Insiderinformation vor ihrer Veröffentlichung der Geschäftsführung der Börsen, an denen die Aktien und darauf bezogene Derivate zum Handel zugelassen sind, sowie der BaFin mitzuteilen (§ 15 Abs. 3 S. 3, Abs. 4 WpHG). Hierbei hat der Emittent auch die Gründe für die Befreiung von der Veröffentlichungspflicht sowie den Zeitpunkt der Entscheidung über die Befreiung mitzuteilen (§ 15 Abs. 3 S. 4 WpHG)[554].

cc) Haftung bei Verstoß gegen die Ad-hoc-Mitteilungspflicht

(1) §§ 37b, 37c WpHG. Verstößt der Emittent gegen die Mitteilungspflicht gemäß § 15 Abs. 1 WpHG, so haftet er gegenüber den Aktionären gemäß den §§ 37b und 37c WpHG. Während § 37b WpHG die pflichtwidrige Unterlassung einer unverzüglichen Veröffentlichung von Insiderinformationen betrifft, haftet der Emittent gemäß § 37c WpHG für die Veröffentlichung unwahrer Insiderinforma-

---

[551] *Grundmann* in Ebenroth/Boujong/Joost/Strohn HGB § 15 WpHG Rn VI 142; *Assmann* in Assmann/Schneider WpHG § 15 Rn 129; *Pfüller* in Fuchs WpHG § 15 Rn 349; *Widder* BB 2009, 967; *Schneider/Gilfrich* BB 2007, 53 f.; vgl. zu der Befreiungsmöglichkeit eingehend: *Deilmann/Lorenz* Die börsennotierte AG § 5 Rn 19 ff.; *Schäfer* in Marsch-Barner/Schäfer Hdb börsennotierte AG § 14 Rn 34 ff.; BaFin Emittentenleitfaden S. 65 ff.; *Merkner/Sustmann* NZG 2005, 729, 735; *Veith* NZG 2005, 254 ff.; *S.H. Schneider* BB 2005, 897 ff.; *Simon* Der Konzern 2005, 13, 19; *Holzborn/Israel* WM 2004, 1948, 1952; *Möllers* WM 2005, 1393, 1395; vgl. auch § 6 WpAIV.

[552] BaFin Emittentenleitfaden S. 65; *Burg/Marx* AG 2009, 487, 489; *Nikoleyczik* GWR 2009, 264, 265; *Widder* BB 2009, 967, 972; *Schneider/Gilfrich* BB 2007, 53, 55; a.A. OLG Stuttgart NZG 2009, 624.

[553] *Assmann* in Assmann/Schneider WpHG § 15 Rn 286; *Schäfer* in Marsch-Barner/Schäfer Hdb börsennotierte AG § 14 Rn 53 *Schneider/Gilfrich* BB 2007, 53; *S.H. Schneider* BB 2005, 897, 901 f.

[554] *Assmann* in Assmann/Schneider WpHG § 15 Rn 175; *Pfüller* in Fuchs WpHG § 15 Rn 402; *Deilmann/Lorenz* Die börsennotierte AG § 6 Rn 25; *Schäfer* in Marsch-Barner/Schäfer Hdb börsennotierte AG § 14 Rn 35; *Schneider/Gilfrich* BB 2007, 53, 55; *Veith* NZG 2005, 254, 258 f.; *S.H. Schneider* BB 2005, 897, 901.

tionen. Gemäß den §§ 37b Abs. 6, 37c Abs. 6 WpHG ist eine Vereinbarung unzulässig, durch die die Innenregreßansprüche der Gesellschaft gegen den Vorstand aufgrund einer Inanspruchnahme der Gesellschaft im voraus eingeschränkt oder erlassen werden.

Anspruchsberechtigt nach den §§ 37b, 37c WpHG sind die Aktionäre, die zum Zeitpunkt eines durch die unterlassene oder unrichtige Veröffentlichung einer Insiderinformation eingetretenen Informationsdefizits des Kapitalmarkts Wertpapiere erworben haben und zum Zeitpunkt, in dem die unterlassene oder unrichtige Veröffentlichung der Insiderinformation bekannt wird, noch immer halten. Anspruchsberechtigt sind weiter auch die Aktionäre, die ihre Aktien zwar vor Eintritt eines Informationsdefizits des Kapitalmarkts erworben, aber während eines Informationsdefizits, also nach Entstehen einer nicht veröffentlichten oder falsch veröffentlichten Insiderinformation, veräußert haben[555].

Der Emittent haftet für Vorsatz und grobe Fahrlässigkeit (§§ 37b Abs. 2, § 37c Abs. 2 WpHG), für deren Fehlen allerdings der Emittent selbst die Beweislast trägt. Welcher Schaden im Rahmen der §§ 37b und 37c WpHG zu ersetzen ist, ist umstritten. Zum Teil wird vertreten, dass der Anleger so zu stellen sei, als habe er das Wertpapiergeschäft nicht getätigt. Ihm sei daher wahlweise der Vertragsabschlussschaden, d.h. Erstattung des Kaufpreises Zug um Zug gegen Rückgabe der Wertpapiere, oder der Kursdifferenzschaden, also der Differenzbetrag zwischen dem Preis, zu dem die Investition oder Deinvestition des Anlegers erfolgt ist und dem hypothetischen Preis, zu dem das Geschäft bei ordnungsgemäßer Erfüllung der Publizitätspflicht durch den Emittenten zustande gekommen wäre, zu ersetzen[556]. Die andere Ansicht hingegen hält wegen der Schutzrichtung der §§ 37b und 37c WpHG allein den Kursdifferenzschaden für ersatzfähig[557]. Danach werde durch die §§ 37b und 37c WpHG allein das Interesse der Aktionäre an einer ordnungsgemäßen Preisermittlung geschützt, nicht jedoch auch daran, eine Anlageentscheidung bei anderer Tatsachengrundlage überhaupt nicht getroffen zu haben[558].

---

[555] *Grundmann* in Ebenroth/Boujong/Joost/Strohn HGB § 37c WpHG Rn VI 372; *Sethe* in Assmann/Schneider WpHG §§ 37b, 37c Rn 50; *Fuchs* in Fuchs WpHG §§ 37b, 37c Rn 16; *Zimmer* in Schwark KMRK §§ 37b, 37c WpHG Rn 64; *Ehricke* in Hopt/Voigt Prospekt- und Kapitalmarktinformationshaftung S. 280 f.; *Schäfer* in Marsch-Barner/Schäfer Hdb börsennotierte AG § 16 Rn 16.

[556] *Spindler/Christoph* BB 2004, 2197, 2200; *Möllers/Leisch* BKR 2002, 1071, 1073 ff.; *Rössner/Bolkart* ZIP 2002, 1471, 1475.

[557] *Grundmann* in Ebenroth/Boujong/Joost/Strohn HGB § 37c WpHG Rn VI 376; *Sethe* in Assmann/Schneider WpHG §§ 37b, 37c Rn 76; *Fuchs* in Fuchs WpHG §§ 37b, 37c Rn 34; *Zimmer* in Schwark KMRK §§ 37b, 37c WpHG Rn 86; *Schäfer* in Marsch-Barner/Schäfer Hdb börsennotierte AG § 16 Rn 26; *Longino* DStR 2008, 2068, 2071; *Teichmann* JuS 2006, 953, 958; *Mülbert* JZ 2002, 826, 835; *Maier-Reimer/Webering* WM 2002, 1857, 1860 f.; *Hutter/Leppert* NZG 2002, 649, 655.

[558] *Sethe* in Assmann/Schneider WpHG §§ 37b, 37c Rn 75 f.; *Schäfer* in Marsch-Barner/Schäfer Hdb börsennotierte AG § 16 Rn 26; *Fuchs* in Fuchs WpHG §§ 37b, 37c Rn 34 f.;

Damit untrennbar verknüpft ist auch die Frage der Kausalität. Nach der Ansicht, die allein den Kursdifferenzschaden für ersatzfähig hält, genügt eine so genannte abstrakte Kausalität in dem Sinne, dass sich der Verstoß des Emittenten gegen seine Pflicht zur Veröffentlichung kursrelevanter Insiderinformationen auf den Börsenkurs der gehandelten Aktien ausgewirkt haben muss. Eine konkrete Kausalität in dem Sinne, dass der Aktionär durch die Pflichtverletzung des Emittenten zum Erwerb bzw. zur Veräußerung der Wertpapiere veranlasst worden ist, ist nach dieser Ansicht hingegen nicht erforderlich[559]. Nach der anderen Ansicht, die sowohl den Kursdifferenzschaden als auch den Vertragsabschlussschaden für ersatzfähig hält, ist hingegen erforderlich, dass die unrichtige oder unterlassene, veröffentlichungspflichtige Information unmittelbar kausal für den Erwerb oder die Veräußerung der Aktien war. Sie beruft sich dabei auf den Wortlaut von § 37c WpHG, der darauf abstellt, dass der Erwerber *„auf die Richtigkeit der Insiderinformation vertraut"* hat[560].

Die §§ 37b und 37c WpHG beziehen sich auf die unterlassene oder unrichtige Veröffentlichung von Ad-hoc-Mitteilungen i.S.v. § 15 WpHG. Geht man mit dem ausdrücklichen Willen des Gesetzgebers und der zutreffenden herrschenden Meinung davon aus, dass § 15 WpHG keine Schutzgesetzqualität zugunsten der Aktionäre zukommt, sondern allein dem Schutz der Funktionsfähigkeit des Kapitalmarkts, insbesondere einer ordnungsgemäßen Preisermittlung, dient[561], so spricht einiges dafür, den Aktionären allein den Ersatz des Differenzschadens zuzubilligen[562]. Zudem hätte die Gewährung des Nichtvermögensschadens durch Rückabwicklung des Aktienerwerbs zur Folge, dass der Emittent in der Zwischenzeit aufgrund allgemeiner Marktschwankungen eingetretene Kursverluste zu tragen hätte, obwohl diese nicht auf der unterlassenen oder unrichtigen Information des Marktes

---

Zimmer in Schwark KMRK §§ 37b, 37c WpHG Rn 90; Longino DStR 2008, 2068, 2071; Engelhardt BKR 2006, 443, 446; Maier-Reimer/Webering WM 2002, 1857, 1860 f.; Fleischer BB 2002, 1869, 1871 ff.; Fuchs/Dühn BKR 2002, 1063, 1068 f.

559 *Sethe* in Assmann/Schneider WpHG §§ 37b, 37c Rn 84; *Zimmer* in Schwark KMRK §§ 37b, 37c WpHG Rn 90; *Schäfer* in Marsch-Barner/Schäfer Hdb börsennotierte AG § 16 Rn 28 f.; *Engelhardt* BKR 2006, 443, 448; *Maier-Reimer/Webering* WM 2002, 1857, 1860.

560 *Fuchs* in Fuchs WpHG §§ 37b, 37c Rn 29 f.; *Möllers/Rotter* Ad-hoc-Publizität § 14 Rn 111 ff.; *Longino* DStR 2008, 2068, 2071; *Baums* ZHR 167 (2003), 139, 182 f.; *Möllers/Leisch* BKR 2002, 1071, 1073 ff.

561 BGH AG 2004, 543; BVerfG NJW 2003, 501, 502; OLG München AG 2003, 106, 107; *Sethe* in Assmann/Schneider WpHG §§ 37b, 37c Rn 10 f.; *Zimmer* in Schwark KMRK §§ 37b, 37c WpHG Rn 128; *Ehricke* in Hopt/Voigt Prospekt- und Kapitalmarktinformationshaftung S. 272 ff.; *Engelhardt* BKR 2006, 443, 448; *Gottschalk* Der Konzern 2005, 274, 276; *Groß* WM 2002, 477, 482; *Krause* ZGR 2002, 799, 809.

562 *Sethe* in Assmann/Schneider WpHG §§ 37b, 37c Rn 72; *Engelhardt* BKR 2006, 443, 448; *Teichmann* JuS 2006, 953, 958; *Maier-Reimer/Webering* WM 2002, 1857, 1860; (kritisch) *Gottschalk* Der Konzern 2005, 274, 276; (unter Berücksichtigung der Beweislastregeln in §§ 37b, 37c WpHG) *Schäfer* in Marsch-Barner/Schäfer Hdb börsennotierte AG § 16 Rn 30.

beruhen. Das allgemeine Kursrisiko hat grundsätzlich der Anleger zu tragen. Eine Abwälzung auf den Emittenten wäre unbillig[563].

Die Anforderungen an den Nachweis des Kausalzusammenhangs zwischen einer fehlerhaften Ad-hoc-Mitteilung und der individuellen Anlageentscheidung hat der Bundesgerichtshof in einer Reihe von Entscheidungen zur parallelen Problematik im Rahmen der deliktischen Haftung jedenfalls dahingehend konkretisiert, dass ein Verzicht auf den Nachweis der konkreten haftungsbegründenden Kausalitat auch dann nicht in Betracht komme, wenn die Kapitalmarktinformation extrem unseriös war[564]. Ein Anknüpfen an das enttäuschte allgemeine Anlegervertrauen in die Integrität der Marktpreisbildung ersetze die konkreten Darlegungen zur haftungsbegründenden Kausalität auch bei der Geltendmachung eines Differenzschadensersatzanspruchs nicht[565]. Nach der Rechtsprechung des Bundesgerichtshofs kommen dem Anleger im Rahmen dieser Darlegungslast also nicht die Grundsätze eines Anscheinsbeweises zugute, da das Anlegerverhalten immer Folge einer individuellen Willensentscheidung ist und sich damit einer typisierenden Betrachtung entzieht[566].

Schwierigkeiten ergeben sich bei der Berechnung des Schadens, insbesondere bei der Feststellung des hypothetischen Kaufpreises im Falle einer ordnungsgemäßen Veröffentlichung der Insiderinformation[567]. In einem obiter dictum hat der Bundesgerichtshof in seinem EM.TV-Urteil zur parallelen Problematik im Rahmen von § 826 BGB bzw. § 823 Abs. 2 BGB in Verbindung mit § 400 AktG ausgeführt, dass als geeignete Hilfsgröße zur Ermittlung des hypothetischen Preises auf die Kursveränderung unmittelbar nach Bekanntwerden der wahren Sachlage zurückgegriffen und sodann „vermittels rückwärtiger Induktion“ auf den wahren Wert des Papiers am Tag des Geschäftsabschlusses näherungsweise geschlossen werden könne[568].

(2) Deliktsrecht. Stellt die Unterlassung der Veröffentlichung einer Insiderinformation bzw. die Veröffentlichung einer falschen Insiderinformation die Verwirklichung einer weiteren Haftungsnorm, insbesondere die Verletzung eines Schutzgesetzes im Sinne von § 823 Abs. 2 BGB oder eine sittenwidrige Schädigung im Sinne

---

[563] *Sethe* in Assmann/Schneider WpHG §§ 37b, 37c Rn 76; *Fuchs* in Fuchs WpHG §§ 37b, 37c Rn 35; *Zimmer* in Schwark Kapitalmarktrechts-Kommentar §§ 37b, 37c WpHG Rn 89; *Fleischer* BB 2002, 1869, 1871; *Fuchs/Dühn* BKR 2002, 1063, 1069.

[564] BGH ZIP 2008, 407; BGH ZIP 2007, 1560; BGH ZIP 2007, 326; BGH ZIP 2007, 679; BGH ZIP 2007, 681.

[565] BGH ZIP 2007, 679

[566] BGH ZIP 2008, 407; BGH ZIP 2007, 1560; BGH ZIP 2007, 326; BGH ZIP 2007, 679; BGH ZIP 2007, 681.

[567] Vgl. zur Schadensberechnung *Sethe* in Assmann/Schneider WpHG §§ 37b, 37c Rn 79; *Grundmann* in Ebenroth/Boujong/Joost/Strohn HGB § 37c WpHG Rn VI 376; *Fuchs* in Fuchs WpHG Vor §§ 37b, 37c Rn 35; *Thümmel* Persönliche Haftung von Managern und Aufsichtsräten Rn 426; *Zimmer* in Schwark KMRK §§ 37b, 37c WpHG Rn 91 ff.; *Fleischer* BB 2002, 1869, 1873.

[568] BGH ZIP 2005, 1270, 1275; vgl. hierzu *Möllers* BB 2005, 1637 ff.

von § 826 BGB dar, so kommt darüber hinaus jedoch auch eine weitergehende Haftung in Betracht (§ 15 Abs. 6 S. 2 WpHG)[569]. Der Bundesgerichtshof hat insbesondere in seinen „Infomatec"-Entscheidungen[570] sowie seiner „EM.TV"-Entscheidung[571] zum einen festgestellt, dass § 15 WpHG kein Schutzgesetz im Sinne des § 823 Abs. 2 BGB darstellt, und zum anderen die Voraussetzungen einer Haftung gemäß § 826 BGB näher herausgearbeitet. Im Rahmen einer Verfassungsbeschwerde gegen die „EM.TV"-Entscheidung hat das Bundesverfassungsgericht zudem entschieden, dass Ad-hoc-Mitteilungen grundsätzlich geeignete Tatmittel im Sinne des § 400 Abs. 1 Nr. 1 AktG seien[572]. Dies gelte nur dann nicht, wenn es sich um Ad-hoc-Mitteilungen handele, die nur ein Einzelergebnis zum Gegenstand haben, weil ihnen dann die Aussagekraft über den Vermögensstand der Gesellschaft fehle[573]. Des Weiteren billigt der Bundesgerichtshof den Aktionären nicht nur den Differenzschaden, sondern die Erstattung des gezahlten Kaufpreises gegen Übertragung der erworbenen Aktien zu[574]. Vertragliche Ansprüche bestehen regelmäßig nicht[575].

(3) Bürgerlich-rechtliche Prospekthaftung. Ob daneben auch eine Haftung nach der bürgerlich-rechtlichen Prospekthaftung in Betracht kommt, ist streitig[576]. Der Bundesgerichtshof hat diese Frage bisher ausdrücklich offen gelassen[577]. Eine entsprechende Haftung wäre jedoch grundsätzlich denkbar. In der Praxis wird die Erfüllung des Tatbestandes der bürgerlich-rechtlichen Prospekthaftung am Fehlen eines Prospektes im Sinne der vom Bundesgerichtshof aufgestellten Grundsätze scheitern. Hierzu hat der Bundesgerichtshof in seiner Infomatec-Entscheidung ausgeführt:

---

[569] *Pfüller* in Fuchs WpHG § 15 Rn 433; *Assmann* in Assmann/Schütze Hdb KapitalanlageR § 15 Rn 308; *Zimmer* in Schwark KMRK §§ 37b, 37c WpHG Rn 102 ff.

[570] BGH AG 2004, 543 ff.; BGH AG 2004, 546 ff.; vgl. hierzu u.a. *Kort* AG 2005, 21 ff.; *Körner* NJW 2004, 3386 ff.; *Gerber* DStR 2004, 1793 ff.; *Edelmann* BB 2004, 2031 ff.; *Rössner/Bolkart* AG-Report 2004, R406; *Lenenbach* EWiR 2004, 961.

[571] BGH AG 2005, 609; vgl. hierzu *Bayer/Weinmann* EWiR 2005, 689; *Kowalewski/Hellgardt* DB 2005, 1839 ff.; *Gottschalk* DStR 2005, 1648 ff.; *Möllers* BB 2005, 1637 ff.

[572] BGH ZIP 2006, 1096; *Südbeck* in Park Kapitalmarktstrafrecht AktG T2 § 400 Rn 16.

[573] BGH ZIP 2006, 1096; *Pfüller* in Fuchs WpHG § 15 Rn 440; *Südbeck* in Park Kapitalmarktstrafrecht AktG T2 § 400 Rn 16.

[574] BGH AG 2005, 609; *Longino* DStR 2008, 2068, 2074.

[575] *Fuchs* in Fuchs WpHG §§ 37b, 37c Rn 45; *Grundmann* in Ebenroth/Boujong/Joost/Strohn HGB § 37c WpHG Rn VI 379; *Ehricke* in Hopt/Voigt Prospekt- und Kapitalmarktinformationshaftung S. 268.

[576] Vgl. zum Meinungsstand: *Assmann* in Assmann/Schütze Hdb KapitalanlageR § 7 Rn 49 f., 94 f.; *Sethe* in Assmann/Schneider WpHG §§ 37b, 37c Rn 100 f.; *Ehricke* in Hopt/Voigt Prospekt- und Kapitalmarktinformationshaftung S. 268 f.; im Ergebnis ablehnend *Grundmann* in Ebenroth/Boujong/Joost/Strohn HGB § 37c WpHG Rn VI 379; *Krämer* in Krieger/Schneider Hdb Managerhaftung § 26 Rn 46.

[577] Der Bundesgerichtshof hat klargestellt, dass er diese Frage entgegen anders lautender Stimmen in der Literatur in seiner Entscheidung BGHZ 123, 106, 109 nicht entschieden hat und die Frage weiterhin offen gelassen (BGH AG 2004, 543).

„Ein Prospekt stellt in der Regel die für den Anlageinteressenten wichtigste und häufigste Informationsquelle dar und bildet im Allgemeinen die Grundlage seiner Anlageentscheidung. Nach der Rechtsprechung des BGH darf ein Anleger erwarten, dass er ein zutreffendes Bild über das Beteiligungsobjekt erhält, d.h. dass der Prospekt ihn über alle Umstände, die für seine Entschließung von wesentlicher Bedeutung sind oder sein können, sachlich richtig und vollständig unterrichtet [...]. Diese Anforderungen kann eine Ad-hoc-Mitteilung i.S.d. § 15 Abs. 1 WpHG a.F. in der Regel nicht erfüllen. Sie ist anlassbezogen auf neue, bislang nicht veröffentlichte gewichtige Einzeltatsachen, die lediglich die bereits bekannten Informationen für den Sekundärmarkt ergänzen. Dabei erhebt die Bekanntgabe einer solchen kapitalmarktbezogenen Einzelinformation – anders als die den Primärmarkt betreffende Publizität eines (Emissions-)Prospekts – erkennbar nicht den Anspruch, eine das Publikum des Sekundärmarktes umfassend informierende Beschreibung zu sein."[578]

Obwohl sich die Entscheidung auf § 15 WpHG alter Fassung bezieht, gilt das Gesagte auch im Rahmen des § 15 WpHG in seiner geltenden Fassung.

(4) Rechtsfolgen bei Verstößen. Haftet der Emittent wegen der den Aktionären entstandenen Schäden, so tritt hierdurch ein Schaden im Vermögen der Gesellschaft ein, für den der Vorstand im Wege des Regresses gegenüber der Aktiengesellschaft gemäß § 93 Abs. 2 AktG haftet. Die unterlassene oder fehlerhafte Veröffentlichung einer Ad-hoc-Mitteilung stellt stets eine Pflichtverletzung des Vorstands im Sinne von § 93 Abs. 1 S. 1 AktG dar, da er entweder die Insiderinformation selbst falsch beurteilt oder umgesetzt hat oder ihm ein Kontroll- oder Organisationsverschulden vorzuwerfen ist[579].

Ein Zuwiderhandeln gegen die Ad-hoc-Mitteilungspflicht gemäß § 15 WpHG stellt bei vorsätzlichem oder leichtfertigem Handeln des Emittenten zudem eine Ordnungswidrigkeit gemäß § 39 Abs. 2 WpHG dar. Ein Verstoß gegen die Veröffentlichungspflicht gemäß § 15 Abs. 1 S. 1 WpHG kann mit einer Geldbuße bis zu 1 000 000 EURO und ein Verstoß gegen die Pflicht zur Mitteilung der Gründe für eine Selbstbefreiung gemäß § 15 Abs. 3 S. 4 WpHG mit einer Geldbuße bis zu 200 000 EURO geahndet werden. Die Geldbuße kann sowohl gegen die Gesellschaft als auch gegen die Vorstandsmitglieder als vertretungsberechtigte Organmitglieder verhängt werden[580]. Im Innenverhältnis besteht i.d.R. eine Haftung der verantwortlichen Vorstandsmitglieder gegenüber der Gesellschaft, sofern diese zur Zahlung eines Bußgelds verpflichtet wurde.

---

[578] BGH AG 2004, 543.

[579] *Assmann* in Assmann/Schneider WpHG § 15 Rn 309a; *Thümmel* Persönliche Haftung von Managern und Aufsichtsräten Rn 423; *Fuchs* in Fuchs WpHG §§ 37b, 37c Rn 46; *Zimmer* in Schwark KMRK §§ 37b, 37c WpHG Rn 120; *Deilmann/Lorenz* Die börsennotierte AG § 6 Rn 28; *Schäfer* in Marsch-Barner/Schäfer Hdb börsennotierte AG § 16 Rn 33.

[580] *Assmann* in Assmann/Schneider WpHG § 15 Rn 299; *Zimmer* in Schwark KMRK § 39 WpHG Rn 3; *Cramer/Heine* in Schönke/Schröder Vor §§ 25 ff. StGB Rn 120; *Deilmann/Lorenz* Die börsennotierte AG § 6 Rn 32.

b) Directors' Dealings

Gemäß § 15a WpHG haben Personen, die bei einem Emittenten von Aktien Führungsaufgaben wahrnehmen, eigene Geschäfte mit Aktien des Emittenten oder sich darauf beziehenden Finanzinstrumenten dem Emittenten und der BaFin innerhalb von fünf Werktagen mitzuteilen. Ebenso wie die Ad-hoc-Mitteilungspflicht gemäß § 15 WpHG dient auch die Verpflichtung gemäß § 15a WpHG insbesondere der Verhinderung von Insidergeschäften[581].

Von der Regelung in § 15a WpHG werden Personen mit Führungsaufgaben, also Organmitglieder des Emittenten und sonstige Personen erfasst, die regelmäßig Zugang zu Insiderinformationen haben und zu wesentlichen unternehmerischen Entscheidungen ermächtigt sind (§ 15a Abs. 2 WpHG) sowie die mit diesen in enger Beziehung stehenden Personen (§ 15a Abs. 1 S. 2 WpHG). Personen, die mit Führungspersonen in enger Beziehung stehen, sind natürliche Personen, wie Ehepartner, eingetragene Lebenspartner, unterhaltsberechtigte Kinder und andere Verwandte, die mit ihnen seit mindestens einem Jahr im selben Haushalt leben (§ 15a Abs. 3 S. 1 WpHG). Weiterhin stehen die Führungspersonen des Emittenten auch mit solchen juristischen Personen in enger Beziehung, bei denen sie Leitungsaufgaben wahrnehmen (§ 15a Abs. 3 S. 2 WpHG) oder die direkt oder indirekt von ihnen kontrolliert werden, zu ihren Gunsten gegründet wurden oder deren wirtschaftliche Interessen weitgehend mit denen der Führungspersonen übereinstimmen (§ 15a Abs. 3 S. 3 WpHG).

Die Verpflichtung zur Offenlegung von Directors' Dealings gilt nur bei Emittenten von Aktien, die an einer inländischen Börse zum Handel zugelassen sind (§ 15a Abs. 1 S. 3 Nr. 1 WpHG), sowie für Emittenten, deren Aktien zum Handeln an einem ausländischen organisierten Markt zugelassen sind, sofern der Emittent seinen Sitz im Inland hat oder es sich um Aktien eines Emittenten mit Sitz außerhalb der europäischen Union und des Europäischen Wirtschaftsraums handelt, für welche Deutschland Herkunftsstaat im Sinne des WpHG ist (§ 15a Abs. 1 S. 3 Nr. 2 WpHG). Die betroffenen Personen sind von der Mitteilungspflicht allerdings befreit, solange die Geldsumme der Geschäfte insgesamt einen Betrag von 5000 EURO bis zum Ende des Kalenderjahres unterschreitet (§ 15a Abs. 1 S. 5 WpHG).

Den Führungspersonen sowie den zu diesen in enger Beziehung stehenden natürlichen und juristischen Personen obliegt eine Mitteilungspflicht hinsichtlich der von ihnen getätigten Wertpapiergeschäfte gegenüber dem Emittenten und der BaFin gemäß § 15a Abs. 1 S. 1 WpHG. Der Emittent ist dann gemäß § 15a Abs. 4 WpHG verpflichtet, Mitteilungen der Führungspersonen sowie der zu ihnen in enger Beziehung stehenden natürlichen und juristischen Personen unverzüglich zu veröf-

---

[581] Vgl. zu den weiteren gesetzgeberischen Zielen insbesondere *Sethe* in Assmann/Schneider WpHG § 15a Rn 10 ff.; *Pfüller* in Fuchs WpHG § 15a Rn 20 ff.; *Schäfer* in Marsch-Barner/Schäfer Hdb börsennotierte AG § 15 Rn 1; *Erkens* Der Konzern 2005, 29 ff.

fentlichen und die Veröffentlichung der BaFin unverzüglich zu übersenden und sie außerdem unverzüglich – jedoch nicht vor ihrer Veröffentlichung – dem Unternehmensregister im Sinne des § 8b HGB zur Speicherung zu übermitteln. Mindestinhalt, Art und Form der Mitteilungen der Führungspersonen und der ihnen nahe stehenden Personen sowie der Veröffentlichungen des Emittenten richten sich nach der vom Bundesfinanzministerium gemäß § 15a Abs. 5 WpHG erlassenen Verordnung zur Konkretisierung von Anzeige-, Mitteilungs- und Veröffentlichungspflichten sowie der Pflicht zur Führung von Insiderverzeichnissen nach dem Wertpapierhandelsgesetz (WpAIV).

Verstoßen die zur Veröffentlichung von Directors' Dealings verpflichteten Personen, insbesondere die Mitglieder des Vorstands des Emittenten, gegen die ihnen obliegende Mitteilungspflicht, so stellt dies eine Ordnungswidrigkeit gemäß § 39 Abs. 2 WpHG dar. Das Gleiche gilt für die Veröffentlichungs- und Übersendungspflicht des Emittenten. Der Verstoß kann mit einem Bußgeld von bis zu 100 000 EURO geahndet werden. Die Ordnungswidrigkeit kann sowohl gegen die Gesellschaft als auch gegen die Vorstandsmitglieder als ihre vertretungsberechtigten Organmitglieder verhängt werden[582]. Zugleich kann die pflichtwidrige Unterlassung der Veröffentlichung von Mitteilungen nach § 15a Abs. 1 WpHG eine Verletzung der Sorgfaltspflicht durch die Vorstandsmitglieder des Emittenten gemäß § 93 Abs. 1 AktG darstellen, die eine Innenhaftung der verantwortlichen Vorstandsmitglieder gegenüber der Gesellschaft begründen kann, sofern diese zur Zahlung eines Bußgelds verpflichtet wurde.

c) Verstoß gegen die Regelpublizität

Neben den so genannten anlassbezogenen Mitteilungspflichten, insbesondere der Ad-hoc-Mitteilungspflicht gemäß § 15 WpHG sowie der Verpflichtung zur Mitteilung von so genannten Directors' Dealings gemäß § 15a WpHG, bestehen eine Reihe weiterer Publizitätspflichten, die anders als die anlassbezogenen Mitteilungen in regelmäßig wiederkehrenden Zeitabständen vorzunehmen sind[583]. Die Regelpublizität ist dabei nicht an die Emission von Wertpapieren als solche geknüpft, sondern trifft das am Kapitalmarkt teilnehmende Unternehmen während der gesamten Dauer seiner Teilnahme. Von besonderer Bedeutung sind hierbei die handelsrechtlichen Publizitätspflichten gemäß den §§ 325 ff. HGB sowie die Pflicht zur Veröffentlichung und Übermittlung von Finanzberichten nach § 37v bis § 37z WpHG. Während die Pflicht zur Veröffentlichung eines Halbjahresfinanzberichts nach § 37w WpHG und die Pflicht zur Veröffentlichung von Zwischenmitteilungen

---

[582] *Zimmer* in Schwark KMRK § 39 WpHG Rn 3; *Cramer/Heine* in Schönke/Schröder Vor §§ 25 ff. StGB Rn 120.

[583] *Ehrike* in Hopt/Voigt Prospekt- und Kapitalmarktinformationshaftung S. 299; *Schäfer* in Marsch-Barner/Schäfer Hdb börsennotierte AG § 16 Rn 2; *Deilmann/Lorenz* Die börsennotierte AG § 6 Rn 1 ff.

nach § 37x WpHG jeweils einheitlich für alle Inlandsemittenten im Sinne der Legaldefinition des § 2 Abs. 7 WpHG geregelt sind, richtet sich die Pflicht zur Veröffentlichung des Jahresfinanzberichts nach dem WpHG gemäß der Vorrangregel des § 37v Abs. 1 S. 1 WpHG nur an diejenigen Inlandsemittenten, die nicht schon nach den §§ 264 ff., 325 HGB rechnungslegungs- und publizitätspflichtig sind. Eine deutsche Aktiengesellschaft gehört damit zu den so genannten HGB-publizitätspflichtigen Inlandsemittenten, während alle Inlandsemittenten ausländischer Rechtsform zu den nach § 37v Abs. 1 S. 1 WpHG publizitätspflichtigen sonstigen Inlandsemittenten gehören[584].

Die HGB-publizitätspflichtigen Inlandsemittenten sind nach den §§ 264 Abs. 1 S. 1, 242, 289 HGB (beim Konzern in Verbindung mit §§ 290 Abs. 1, 297, 315 HGB) zur Erstellung des Jahresabschlusses und des Lageberichts verpflichtet.

Nach §§ 264 Abs. 2 S. 3, 289 Abs. 1 S. 5 HGB (bzw. §§ 297 Abs. 2 S. 4, 315 Abs. 1 S. 6 HGB beim Konzern) besteht zudem die Pflicht sämtlicher gesetzlicher Vertreter der Kapitalgesellschaft zur Abgabe einer schriftlichen Versicherung (so genannter „Bilanzeid"), dass der Jahresabschluss nach bestem Wissen ein den tatsächlichen Verhältnissen entsprechendes Bild im Sinne des § 264 Abs. 2 S. 1 HGB vermittelt oder der Anhang Angaben nach § 264 Abs. 2 S. 2 HGB enthält[585]. Hinsichtlich des Lageberichts ist zu versichern, dass dieser den Geschäftsverlauf einschließlich des Geschäftsergebnisses und die Lage der Kapitalgesellschaft nach bestem Wissen so darstellt, dass ein den tatsächlichen Verhältnissen entsprechendes Bild vermittelt wird und die wesentlichen Chancen und Risiken im Sinne des § 289 Abs. 1 S. 4 HGB beschrieben sind. Der Bilanzeid ist von allen Vorstandsmitgliedern abzugeben. Obwohl nach dem Willen des Gesetzgebers nur vorsätzliches Handeln bezogen auf die Richtigkeit der Angaben rechtliche Folgen auslösen soll, genügt es für die ordnungsgemäße Abgabe des Bilanzeides nicht, wenn sich der Vorstand hierbei nur auf vorhandenes Wissen zurückzieht[586]. In Anlehnung an die bei der Geschäftsführung anzuwendende Sorgfalt eines ordentlichen und gewissenhaften Geschäftsleiters nach § 93 Abs. 1 AktG hat sich der Vorstand bei der Abgabe des Bilanzeides vielmehr darum zu bemühen, ein möglichst vollständiges Wissen hinsichtlich der vorgeschriebenen Rechnungslegungsangaben zu erhalten, wozu auch die Erkenntnisse aus dem nach § 91 Abs. 2 AktG einzurichtenden Risikoüberwachungssystem einzubeziehen sind[587].

Der Jahresabschluss nebst Bestätigungsvermerk bzw. Vermerk über dessen Versagung, der Lagebericht (bei kapitalmarktorientierten Unternehmen mit der Erklärung zur Unternehmensführung (oder einer Bezugnahme auf die Homepage) ge-

---

[584] *Zimmermann* in Fuchs WpHG § 37v Rn 3; *Mülbert/Steup* NZG 2007, 761.

[585] Vgl. hierzu *Schellhorn* DB 2009, 2363.

[586] *Zimmermann* in Fuchs WpHG Vor §§ 37v bis 37z Rn 18; *Merkt* in Baumbach/Hopt HGB § 264 Rn 24; *Reiner* in MünchKomm HGB § 264 Rn 100; *Bosse* DB 2007, 39.

[587] *Bosse* DB 2007, 39.

mäß § 289a HGB), der Bericht des Aufsichtsrats, die Entsprechenserklärung nach § 161 AktG und ggf. der Ergebnisverwendungsvorschlag sind zudem beim Betreiber des elektronischen Bundesanzeigers einzureichen und bekannt zu machen (§ 325 Abs. 1 S. 1, 2 und 3, Abs. 2 HGB, für den Konzern jeweils in Verbindung mit § 325 Abs. 3 HGB). Zu den insofern veröffentlichungspflichtigen Unterlagen gehört außerdem der Bilanzeid[588]. Die Übermittlung zur Speicherung im Unternehmensregister fällt bei den HGB-publizitätspflichtigen Inlandsemittenten nicht unter die Pflichten des Emittenten, sondern erfolgt durch den Betreiber des elektronischen Bundesanzeigers (§ 8b Abs. 3 Nr. 1 HGB). Nach § 37v Abs. 1 S. 2 und 3 WpHG ist vor der Veröffentlichung der Rechnungslegungsunterlagen eine Bekanntmachung darüber zu veröffentlichen, ab welchem Zeitpunkt und unter welcher Internetadresse die entsprechenden Unterlagen zusätzlich zu ihrer Verfügbarkeit im Unternehmensregister öffentlich zugänglich sind (Hinweisbekanntmachung) unter gleichzeitiger Mitteilung dieser Bekanntmachung an die Bundesanstalt für Finanzdienstleistungsaufsicht (BaFin) und Übermittlung der Bekanntmachung zur Speicherung im Unternehmensregister[589].

Bei HGB-publizitätspflichtigen Inlandsemittenten ist der Verstoß gegen die Offenlegung des Abschlusses oder Lageberichts wie auch die Nichtoffenlegung des Bilanzeides nach § 335 Abs. 1 S. 1 Nr. 1 HGB mit einem Ordnungsgeld sanktioniert, das eine Höhe von bis zu 25 000 EURO erreichen kann. Als Ordnungswidrigkeiten sind des Weiteren sanktioniert die fehlende Hinweisbekanntmachung nach § 39 Abs. 2 Nr. 5 f. WpHG (Bußgeld bis zu 200 000 EURO), die fehlende Übermittlung derselben an das Unternehmensregister nach § 39 Abs. 2 Nr. 6 WpHG (Bußgeld bis zu 1 000 000 EURO) und § 104a Abs. 1 HGB (Bußgeld bis zu 200 000 EURO) sowie die fehlende Mitteilung an die BaFin nach § 39 Abs. 2 Nr. 2m WpHG (Bußgeld bis zu 200 000 EURO). Die Veröffentlichung eines unrichtigen oder unvollständigen Finanzabschlusses oder Lageberichts stellt nach § 331 Nr. 1 HGB bei Vorsatz ferner eine mit Geldstrafe oder Freiheitsstrafe von bis zu 3 Jahren sanktionierte Straftat dar. Gleiches gilt für die Abgabe eines unrichtigen Bilanzeides (§ 331 Nr. 3a HGB). Weiter sind verschiedene inhaltliche Verstöße gegen einzelne, die Aufstellung betreffende Vorschriften bei Vorsatz nach § 334 Abs. 1 Nr. 1–4 HGB als Ordnungswidrigkeiten mit Geldbußen von bis zu 50 000 EURO sanktioniert. In sehr engen Grenzen kommt ferner eine Strafbarkeit nach §§ 263, 264a StGB in Betracht.

Die Pflicht zur Erstellung und Veröffentlichung eines Halbjahresfinanzberichts ist für alle Inlandsemittenten einheitlich in § 37w Abs. 1 S. 1 WpHG geregelt. Ebenso wie beim Jahresfinanzbericht umfasst diese Pflicht eine Hinweisbekanntmachung dazu, ab welchem Zeitpunkt und unter welcher Internetadresse der Bericht zugäng-

---

[588] *Zimmermann* in Fuchs WpHG § 37v Rn 14; *Fehrenbacher* in MünchKomm HGB § 325 Rn 25; vgl. *Mülbert/Steup* NZG 2007, 761.

[589] *Zimmermann* in Fuchs WpHG § 37v Rn 8; *Hönsch* in Assmann/Schneider WpHG § 37v Rn 20; *Mülbert/Steup* NZG 2007, 761.

lich ist (§ 37w Abs. 1 S. 2 WpHG). Die Hinweisbekanntmachung ist der BaFin mitzuteilen (§ 37w Abs. 1 S. 3 WpHG) und ebenso wie der Halbjahresfinanzbericht dem Unternehmensregister zur Speicherung zu übermitteln (§ 37w Abs. 1 S. 3 und 4 WpHG). Nach § 37w Abs. 2 WpHG hat der Halbjahresfinanzbericht mindestens einen verkürzten Abschluss, einen Zwischenlagebericht und den Bilanzeid[590] zu enthalten, wobei der verkürzte Abschluss nach § 37w Abs. 3 S. 1 WpHG zumindest eine verkürzte Bilanz, eine verkürzte Gewinn- und Verlustrechnung und einen Anhang beinhalten muss. Nach § 37w Abs. 4 S. 1 und 2 WpHG sind im Zwischenlagebericht mindestens die wichtigen Ereignisse des Berichtszeitraums im Unternehmen des Emittenten und ihre Auswirkungen auf den verkürzten Abschluss anzugeben sowie die wesentlichen Chancen und Risiken für die dem Berichtszeitraum folgenden sechs Monate zu beschreiben und die wesentlichen Geschäfte mit nahestehenden Personen anzugeben. Nach § 37w Abs. 5 WpHG besteht die Möglichkeit, nicht aber die Pflicht zu einer prüferischen Durchsicht des verkürzten Abschlusses und des Zwischenlageberichts, wobei auf die Tatsache einer fehlenden prüferischen Durchsicht im Halbjahresfinanzbericht hinzuweisen ist (§ 37w Abs. 5 S. 6 WpHG).

Die Abgabe eines unrichtigen Bilanzeides im Rahmen des Halbjahresfinanzberichts stellt wiederum nach § 331 Nr. 3a HGB bei Vorsatz eine mit Geldstrafe oder Freiheitsstrafe von bis zu 3 Jahren sanktionierte Straftat dar. Die fehlende oder verspätete Veröffentlichung des Halbjahresfinanzberichts wird in § 39 Abs. 2 Nr. 24 WpHG und die fehlende Übermittlung an das Unternehmensregister nach § 39 Abs. 2 Nr. 25 WpHG sowie § 104a Abs. 1 HGB (Bußgeld jeweils bis zu 200 000 EURO) sanktioniert. Als Ordnungswidrigkeiten sind des Weiteren sanktioniert die fehlende Hinweisbekanntmachung nach § 39 Abs. 2 Nr. 5g WpHG (Bußgeld bis zu 200 000 EURO), die fehlende Übermittlung derselben an das Unternehmensregister nach § 39 Abs. 2 Nr. 6 WpHG (Bußgeld bis zu 1 000 000 EURO) und § 104a Abs. 1 HGB (Bußgeld bis zu 200 000 EURO) sowie die fehlende Mitteilung an die BaFin nach § 39 Abs. 2 Nr. 2n WpHG (Bußgeld bis zu 200 000 EURO). Wiederum kommt für Erstellungsfehler eine Sanktionierung darüber hinaus nur in den sehr engen Grenzen der §§ 263, 264a StGB in Betracht.

Als weitere periodische Publizitätspflicht sieht § 37x Abs. 1 S. 1 WpHG für alle Inlandsemittenten die Pflicht vor, in einem Zeitraum zwischen zehn Wochen nach Beginn und sechs Wochen vor Ende der ersten und zweiten Hälfte des Geschäftsjahres jeweils eine Zwischenmitteilung der Geschäftsführung der Öffentlichkeit zur Verfügung zu stellen. Auch hinsichtlich der Zwischenmitteilung besteht nach § 37x Abs. 1 S. 2, 3 und 4 WpHG die Pflicht zur Veröffentlichung einer Hinweisbekanntmachung sowie zur Mitteilung derselben an die BaFin und zur Übermittlung der Hinweisbekanntmachung sowie der Zwischenmitteilung an das Unternehmensregister zur Speicherung.

---

[590] Vgl. hierzu *Schellhorn* DB 2009, 2363 ff.

Nach § 37x Abs. 2 WpHG hat die Zwischenmitteilung Informationen über den Zeitraum zwischen dem Beginn der jeweiligen Hälfte des Geschäftsjahrs und dem Zeitpunkt, zu dem die Informationen der Öffentlichkeit zur Verfügung gestellt werden, zu enthalten, die eine Beurteilung darüber ermöglichen, wie sich die Geschäftstätigkeit des Emittenten entwickelt hat[591]. Anzugeben sind hierbei die wesentlichen Ereignisse und Geschäfte und es ist zu erläutern, welche Auswirkungen diese auf die Finanzlage des Unternehmens haben. Im Unterschied zu dem Jahresfinanzbericht und dem Halbjahresfinanzbericht besteht im Rahmen des Zwischenberichts keine Pflicht zur Abgabe eines Bilanzeides. Ebenso wenig besteht eine Pflicht zur prüferischen Durchsicht. Nach § 37x Abs. 3 WpHG entfällt die Pflicht zur Veröffentlichung einer Zwischenmitteilung bei Erstellung und Veröffentlichung eines Quartalsfinanzberichts, sofern dieser den inhaltlichen Vorgaben des § 37w Abs. 2 Nr. 1 und 2, Abs. 3 und 4 WpHG entspricht.

Als Ordnungswidrigkeiten sind die fehlende Hinweisbekanntmachung nach § 39 Abs. 2 Nr. 5h WpHG (Bußgeld bis zu 200 000 EURO), die fehlende Übermittlung derselben an das Unternehmensregister nach § 39 Abs. 2 Nr. 6 WpHG (Bußgeld bis zu 1 000 000 EURO) und § 104a Abs. 1 HGB (Bußgeld bis zu 200 000 EURO) sowie die fehlende Mitteilung an die BaFin nach § 39 Abs. 2 Nr. 2o WpHG (Bußgeld bis zu 200 000 EURO) sanktioniert.

Verstößt der Emittent gegen die ihm nach dem WpHG obliegenden Verpflichtungen, so kann die BaFin nach § 4 Abs. 2 S. 1 WpHG die zu ihrer Durchsetzung geeigneten und erforderlichen Anordnungen treffen. Daneben kann ein Sanktionsausschuss bei vorsätzlichem oder fahrlässigem Verstoß gegen börsenrechtliche Vorschriften den Emittenten nach § 22 Abs. 2 BörsG mit einem Verweis, einem Ordnungsgeld bis zu 250 000 EURO oder mit einem Ausschluss von der Börse von bis zu 30 Handelstagen belegen. Als letztes Mittel kommt ein Widerruf der Zulassung von Wertpapieren zum Handel im regulierten Markt durch die Geschäftsführung der Börse nach § 39 Abs. 1 BörsG in Betracht.

7. Weitere Haftungsvoraussetzungen

a) Verschulden

Die Innenhaftung von Vorstandsmitgliedern setzt stets Verschulden voraus, ohne dass es auf den konkreten Haftungstatbestand ankommt. Eine verschuldensunabhängige (Gefährdungs-) Haftung für die im Gesellschaftsvermögen eingetretenen Schäden besteht nach deutschem Recht nicht. Der Verschuldens- bzw. Sorgfaltsmaßstab für Vorstandsmitglieder ergibt sich aus § 93 Abs. 1 S. 1 AktG. Aus der Doppelfunktion der Vorschrift ergibt sich neben den allgemeinen Sorgfaltspflichten der Vor-

---

[591] *Zimmermann* in Fuchs WpHG§ 37x Rn 13; *Hönsch* in Assmann/Schneider WpHG § 37x Rn 16 f.

standsmitglieder auch der ihnen obliegende Verschuldensmaßstab[592]. Danach ist eine Pflichtverletzung von dem Vorstandsmitglied dann zu vertreten, wenn es die Sorgfalt eines ordentlichen und gewissenhaften Geschäftsleiters nicht eingehalten und dabei zumindest fahrlässig gehandelt hat[593]. Der Verschuldensmaßstab des § 93 Abs. 1 S. 1 AktG ist normativer Natur und weitgehend objektiv gefasst. Daher kommt es nicht auf die individuellen Kenntnisse und Fähigkeiten des jeweils betroffenen Vorstandsmitglieds an. Es hat vielmehr diejenige Sorgfalt einzuhalten, die von einem ordentlichen und gewissenhaften Geschäftsleiter in der konkreten Situation des Vorstandsmitglieds erwartet werden muss[594].

Vorstandsmitglieder haben daher stets für die Fähigkeiten und Kenntnisse einzustehen, die erforderlich sind, um dem ihnen obliegenden Sorgfaltsmaßstab hinsichtlich ihrer Leitungsaufgabe zu genügen[595]. Zu berücksichtigen sind dabei insbesondere die Größe und Art des Unternehmens. Mangelnde Erfahrungen, Fähigkeiten und Kenntnisse eines einzelnen Vorstandsmitglieds entlasten dieses nicht[596]. Der Tatbeitrag anderer Verwaltungsmitglieder bzw. Angestellter der Gesellschaft bleibt bei der Haftung von Vorstandsmitgliedern unberücksichtigt. Daher kommt auch eine Zurechnung gemäß § 278 BGB bzw. § 831 BGB nicht in Betracht[597].

An einem Verschulden des Vorstands fehlt es, wenn aus der Sicht eines ordentlichen und gewissenhaften Geschäftsleiters die Pflichtwidrigkeit nicht erkennbar und der eingetretene Schaden nicht voraussehbar oder vermeidbar war[598]. Fälle mangelnder Erkennbarkeit kommen nur selten vor, sind jedoch insbesondere im Grenzbereich unternehmerischen Ermessens denkbar. Im Übrigen wird in der Regel das Verschulden des jeweiligen Vorstandsmitglieds durch die Pflichtwidrigkeit indiziert[599].

---

[592] *Hüffer* AktG § 93 Rn 3; *Fleischer* in Spindler/Stilz AktG § 93 Rn 10; *Hopt* in Großkomm AktG § 93 Rn 252; *Mertens* in Kölner Komm AktG § 93 Rn 7; *Semler* AG 2005, 321, 324.

[593] *Thümmel* Persönliche Haftung von Managern und Aufsichtsräten Rn 219; *Plück/Lattwein* Haftungsrisiken für Manager S. 115; *Semler* AG 2005, 321, 324.

[594] *Hüffer* AktG § 93 Rn 4; *Mertens* in Kölner Komm AktG § 93 Rn 98; *Thümmel* Persönliche Haftung von Managern und Aufsichtsräten Rn 220; *Hopt* in Großkomm AktG § 93 Rn 255; *Semler* AG 2005, 321, 324.

[595] BGH WM 1971, 1548, 1549; *Fleischer* in Spindler/Stilz AktG § 93 Rn 193; *Bürgers/Israel* in Bürgers/Körber AktG § 93 Rn 24; *Mertens* in Kölner Komm AktG § 93 Rn 99; *Hopt* in Großkomm AktG § 93 Rn 255; *Thümmel* Persönliche Haftung von Managern und Aufsichtsräten Rn 193.

[596] OLG Düsseldorf AG 1997, 231, 235; *Hüffer* AktG § 93 Rn 14; *Thümmel* Persönliche Haftung von Managern und Aufsichtsräten Rn 220; *Hopt* in Großkomm AktG § 93 Rn 255.

[597] *Hüffer* AktG § 93 Rn 14; *Fleischer* in Spindler/Stilz AktG § 93 Rn 195; *Bürgers/Israel* in Bürgers/Körber AktG § 93 Rn 25; *Hopt* in Großkomm AktG § 93 Rn 257.

[598] *Thümmel* Persönliche Haftung von Managern und Aufsichtsräten Rn 221.

[599] *Thümmel* Persönliche Haftung von Managern und Aufsichtsräten Rn 221; *Hopt* in Großkomm AktG § 93 Rn 255; *Mertens* in Kölner Komm AktG § 93 Rn 99.

b) Schaden und Kausalität

Durch die schuldhafte Pflichtverletzung des Vorstands muss ein adäquat kausaler Schaden bei der Gesellschaft eingetreten sein[600]. Für die Berechnung des Schadens sind die §§ 249 ff. BGB maßgeblich. Es gelten daher die allgemeinen Grundsätze, so dass ein Schaden nach der Differenzhypothese gegeben ist, wenn ein Vergleich des Gesellschaftsvermögens nach Eintritt des schädigenden Ereignisses (Ist-Zustand) mit dem Stand des Gesellschaftsvermögens ohne das schädigende Ereignis (Soll-Zustand) eine Vermögensminderung ergibt[601]. Der zu ersetzende Schaden umfasst neben dem eingetretenen Vermögensverlust auch den nach regelmäßigen Umständen zu erwartenden entgangenen Gewinn gemäß § 252 BGB[602].

Der Schaden der Gesellschaft muss durch die Pflichtwidrigkeit verursacht worden sein. Insoweit gelten die allgemeinen Grundsätze, insbesondere die Adäquanztheorie. Danach ist zu ermitteln, ob die Pflichtverletzung nach dem gewöhnlichen Lauf der Dinge geeignet war, eine Beeinträchtigung der eingetretenen Art herbeizuführen und ob diese Beeinträchtigung noch unter den Schutzzweck der Innenhaftungsnormen fällt[603].

c) Darlegungs- und Beweislast

Nach den allgemeinen Vorschriften obliegt die Darlegungs- und Beweislast grundsätzlich demjenigen, der sich auf die Norm, dessen Tatbestandsmerkmale in Frage stehen, beruft und dem die Norm nutzt[604]. Danach hat grundsätzlich die Gesellschaft die Beweislast hinsichtlich aller Tatbestandsmerkmale der die Haftung des Vorstands begründenden Normen zu tragen. § 93 Abs. 2 S. 2 AktG sieht hiervon

---

[600] *Hüffer* AktG § 93 Rn 15; *Fleischer* in Spindler/Stilz AktG § 93 Rn 202; *Bürgers/Israel* in Bürgers/Körber AktG § 93 Rn 23; *Hopt* in Großkomm AktG § 93 Rn 261; *Mertens* in Kölner Komm AktG § 93 Rn 23; *Thümmel* Persönliche Haftung von Managern und Aufsichtsräten Rn 222; *Plück/Lattwein* Haftungsrisiken für Manager S. 117.

[601] *Hüffer* AktG § 93 Rn 15; *Fleischer* in Spindler/Stilz AktG § 93 Rn 198; *Bürgers/Israel* in Bürgers/Körber AktG § 93 Rn 22; *Thümmel* Persönliche Haftung von Managern und Aufsichtsräten Rn 222; *Hopt* in Großkomm AktG § 93 Rn 264; a.A. (eine Vermögensminderung stellt nur dann einen Schaden dar, wenn sie nicht dem Unternehmenszweck dient) *Mertens* in Kölner Komm AktG § 93 Rn 23; *Wiesner* in MünchHdb AG § 26 Rn 6.

[602] OLG Düsseldorf AG 1997, 231, 237 f.; *Hopt* in Großkomm AktG § 93 Rn 264; *Bürgers/Israel* in Bürgers/Körber AktG § 93 Rn 22; *Mertens* in Kölner Komm AktG § 93 Rn 24; *Thümmel* Persönliche Haftung von Managern und Aufsichtsräten Rn 224; *Plück/Lattwein* Haftungsrisiken für Manager S. 117.

[603] *Hopt* in Großkomm AktG § 93 Rn 266; *Fleischer* in Spindler/Stilz AktG § 93 Rn 202; *Bürgers/Israel* in Bürgers/Körber AktG § 93 Rn 23; *Mertens* in Kölner Komm AktG § 93 Rn 23; *Thümmel* Persönliche Haftung von Managern und Aufsichtsräten Rn 222.

[604] *Hüffer* AktG § 93 Rn 16; *Rosenberg* Die Beweislast S. 98 f.; *Peltzer* in Semler/Peltzer ArbHdb für Vorstandsmitglieder § 9 Rn 190.

eine Ausnahme vor und kehrt die Beweislast insoweit um, als in Frage steht, ob das Vorstandsmitglied die Sorgfalt eines ordentlichen und gewissenhaften Geschäftsleiters beachtet hat. Nach herrschender Meinung werden von dieser Beweislastregel sowohl das Verschulden des Vorstandsmitglieds, als auch die Pflichtwidrigkeit seines Verhaltens erfasst[605]. Die Beweislast für die weiteren Tatbestandsmerkmale, insbesondere den Eintritt und die Höhe des Schadens, die Handlung des jeweiligen Vorstandsmitglieds sowie die Kausalität zwischen Handlung und Schaden, trägt nach den allgemeinen Regeln weiterhin die Gesellschaft[606].

Hintergrund der Regelung ist, dass der Gesellschaft der Nachweis der Pflichtwidrigkeit und des Verschuldens des Vorstandsmitglieds andernfalls häufig nicht möglich wäre, dem Vorstand auf der anderen Seite wegen seiner größeren Sachnähe und dem Zugriff auf die Geschäftsunterlagen ein Nachweis leichter fällt[607]. Der Grundsatz der Sachnähe des Vorstands ist jedoch auch über die Beweislastregel des § 93 Abs. 2 S. 2 AktG hinaus zu berücksichtigen[608].

Der Gesellschaft sind daher auch dann Beweiserleichterungen einzuräumen, wenn nicht nur die Pflichtwidrigkeit des Vorstandshandelns sowie sein Verschulden in Frage stehen. So ist unter besonderen Umständen eine Beweiserleichterung auch im Hinblick auf den Schaden anzuerkennen. So kann aus tatsächlichen Anzeichen ein Indiz für einen Schaden zu entnehmen sein. Ergibt sich beispielsweise aus den Buchungsunterlagen ein Kassenfehlbetrag, so wird wegen der dem Vorstand obliegenden Buchführungspflicht zugunsten der Gesellschaft vermutet, dass dieser Schaden tatsächlich eingetreten ist und nicht nur auf Buchungsfehlern beruht. Das Risiko der Unaufklärbarkeit des Verbleibs von eingegangenen Mitteln liegt dann bei dem jeweiligen Vorstandsmitglied[609].

Problematisch ist die Beweislastumkehr im Falle von ausgeschiedenen Vorstandsmitgliedern, da sie zu den Geschäftsunterlagen keinen bzw. keinen ungehinderten Zugang mehr haben. In der Regel sehen die Anstellungsverträge oder die Geschäftsordnungen ausdrücklich vor, dass die Vorstandsmitglieder bei ihrem Ausscheiden

---

[605] BGHZ 152, 280, 284; *Hüffer* AktG § 93 Rn 16; *Hopt* in Großkomm AktG § 93 Rn 285 f.; *Thümmel* Persönliche Haftung von Managern und Aufsichtsräten Rn 226; *Mertens* in Kölner Komm AktG § 93 Rn 101; *Paefgen* AG 2004, 245, 257; a.A. (allein das Verschulden ist Gegenstand der Beweislastregel) *Lutter/Hommelhoff* GmbHG § 43 Rn 31.

[606] *Hüffer* AktG § 93 Rn 16; *Fleischer* in Spindler/Stilz AktG § 93 Rn 208; *Bürgers/Israel* in Bürgers/Körber AktG § 93 Rn 26; *Thümmel* Persönliche Haftung von Managern und Aufsichtsräten Rn 226; *Mertens* in Kölner Komm AktG § 93 Rn 101.

[607] *Thümmel* Persönliche Haftung von Managern und Aufsichtsräten Rn 226; *Fleischer* in Spindler/Stilz AktG § 93 Rn 207; *Bürgers/Israel* in Bürgers/Körber AktG § 93 Rn 26; *Hefermehl/Spindler* in MünchKomm AktG § 93 Rn 86.

[608] *Hopt* in Großkomm AktG § 93 Rn 277.

[609] BGH WM 1985, 1293 f.; BGH BB 1974, 994; *Hüffer* AktG § 93 Rn 17; *Fleischer* in Spindler/Stilz AktG § 93 Rn 210; *Bürgers/Israel* in Bürgers/Körber AktG § 93 Rn 28; *Hopt* in Großkomm AktG § 93 Rn 282; *Mertens* in Kölner Komm AktG § 93 Rn 105.

zur Rückgabe aller Geschäftsunterlagen nebst etwaiger Kopien verpflichtet sind[610]. Eine solche Regelung wird allgemein als zulässig erachtet[611]. Die Gesellschaft hat daher den ausgeschiedenen Vorstandsmitgliedern das erforderliche Material zur Verfügung zu stellen sowie ihnen Einsicht in die Bücher und Schriften zu gewähren[612]. Die Durchsetzung dieses Anspruchs kann sich jedoch in der Praxis als schwierig erweisen.

Die Beweislastverteilung gilt grundsätzlich auch im Rahmen der Ansprüche nach § 93 Abs. 3 AktG. Abweichend davon erstreckt sich die Beweislastumkehr des § 93 Abs. 2 S. 2 AktG auch auf den Schaden, dessen Eintritt im Rahmen der Ansprüche gemäß § 93 Abs. 3 AktG grundsätzlich vermutet wird[613].

d) Verjährung

Gemäß §§ 93 Abs. 6, 117 Abs. 6 AktG verjähren Ansprüche aus §§ 93 Abs. 1 bis 5 bzw. 117 AktG innerhalb von fünf Jahren. Diese Frist gilt für alle Ansprüche aus §§ 93, 117 AktG, also auch für Ansprüche wegen Verletzung der Kapitalerhaltungspflicht gemäß § 93 Abs. 3 AktG, sowie für das Verfolgungsrecht der Gesellschaftsgläubiger gemäß §§ 93 Abs. 5, 117 Abs. 5 AktG[614]. Maßgeblich für den Fristbeginn ist § 200 BGB[615]. Ein Anspruch ist entstanden, soweit er erstmals gerichtlich geltend gemacht werden kann, sei es auch nur durch Feststellungsklage, so dass es auf eine konkrete Bezifferung des Schadens nicht ankommt[616]. In jedem Fall beginnt die Verjährung allerdings erst dann zu laufen, wenn die pflichtwidrige Handlung abgeschlossen ist. Dies ist in der Regel solange noch nicht der Fall, wie die begangene Pflichtverletzung von dem betreffenden Vorstandsmitglied ver-

---

[610] *Fleischer* in Spindler/Stilz AktG § 93 Rn 211; *Bürgers/Israel* in Bürgers/Körber AktG § 93 Rn 29; *Hölters* in Münch Vertragshdb Band 1 GesRV 64 Rn 11; *Semler* AG 2005, 321, 329.

[611] BGH NZG 2008, 834; OLG Düsseldorf NZG 2007, 632; *Hölters* in Münch Vertragshdb Band 1 GesRV 64 Rn 11; einschränkend *Henze* Der Aufsichtsrat 2007, 81 (Herausgabe erst nach Ablauf der fünfjährigen Verjährungsfrist für Schadensersatzansprüche nach §§ 116, 93 Abs. 6 AktG).

[612] *Hopt* in Großkomm AktG § 93 Rn 297; *Fleischer* in Spindler/Stilz AktG § 93 Rn 211; *Bürgers/Israel* in Bürgers/Körber AktG § 93 Rn 29; (weitergehend) *Hüffer* AktG § 93 Rn 17; BGHZ 152, 280, 285 (für die GmbH).

[613] *Hüffer* AktG § 93 Rn 22; *Hopt* in Großkomm AktG § 93 Rn 235, 292; *Mertens* in Kölner Komm AktG § 93 Rn 87.

[614] *Hüffer* AktG § 93 Rn 36; *Bürgers/Israel* in Bürgers/Körber AktG § 93 Rn 54; *Thümmel* Persönliche Haftung von Managern und Aufsichtsräten Rn 231.

[615] *Hüffer* AktG § 93 Rn 37; *Fleischer* in Spindler/Stilz AktG § 93 Rn 259; *Bürgers/Israel* in Bürgers/Körber AktG § 93 Rn 54; a. A. (Verjährungsbeginn nach § 199 BGB) *Landwehrmann* in Heidel AktG § 93 Rn 193.

[616] BGHZ 100, 228, 231; *Hüffer* AktG § 93 Rn 37; *Fleischer* in Spindler/Stilz AktG § 93 Rn 259; *Thümmel* Persönliche Haftung von Managern und Aufsichtsräten Rn 231; *Plück/Lattwein* Haftungsrisiken für Manager S. 116.

schwiegen wird[617]. Vereinbarungen, die zu einer Verkürzung der Verjährungsfrist führen, sind unzulässig[618].

Konkurrierende Schadenersatzansprüche aufgrund anderer Haftungsnormen als § 93 Abs. 2 AktG verjähren selbständig nach den auf diese anwendbaren Regelungen, insbesondere den §§ 195, 199 Abs. 1 und 3 BGB[619]. In der Regel gilt daher die dreijährige Verjährungsfrist des § 195 BGB. Sie beginnt mit dem Schluss des Jahres zu laufen, in dem der Anspruch entstanden ist und die Gesellschaft vom Schädiger und dem Schaden Kenntnis erlangt hat oder nur aufgrund grob fahrlässiger Unkenntnis nicht erlangt hat (§ 199 Abs. 1 BGB)[620]. Dies gilt auch dann, wenn die Haftung auf einer Schutzgesetzverletzung im Sinne von § 823 Abs. 2 BGB beruht und das anwendbare Schutzgesetz aus dem Aktienrecht stammt[621].

8. Beschränkung der Innenhaftung

a) Einleitung

Die Mitglieder des Vorstands unterliegen gegenüber der Gesellschaft einer weit reichenden Innenhaftung. Um dieser strengen Haftung zu entgehen, haben die Vorstandsmitglieder ein besonderes Interesse daran, ihre Haftung zu beschränken, sei es durch eine Billigung des pflichtwidrigen Vorstandshandelns vor dessen Begehung, durch einen nachträglichen Verzicht auf entstandene Schadenersatzansprüche oder eine vertragliche Haftungsbeschränkung.

b) Billigung pflichtwidrigen Vorstandshandelns

Bei einer Haftungsbefreiung des Vorstands durch Billigung seines Verhaltens vor dessen Begehung ist an eine Billigung durch den Aufsichtsrat oder die Hauptversammlung zu denken. Eine Billigung des Vorstandshandelns durch den Aufsichtsrat mit haftungsbefreiender Wirkung kommt gemäß § 93 Abs. 4 S. 2 AktG ausdrücklich nicht in Betracht. Dies beruht folgerichtig insbesondere darauf, dass der Aufsichtsrat dem Vorstand keinerlei Weisung erteilen kann[622]. Der Vorstand handelt

---

[617] *Thümmel* Persönliche Haftung von Managern und Aufsichtsräten Rn 232.

[618] *Thümmel* Persönliche Haftung von Managern und Aufsichtsräten Rn 233.

[619] (Zur alten Rechtslage) BGHZ 100, 190, 200 ff.; *Hüffer* AktG § 93 Rn 36; *Mertens* in Kölner Komm AktG § 93 Rn 156.

[620] *Hüffer* AktG § 93 Rn 36; *Thümmel* Persönliche Haftung von Managern und Aufsichtsräten Rn 234.

[621] *Thümmel* Persönliche Haftung von Managern und Aufsichtsräten Rn 234; *Schneider* in Scholz § 43 GmbHG Rn 202; *Zöllner/Noack* in Baumbach/Hueck § 43 GmbHG Rn 58; a.A. *Hefermehl* in Geßler/Hefermehl/Eckardt/Kropff § 93 AktG Rn 87.

[622] *Hüffer* AktG § 93 Rn 27; *Bürgers/Israel* in Bürgers/Körber AktG § 93 Rn 35; *Thümmel* Persönliche Haftung von Managern und Aufsichtsräten Rn 330.

vielmehr gemäß § 76 Abs. 1 AktG unter eigener Verantwortung. Auch soweit die getroffene Entscheidung einem Zustimmungsvorbehalt des Aufsichtsrats gemäß § 111 Abs. 4 S. 2 AktG unterliegt, kommt der Zustimmung des Aufsichtsrats keine haftungsbefreiende Wirkung zu. Vielmehr handelt in diesem Fall auch der Aufsichtsrat pflichtwidrig mit der Folge eigener Haftung.

Eine Haftungsbefreiung des Vorstands durch Beschluss der Hauptversammlung kommt hingegen in Betracht, wenn sie die potentiell pflichtwidrige Maßnahme billigt, bevor der Vorstand sie vornimmt (§ 93 Abs. 4 S. 1 AktG). In der Regel ist eine Entscheidung durch die Hauptversammlung über eine möglicherweise pflichtwidrige Geschäftsführungsmaßnahme des Vorstands nicht praktikabel. Zunächst muss die Hauptversammlung einberufen werden, was einen umfassenden zeitlichen Vorlauf erfordert. Zudem sind die Aktionäre in der Hauptversammlung umfassend über alle mit dem Beschlussgegenstand in Zusammenhang stehenden Fragen zu informieren (§ 131 AktG). Schließlich hat eine solche Maßnahme insbesondere bei Gesellschaften mit größerem Aktionärskreis eine in der Regel unerwünschte Öffentlichkeitswirkung zur Folge. Eine Billigung des Vorstandshandelns durch vorherigen Beschluss der Hauptversammlung kommt daher in der Praxis überwiegend bei kleinen Gesellschaften mit einem übersichtlichen Aktionärskreis in Betracht[623].

Zudem tritt durch den Beschluss der Hauptversammlung gemäß § 93 Abs. 4 S. 1 AktG allein eine Haftungsbefreiung gegenüber der Gesellschaft ein. Unmittelbare Ersatzansprüche der Gläubiger der Gesellschaft gemäß § 93 Abs. 5 AktG werden, wenn von der Gesellschaft keine Befriedigung mehr erlangt werden kann, von der Haftungsbefreiung nicht erfasst[624].

c) Nachträglicher Verzicht

Weiterhin ist bei einer Haftungsbefreiung des Vorstands an einen nachträglichen Verzicht auf bereits entstandene Innenhaftungsansprüche zu denken. Anders als bei der GmbH hat der Beschluss der Hauptversammlung über die Entlastung der Vorstandsmitglieder nach § 120 Abs. 1 AktG keine Verzichtswirkung im Hinblick auf Ersatzansprüche der Gesellschaft gegenüber ihren Vorstandsmitgliedern. Während bei der GmbH anerkannt ist, dass ein Entlastungsbeschluss der Gesellschafterversammlung solche Haftungsansprüche präkludiert, die für die Gesellschafterversammlung aufgrund der Rechenschaftslegung und der sonst zugänglich gemachten Unterlagen und Angaben erkennbar waren[625], ist eine solche Wirkung

---

[623] *Thümmel* Persönliche Haftung von Managern und Aufsichtsräten Rn 332; *Semler* AG 2005, 321, 333; zu Einzelheiten vgl. *Ek* Praxisleitfaden für die Hauptversammlung Rn 495 ff.

[624] *Thümmel* Persönliche Haftung von Managern und Aufsichtsräten Rn 333; *Fleischer* in Spindler/Stilz AktG § 93 Rn 246.

für die Aktiengesellschaft gemäß § 120 Abs. 2 S. 2 AktG ausdrücklich ausgeschlossen.

In Betracht kommt allerdings ein Verzicht dadurch, dass entstandene Innenhaftungsansprüche faktisch nicht geltend gemacht werden. Verzichtet der Aufsichtsrat auf eine Geltendmachung, so kommt eine Anspruchsverfolgung durch die Hauptversammlung gemäß §§ 147, 148 AktG in Betracht. Gemäß § 147 Abs. 1 AktG ist der Aufsichtsrat verpflichtet, Ersatzansprüche gegen die Vorstandsmitglieder geltend zu machen, wenn es die Hauptversammlung mit einfacher Stimmenmehrheit beschließt (§ 147 Abs. 1 S. 1 AktG). Zudem kommt die Geltendmachung von Ersatzansprüchen durch die Aktionäre im eigenen Namen gemäß § 148 AktG in Betracht, wenn Aktionäre, deren Anteile im Zeitpunkt der Antragstellung zusammen 1% des Grundkapitals oder den anteiligen Betrag von 100 000 EURO erreichen, erfolgreich die Durchführung eines Zulassungsverfahrens beantragt haben. Verfolgen auch die Aktionäre die Ansprüche der Gesellschaft gegen ihre Vorstandsmitglieder nicht, so tritt eine Innenhaftung der Vorstandsmitglieder mit Ablauf der Verjährungsfrist des § 93 Abs. 6 AktG in fünf Jahren nach Entstehung des Anspruchs ein.

Zu beachten ist in diesem Zusammenhang allerdings, dass Aufsichtsratsmitglieder, die pflichtwidrig die Geltendmachung von Ersatzansprüchen unterlassen, selbst eine Pflichtverletzung begehen[626].

Ein nachträglicher Erlass bereits entstandener Innenhaftungsansprüche ist nur unter den engen Voraussetzungen des § 93 Abs. 4 S. 3 AktG möglich. Danach kann die Gesellschaft auf Innenhaftungsansprüche gegen ihre Vorstandsmitglieder erst nach Ablauf von drei Jahren nach der Entstehung des Anspruchs verzichten oder sich über sie vergleichen. Erforderlich ist zudem ein Beschluss der Hauptversammlung, gegen den nicht mehr als mit 10% am Grundkapital beteiligte Aktionäre Widerspruch eingelegt haben dürfen. Durch die zeitliche Beschränkung des Anspruchsverzichts soll verhindert werden, dass die Gesellschaft auf Ansprüche verzichtet, ohne dass das gesamte Ausmaß des Schadens erkennbar geworden ist[627]. Ist das ersatzpflichtige Vorstandsmitglied zahlungsunfähig, so gilt die zeitliche Beschränkung der Verzichts- bzw. Vergleichsmöglichkeit gemäß § 93 Abs. 4 S. 4 AktG nicht, um eine Abwendung oder Beendigung des Insolvenzverfahrens nicht zu verhindern[628].

---

[625] BGH NJW 1959, 192; BGH WM 1976, 736, 737; BGHZ 97, 382; *Thümmel* Persönliche Haftung von Managern und Aufsichtsräten Rn 347; *Zöllner* in Baumbach/Hueck § 46 GmbHG Rn 41; *Lutter/Hommelhoff* GmbHG § 46 Rn 14; *K. Schmidt* in Scholz § 46 GmbHG Rn 93 f.

[626] BGHZ 135, 244 ff.

[627] *Hüffer* AktG § 93 Rn 28; *Thümmel* Persönliche Haftung von Managern und Aufsichtsräten Rn 342; *Hopt* in Großkomm AktG § 93 Rn 366 ff.; *Peltzer* in Semler/Peltzer ArbHdb für Vorstandsmitglieder § 9 Rn 208.

[628] *Hüffer* AktG § 93 Rn 30; *Fleischer* in Spindler/Stilz AktG § 93 Rn 240; *Bürgers/Israel* in Bürgers/Körber AktG § 93 Rn 39; *Thümmel* Persönliche Haftung von Managern und Aufsichtsräten Rn 343; *Mertens* in Kölner Komm AktG § 93 Rn 138.

d) Vertragliche Haftungsbeschränkungen

Weiterhin stellt sich die Frage, inwieweit eine Beschränkung der Haftung von Vorstandsmitgliedern durch eine Vereinbarung mit der Aktiengesellschaft zulässig ist. Während bei der GmbH nach überwiegender Ansicht die Haftung der Geschäftsführer gegenüber der Gesellschaft gemäß § 43 GmbHG durch eine entsprechende Regelung in der Satzung oder dem Anstellungsvertrag beschränkt werden kann[629], kommt bei der Aktiengesellschaft eine Haftungserleichterung durch entsprechende Satzungsbestimmungen oder vertragliche Regelungen nicht in Betracht. § 93 Abs. 2 S. 1 AktG ist insoweit zwingend[630]. Dies wird insbesondere mit der strengen Regelung zum Verzicht bzw. Vergleich über Innenhaftungsansprüche gemäß § 93 Abs. 4 S. 3 AktG begründet[631].

9. Geltendmachung von Innenhaftungsansprüchen

a) Geltendmachung von Ersatzansprüchen durch die Aktiengesellschaft

aa) Zuständigkeit des Aufsichtsrats

Begeht ein Vorstandsmitglied Pflichtverletzungen gegenüber der Aktiengesellschaft, so entsteht im Hinblick auf die Geltendmachung von Ersatzansprüchen der Gesellschaft gegen das Vorstandsmitglied ein Interessenkonflikt. Da die Gesellschaft gerichtlich und außergerichtlich grundsätzlich von ihren Vorstandsmitgliedern vertreten wird (§ 78 Abs. 1 AktG), wäre das pflichtwidrig handelnde Vorstandsmitglied bzw. seine Kollegen im Vorstand verpflichtet, die Ersatzansprüche geltend zu machen. Dabei kann nicht davon ausgegangen werden, dass die Vorstandsmitglieder, die die Ansprüche geltend machen, unbefangen sind. § 112 AktG regelt deshalb ausdrücklich, dass die Gesellschaft gegenüber ihren Vorstandsmitgliedern gerichtlich und außergerichtlich ausnahmsweise vom Aufsichtsrat vertreten wird. Hierdurch soll eine Gefährdung der Interessen der Gesellschaft verhindert werden[632].

---

[629] BGH NJW 2002, 3777, 3778; *U.H. Schneider* in Scholz GmbHG § 43 Rn 184; *Zöllner/Noack* in Baumbach/Hueck § 43 GmbHG Rn 46; *Altmeppen* in Roth/Altmeppen GmbHG § 43 Rn 82; *Hommelhoff/Kleindieck* in Lutter/Hommelhoff GmbHG § 43 Rn 37 ff.

[630] *Hüffer* AktG § 93 Rn 1; *Hopt* in Großkomm AktG § 93 Rn 23 ff.; *Plück/Lattwein* Haftungsrisiken für Manager S. 115; *Thümmel* Persönliche Haftung von Managern und Aufsichtsräten Rn 350.

[631] *Hopt* in Großkomm AktG § 93 Rn 25; *Plück/Lattwein* Haftungsrisiken für Manager S. 115; *Thümmel* Persönliche Haftung von Managern und Aufsichtsräten Rn 350; *Semler* AG 2005, 321, 332.

[632] Ganz h.M., BGHZ 103, 213, 216; BGH NJW 1989, 2055, 2056; BGH AG 1991, 269; BGHZ 130, 108, 111 f.; OLG München EWiR 2009, 397, 397; *Hüffer* AktG § 112 Rn 1; *Spindler* in Spindler/Stilz AktG § 112 Rn 1; *Bürgers/Israel* in Bürgers/Körber AktG § 112 Rn 1; *Nägele/Böhm* BB 2005, 2197.

Die Aufsichtsratsmitglieder vertreten die Gesellschaft sowohl gegenüber amtierenden als auch bereits ausgeschiedenen Vorstandsmitgliedern, ohne dass es darauf ankommt, ob deren Bestellung wirksam oder unwirksam war[633].

Nach der ARAG/Garmenbeck-Entscheidung des Bundesgerichtshofs ist der Aufsichtsrat grundsätzlich verpflichtet, Ersatzansprüche der Gesellschaft gegen ihre Vorstandsmitglieder geltend zu machen, wenn der Vorstand gegenüber der Gesellschaft eine Pflichtverletzung begangen hat, aus der ihr ein Schadenersatzanspruch erwächst[634]. Dem Aufsichtsrat kommt hinsichtlich der Frage, ob Ansprüche der Gesellschaft gegen ihren Vorstand geltend zu machen sind, kein erheblicher unternehmerischer Ermessensspielraum zu. Seine Entscheidung ist allein dem Unternehmenswohl verpflichtet, das grundsätzlich die Wiederherstellung des geschädigten Gesellschaftsvermögens verlangt.

> *„[Der Aufsichtsrat wird daher] von der Geltendmachung voraussichtlich begründeter Schadenersatzansprüche gegen einen pflichtwidrig handelnden Vorstand nur dann ausnahmsweise absehen dürfen, wenn gewichtige Interessen und Belange der Gesellschaft dafür sprechen, den ihr entstandenen Schaden ersatzlos hinzunehmen. Diese Voraussetzung wird im Allgemeinen nur dann erfüllt sein, wenn die Gesellschaftsinteressen und -belange, die es geraten erscheinen lassen, keinen Ersatz des der Gesellschaft durch den Vorstand zugefügten Schadens zu verlangen, die Gesichtspunkte, die für eine Rechtsverfolgung sprechen, überwiegen oder ihnen zumindest annähernd gleichwertig sind. In diesem Zusammenhang können die von dem Berufungsgericht hervorgehobenen Gesichtspunkte, wie negative Auswirkungen auf Geschäftstätigkeit und Ansehen der Gesellschaft in der Öffentlichkeit, Behinderung der Vorstandsarbeit und Beeinträchtigung des Betriebsklimas, durchaus Bedeutung erlangen“*[635].

Der Bundesgerichtshof folgert hieraus,

> *„dass die Verfolgung der Schadenersatzansprüche gegenüber einem Vorstandsmitglied die Regel sein muss. Hingegen bedarf es gewichtiger Gegengründe und einer besonderen Rechtfertigung, von einer – voraussichtlich – aussichtsreichen Anspruchsverfolgung, die einem Anspruchsverzicht der Gesellschaft außerordentlich nahe kommt, abzusehen; sie muss die Ausnahme darstellen“*[636].

bb) Klageerzwingungsrecht der Aktionäre und Bestellung besonderer Vertreter

(1) Einleitung. Interessenkonflikte können auch zwischen den Mitgliedern des Aufsichtsrats und den Vorstandsmitgliedern entstehen. Häufig kennen sich die Aufsichtsräte und Vorstände sehr gut. Zum Teil stecken hinter Pflichtverletzungen des Vorstands aber auch zugleich Pflichtverletzungen des Aufsichtsrats, insbesondere im Hinblick auf die Überwachungspflichten des Aufsichtsrats, so dass eine Geltendma-

---

[633] *Hüffer* AktG § 112 Rn 2; *Spindler* in Spindler/Stilz AktG § 112 Rn 6; *Nägele/Böhm* BB 2005, 2197.
[634] BGHZ 135, 244 ff.
[635] BGHZ 135, 244, 255.
[636] BGHZ 135, 244, 255.

chung von Ersatzansprüchen gegen die Vorstandsmitglieder zugleich auch eigene Verfehlungen zutage fördern würde. Deshalb besteht die Gefahr, dass die Aufsichtsratsmitglieder den beschriebenen engen Ermessensspielraum, der ihnen im Hinblick auf die Geltendmachung von Ersatzansprüchen gegen Vorstandsmitglieder zusteht, aufgrund ihrer persönlichen Betroffenheit unbewusst pflichtwidrig ausüben[637]. Um zu verhindern, dass aufgrund solcher Konflikte die Interessen der Aktiengesellschaft an einem Ausgleich des bei ihr entstandenen Schadens vernachlässigt werden, sieht das Aktiengesetz in §§ 147, 148 AktG Einwirkungsmöglichkeiten der Aktionäre auf die Geltendmachung von Ersatzansprüchen gegen Vorstandsmitglieder vor[638].

(2) Klageerzwingungsverfahren. § 147 Abs. 1 S. 1 AktG räumt den Aktionären der Gesellschaft ein Klageerzwingungsrecht ein, so dass die Gesellschaft Ersatzansprüche gegen Vorstandsmitglieder geltend machen muss, wenn es die Hauptversammlung mit einfacher Stimmenmehrheit beschließt (§ 147 Abs. 1 S. 1 AktG). Parteien des Rechtsstreits sind die Gesellschaft und der Ersatzpflichtige. Vertreten wird die Gesellschaft gemäß § 112 AktG durch den Aufsichtsrat[639].

(a) Hauptversammlungsbeschluss. Gemäß § 147 Abs. 1 S. 1 AktG muss die Gesellschaft eine Schadenersatzklage gegen die betroffenen Vorstandsmitglieder erheben, wenn die Hauptversammlung dies mit einfacher Stimmenmehrheit beschließt. Dabei muss sich aus dem Beschluss hinlänglich genau ergeben, welche Ansprüche geltend zu machen sind und wer der Anspruchsgegner ist[640]. Vorstandsmitglieder, gegen die sich die Ansprüche richten und die zugleich Aktionäre der Gesellschaft sind, unterliegen bei der Abstimmung einem Stimmverbot gemäß § 136 Abs. 1 S. 1 3. Fall AktG[641]. Die Geltendmachung des Anspruchs muss zuvor in der Tagesordnung zur Hauptversammlung gemäß § 124 AktG angekündigt worden sein, es sei denn der Antrag auf Geltendmachung von Ersatzansprüchen steht im Zusammenhang mit einem in der Tagesordnung angekündigten Gegenstand im Sinne von § 124 Abs. 4 S. 2, 2. Fall AktG. Der Antrag ist dann bekanntmachungsfrei[642]. Nicht ausreichend hierfür ist, dass „nur“ die Entlastung des Vorstands auf der Tagesordnung steht[643].

---

[637] Vgl. *Schröer* in MünchKomm AktG § 147 Rn 7.

[638] *Hüffer* AktG § 147 Rn 1; *Mock* in Spindler/Stilz AktG § 147 Rn 1; *Holzborn* in Bürgers/Körber AktG § 147 Rn 1; *Schröer* in MünchKomm AktG § 147 Rn 6 f.; *Thümmel* Persönliche Haftung von Managern und Aufsichtsräten Rn 307.

[639] Vgl. hierzu *Hüffer* AktG § 147 Rn 2 ff.; *Mock* in Spindler/Stilz AktG § 147 Rn 9; *Holzborn* in Bürgers/Körber AktG § 147 Rn 5; *Nägele/Böhm* BB 2005, 2197.

[640] *Hüffer* AktG § 147 Rn 3; *Mock* in Spindler/Stilz AktG § 147 Rn 16; *Holzborn* in Bürgers/Körber AktG § 147 Rn 6; *Schröer* in MünchKomm AktG § 147 Rn 30.

[641] OLG Düsseldorf AG 1996, 373, 374; *Hüffer* AktG § 147 Rn 3; *Mock* in Spindler/Stilz AktG § 147 Rn 18; *Holzborn* in Bürgers/Körber AktG § 147 Rn 6; *Schröer* in MünchKomm AktG § 147 Rn 28.

[642] *Hüffer* AktG § 147 Rn 3; *Mock* in Spindler/Stilz AktG § 147 Rn 15; *Holzborn* in Bürgers/Körber AktG § 147 Rn 6; *Schröer* in MünchKomm AktG § 147 Rn 29.

[643] *Hüffer* AktG § 147 Rn 3; *Mock* in Spindler/Stilz AktG § 147 Rn 15; *Holzborn* in Bürgers/Körber AktG § 147 Rn 6; *Schröer* in MünchKomm AktG § 147 Rn 29.

(b) Gerichtliche Geltendmachung. Gemäß § 147 Abs. 1 S. 2 AktG sind die Ansprüche bei Vorliegen eines entsprechenden Hauptversammlungsbeschlusses innerhalb von 6 Monaten seit der Hauptversammlung, in der das Verlangen gestellt wurde, durch die Gesellschaft geltend zu machen. Dabei handelt es sich nicht um eine Ausschlussfrist, vielmehr soll hierdurch allein eine willkürliche Hinauszögerung der Geltendmachung durch die Gesellschaft verhindert werden[644]. Lässt der Aufsichtsrat die sechsmonatige Klagefrist verstreichen, stellt dies seinerseits eine Pflichtverletzung dar, die zu einem Ersatzanspruch der Gesellschaft gemäß §§ 93, 116 AktG – insbesondere hinsichtlich des eingetretenen Zinsschadens – führen kann[645].

(c) Bestellung besonderer Vertreter. Gemäß § 147 Abs. 2 S. 1 AktG kann die Hauptversammlung mit einfacher Mehrheit einen oder mehrere besondere Vertreter zur Geltendmachung von Ersatzansprüchen der Gesellschaft gegen ihre Vorstandsmitglieder bestellen. Hinsichtlich der Beschlussfassung über den Bestellungsbeschluss der Hauptversammlung gilt das zum Beschluss über die Geltendmachung von Ersatzansprüchen gemäß § 147 Abs. 1 AktG Gesagte entsprechend[646].

Daneben kann die Bestellung eines besonderen Vertreters gemäß § 147 Abs. 2 S. 2 AktG auch dann erfolgen, wenn Aktionäre, die mit 10% am Grundkapital beteiligt sind oder deren Aktien zusammen den Nennbetrag oder bei Stückaktien den rechnerischen Anteil am Grundkapital in Höhe von 1 Mio. EURO erreichen, dies beim Gericht am Sitz der Gesellschaft beantragen und das Gericht die Bestellung eines gesonderten Vertreters für zweckmäßig, d.h. erforderlich, hält[647]. Erforderlich ist die Bestellung eines besonderen Vertreters insbesondere dann, wenn objektive Anhaltspunkte dafür bestehen, dass die Minderheit dem zur Geltendmachung der Ansprüche Befugten nicht vertrauen kann, weil beispielsweise Zweifel an der Neutralität und Unabhängigkeit des Vertretungsorgans bestehen[648]. Die Aussichten der Klage hat das Gericht dabei nicht zu prüfen[649].

Aufgaben und Rechtsstellung des besonderen Vertreters sind im Einzelnen umstritten. Während das Reichsgericht[650] und ihm folgend die spätere Rechtspre-

---

644 *Schröer* in MünchKomm AktG § 147 Rn 38.

645 *Hüffer* AktG § 147 AktG Rn 5; *Mock* in Spindler/Stilz AktG § 147 Rn 22; *Holzborn* in Bürgers/Körber AktG § 147 Rn 8; *Schröer* in MünchKomm AktG § 147 Rn 38; *Bezzenberger* in Großkomm AktG § 147 Rn 38.

646 *Hüffer* AktG § 147 AktG Rn 6; *Schröer* in MünchKomm AktG § 147 Rn 47.

647 *Schröer* in MünchKomm AktG § 147 Rn 52; *Mock* in Spindler/Stilz AktG § 147 Rn 43; *Holzborn* in Bürgers/Körber AktG § 147 Rn 13; *Bezzenberger* in Großkomm AktG § 147 Rn 46.

648 AG Nürtingen AG 1995, 287; *Hüffer* AktG § 147 Rn 8; *Schröer* in MünchKomm AktG § 147 Rn 52.

649 *Schröer* in MünchKomm AktG § 147 Rn 52; *Mock* in Spindler/Stilz AktG § 147 Rn 44; *Holzborn* in Bürgers/Körber AktG § 147 Rn 6; *Bezzenberger* in Großkomm AktG § 147 Rn 46.

650 RGZ 83, 248, 251 f.

chung und die überwiegende Meinung in der Literatur[651] den besonderen Vertreter als Vorstand und Aufsichtsrat verdrängendes Organ qualifizierte, vermeidet das OLG München[652] in seiner Entscheidung in Sachen HVB/UniCredit eine solche Einordnung. Nach Ansicht des OLG München würde die Zubilligung einer dem Vorstand ähnlichen Stellung *„zu schwerwiegenden Eingriffen in die Struktur und Organisation der Gesellschaft mit der Gefahr erheblicher praktischer Schwierigkeiten"* führen. Das OLG München billigt dem besonderen Vertreter daher nur eng begrenzte Informationsrechte und kein eigenes Informationsbeschaffungs- und selbständiges Prüfungsrecht zu[653].

b) Geltendmachung von Ersatzansprüchen durch Dritte

aa) Prozessstandschaft der Aktionäre

Innenhaftungsansprüche der Gesellschaft gegen ihre Vorstandsmitglieder werden in erster Linie von der Gesellschaft geltend gemacht. Daneben besteht jedoch gemäß § 148 AktG subsidiär ein eigenes Klagerecht der Aktionäre im Sinne einer actio pro socio. Danach können Ersatzansprüche der Gesellschaft durch Aktionäre im eigenen Namen geltend gemacht werden, nachdem Aktionäre, deren Anteile im Zeitpunkt der Antragstellung zusammen 1% des Grundkapitals oder einen anteiligen Betrag von 100 000 EURO erreichen, erfolgreich ein Klagezulassungsverfahren betrieben haben.

(1) Klagezulassungsverfahren. Gemäß § 148 AktG können Aktionäre, deren Anteile im Zeitpunkt der Antragstellung zusammen 1% des Grundkapitals oder einen anteiligen Betrag von 100 000 EURO erreichen, die Zulassung beantragen, im eigenen Namen Ersatzansprüche der Gesellschaft gemäß § 147 Abs. 1 S. 1 AktG unter anderem gegen die Vorstandsmitglieder geltend zu machen.

Der Geltendmachung von Ersatzansprüchen im Wege der actio pro socio ist also ein Klagezulassungsverfahren vorgeschaltet. Die den Antrag stellenden Aktionäre müssen nachweisen, dass sie bereits vor dem Zeitpunkt, in dem sie aufgrund einer Veröffentlichung von der behaupteten Pflichtverletzung oder dem behaupteten Schaden Kenntnis erlangt haben oder hätten erlangen können, Aktionäre waren. Der Nachweis des Aktienbesitzes kann durch Depotauszüge oder Kaufunterlagen erfolgen[654]. Weiter müssen die Aktionäre nachweisen, dass sie die Gesellschaft vor Antragstellung unter Setzung einer angemessenen Frist vergeblich zur Erhebung der

---

[651] BGH ZIP 1981, 178, 179; LG München I ZIP 2007, 1809; *Bezzenberger* in Großkomm AktG § 147 Rn 52 m. w. N.

[652] OLG München ZIP 2008, 73.

[653] OLG München ZIP 2008, 73; ablehnend *Verhoeven* ZIP 2008, 245, 246 f.

[654] *Holzborn* in Bürgers/Körber AktG § 148 Rn 5; *Spindler* in Schmidt/Lutter AktG § 148 Rn 17; *Mock* in Spindler/Stilz AktG § 148 Rn 45.

Klage aufgefordert haben. Eine Frist von zwei Monaten ist hierbei angemessen[655]. In Anlehnung an § 281 Abs. 2 BGB ist eine Fristsetzung dann entbehrlich, wenn die Gesellschaft eine Klageerhebung ernsthaft und endgültig verweigert[656]. Zudem ist es erforderlich, dass Tatsachen vorliegen, die den Verdacht rechtfertigen, dass der Gesellschaft durch Unredlichkeit oder grobe Verletzung des Gesetzes oder der Satzung ein Schaden entstanden ist. Das Gericht darf daher dem Antrag auf Zulassung der Klage nur dann stattgeben, wenn eine Klage hinreichende Aussicht auf Erfolg hat[657]. Der Geltendmachung des Anspruchs dürfen keine überwiegenden Gründe des Gesellschaftswohls entgegenstehen. Ob Gründe des Gesellschaftswohls einer Klageerhebung entgegenstehen, trägt in der Regel die Gesellschaft im Rahmen des mit ihrer Beiladung nach § 148 Abs. 2 S. 7 AktG verbundenen Rechts zur Stellungnahme vor.

Nach einem erfolgreichen Zulassungsverfahren kann die Schadenersatzklage innerhalb von drei Monaten nach Eintritt der Rechtskraft der Zulassungsentscheidung erhoben werden, jedoch nur, wenn die Gesellschaft nach nochmaliger Aufforderung durch die Aktionäre unter angemessener Fristsetzung nicht selbst Klage erhebt (§ 148 Abs. 4 S. 1 AktG). Klagegegenstand kann allein der zugelassene Anspruch sein. Klagebefugt sind im Schadenersatzprozess ausschließlich die Antragsteller des Zulassungsverfahrens. Eine Nebenintervention ist nach der Zulassung der Klage nicht mehr möglich[658]. Die Klage ist auf Leistung an die Gesellschaft gerichtet[659]. Während des laufenden Zulassungs- oder Hauptverfahrens kann die Gesellschaft jederzeit selbst Klage auf Schadenersatz gegen das Organmitglied erheben oder ein anhängiges Verfahren in der jeweiligen Lage übernehmen. Für die Klage der Aktionäre als gesetzliche Prozessstandschafter entfällt hierdurch das Rechtsschutzinteresse, sie sind in dem Verfahren der Gesellschaft allerdings beizuladen (§ 148 Abs. 3 AktG)[660].

Wird der Antrag auf Klagezulassung abgewiesen, haben die Antragsteller gemäß § 148 Abs. 6 AktG die Kosten des Zulassungsverfahrens zu tragen, es sei denn, die Abweisung beruht auf entgegenstehenden Gründen des Gesellschaftswohls, die die

---

[655] *Hüffer* AktG § 148 Rn 7; *Holzborn* in Bürgers/Körber AktG § 148 Rn 5; *Mock* in Spindler/Stilz AktG § 148 Rn 48.

[656] *Hüffer* AktG § 148 Rn 7; *Spindler* in Schmidt/Lutter AktG § 148 Rn 19; *Holzborn* in Bürgers/Körber AktG § 148 Rn 6; *Mock* in Spindler/Stilz AktG § 148 Rn 48.

[657] *Holzborn* in Bürgers/Körber AktG § 148 Rn 7; *Mock* in Spindler/Stilz AktG § 148 Rn 52; *Nirk* in Nirk/Ziemons/Binnewies Hdb der AG Rn 1385; *Paschos/Neumann* DB 2005, 1779, 1780; *Seibert/Schütz* ZIP 2004, 252, 253; *Diekmann/Leuering* NZG 2004, 249, 250; *Linnerz* NZG 2004, 307, 309; *Thümmel* DB 2004, 471, 474.

[658] *Hüffer* AktG § 148 Rn 18; *Holzborn* in Bürgers/Körber AktG § 148 Rn 17; *Mock* in Spindler/Stilz AktG § 148 Rn 95; *Paschos/Neumann* DB 2005, 1779, 1781.

[659] *Seibert/Schütz* ZIP 2004, 252, 253; *Diekmann/Leuering* NZG 2004, 249, 250.

[660] *Hüffer* AktG § 148 Rn 13; *Holzborn* in Bürgers/Körber AktG § 148 Rn 15; *Mock* in Spindler/Stilz AktG § 148 Rn 86; *Spindler* in Schmidt/Lutter AktG § 148 Rn 32; *Paschos/Neumann* DB 2005, 1779, 1783.

Gesellschaft vor Antragstellung hätte mitteilen können. Wird die Klage zugelassen, steht den Klägern selbst bei Klageabweisung ein Kostenerstattungsanspruch gegen die Gesellschaft zu, es sei denn, die Zulassung der Klage ist durch vorsätzlich oder grob fahrlässig unrichtigen Vortrag bewirkt worden. Ferner besteht ein Kostenerstattungsanspruch der Antragsteller, wenn die Gesellschaft im Verfahrensverlauf selbst Klage gegen das Organmitglied erhebt oder ein anhängiges Verfahren übernimmt. In diesem Fall hat die Gesellschaft alle bis dahin den Klägern bzw. Antragstellern entstandenen Kosten zu tragen. Der Kostenerstattungsanspruch umfasst sowohl die Kosten des Haupt- als auch des Zulassungsverfahrens[661]. Kosten für mehr als einen Anwalt sind jedoch nur dann zu erstatten, wenn die Beauftragung eines weiteren Anwalts zur Rechtsverfolgung unerlässlich war[662]. Lediglich unterschiedliche Wohnorte reichen hierzu nicht aus[663]. Keinen Kostenerstattungsanspruch haben die Aktionäre allerdings als Beigeladene[664].

(2) Bekanntmachungen zur Haftungsklage. Nach § 149 Abs. 1 AktG sind der Antrag auf Zulassung der Klage sowie die Verfahrensbeendigung bei börsennotierten Gesellschaften nach rechtskräftiger Zulassung der Klage gemäß § 148 AktG unverzüglich in den Gesellschaftsblättern, in der Regel also im elektronischen Bundesanzeiger, bekannt zu machen. Bei nicht börsennotierten Aktiengesellschaften können diese Informationen hingegen im geschlossenen Gesellschafterkreis verbleiben[665].

Die Verfahrensbeendigung ist in den Gesellschaftsblättern in allen Einzelheiten darzustellen[666]. Die Bekanntmachung ist materielle Wirksamkeitsvoraussetzung für etwaige Verpflichtungen der Gesellschaft oder Dritter, deren Zusage der Gesellschaft zuzurechnen ist[667]. Dies gilt auch für prozessvermeidende Vereinbarungen. Andernfalls sind bereits erbrachte Leistungen vom Vorstand der Gesellschaft als ungerechtfertigte Bereicherung zurück zu fordern[668]. Die prozessualen Wirkungen,

---

661 *Hüffer* AktG § 148 Rn 22.

662 *Mock* in Spindler/Stilz AktG § 148 Rn 105.

663 *Hüffer* AktG § 148 Rn 23; *Mock* in Spindler/Stilz AktG § 148 Rn 105.

664 *Mock* in Spindler/Stilz AktG § 148 Rn 104; *Spindler* in Schmidt/Lutter AktG § 148 Rn 49; *Holzborn* in Bürgers/Körber AktG § 148 Rn 22; *Paschos/Neumann* DB 2005, 1779, 1784.

665 *Hüffer* AktG § 149 Rn 1; *Holzborn* in Bürgers/Körber AktG § 149 Rn 1; *Mock* in Spindler/Stilz AktG § 149 Rn 3; *Paschos/Neumann* DB 2005, 1779, 1785.

666 *Hüffer* AktG § 149 Rn 3; *Mock* in Spindler/Stilz AktG § 149 Rn 16; *K. Schmidt* NZG 2005, 796, 800.

667 *Hüffer* AktG § 149 Rn 1; *Holzborn* in Bürgers/Körber AktG § 149 Rn 6; *Mock* in Spindler/Stilz AktG § 149 Rn 19; *Nirk* in Nirk/Ziemons/Binnewies der AG Rn 1385.4; *K. Schmidt* NZG 2005, 796, 800; *Seibert/Schütz* ZIP 2004, 252, 257; *Diekmann/Leuering* NZG 2004, 249, 251; *Kuthe* BB 2004, 449, 451.

668 *Holzborn* in Bürgers/Körber AktG § 149 Rn 6; *Mock* in Spindler/Stilz AktG § 149 Rn 20; *Hüffer* AktG § 149 Rn 4.

insbesondere die Beendigung des Prozesses, bleiben hingegen auch bei fehlender Bekanntmachung bestehen[669].

(3) Sonderprüfung. Die Ausübung der in § 148 AktG eingeräumten Prozessstandschaft zur Geltendmachung von Organhaftungsansprüchen durch die Aktionäre der Gesellschaft ist nur auf der Grundlage eines zuvor hinreichend ermittelten Sachverhalts möglich. Die Ermittlung des Sachverhalts kann in der Praxis oftmals nur durch eine vorausgehende Sonderprüfung gemäß §§ 142 ff. AktG erfolgen. In Übereinstimmung mit den Schwellenwerten in § 148 AktG können daher Aktionäre, deren Anteile bei Antragstellung zusammen 1% des Grundkapitals oder einen anteiligen Betrag von 100 000 EURO erreichen, die Bestellung von Sonderprüfern nach § 142 Abs. 2 S. 1 AktG beantragen[670].

Der Antrag der Minderheit auf gerichtliche Bestellung eines Sonderprüfers, der an das örtlich zuständige Landgericht zu richten ist, ist nur zulässig, wenn zuvor ein entsprechender Beschlussantrag von der Hauptversammlungsmehrheit abgelehnt worden ist. Zudem müssen die den Antrag stellenden Minderheitsaktionäre die Aktien seit mindestens drei Monaten vor dem Tag der Hauptversammlung, in der der Antrag auf Bestellung des Sonderprüfers gescheitert ist[671], bis zur Entscheidung über den Antrag halten. Für eine Vereinbarung zur Vermeidung einer Sonderprüfung gelten gemäß § 142 Abs. 2 S. 3 AktG die Bekanntmachungspflichten des § 149 AktG entsprechend.

bb) Recht zur Geltendmachung von Ersatzansprüchen durch die Gläubiger der Gesellschaft

(1) Einführung. In engen Grenzen können Gläubiger der Gesellschaft einen Ersatzanspruch der Gesellschaft gemäß § 93 Abs. 2 und 3 bzw. 117 AktG geltend machen, *„soweit sie von dieser keine Befriedigung erlangen können"* (§§ 93 Abs. 5, 117 Abs. 5 AktG). Hierdurch soll die Rechtsstellung der Gläubiger im Vergleich zu den allgemeinen Regeln der Rechtsverfolgung verbessert werden. Insbesondere soll vermieden werden, dass die Gläubiger zunächst einen Titel gegen die Aktiengesellschaft erwirken müssen, um deren Schadenersatzansprüche gegen die Vorstandsmitglieder pfänden (§ 829 ZPO) und sich überweisen (§ 835 ZPO) lassen zu können[672]. Um-

---

[669] *Holzborn* in Bürgers/Körber AktG § 149 Rn 6; *Mock* in Spindler/Stilz AktG § 149 Rn 21; *Nirk* in Nirk/Ziemons/Binnewies Hdb der AG Rn 1385.4; *Seibert/Schütz* ZIP 2004, 252, 257; *Kuthe* BB 2004, 449, 451.

[670] *Holzborn* in Bürgers/Körber AktG § 142 Rn 16; *Mock* in Spindler/Stilz AktG § 142 Rn 112; *Nirk* in Nirk/Ziemons/Binnewies Hdb der AG Rn 1353; *Paschos/Neumann* DB 2005, 1779 f.; *Langenbucher* DStR 2005, 2083, 2084.

[671] *Holzborn* in Bürgers/Körber AktG § 142 Rn 17; *Mock* in Spindler/Stilz AktG § 142 Rn 116; *Hüffer* AktG § 142 Rn 23; *Jänig* BB 2005, 949, 951 f.; *Langenbucher* DStR 2005, 2083, 2088.

[672] *Hüffer* AktG § 93 Rn 31; *Bürgers/Israel* in Bürgers/Körber AktG § 93 Rn 43; *Fleischer* in Spindler/Stilz AktG § 93 Rn 250; *Mertens* in Kölner Komm AktG § 93 Rn 141.

stritten, aber von geringer praktischer Bedeutung, ist die Frage, ob es sich bei diesem Recht der Gläubiger um eine gesetzliche Prozessstandschaft mit Modifikationen zum Anspruch der Gesellschaft[673] oder einen eigenen Anspruch des jeweiligen Gläubigers handelt, dessen Bestand allerdings mit dem Gesellschaftsanspruch verknüpft ist[674].

(2) Voraussetzungen. Zur Geltendmachung eines Ersatzanspruchs der Gesellschaft gegen ihre Vorstandsmitglieder durch einen Gläubiger der Gesellschaft ist es erforderlich und ausreichend, dass die Aktiengesellschaft nicht zahlen kann. Nicht erforderlich ist, dass zuvor ein fruchtloser Vollstreckungsversuch erfolgt ist. Bloße Zahlungsunwilligkeit genügt auf der anderen Seite jedoch nicht[675].

Im Weiteren muss unterschieden werden, ob es sich um die Geltendmachung eines Ersatzanspruchs der Gesellschaft gemäß § 93 Abs. 3 AktG wegen Verstoßes gegen die Kapitalerhaltungsvorschriften bzw. § 117 AktG wegen unerlaubter Einflussnahme oder um einen sonstigen Anspruch gemäß § 93 Abs. 2 AktG handelt. Während ein Anspruch gemäß §§ 93 Abs. 3 oder 117 AktG ungeachtet des Verschuldensgrads der Vorstandsmitglieder von den Gläubigern der Gesellschaft geltend gemacht werden kann, ist dies bei einem Anspruch gemäß § 93 Abs. 2 AktG nur dann der Fall, wenn das betroffene Vorstandsmitglied wenigstens grob fahrlässig gehandelt hat (§ 93 Abs. 5 S. 2, 1. Hbs. AktG). Die Beweislast für das Fehlen grober Fahrlässigkeit obliegt allerdings gemäß § 93 Abs. 2 S. 2 AktG i.V.m. § 93 Abs. 5 S. 2, 2. Hbs. AktG dem Vorstandsmitglied.

Ein Verzicht, Vergleich oder ein das pflichtwidrige Verhalten billigender Beschluss der Hauptversammlung hat gemäß §§ 93 Abs. 5 S. 3, 117 Abs. 5 S. 2 AktG keine Auswirkungen auf das Recht der Gläubiger, Ansprüche gemäß §§ 93, 117 AktG geltend zu machen (§ 93 Abs. 5 S. 3). Insoweit ist ihr Verfolgungsrecht unabhängig vom Anspruch der Gesellschaft[676].

(3) Ausübung des Verfolgungsrechts. Der Gläubiger kann und muss Leistung an sich selbst, nicht an die Gesellschaft verlangen[677]. Auch die Rechtsverfolgung des Anspruchs durch die Gesellschaft und den Gläubiger ist unabhängig voneinander, so

---

[673] LG Köln AG 1976, 105 f.; *Hüffer* AktG § 93 Rn 31; *Wiesner* in MünchHdb AG § 26 Rn 23.

[674] *Mertens* in Kölner Komm AktG § 93 Rn 142; *Bürgers/Israel* in Bürgers/Körber AktG § 93 Rn 43; *Fleischer* in Spindler/Stilz AktG § 93 Rn 251.

[675] *Hüffer* AktG § 93 Rn 33; *Bürgers/Israel* in Bürgers/Körber AktG § 93 Rn 44; *Fleischer* in Spindler/Stilz AktG § 93 Rn 253; *Mertens* in Kölner Komm AktG § 93 Rn 144; *Wiesner* in MünchHdb AG § 26 Rn 24.

[676] Vgl. *Hüffer* AktG § 93 Rn 33; *Bürgers/Israel* in Bürgers/Körber AktG § 93 Rn 44; *Fleischer* in Spindler/Stilz AktG § 93 Rn 254.

[677] Ganz h.M., *Hüffer* AktG § 93 Rn 34; *Bürgers/Israel* in Bürgers/Körber AktG § 93 Rn 45; *Fleischer* in Spindler/Stilz AktG § 93 Rn 256; *Mertens* in Kölner Komm AktG § 93 Rn 143; *Wiesner* in MünchHdb AG § 26 Rn 25.

dass ein Vorstandsmitglied, das bereits von der Gesellschaft verklagt ist, der Klage des Gläubigers nicht die Einrede der Rechtshängigkeit entgegensetzen kann. Ebenso entfaltet ein im Prozess der Gesellschaft ergangenes Urteil keine Rechtskraftwirkung gegen den Gläubiger[678]. Allerdings geht, wenn das Vorstandsmitglied an die Aktiengesellschaft zahlt, mit deren Anspruch auch der Anspruch des Gläubigers unter. Insoweit sind die Ansprüche akzessorisch. Zur Vermeidung dieser für den Gläubiger unerwünschten Folge ist gegebenenfalls auch bei Zahlungsunfähigkeit der Gesellschaft die Pfändung und Überweisung des Anspruchs der Gesellschaft gegen ihr Vorstandsmitglied vorzuziehen[679]. Eine Leistung des Vorstandsmitglieds an den Gläubiger der Gesellschaft befreit dagegen erst dann vom Anspruch der Gesellschaft, wenn der Gläubiger die Leistung verlangt hatte[680].

In der Insolvenz der Aktiengesellschaft wird das Verfolgungsrecht der Gläubiger gemäß §§ 93 Abs. 5 S. 4, 117 Abs. 5 S. 3 AktG durch den Insolvenzverwalter ausgeübt. Nach Insolvenzeröffnung können die Gläubiger die Vorstandsmitglieder daher nicht mehr in Anspruch nehmen[681]. War die Klage bei Insolvenzeröffnung bereits rechtshängig, so tritt analog § 240 ZPO die Unterbrechung des Rechtsstreits ein[682].

II. Außenhaftung

1. Einleitung

Die Aktiengesellschaft hat gemäß § 1 Abs. 1 S. 1 AktG eine eigene Rechtspersönlichkeit. Sie ist daher selbst Trägerin der Rechte und Pflichten, die aus Rechtsbeziehungen mit Dritten entstehen. Ihr fehlt es jedoch an einer eigenen Handlungsfähigkeit, so dass sie durch ihre Organe und Vertreter handelt[683]. Sie wird rechtsgeschäftlich durch den Vorstand als organschaftlichem Vertreter der Gesellschaft verpflichtet (§ 78 Abs. 1 AktG i.V.m. §§ 164 ff. BGB). Tatsächliche, insbesondere deliktische Handlungen des Vorstands, durch die gegenüber einem Dritten

---

[678] *Hüffer* AktG § 93 Rn 34; *Bürgers/Israel* in Bürgers/Körber AktG § 93 Rn 45; *Mertens* in Kölner Komm AktG § 93 Rn 146; *Wiesner* in MünchHdb AG § 26 Rn 25.

[679] Vgl. hierzu *Hüffer* AktG § 93 Rn 34; *Mertens* in Kölner Komm AktG § 93 AktG Rn 141; *Wiesner* in MünchHdb AG § 26 Rn 25.

[680] *Hüffer* AktG § 93 Rn 34; *Mertens* in Kölner Komm AktG § 93 Rn 146.

[681] RGZ 74, 428, 429 f.; RG JW 1935, 3301; *Hüffer* AktG § 93 Rn 35; *Bürgers/Israel* in Bürgers/Körber AktG § 93 Rn 46; *Fleischer* in Spindler/Stilz AktG § 93 Rn 257; *Hopt* in Großkomm AktG § 93 Rn 422; *Mertens* in Kölner Komm AktG § 93 Rn 155.

[682] *Hüffer* AktG § 93 Rn 35; *Bürgers/Israel* in Bürgers/Körber AktG § 93 Rn 46; *Fleischer* in Spindler/Stilz AktG § 93 Rn 257.

[683] *Hüffer* AktG § 1 Rn 4; *Fock* in Spindler/Stilz AktG § 1 Rn 33; *Habersack* in Großkomm AktG § 78 Rn 13.

eine Schadenersatzverpflichtung entsteht und die der Vorstand in Ausführung einer ihm zustehenden Verrichtung begangen hat, werden nach herrschender Meinung der Gesellschaft gemäß § 31 BGB zugerechnet[684]. Daher hat die Gesellschaft auch Dritten gegenüber grundsätzlich für das Handeln ihrer Organe in Ausübung ihrer Funktion einzustehen. Hierfür haben die Vorstandsmitglieder gegenüber der Gesellschaft im Rahmen der Innenhaftung einzustehen. Dies schließt daneben eine persönliche Haftung der Verwaltungsorgane der Gesellschaft gegenüber Dritten wegen schädigenden Verhaltens nicht aus[685]. Mangels umfangreicher spezialgesetzlicher Außenhaftungsregelungen ergibt sich eine persönliche Außenhaftung der Organmitglieder insbesondere aus dem Deliktsrecht und den Prospekthaftungsregelungen.

2. Spezialgesetzlich geregelte Außenhaftung

a) Haftung für rechtsgeschäftliche Verbindlichkeiten der später nicht eingetragenen Vorgesellschaft

§ 41 Abs. 1 S. 2 AktG regelt die so genannte Handelndenhaftung vor Eintragung der Gesellschaft in das Handelsregister. Vor Eintragung der Gesellschaft besteht die Aktiengesellschaft als solche gemäß § 41 Abs. 1 S. 1 AktG nicht. Ungeachtet dessen kann und muss die Gesellschaft unter Umständen in verschiedener Weise tätig werden. Einerseits ist die Eintragung der Gesellschaft in das Handelsregister zu betreiben und andererseits kann es erforderlich werden, insbesondere wenn ein Unternehmen in die Gesellschaft eingebracht worden ist, bereits vor Eintragung der Gesellschaft dessen Geschäfte weiter zu betreiben.

Ist die Gesellschaft bereits durch Feststellung der Satzung (§ 23 AktG) und Übernahme sämtlicher Aktien durch die Gründer (§ 29 AktG) errichtet, wird sie als so genannte Vor-AG bezeichnet. Die notwendigen Organe der Vor-AG sind der Vorstand, der Aufsichtsrat und die Gründerversammlung[686]. Dem Vorstand kommt die Leitung der Vor-AG zu. Wird im Namen der Vor-AG, d.h. zwischen Errichtung und Eintragung der Gesellschaft, rechtsgeschäftlich für diese gehandelt, so haften die

---

[684] H.M., *Hüffer* AktG § 78 Rn 23; *Westermann* in Bürgers/Körber AktG § 1 Rn 12; *Fleischer* in Spindler/Stilz AktG § 78 Rn 51; *Ellenberger* in Palandt § 31 BGB Rn 1 ff.; *Reuter* in MünchKomm BGB § 31 Rn 19 ff., 29; *Habersack* in Großkomm AktG § 78 Rn 22 f.; *Schmolke* Organwalterhaftung S. 17; a.A. (Pflichtverletzungen im Rahmen rechtlicher Sonderverbindungen werden über § 278 BGB zugerechnet) RGZ 122, 351, 359; *Heider* in MünchKomm AktG § 1 Rn 42; *Weick* in Staudinger § 31 BGB Rn 3.

[685] BGHZ 109, 297, 302; BGH NJW 1996, 1535, 1536; BGH NJW 1974, 1371, 1372; *Hüffer* AktG § 78 Rn 23; § 93 Rn 20a; *Fleischer* in Spindler/Stilz AktG § 78 Rn 51; *Habersack* in Großkomm AktG § 78 Rn 22; *Reuter* in MünchKomm BGB § 31 Rn 43.

[686] *Hüffer* AktG § 41 Rn 6; *Körber* in Bürgers/Körber AktG § 41 Rn 8.

Handelnden gemäß § 41 Abs. 1 S. 2 AktG für die so begründeten Verbindlichkeiten persönlich[687].

Die Handelndenhaftung gemäß § 41 Abs. 1 S. 2 AktG tritt neben die Haftung der Vorgesellschaft für die begründeten Verbindlichkeiten. Sobald die Gesellschaft ins Handelsregister eingetragen wird und daher als Aktiengesellschaft entstanden ist, erlischt die Handelndenhaftung nach § 41 Abs. 1 S. 2 AktG. Ihr kommt daher in der Praxis nur dann eine Bedeutung zu, wenn die Gesellschaft endgültig nicht ins Handelsregister eingetragen wird. Anderenfalls sind die von der Vorgesellschaft begründeten Verbindlichkeiten nach der Eintragung im Handelsregister im Rahmen der Unterbilanzhaftung von den Gesellschaftern zu übernehmen[688]. Die Haftung gilt allein für rechtsgeschäftliche Verbindlichkeiten der Gesellschaft. Die Haftung für unerlaubte Handlungen wird hingegen von § 41 Abs. 1 S. 2 AktG nicht erfasst[689].

b) Haftung für Schäden der Gesellschaft oder ihrer Aktionäre durch schädigenden Einfluss der Vorstandsmitglieder

Aus § 117 Abs. 1 und 2 AktG ergibt sich zunächst ein Anspruch der Gesellschaft gegenüber den Vorstandsmitgliedern, wenn diese entweder selbst unzulässig Einfluss auf die Gesellschaft, die Mitglieder der Verwaltungsorgane bzw. die leitenden Angestellten nehmen (§ 117 Abs. 1 AktG) bzw. einer unzulässigen Einflussnahme durch Dritte nicht widerstehen und dabei die ihnen obliegenden Pflichten verletzen (§ 117 Abs. 2 AktG). Gemäß § 117 Abs. 1 S. 2 AktG steht ein Anspruch auf den sich daraus ergebenden Schaden neben der Gesellschaft auch den Aktionären der Gesellschaft zu. Hinsichtlich des Pflichtwidrigkeitsmaßstabs sowie der Beweislast gilt das Gleiche wie im Rahmen der Innenhaftung gemäß § 93 AktG[690].

Den Aktionären der Gesellschaft steht der Anspruch allerdings nur insoweit zu, als er über den bei der Gesellschaft und den dadurch als Reflex auch in ihrem Vermögen entstandenen Schaden hinausgeht[691]. Dies ist insbesondere der Fall, wenn der Aktionär der Gesellschaft aufgrund falscher Angaben ein Darlehen zur Abwendung der Insolvenz und zur Erhaltung des Wertes seiner Beteiligung gewährt[692]. Der infolge einer Schädigung der Gesellschaft eingetretene Kursverlust stellt hingegen nur

---

[687] *Hüffer* AktG § 41 Rn 18; *Körber* in Bürgers/Körber AktG § 41 Rn 16; *Heidinger* in Spindler/Stilz AktG § 41 Rn 109; *Thümmel* Persönliche Haftung von Managern und Aufsichtsräten Rn 370; *Schnabel/Lücke* in Beck'sches Mandatshdb Vorstand der AG § 6 Rn 288.

[688] BGHZ 80, 129, 140 ff.; *Hüffer* AktG § 41 Rn 8; *Thümmel* Persönliche Haftung von Managern und Aufsichtsräten Rn 371.

[689] *Hüffer* AktG § 41 Rn 21.

[690] *Hüffer* AktG § 117 Rn 10; *Schall* in Spindler/Stilz AktG § 117 Rn 24; *Thümmel* Persönliche Haftung von Managern und Aufsichtsräten Rn 395.

[691] *Hüffer* AktG § 117 Rn 10; *Bürgers/Israel* in Bürgers/Körber AktG § 117 Rn 3; *Schall* in Spindler/Stilz AktG § 117 Rn 20.

[692] BGHZ 94, 55 ff.; *Schall* in Spindler/Stilz AktG § 117 Rn 20.

einen Reflexschaden dar, der durch einen Ersatz des Schadens der Gesellschaft ausgeglichen wird und daher nicht zu einem eigenen Ersatzanspruch der Aktionäre führt[693]. Eine Haftung kommt dann nicht in Betracht, wenn die Handlung des Vorstands auf einem gesetzmäßigen Beschluss der Hauptversammlung beruht, die Billigung der Handlung durch den Aufsichtsrat genügt jedoch nicht (§ 117 Abs. 2 S. 3 und 4 AktG). Der Anspruch verjährt gemäß § 117 Abs. 6 AktG ebenso wie die Ansprüche aus § 93 AktG in fünf Jahren.

c) Haftung für die Verletzung von Steuerpflichten

Gemäß § 34 AO sind die Vorstandsmitglieder verpflichtet, die steuerlichen Pflichten der Gesellschaft zu erfüllen. Insbesondere haben sie dafür zu sorgen, dass die Steuern aus den Mitteln der Gesellschaft entrichtet werden. Verletzen sie diese Pflichten, indem insbesondere Ansprüche aus Steuerschuldverhältnissen vorsätzlich oder grob fahrlässig nicht oder nicht rechtzeitig festgesetzt oder erfüllt bzw. Steuervergünstigungen oder Erstattungen ohne Rechtsgrund gewährt wurden, so haften die Vorstandsmitglieder hierfür gemäß § 69 AO persönlich auf Schadenersatz[694].

Die Vorstandsmitglieder können eine Haftung im Rahmen der Umsatzsteuer in der Regel vermeiden, wenn sie die Anmeldungen fristgerecht vornehmen und den Grundsatz anteiliger Tilgung beachten[695]. Die Vorstandsmitglieder sind danach verpflichtet, den Staat als Steuergläubiger nicht schlechter zu behandeln als die sonstigen Gläubiger der Gesellschaft. Daher sind die vorhandenen Mittel der Gesellschaft bezogen auf den steuerlichen Haftungszeitraum gleichmäßig zur Befriedigung des Finanzamts und der übrigen Gläubiger zu verwenden[696]. Wird dies nicht berücksichtigt, so liegt in der Regel grobes Verschulden vor.

Hinsichtlich der Lohnsteuer gilt der Grundsatz anteiliger Tilgung zwar ebenfalls[697], jedoch führt er in der Praxis nur selten zu einer Haftungsbeschränkung[698]. Anders als bei der Umsatzsteuer bemisst sich die zu zahlende Lohnsteuer nicht danach, wie viele Mittel zur Befriedigung aller Gläubiger verwandt wurden. Vielmehr gilt der

---

[693] BGHZ 94, 55, 58 f.; BGHZ 105, 121, 130 f.; *Hüffer* AktG § 117 Rn 9; *Mertens* in Kölner Komm AktG § 117 Rn 20.

[694] BFHE 121, 5; FG Bremen ZIP 2005, 2159, 2161; *Rüsken* in Klein AO § 69 Rn 13, 16; *Thümmel* Persönliche Haftung von Managern und Aufsichtsräten Rn 433; *Plück/Lattwein* Haftungsrisiken für Manager S. 134.

[695] BFH GmbHR 1991, 478, 479; BFH ZIP 1987, 1545; BFH GmbHR 2000, 1211, 1213 f.; *Rüsken* in Klein AO § 69 Rn 23; *Thümmel* Persönliche Haftung von Managern und Aufsichtsräten Rn 434; *Plück/Lattwein* Haftungsrisiken für Manager S. 134.

[696] BFH DB 1985, 2542; *Rüsken* in Klein AO § 69 Rn 23; *Thümmel* Persönliche Haftung von Managern und Aufsichtsräten Rn 434; *Plück/Lattwein* Haftungsrisiken für Manager S. 134.

[697] BFH BStBl 1988, 859, 860; *Rüsken* in Klein AO § 69 Rn 28.

[698] *Rüsken* in Klein AO § 69 Rn 28.

Grundsatz der anteiligen Tilgung bei der Lohnsteuer nur insoweit, als dass das Finanzamt hinsichtlich der Lohnsteuer nicht schlechter gestellt werden darf, als die Arbeitnehmer hinsichtlich der ausgezahlten Nettolöhne[699]. Reichen die zur Verfügung stehenden Mittel der Gesellschaft daher nicht aus, um neben dem vollen Gehalt bzw. Lohn auch die gesamte fällige Lohnsteuer abzuführen, so sind die Löhne und Gehälter entsprechend zu kürzen, so dass die Mittel auch für die Abführung des auf den ausgezahlten Lohn entfallenden Steueranteils ausreichen[700].

d) Haftung für nach UmwG entstandene Schäden

Die §§ 25 ff. UmwG enthalten weitgehende Sondertatbestände für eine unmittelbare Außenhaftung der Vorstandsmitglieder eines übertragenden Rechtsträgers in Verschmelzungssituationen. Entsprechendes gilt auch für die Aufsichtsratsmitglieder. Danach können der übertragende Rechtsträger selbst, dessen Anteilsinhaber sowie die Gläubiger der Gesellschaft Schadenersatzansprüche gegen die Vorstands- und Aufsichtsratsmitglieder der übertragenden Gesellschaft geltend machen, wenn diese beim Abschluss des Verschmelzungsvertrages ihre Sorgfaltspflichten nicht beachtet haben. Durch die Verweisungen in § 125 UmwG und §§ 205 f. UmwG gilt diese Haftungsregelung auch für die anderen Umwandlungstatbestände, wie die Spaltung, die Vermögensübertragung und den Formwechsel[701]. Mehrere Vorstands- und Aufsichtsratsmitglieder haften gemäß § 25 Abs. 1 S. 1 UmwG als Gesamtschuldner.

Die Haftung gemäß § 25 UmwG greift ein, wenn die Vorstandsmitglieder die ihnen obliegenden Sorgfaltspflichten verletzt haben. Dabei kommt eine Inanspruchnahme nach § 25 UmwG nur dann in Betracht, wenn sich die Pflichtverletzung auf die Prüfung der Vermögenslage oder auf Pflichten bei Abschluss des Verschmelzungsvertrages bezieht[702]. Dies folgt aus § 25 Abs. 1 S. 2 UmwG, der für diese Pflichtverletzungen ausdrücklich eine Entlastungsmöglichkeit vorsieht[703]. Zur Verpflichtung, die Vermögenslage des übertragenden und des aufnehmenden Rechtsträgers zu prüfen, gehört die Pflicht, sich ein möglichst klares Bild über die Vermögenslage zu verschaffen. Dies ist insbesondere in Bezug auf den übernehmenden Rechtsträger schwierig, da insofern vielfach Einsichtsmöglichkeiten fehlen[704]. In der Regel wird

---

[699] *Rüsken* in Klein AO § 69 Rn 28.

[700] BFH BStBl 1982, 521, 523; BFH BStBl 1988, 859; BFH ZIP 1989, 519; *Rüsken* in Klein AO § 69 Rn 28; *Thümmel* Persönliche Haftung von Managern und Aufsichtsräten Rn 435; *Plück/Lattwein* Haftungsrisiken für Manager S. 135.

[701] *Thümmel* Persönliche Haftung von Managern und Aufsichtsräten Rn 398.

[702] *Grunewald* in Lutter § 25 UmwG Rn 9; *Thümmel* Persönliche Haftung von Managern und Aufsichtsräten Rn 398.

[703] *Grunewald* in Lutter § 25 UmwG Rn 9; *Kübler* in Semler/Stengel § 25 UmwG Rn 8; *Marsch-Barner* in Kallmeyer § 25 UmwG Rn 6.

[704] *Grunewald* in Lutter § 25 UmwG Rn 10.

deshalb eine Due Diligence Prüfung erforderlich sein[705]. Auch der Verschmelzungsprüfer ist sorgfältig auszuwählen[706].

Zu den Pflichten bei Abschluss des Verschmelzungsvertrages gehört eine ordnungsgemäße und wirtschaftlich vertretbare Verhandlungsführung[707]. Zudem ist die Beachtung von Zustimmungserfordernissen und einschlägigen Formvorschriften erforderlich sowie aller Regeln, die das Zustandekommen eines ordnungsgemäßen Verschmelzungsvertrages betreffen[708].

Ein Schaden der Aktionäre ergibt sich insbesondere dann, wenn das Umtauschverhältnis unangemessen niedrig festgesetzt wurde und ihnen daher weniger Anteile an dem übernehmenden Rechtsträger verschafft werden, als ihnen bei richtiger Bewertung zustehen würden[709]. Ein Schaden der Gläubiger des übertragenden Rechtsträgers kommt insbesondere dann in Betracht, wenn ihre Ansprüche durch die Verschmelzung gefährdet werden, weil das Vermögen des übernehmenden Rechtsträgers zur Schuldendeckung nicht ausreicht[710].

Auch der Anspruch nach § 25 Abs. 1 UmwG setzt Verschulden der Vorstandsmitglieder voraus[711]. Hinsichtlich der Darlegungs- und Beweislast bzgl. der Pflichtverletzung und des Verschuldens gilt gemäß § 25 Abs. 1 S. 2 UmwG das Gleiche wie im Rahmen des § 93 AktG, so dass sich die Vorstandsmitglieder insoweit selbst zu entlasten haben[712]. Gemäß § 25 Abs. 3 UmwG verjährt der Anspruch nach Abs. 1 in fünf Jahren ab dem Tag, an dem die Eintragung der Verschmelzung im Handelsregister des übernehmenden Rechtsträgers nach § 19 Abs. 3 S. 2 UmwG als bekannt gemacht gilt.

Der Anspruch aus § 25 Abs. 1 UmwG kann von den Anspruchsberechtigten nicht selbst geltend gemacht werden. Gemäß § 26 UmwG hat die Geltendmachung vielmehr durch einen besonderen Vertreter zu erfolgen[713]. Er wird auf Antrag der Anteilseigner oder Gläubigern der Gesellschaft durch das Amtsgericht am Sitz des

---

[705] *Grunewald* in Lutter § 25 UmwG Rn 10; *Schnorbus* ZHR 167 (2003), 666, 684.

[706] *Grunewald* in Lutter § 25 UmwG Rn 10; *Kübler* in Semler/Stengel § 25 UmwG Rn 9; *Marsch/Barner* in Kallmeyer § 25 UmwG Rn 6.

[707] *Grunewald* in Lutter § 25 UmwG Rn 11; *Clemm/Dürrschmidt* in FS Widmann S. 3, 14; *Kübler* in Semler/Stengel § 25 UmwG Rn 10.

[708] *Grunewald* in Lutter § 25 UmwG Rn 11.

[709] *Thümmel* Persönliche Haftung von Managern und Aufsichtsräten Rn 399; *Grunewald* in Lutter § 25 UmwG Rn 17.

[710] *Thümmel* Persönliche Haftung von Managern und Aufsichtsräten Rn 399.

[711] *Grunewald* in Lutter § 25 UmwG Rn 13; *Marsch-Barner* in Kallmeyer § 25 UmwG Rn 7.

[712] *Grunewald* in Lutter § 25 UmwG Rn 13; *Marsch-Barner* in Kallmeyer § 25 UmwG Rn 6; *Schnorbus* ZHR 167 (2003), 666, 679.

[713] *Grunewald* in Lutter § 26 UmwG Rn 4; *Thümmel* Persönliche Haftung von Managern und Aufsichtsräten Rn 400.

übertragenden Rechtsträgers bestellt[714]. Die Antragsteller haben dabei ihre Ansprüche glaubhaft zu machen[715]. Berechtigt an dem Erlös sind allein diejenigen Gläubiger und Aktionäre, die ihre Ansprüche auf die öffentliche Aufforderung des besonderen Vertreters gemäß § 26 Abs. 2 UmwG fristgemäß angemeldet haben[716].

3. Deliktische Haftung

Die Anzahl der spezialgesetzlich geregelten Fälle der Außenhaftung des Vorstands ist eng begrenzt. Insbesondere handelt es sich bei den Vorschriften über die Innenhaftung der Vorstandsmitglieder nicht um Schutzgesetze im Sinne von § 823 Abs. 2 BGB zugunsten Dritter. Aus ihnen ist allein die Gesellschaft anspruchsberechtigt[717]. In der Praxis richtet sich die Außenhaftung des Vorstands daher vor allem nach den allgemeinen Regeln, vor allem nach den deliktsrechtlichen Vorschriften[718].

a) Verletzung absolut geschützter Rechte

Grundsätzlich werden alle zum Schadenersatz verpflichtenden Handlungen des Vorstands, die er in Ausführung einer ihm zustehenden Verrichtung begeht und durch die Dritten gegenüber eine Schadenersatzverpflichtung entsteht, gemäß § 31 BGB der Aktiengesellschaft zugerechnet[719]. Allein wegen dieser Zurechnung des Delikts zur juristischen Person entfällt die Haftung der Vorstandsmitglieder allerdings nicht. Sie kann vielmehr neben der Haftung der Aktiengesellschaft für durch ihre Organe begangene Pflichtverletzungen stehen[720].

Geschützt wird durch § 823 Abs. 1 BGB neben den ausdrücklich genannten Schutzgütern, wie dem Leben, der körperlichen Unversehrtheit und dem Eigen-

---

[714] *Grunewald* in *Lutter* § 26 UmwG Rn 13; *Thümmel* Persönliche Haftung von Managern und Aufsichtsräten Rn 400.

[715] OLG Hamm DB 1991, 2535, 2536; *Grunewald* in Lutter § 26 UmwG Rn 12; *Thümmel* Persönliche Haftung von Managern und Aufsichtsräten Rn 400.

[716] *Thümmel* Persönliche Haftung von Managern und Aufsichtsräten Rn 400; *Grunewald* in Lutter § 26 UmwG Rn 20 ff.

[717] OLG München NJW-RR 1996, 746, 747; LG Düsseldorf AG 1991, 70, 71; *Hüffer* AktG § 93 Rn 19; *Bürgers/Israel* in Bürgers/Körber AktG § 93 Rn 17; *Fleischer* in Spindler/Stilz AktG § 93 Rn 263 f.; *Mertens* in Kölner Komm AktG § 93 Rn 169; *Thümmel* Persönliche Haftung von Managern und Aufsichtsräten Rn 401.

[718] *Hüffer* AktG § 93 Rn 19 ff.; *Hopt* in Großkomm AktG § 93 Rn 499; *Thümmel* Persönliche Haftung von Managern und Aufsichtsräten Rn 401.

[719] *Hüffer* AktG § 78 Rn 23; *Westermann* in Bürgers/Körber AktG § 1 Rn 12; *Fleischer* in Spindler/Stilz AktG § 78 Rn 51; *Ellenberger* in Palandt § 31 BGB Rn 1 ff.; *Reuter* in MünchKomm BGB § 31 Rn 19 ff., 29; *Habersack* in Großkomm AktG § 78 Rn 22 f.; *Schmolke* Organwalterhaftung S. 17; a.A. (Pflichtverletzungen im Rahmen rechtlicher Sonderverbindungen werden über § 278 BGB zugerechnet) RGZ 122, 351, 359; *Weick* in Staudinger § 31 BGB Rn 33.

[720] BGHZ 109, 297, 302; BGH NJW 1996, 1535, 1536.

tum, als so genanntes sonstiges Recht auch das Recht am eingerichteten und ausgeübten Gewerbebetrieb[721] sowie das Mitgliedschaftsrecht der Aktionäre, das der Bundesgerichtshof in seiner Holzmüller-Entscheidung als weiteres absolut geschütztes Rechtsgut im Sinne des sonstigen Rechtes des § 823 Abs. 1 BGB anerkannt hat[722]. Danach hat die Gesellschaft die Mitgliedschaftsrechte ihrer Aktionäre zu achten und alles zu unterlassen, *„was sie über das durch Gesetz und Satzung gedeckte Maß hinaus beeinträchtigt"*[723].

Umstritten ist, inwieweit sich danach auch die Vorstandsmitglieder durch ihr Handeln für die Gesellschaft haftbar machen können. Nach allgemeiner Ansicht ist eine Haftung in jedem Fall bei Maßnahmen möglich, die die Mitgliedschaft der Aktionäre in ihrem rechtlichen Bestand betreffen. Dies ist der Fall, wenn das Mitgliedschaftsrecht durch einen Dritten, beispielsweise durch eine unberechtigte Verwertung des Geschäftsanteils durch Zwangsvollstreckungsmaßnahmen[724], ganz oder teilweise entzogen wird[725]. Zudem besteht Einigkeit, dass eine Haftung gemäß § 823 Abs. 1 BGB wegen der Verletzung des Mitgliedschaftsrechts der Aktionäre nicht gegeben ist, soweit sich der Schaden der Gesellschaft und derjenige der Aktionäre decken. Dies ist der Fall, wenn der Schaden des Aktionärs in der vermögensmäßigen Minderung seines Anteils besteht und sich damit als Reflex des Gesellschaftsschadens darstellt[726].

Ob darüber hinaus von § 823 Abs. 1 BGB auch ein Eingriff in das Mitgliedschaftsrecht erfasst wird, wodurch dieses nicht in seinem Bestand betroffen wird, ist umstritten Einerseits wird vertreten, dass von der Haftung der Vorstandsmitglieder alle Schäden erfasst werden, die aus der Beeinträchtigung der Mitgliedschaft erwachsen, so dass unter anderem auch Verstöße gegen das Gleichbehandlungsgebot und die Zuständigkeit der Hauptversammlung erfasst werden[727]. Nach wohl herrschender und zutreffender Ansicht ist eine Ausweitung der Haftung von Vorstandsmitgliedern auf nicht den Bestand des Mitgliedschaftsrechts betreffende Verstöße hingegen abzulehnen[728]. Ansprüche wegen solcher Verstöße können allenfalls gegen die Gesellschaft in Betracht kommen[729]. Das Mitgliedschaftsrecht gewährt den Aktionären

---

[721] BGH NJW 2006, 830, 840 ff.; *Fleischer* in Spindler/Stilz AktG § 93 Rn 269.

[722] BGHZ 83, 122, 133 ff.

[723] BGHZ 83, 122, 133; vgl. hierzu *Thümmel* Persönliche Haftung von Managern und Aufsichtsräten Rn 402; *Mertens* in Kölner Komm AktG § 93 Rn 174.

[724] RGZ 100, 274, 278; RGZ 158, 248, 255; *Hefermehl/Spindler* in MünchKomm AktG § 93 Rn 169; *Mertens* in Hachenburg § 43 GmbHG Rn 105.

[725] Vgl. zum Verein auch BGHZ 110, 323, 334.

[726] *Hopt* in Großkomm AktG § 93 AktG Rn 471; *Mertens* in Kölner Komm AktG § 93 Rn 172.

[727] *Mertens* in Kölner Komm AktG § 93 Rn 172; *Koppensteiner* in Rowedder/Schmidt-Leithoff GmbHG § 43 Rn 44.

[728] *Hopt* in Großkomm AktG § 93 Rn 473; *Hübner* Managerhaftung S. 20 f.; *Wiesner* in MünchHdb AG § 26 Rn 29.

[729] *Hopt* in Großkomm AktG § 93 Rn 473.

gegenüber den Vorstandsmitgliedern keinen Anspruch auf rechtmäßiges Verhalten. Insoweit ist vorrangig das Verbandsrecht der Gesellschaft anzuwenden und daher auf die gesellschaftsrechtlichen Haftungsnormen zurückzugreifen. Eine Haftung gemäß § 823 Abs. 1 BGB kommt hingegen nicht in Betracht[730].

b) Produkthaftung

Unter Produkthaftung versteht man die Haftung des Herstellers für Personen- oder Sachschäden, die aus der bestimmungsgemäßen Benutzung der Produkte durch den Verbraucher oder sonstige Personen infolge eines Fehlers des Erzeugnisses eintreten[731]. § 1 ProdHaftG oder die spezialgesetzlichen Produkthaftungsregelungen wie § 84 Arzneimittelgesetz (AMG) begründen allein eine Haftung des Herstellers des schadenstiftenden Produktes bzw. bei Arzneimitteln des pharmazeutischen Unternehmers[732]. Nicht erfasst werden von der danach begründeten, verschuldensunabhängigen Gefährdungshaftung die Organmitglieder der Gesellschaft. Ihre Haftung richtet sich allein nach dem allgemeinen Deliktsrecht, insbesondere § 823 Abs. 1 BGB[733].

Die Haftung nach § 823 Abs. 1 BGB setzt grundsätzlich Verschulden voraus. Es liegt in dem zumindest fahrlässigen Verstoß gegen eine Verkehrssicherungspflicht bei in Verkehrbringen des fehlerhaften Produktes. In der Praxis haben sich eine Reihe von Verkehrssicherungspflichten herausgebildet, die neben dem Hersteller der Produkte, also der Gesellschaft selber, auch ihre Vorstandsmitglieder treffen. Danach obliegt dem Hersteller und seinen Vorstandsmitgliedern eine Organisationspflicht, den Betrieb so einzurichten, dass Fehler möglichst ausgeschaltet und durch Kontrollen entdeckt werden[734]. Zudem obliegt ihnen eine Instruktionspflicht. Danach haben sie Kunden und Dritte auf mögliche Risiken hinzuweisen und entsprechende Warnungen und Hinweise auf dem Produkt anzubringen[735]. Ferner obliegt ihnen eine Produktbeobachtungspflicht. Danach haben sie die Produkte ab Inverkehrbringen auf noch unbekannt gebliebene, schädliche Eigenschaften und sonstige, eine Gefahrenlage schaffende Verwendungsfolgen zu beobachten[736] und er-

[730] *Hopt* in Großkomm AktG § 93 Rn 473.

[731] *Sprau* in Palandt Einf. ProdHaftG Rn 1; *Thümmel* Persönliche Haftung von Managern und Aufsichtsräten Rn 427.

[732] *Sprau* in Palandt § 1 ProdHaftG Rn 12; *Thümmel* Persönliche Haftung von Managern und Aufsichtsräten Rn 427.

[733] *Thümmel* Persönliche Haftung von Managern und Aufsichtsräten Rn 427; *Plück/Lattwein* Haftungsrisiken für Manager S. 144; *Wagner* VersR 2001, 1057 ff.; *Sprau* in Palandt § 823 BGB Rn 166.

[734] BGHZ 104, 323, 326 f.; BGH NJW 1995, 2162, 2163 f.; *Sprau* in Palandt § 823 BGB Rn 170.

[735] *Sprau* in Palandt § 823 BGB Rn 171.

[736] BGHZ 80, 199; *Sprau* in Palandt § 823 BGB Rn 172.

kannte Gefahren im Rahmen des Zumutbaren abzuwenden[737]. Schließlich obliegt ihnen eine Rückrufpflicht hinsichtlich gesundheits- oder lebensgefährdender Produkte[738].

Haftungsverschärfend für Vorstandsmitglieder wirkt sich dabei die von der Rechtsprechung entwickelte Beweislastumkehr aus, nach der nicht der sich auf § 823 BGB berufende Geschädigte das Verschulden des jeweiligen Vorstandsmitglieds nachweisen muss, sondern wegen der größeren Nähe zur betreffenden Gefahrenquelle das in Anspruch genommene Vorstandsmitglied[739].

c) Verstoß gegen Schutzgesetze zugunsten Dritter

Über die absolut geschützten Rechtsgüter des § 823 Abs. 1 BGB hinaus kommt eine Haftung der Vorstandsmitglieder nach § 823 Abs. 2 BGB wegen der Verletzung eines den Schutz des jeweils Verletzten bezweckenden Gesetzes in Betracht. Dabei ist zu beachten, dass die Vorschriften, die Pflichten der Vorstandsmitglieder ausdrücklich normieren, insbesondere die §§ 93 und 116 AktG, i.d.R. nicht als Schutzgesetze zugunsten der Aktionäre in Betracht kommen. Ihr primäres Ziel ist der Schutz der Gesellschaft[740]. Als Schutzgesetze zugunsten sonstiger Dritter, vor allem der Gläubiger der Gesellschaft, kommen sie deshalb nur ausnahmsweise in Betracht, so zum Beispiel die Insolvenzantragspflicht. Im Wesentlichen sind daher strafrechtliche Normen als Schutzgesetze im Sinne von § 823 Abs. 2 BGB bedeutsam.

Von den aktienrechtlichen Straftatbeständen sind als Schutzgesetze insbesondere § 399 AktG (falsche Angaben bei Gründung, Kapitalmaßnahmen und Abwicklung), § 400 AktG (unrichtige Darstellungen in Bilanzen und Berichten), § 403 AktG (Verletzung der Berichtspflicht) sowie § 404 AktG (Verletzung der Geheimhaltungspflicht) praktisch relevant. Weiterhin sind als Schutzgesetze § 264a StGB (Kapitalanlagebetrug), § 266 StGB (Untreue) sowie § 266a StGB (Vorenthalten und Veruntreuen von Arbeitsentgelt) von besonderer Bedeutung.

d) Haftung für unterlassene Abführung von Sozialversicherungsbeiträgen

Ein besonders praxisrelevanter Fall der Haftung wegen der Verletzung eines Schutzgesetzes ist die Haftung der Vorstandsmitglieder gemäß § 823 Abs. 2 BGB i.V.m. § 266a StGB wegen unterlassener Abführung des Arbeitnehmeranteils an den Sozi-

---

[737] BGH NJW 1994, 3349, 3350; *Sprau* in Palandt § 823 BGB Rn 172.

[738] BGH NJW 1990, 2560; *Sprau* in Palandt § 823 BGB Rn 173; *Plück/Lattwein* Haftungsrisiken für Manager S. 144; *Thümmel* Persönliche Haftung von Managern und Aufsichtsräten Rn 428.

[739] BGHZ 51, 91, 103 ff.; BGHZ 80, 186, 196 ff.; BGHZ 116, 104, 107 ff.; *Plück/Lattwein* Haftungsrisiken für Manager S. 144.

[740] *Thümmel* Persönliche Haftung von Managern und Aufsichtsräten Rn 401.

alversicherungsbeiträgen[741]. Gemäß § 266a Abs. 1 StGB macht sich strafbar, wer als Arbeitgeber dem Sozialversicherungsträger Beiträge der Arbeitnehmer zur Sozialversicherung vorenthält. Gemäß § 14 Abs. 1 Nr. 1 StGB machen sich bei juristischen Personen grundsätzlich deren gesetzliche Vertreter, bei einer Aktiengesellschaft also die Mitglieder des Vorstands, strafbar.

§ 266a StGB ist Schutzgesetz zugunsten des Sozialversicherungsträgers und auf Ersatz des Beitragsausfalls gerichtet, der in der Regel in Folge einer bei der Gesellschaft eingetretenen Insolvenz entsteht. Voraussetzung ist die vorsätzliche Vorenthaltung der Beiträge. Sie liegt immer dann vor, wenn zum Fälligkeitszeitpunkt trotz Zahlungsfähigkeit nicht gezahlt wird[742]. Zahlungsunfähigkeit ist noch nicht gegeben, wenn die vorhandene Liquidität zwar nicht zur Begleichung sämtlicher zum Fälligkeitszeitpunkt bestehender Verbindlichkeiten ausreicht, zur Begleichung der ganz konkret fälligen Arbeitnehmeranteile zur Sozialversicherung allerdings noch ausgereicht hätte[743]. Auch für den Nachweis der Zahlungsfähigkeit ist der Anspruchsteller vollumfänglich darlegungs- und beweispflichtig[744].

Um einer möglichen Haftung oder strafrechtlichen Sanktion zu entgehen, ist es daher erforderlich, dass der Vorstand in der Krise der Gesellschaft darauf achtet, dass ausreichend Liquidität zur Verfügung steht. Genügen die zur Verfügung stehenden Mittel hierfür nicht, so ist die Gesellschaft gezwungen, die Gehälter und Löhne so zu reduzieren, dass der Betrag, der zur Verfügung steht, die fällige Lohnsteuer und die Sozialversicherungsabgaben deckt[745]. Dabei genügt es allerdings nicht, die fälligen Lohnforderungen lediglich anteilig zu befriedigen. In diesem Fall sind die Lohnansprüche bereits in voller Höhe entstanden, was die Verpflichtung zur Abführung der Arbeitnehmersozialversicherungsbeiträge nach sich zieht (Lohnpflichttheorie)[746]. Möglich ist daher nur eine Kürzung der Löhne und Gehälter[747].

---

[741] BGH ZIP 2005, 1026, 1027; BGHZ 136, 332, 333; BGHZ 134, 304; *Thümmel* Persönliche Haftung von Managern und Aufsichtsräten Rn 437; *Altmeppen* in Roth/Altmeppen GmbHG § 43 Rn 48; *S. H. Schneider* in Scholz GmbHG § 43 Rn 275.

[742] BGH NJW 2002, 1122; BGHZ 133, 370, 379 f.; OLG Hamm, BB 2000, 113; *Tröndle/Fischer* StGB § 266a Rn 15; *Thümmel* Persönliche Haftung von Managern und Aufsichtsräten Rn 437; *Plück/Lattwein* Haftungsrisiken für Manager S. 135.

[743] BGH ZIP 1996, 1989; OLG Düsseldorf NJW-RR 1997, 413; *Thümmel* Persönliche Haftung von Managern und Aufsichtsräten Rn 438.

[744] BGH GmbHR 2005, 1026, 1028 m.w.N.

[745] *Thümmel* Persönliche Haftung von Managern und Aufsichtsräten Rn 439; *Spindler* in Fleischer Hdb des Vorstandsrechts § 13 Rn 55; *Plück/Lattwein* Haftungsrisiken für Manager S. 136.

[746] *Tröndle/Fischer* StGB § 266a Rn 12 ff.; *Plück/Lattwein* Haftungsrisiken für Manager S. 136; *Radtke* in MünchKomm StGB § 266a Rn 31 f.; *Griese* in Küttner Personalbuch „Sozialversicherungsbeiträge" Rn 9; *Park/Riederer Freifrau v. Paar/Schüren* NJW 2008, 3670, 3674.

[747] BGH NJW 2006, 3573; BGH NJW 2001, 967, 968; BGHZ 134, 304, 309; OLG Düsseldorf GmbHR 1997, 900; *Thümmel* Persönliche Haftung von Managern und Aufsichtsräten Rn 439; *Plück/Lattwein* Haftungsrisiken für Manager S. 136.

e) Verletzung wettbewerbs- und kartellrechtlicher Bestimmungen

Eine unmittelbare Haftung der Vorstandsmitglieder kann auch bei Verstößen gegen wettbewerbs- und kartellrechtliche Bestimmungen eintreten. Als Anspruchsgrundlagen kommen hierbei insbesondere § 33 Abs. 3 GWB sowie für das Immaterialgüterrecht die §§ 97 Abs. 1 UrhG, 14 Abs. 6, 15 Abs. 5 MarkenG und § 139 Abs. 2 PatG in Betracht. Grundsätzlich ist Adressat dieser Vorschriften allein das Unternehmen, von dem der Verstoß ausgeht. Allerdings kommt daneben eine Haftung des einzelnen Vorstandsmitglieds in Betracht, wenn es selbst Störer ist[748]. Eine Haftung der Vorstandsmitglieder ist daher unstreitig gegeben, wenn sie an der Rechtsverletzung beteiligt gewesen sind oder diese trotz Kenntnis nicht verhindert haben, obwohl sie die Möglichkeit hierzu hatten. Das Gleiche gilt, wenn ein Vorstandsmitglied nachträglich von einer aus dem Betrieb heraus begangenen und noch anhaltenden Wettbewerbsverletzung Kenntnis erhält, diese jedoch nicht sofort unterbindet, obwohl es die rechtliche Verfügungsmacht zur Beseitigung der Störung hat[749].

Aufgrund der besonderen Haftungsrisiken bei der Verletzung wettbewerbs- und kartellrechtlicher Bestimmungen haben in der Praxis viele, gerade größere Unternehmen ein Überwachungssystem eingerichtet. Von besonderer praktischer Bedeutung ist dieses Überwachungssystem im Zusammenhang mit der rechtlichen Pflicht, bei allen Entscheidungen, die getroffen werden, eine kartellrechtliche Selbsteinschätzung vorzunehmen[750].

f) Insolvenzverschleppung

Von besonderer praktischer Bedeutung ist die Haftung der Vorstandsmitglieder wegen der Verletzung der Insolvenzantragspflicht. Die Pflicht des Vorstands zur rechtzeitigen Stellung des Insolvenzantrags ergibt sich aus § 15a InsO. Insolvenzreife ist gegeben, wenn Zahlungsunfähigkeit gemäß § 17 InsO oder Überschuldung gemäß § 19 InsO vorliegt[751]. Die Verletzung der Insolvenzantragspflicht nach § 92 Abs. 2

---

[748] BGH DB 1986, 373; OLG Frankfurt/Main AG 1994, 234, 235; OLG Karlsruhe ZIP 1997, 125, 126; *Wellhöfer* in Wellhöfer/Peltzer/Müller Haftung AktG § 5 Rn 89; *Hoffmann/Liebs* GmbH-Geschäftsführer Rn 840; *Hübner* Managerhaftung S. 106; *Thümmel* Persönliche Haftung von Managern und Aufsichtsräten Rn 448; *Hopt* in Großkomm AktG § 93 Rn 507; *Mertens* in Kölner Komm AktG § 93 Rn 185.

[749] *Thümmel* Persönliche Haftung von Managern und Aufsichtsräten Rn 448; *Wellhöfer* in Wellhöfer/Peltzer/Müller Haftung AktG § 5 Rn 89; *Hopt* in Großkomm AktG § 93 Rn 507; *Plück/Lattwein* Haftungsrisiken für Manager S. 142.

[750] Vgl. hierzu *Fuchs* in Immenga/Mestmäcker Wettbewerbsrecht § 2 GWB Rn 53; *Kort* NZG 2008, 81, 83; *Fleischer* BB 2008, 1070, 1072; *Schwintowski* NZG 2005, 200, 201; *Kahlenberg/Haellmigk* BB 2005, 1509, 1511; *Karl/Reichelt* DB 2005, 1436, 1438; *Koenigs* DB 2003, 755, 759; *Kamann/Bergmann* BB 2003, 1743, 1744.

[751] Vgl. hierzu B I 2 b gg.

AktG stellt eine Sorgfaltspflichtverletzung des Vorstands gegenüber der Gesellschaft dar, die eine Haftung im Innenverhältnis nach sich zieht. Darüber hinaus ist sie als Schutzgesetz im Sinne von § 823 Abs. 2 AktG zugunsten der Gläubiger der Gesellschaft anerkannt[752].

Verstößt der Vorstand gegen seine Verpflichtung zur unverzüglichen Insolvenzantragstellung gemäß § 92 Abs. 2 AktG, entsteht den Gläubigern der Gesellschaft in der Regel ein Schaden, weil sich die zu ihrer Befriedigung zur Verfügung stehende Vermögensmasse durch die weitere Geschäftstätigkeit der Gesellschaft verringert hat. Bei der konkreten Berechnung des Schadens des jeweiligen Gläubigers ist zu unterscheiden, ob die Forderung des Gläubigers bereits vor Eintritt der Insolvenzreife entstanden ist (so genannte Altgläubiger) oder erst danach (so genannte Neugläubiger). Altgläubigern steht allein ein Anspruch auf den Quotenschaden zu. Dies ist der Betrag, um den sich die Insolvenzquote, die der Gläubiger bei rechtzeitigem Insolvenzantrag erhalten hätte, infolge der Verzögerung der Antragstellung verringert hat[753]. Neugläubiger der Gesellschaft genießen hingegen vollen Vermögensschutz. Sie haben Anspruch auf Ersatz ihres Vertrauensschadens[754]. Dabei sind sie nach Rechtsprechung des Bundesgerichtshofs nicht auf eine Geltendmachung unter Abzug der auf sie entfallenden und erst nach Abschluss des Insolvenzverfahrens feststehenden Insolvenzquote beschränkt, sondern können dem in voller Höhe ersatzpflichtigen Vorstand entsprechend § 255 BGB Zug um Zug gegen Zahlung seiner Ersatzleistung ihre Insolvenzforderung gegen die Gesellschaft abtreten[755]. Den Neugläubigern ist daher derjenige Schaden zu ersetzen, der dadurch entstanden ist, dass sie überhaupt Gläubiger der Gesellschaft geworden sind. Erfasst werden alle Aufwendungen, die der Neugläubiger im Hinblick auf die Erbringung einer vertraglichen Gegenleistung hatte. Nicht ersetzt wird in der Regel der entgangene Gewinn[756]. Hintergrund für diese weitgehende Rechtsfolge ist die Tatsache, dass die betroffenen Gläubiger bei rechtzeitiger Insolvenzantragstellung gar nicht Gläubiger der Gesellschaft geworden wären[757].

---

752 BGHZ 29, 100, 103; BGHZ 126, 181, 190; *Fleischer* in Spindler/Stilz AktG § 93 Rn 73; *Thümmel* Persönliche Haftung von Managern und Aufsichtsräten Rn 380; *Plück/Lattwein* Haftungsrisiken für Manager S. 138.

753 BGHZ 29, 100, 102 ff.; BGH DB 1998, 978, 979; *Hüffer* AktG § 92 Rn 17; *Pelz* in Bürgers/Körber AktG § 92 Rn 30; *Fleischer* in Spindler/Stilz AktG § 92 Rn 43; *Thümmel* Persönliche Haftung von Managern und Aufsichtsräten Rn 382.

754 BGHZ 126, 181, 192 ff.; Hüffer AktG § 92 Rn 18; *Pelz* in Bürgers/Körber AktG § 92 Rn 31; *Fleischer* in Spindler/Stilz AktG § 92 Rn 44; *Thümmel* Persönliche Haftung von Managern und Aufsichtsräten Rn 383.

755 BGH ZIP 2007, 676; *Bittner* in Staudinger BGB § 255 Rn 70; *Brandes* in MünchKomm InsO § 61 Rn 38.

756 *Thümmel* Persönliche Haftung von Managern und Aufsichtsräten Rn 384.

757 BGHZ 126, 181, 192 ff.; *Thümmel* Persönliche Haftung von Managern und Aufsichtsräten Rn 384; *Plück/Lattwein* Haftungsrisiken für Manager S. 138 f.

g) Vorsätzlich sittenwidrige Schädigung Dritter

Neben der Haftung wegen der Verletzung absoluter Schutzgüter (§ 823 Abs. 1 BGB) bzw. von Schutzgesetzen zugunsten Dritter (§ 823 Abs. 2 BGB) kommt eine Haftung der Vorstandsmitglieder wegen vorsätzlich sittenwidriger Schädigung gemäß § 826 BGB in Betracht. § 826 BGB schützt das gesamte Vermögen des Geschädigten, ohne dass es auf die Verletzung eines bestimmten Rechtsguts ankäme[758]. Eine vorsätzlich sittenwidrige Schädigung setzt tatbestandlich voraus, dass das Vorstandsmitglied in besonders verwerflicher Weise die Vermögensinteressen des Geschädigten außer Acht gelassen und den Eintritt eines Schadens zumindest billigend in Kauf genommen hat. Die danach vorausgesetzte Verwerflichkeit des Verhaltens kann sich aus dem verfolgten Ziel, den eingesetzten Mitteln, der zutage tretenden Gesinnung oder den eintretenden Folgen ergeben[759]. Es genügt jedoch, dass das angewandte, unter anderen Umständen gegebenenfalls nicht zu beanstandende Mittel, zu dem angestrebten und für sich genommen möglicherweise billigenswerten Zweck unter Berücksichtigung der Umstände des Einzelfalls außer Verhältnis steht[760].

Während die Rechtsprechung an die Erfüllung des Tatbestands des § 826 BGB bisher relativ hohe Anforderung stellte, wurden die Voraussetzungen für eine Haftung in neuerer Zeit wesentlich herabgesetzt. Eine besondere Bedeutung kommt dem Tatbestand des § 826 BGB bei börsennotierten Gesellschaften insbesondere im Zusammenhang mit unrichtigen oder unvollständigen Kapitalmarktinformationen zu[761].

4. Haftung kraft Rechtsscheins

Grundsätzlich wird durch die Handlungen und Erklärungen der Vorstandsmitglieder ausschließlich die Gesellschaft verpflichtet. Ausnahmsweise gilt jedoch etwas anderes, wenn das Vorstandsmitglied bei der Zeichnung eines Vertrages den AG-Zusatz weglässt und hierdurch den Eindruck erweckt, dass es sich nicht um eine Kapitalgesellschaft, sondern um eine Personengesellschaft oder ein einzelkaufmännisches Unternehmen handelt[762]. Unerheblich ist dabei, ob der Vertragspartner das abschließende Vorstandsmitglied oder einen Dritten als unbeschränkt Haftenden angesehen hat[763]. In diesem Fall hat das Vorstandsmitglied persönlich aus dem von

---

[758] *Wagner* in MünchKomm BGB § 826 Rn 4; *Müller* in Wellhöfer/Peltzer/Müller Haftung AktG § 23 Rn 49; *Sprau* in Palandt § 826 BGB Rn 1; *Thümmel* Persönliche Haftung von Managern und Aufsichtsräten Rn 360.

[759] BGH AG 2004, 546; *Wagner* in MünchKomm BGB § 826 Rn 8.

[760] BGH AG 2004, 546, 547; *Sprau* in Palandt § 826 BGB Rn 2.

[761] Vgl. hierzu unter B I 2 c.

[762] BGH NJW 1991, 2627; OLG Naumburg NJW-RR 1997, 1324; *Hopt* in Großkomm AktG § 93 Rn 494; *Plück/Lattwein* Haftungsrisiken für Manager S. 131.

[763] *Hopt* in Großkomm AktG § 93 Rn 494.

ihm veranlassten Rechtsschein zu haften. Ist die Gesellschaft noch zahlungsfähig, so steht ihm jedoch gegen diese ein Ausgleichsanspruch zu[764].

5. Haftung aus culpa in contrahendo

Eine persönliche Haftung der Vorstandsmitglieder kommt auch aus dem Rechtsinstitut der culpa in contrahendo in Betracht, die in § 311 Abs. 2, 3 BGB Eingang in das Gesetz gefunden hat. Voraussetzung dafür ist, dass das jeweilige Vorstandsmitglied entweder besonderes Vertrauen in Anspruch genommen hat und dies den Abschluss des Vertrages maßgeblich beeinflusst hat oder das Vorstandsmitglied ein starkes wirtschaftliches Eigeninteresse an dem Rechtsgeschäft hat[765].

Die persönliche Haftung eines Vorstandsmitglieds wegen eines eigenen wirtschaftlichen Interesses greift nur dann ein, wenn es wirtschaftlich gleichsam in eigener Sache tätig wird[766]. Das allgemeine Interesse des Vorstands am Erfolg des von ihm geleiteten Unternehmen begründet eine Eigenhaftung noch nicht[767]. Daneben haften die Mitglieder des Vorstands, wenn sie in besonderem Maße persönliches Vertrauen in Anspruch genommen und dadurch die Verhandlungen maßgeblich beeinflusst haben[768]. Voraussetzung dafür ist, dass das Vorstandsmitglied durch sein Auftreten eine persönliche Gewähr für die Seriosität und die Erfüllung des Vertrages übernommen hat, die über dasjenige Vertrauen hinausgeht, das von einem Vorstandsmitglied in seiner Situation ohnehin erwartet werden durfte[769].

6. Verletzung der Kapitalmarktinformationspflichten

a) Verletzung der Ad-hoc-Mitteilungspflicht

Der Emittent von Aktien, die zum Handel an einem inländischen organisierten Markt zugelassen sind oder für die er eine solche Zulassung beantragt hat, hat Insi-

---

[764] *Hopt* in Großkomm AktG § 93 Rn 494; *S.H. Schneider* in Scholz § 43 GmbHG Rn 250.

[765] BGHZ 56, 81, 83; BGHZ 63, 382; BGHZ 79, 281, 283 f.; BGHZ 87, 27, 32 f.; BGHZ 87, 302, 304; *Fleischer* in Spindler/Stilz AktG § 93 Rn 267 f.; *Hopt* in Großkomm AktG § 93 Rn 495; *Grüneberg* in Palandt § 311 BGB Rn 60; *Peltzer* in Semler/Peltzer ArbHdb für Vorstandsmitglieder § 9 Rn 225.

[766] BGHZ 56, 81, 84; BGHZ 126, 181, 184 f.; BGH NJW 1986, 586, 587; BGH NJW-RR 1991, 1241, 1242; BGH NJW-RR 1992, 605; BGH NJW-RR 2002, 1309; 1310; *Fleischer* in Spindler/Stilz AktG § 93 Rn 267; *Grüneberg* in Palandt § 311 BGB Rn 61.

[767] BGHZ 126, 183 ff.; BGH NJW 1990, 389, 390; BGH NJW 1995, 1544; BGH NJW 1986, 586, 587; *Grüneberg* in Palandt § 311 BGB Rn 65.

[768] BGH NZG 2008, 661; BGHZ 56, 81, 84; BGH NJW 1987, 2511, 2512; *Fleischer* in Spindler/Stilz AktG § 93 Rn 268; *Grüneberg* in Palandt § 311 BGB Rn 63.

[769] BGHZ 88, 67, 70; BGH NJW-RR 1991, 1241, 1242, BGH NJW-RR 1991, 1312, 1314; *Grüneberg* in Palandt § 311 BGB Rn 63; *Hopt* in Großkomm AktG § 93 Rn 496.

derinformationen, die ihn unmittelbar betreffen, unverzüglich zu veröffentlichen (§ 15 Abs. 1 S. 1 WpHG). Verstößt der Emittent gegen diese Verpflichtung, so haftet er gemäß den §§ 37b, 37c WpHG für die hierdurch bei den Aktionären entstandenen Schäden. Eine spezialgesetzliche, unmittelbare Haftung Dritter, insbesondere der Vorstandsmitglieder der Gesellschaft, ist nicht vorgesehen. Eine persönliche Haftung der Vorstandsmitglieder kommt daher nur aus culpa in contrahendo gemäß § 311 Abs. 3 BGB in Verbindung mit § 280 BGB[770] sowie aus Deliktsrecht in Betracht[771].

aa) Haftung gemäß §§ 311 Abs. 3, 280 BGB

Grundsätzlich werden durch ein Schuldverhältnis allein die beteiligten Parteien verpflichtet. Dies gilt auch hinsichtlich der vorvertraglichen Pflichten bei der Anbahnung eines Vertragsverhältnisses im Sinne von § 311 Abs. 2 Nr. 1 BGB. Gemäß § 311 Abs. 3 BGB können vorvertragliche Pflichten allerdings auch zu Dritten entstehen, die nicht selbst Vertragspartei werden sollen, wenn der Dritte in besonderem Maße persönliches Vertrauen in Anspruch genommen hat und dadurch die Vertragsverhandlungen oder den Vertragsschluss erheblich beeinflusst hat[772]. Im Falle der Veröffentlichung einer Ad-hoc-Mitteilungspflicht fehlt es jedoch regelmäßig an der Inanspruchnahme eines solchen persönlichen Vertrauens. Insbesondere genügt hierfür nicht, dass der Vorstand die unrichtige Ad-hoc-Mitteilung veröffentlicht hat. Erforderlich ist vielmehr das Hinzutreten weiterer besonderer Umstände[773]. So muss das betreffende Vorstandsmitglied bei der Veröffentlichung der Ad-hoc-Mitteilung in einer Art und Weise – gleichsam als Garant – nach außen in Erscheinung getreten sein, dass das Publikum aufgrund seiner Tätigkeit und seiner Zuverlässigkeit davon ausgehen durfte, dass die in der Ad-hoc-Mitteilung genannten Tatsachen richtig und vollständig sind[774]. In der Praxis ist dies überaus selten.

bb) Deliktsrecht

Eine Haftung der Vorstandsmitglieder des Emittenten für die unterlassene bzw. falsche Veröffentlichung von Ad-hoc-Mitteilungen kann sich insbesondere aus dem Deliktsrecht ergeben. Im Vordergrund steht hierbei die Haftung aus § 826 BGB wegen vorsätzlich sittenwidriger Schädigung der Aktionäre. Eine Haftung gemäß § 823 Abs. 1 BGB kommt hingegen nicht in Betracht. Durch § 15 WpHG wird allein das

---

[770] *Ehricke* in Hopt/Voigt Prospekt- und Kapitalmarktinformationshaftung S. 271 f.; *Rützel* AG 2003, 69, 70.

[771] BGH AG 2004, 543 ff.; *Ehricke* in Hopt/Voigt Prospekt- und Kapitalmarktinformationshaftung S. 272 ff.; *Zimmer* in Schwark KMRK §§ 37b, 37c WpHG Rn 128; *Krämer* in Marsch-Barner/Schäfer Hdb börsennotierte AG § 14 Rn 45.

[772] *Ehricke* in Hopt/Voigt Prospekt- und Kapitalmarktinformationshaftung S. 271; *Grüneberg* in Palandt § 311 BGB Rn 63.

[773] *Ehricke* in Hopt/Voigt Prospekt- und Kapitalmarktinformationshaftung S. 271; *Grüneberg* in Palandt § 311 BGB Rn 60; *Rützel* AG 2003, 69, 70.

[774] Vgl. BGHZ 71, 284, 288.

Interesse der Aktionäre an einer alle wesentlichen Informationen berücksichtigenden Marktpreisbildung geschützt. Der Aktienkurs selbst ist daher kein durch § 823 Abs. 1 BGB geschütztes Rechtsgut. Ein Verstoß gegen § 15 WpHG stellt eine reine Vermögensbeeinträchtigung dar, solange nicht durch eine schädigende Handlung in das Mitgliedschaftsrecht des Aktionärs selbst eingegriffen wird[775].

Eine Haftung kann sich hingegen aus der Verletzung eines Schutzgesetzes im Sinne von § 823 Abs. 2 BGB ergeben. Keine Schutzgesetzqualität in diesem Sinne kommt wegen der ausdrücklich entgegenstehenden Intention des Gesetzgebers jedoch den §§ 15 WpHG[776] und 20a WpHG zu[777]. Als Schutzgesetz im Sinne von § 823 Abs. 2 BGB kommen aber insbesondere die §§ 263 (Betrug) und 264a (Kapitalanlagebetrug) StGB in Betracht[778]. Eine Haftung gemäß § 823 Abs. 2 BGB in Verbindung mit § 263 StGB scheitert jedoch in der Regel an der fehlenden „Stoffgleichheit" des beim Aktionär entstandenen Schadens und des vom Vorstandsmitglied erlangten Vermögensvorteils. Dies beruht darauf, dass die Schädigung des Anlegers und die vom Anspruchsgegner angestrebte Bereicherung in der Regel nicht auf derselben Verfügung beruhen[779]. Demgegenüber scheitert eine Haftung gemäß § 823 Abs. 2 BGB in Verbindung mit § 264a StGB tatbestandlich häufig bereits daran, dass eine Ad-hoc-Mitteilung keine Darstellung oder Übersicht über den Vermögensstand darstellt[780]. Darstellungen und Übersichten über den Vermögensstand sind alle Zusammenstellungen von Zahlen und Materialien, insbesondere alle Arten von Bilanzen, die einen Gesamtüberblick über die wirtschaftliche Situation des Unterneh-

---

[775] AG München AG 2003, 106, 107; LG Bonn AG 2001, 484, 485; *Sethe* in Assmann/Schneider WpHG §§ 37b, 37c Rn 102; *Zimmer* in Schwark KMRK §§ 37b, 37c WpHG Rn 129; *Ehricke* in Hopt/Voigt Prospekt- und Kapitalmarktinformationshaftung S. 272; *Rützel* AG 2003, 69, 72.

[776] BGH AG 2004, 543; OLG Stuttgart NJOZ 2006, 1592; OLG München AG 2003, 106, 107; *Sethe* in Assmann/Schneider WpHG §§ 37b, 37c Rn 104; *Grundmann* in Ebenroth/Boujong/Joost/Strohn HGB § 37c WpHG Rn VI 378; *Zimmer* in Schwark KMRK §§ 37b, 37c WpHG Rn 128; *Ehricke* in Hopt/Voigt Prospekt- und Kapitalmarktinformationshaftung S. 272 ff.; *Groß* WM 2002, 477, 482; *Krause* ZGR 2002, 799, 809.

[777] BGH NZG 2004, 811; (zur Rechtslage nach § 88 BörsG a.F.) BGH AG 2004, 544; OLG München AG 2003, 106; LG Berlin ZInsO 2005, 661; *Sethe* in Assmann/Schneider WpHG §§ 37b, 37c Rn 105; *Holzborn* in Bürgers/Körber AktG Anh § 93/§ 15 WpHG Rn 12; *Ehricke* in Hopt/Voigt Prospekt- und Kapitalmarktinformationshaftung S. 275; *Groß* WM 2002, 477, 484; *Krause* ZGR 2002, 799, 817; a.A. LG Augsburg ZIP 2001, 1881; *Rodewald/Siems* BB 2001, 2437, 2438.

[778] BGH NZG 2004, 811; BGH AG 2004, 543, 544 f.; *Sethe* in Assmann/Schneider WpHG §§ 37b, 37c Rn 106, 111; *Grundmann* in Ebenroth/Boujong/Joost/Strohn HGB § 37c WpHG Rn VI 380; *Ehricke* in Hopt/Voigt Prospekt- und Kapitalmarktinformationshaftung S. 276.

[779] BGH AG 2004, 543, 544 f.; *Sethe* in Assmann/Schneider WpHG §§ 37b, 37c Rn 109; *Ehricke* in Hopt/Voigt Prospekt- und Kapitalmarktinformationshaftung S. 276.

[780] Vgl. BGH AG 2004, 543, 544; *Sethe* in Assmann/Schneider WpHG §§ 37b, 37c Rn 112.

mens ermöglichen[781]. Ob eine Ad-hoc-Mitteilung den danach erforderlichen Eindruck der Vollständigkeit macht, hängt vom jeweiligen Einzelfall ab[782]. Aus dem Erfordernis der „Übersicht über den Vermögensgegenstand" kann indessen nicht generell gefolgert werden, dass die Verwirklichung des Tatbestands durch eine Ad-hoc-Mitteilung grundsätzlich nicht in Betracht kommt[783].

Daneben kann zudem eine Haftung aus § 823 Abs. 2 BGB in Verbindung mit § 400 Abs. 1 Nr. 1 AktG in Betracht kommen[784]. Danach macht sich derjenige strafbar, der *„die Verhältnisse der Gesellschaft einschließlich ihrer Beziehungen zu verbundenen Unternehmen in Darstellungen oder Übersichten über den Vermögensstand, in Vorträgen oder Auskünften in der Hauptversammlung unrichtig wiedergibt oder verschleiert"*. Dabei ist umstritten, ob Ad-hoc-Mitteilungen unrichtige Darstellungen über den Vermögensstand der Gesellschaft darstellen können, insbesondere ob die Angaben in der Ad-hoc-Mitteilung die im Rahmen des § 400 Abs. 1 Nr. 1 AktG geforderte Vollständigkeit im Hinblick auf den Vermögensstand der Gesellschaft aufweisen[785]. Das LG München I hat dies im Strafverfahren gegen die Vorstände der EM.TV AG, die Gebrüder Haffa, angenommen und damit eine Strafbarkeit gemäß § 400 Abs. 1 Nr. 1 AktG bejaht[786]. Dort enthielt die betroffene Ad-hoc-Mitteilung eine unrichtige Gewinn- und Verlustrechung für ein ganzes Geschäftshalbjahr. Im Regelfall wird eine Haftung gemäß § 823 Abs. 2 BGB i.V.m. § 400 Abs. 1 Nr. 1 AktG jedoch nicht in Betracht kommt.

Von besonderer praktischer Bedeutung ist die Haftung gemäß § 826 BGB wegen vorsätzlich sittenwidriger Schädigung. Der BGH hat hierzu in seinen Infomatec-Entscheidungen in grundlegender Weise die Voraussetzungen eines solchen Anspruchs dargelegt[787]. Der Bundesgerichtshof stellte fest, dass die vorsätzliche Veröf-

---

[781] BGH AG 2004, 543, 544; *Kropf* in MünchKomm AktG § 400 Rn 19; *Pelz* in Bürgers/Körber AktG § 400 Rn 3; *Hefendehl* in Spindler/Stilz AktG § 400 Rn 39; *Otto* in Großkomm AktG § 400 Rn 33; *Ehricke* in Hopt/Voigt Prospekt- und Kapitalmarktinformationshaftung S. 276.

[782] Gegen das Vorliegen einer Übersicht über den Vermögensstand: BGH AG 2004, 543, 544; *Grundmann* in Ebenroth/Boujong/Joost/Strohn HGB § 37c WpHG Rn VI 380; für das Vorliegen einer Übersicht über den Vermögensstand im Rahmen des insoweit übereinstimmenden § 400 Abs. 1 Nr. 1 AktG: BGH NZG 2005, 132 ff., vorgehend LG München I NZG 2003, 528 ff.; *Sethe* in Assmann/Schneider WpHG §§ 37b, 37c Rn 112.

[783] So aber LG München I ZIP 2001, 1814, 1818; AG München WM 2002, 594, 596; *Ehricke* in Hopt/Voigt Prospekt- und Kapitalmarktinformationshaftung S. 276; *Krause* ZGR 2002, 799, 819; dagegen: *Ekkenga* NZG 2001, 1, 6.

[784] BGH NZG 2005, 132, 134 f.; *Sethe* in Assmann/Schneider WpHG §§ 37b, 37c Rn 113; *Ehricke* in Hopt/Voigt Prospekt- und Kapitalmarktinformationshaftung S. 278.

[785] Vgl. hierzu LG München I NZG 2003, 825, 827 f. m.w.N.

[786] LG München I NZG 2003, 825 ff.

[787] BGH AG 2004, 543 ff.; BGH AG 2004, 546 ff.; vgl. hierzu *Hirte* NJW 2005, 477, 481; *Kort* AG 2005, 21 ff.; *Körner* NJW 2004, 3386 ff.; *Edelmann* BB 2004, 2031 ff.; *Fleischer* DB 2004, 2031 ff.; *Gerber* DStR 2004, 1793; *Leisch* ZIP 2004, 1573 ff.

fentlichung einer bewusst unwahren Ad-hoc-Mitteilung sittenwidrig im Sinne des § 826 BGB ist, da sie gegen das Anstandsgefühl aller billig und gerecht Denkenden verstößt. Dabei müsse sich die besondere Verwerflichkeit des Verhaltens aus dem verfolgten Ziel, den eingesetzten Mitteln, der zutage getretenen Gesinnung oder den eingetretenen Folgen ergeben. Bei dem vom Bundesgerichtshof zu beurteilenden Fall wurde die besondere Verwerflichkeit bereits durch das Verhalten der Vorstandsmitglieder – die direkte, vorsätzlich unlautere Beeinflussung des Sekundärmarktpublikums durch eine grob unrichtige Ad-hoc-Mitteilung – indiziert. Ein solches Verhalten verstoße derart gegen die Mindestanforderungen im Rechtsverkehr auf dem Kapitalmarkt, dass ein Ausgleich der durch sie bei den einzelnen Marktteilnehmern verursachten Vermögensschäden geboten ist[788].

Die Vorstandsmitglieder handeln danach dann vorsätzlich im Sinne von § 826 BGB, wobei Eventualvorsatz genügt, wenn sie eine Insiderinformation im Sinne der §§ 13, 15 Abs. 1 WpHG mitteilen, denn eine solche Information ist nur dann zu veröffentlichen, wenn sie geeignet ist, den Börsen- oder Marktpreis der Insiderpapiere erheblich zu beeinflussen. Da eine Veränderung des Börsen- oder Marktpreises ohne Kauf- oder Verkaufsentscheidungen von individuellen Aktionären als Reaktion auf die Mitteilung der Insiderinformation nicht möglich ist, wissen die verantwortlichen Vorstandsmitglieder, dass es infolge der fehlerhaften Ad-hoc-Mitteilung auch zu entsprechenden Anlageentscheidungen kommen wird[789]. Handeln die Vorstandsmitglieder vorsätzlich im Hinblick auf die Veröffentlichung einer unrichtigen Ad-hoc-Mitteilung, so werden sie in der Regel auch hinsichtlich des Schadenseintritts zumindest leicht fahrlässig handeln. Hierfür genügt es, dass ihnen bei einer Parallelwertung in der juristischen Laiensphäre positiv bewusst war, dass durch die Falschmeldung die Aktionäre, die während des Informationsdefizits Aktien erworben haben, ihre Kaufentscheidungen auf fehlerhafter Tatsachengrundlage trafen, die sie bei der gebotenen richtigen Information entweder überhaupt nicht oder aber nur zu anderen Konditionen getroffen hätten[790].

Die Vorstandsmitglieder verfolgen mit der Veröffentlichung falscher Ad-hoc-Mitteilungen zumindest dann in unlauterer Weise „eigene Zwecke", wenn sie als Gründungsgesellschafter in großem Umfang Aktien der Gesellschaft besitzen, so dass sie von dem mit den unrichtigen Meldungen bezweckten Kurssteigerungen zumindest mittelbar selbst profitierten[791].

Im Hinblick auf den Nachweis der haftungsbegründenden Kausalität zwischen der falschen Ad-hoc-Mitteilung und der Anlageentscheidung des Aktionärs hat der Bundesgerichtshof in seiner Rechtsprechung die Beweisanforderungen gelockert.

---

788 BGH AG 2004, 546, 547.

789 BGH AG 2004, 546, 547; *Fuchs/Dühn* BKR 2002, 1063, 1067.

790 BGH AG 2004, 546, 547; *Sethe* in Assmann/Schneider WpHG §§ 37b, 37c Rn 117; *Fuchs* in Fuchs WpHG Vor §§ 37b, 37c Rn 39.

791 BGH AG 2004, 546, 547; LG Düsseldorf BeckRS 2009 04504.

In seinen Infomatec-Entscheidungen hatte der Bundesgerichtshof bereits anerkannt, dass auch bei Ad-hoc-Mitteilungen eine einen Anscheinsbeweis begründende Anlagestimmung bestehen kann[792]. In einer weiteren Entscheidung im Fall EM.TV hat er hierzu weiter ausgeführt, dass die zeitliche Nähe zwischen der Veröffentlichung der unrichtigen Ad-hoc-Mitteilung und dem Kaufentschluss der Anleger ausschlaggebend auch für die erforderliche Anfangswahrscheinlichkeit im Rahmen einer Parteivernehmung nach § 448 ZPO sein kann, zumal sie in der Regel insoweit das einzige Beweismittel darstellt[793]. Stets ist nach der Rechtsprechung des Bundesgerichtshofs jedoch der Nachweis der konkreten Kausalität zwischen der falschen Ad-hoc-Mitteilung und dem Willensentschluss des Anlegers erforderlich, selbst bei extrem unseriöser Kapitalmarktinformation[794].

Anders als gemäß §§ 37b, 37c WpHG ist der Ersatzanspruch nicht allein auf Ersatz des Differenzschadens beschränkt. Vielmehr können die Aktionäre auch Naturalrestitution verlangen (§ 249 BGB) und die Abnahme der von ihnen erworbenen Aktien gegen Erstattung des gezahlten Kaufpreises fordern[795].

b) Verletzung der Regelpublizität

Ebenso wie die Ad-hoc-Mitteilungspflichten obliegen auch die Regelpublizitätspflichten allein dem Emittenten. Eine Haftung der Vorstandsmitglieder kommt daher in erster Linie im Innenverhältnis in Betracht. Darüber hinaus haften die Vorstandsmitglieder direkt gegenüber geschädigten Aktionären, wenn sie ein Schutzgesetz zugunsten der Aktionäre verletzt haben. Schutzgesetzcharakter haben insbesondere § 331 HGB (unrichtige Darstellungen u.a. in Bilanzen und Lageberichten)[796] und § 400 AktG (unrichtige Darstellungen u.a. in Übersichten über den Vermögensstand oder in Vorträgen und Auskünften in der Hauptversammlung)[797].

---

[792] BGH AG 2004, 543, 545; *Sethe* in Assmann/Schneider WpHG §§ 37b, 37c Rn 119; *Fuchs* in Fuchs WpHG Vor §§ 37b, 37c Rn 44.

[793] BGH ZIP 2005, 1270, 1274; vgl. hierzu *Fuchs* in Fuchs WpHG Vor §§ 37b, 37c Rn 46; Möllers BB 2005, 1637, 1639; *Gottschalk* DStR 2005, 1648 ff.; *Kowalewski/Hellgardt* DB 2005, 1839 ff.; *Kort* NZG 2005, 496 ff.

[794] BGH NZG 2007, 711; BGH ZIP 2008, 407; BGH ZIP 2008, 410; *Sethe* in Assmann/Schneider WpHG §§ 37b, 37c Rn 119.

[795] BGH AG 2004, 546; *Sethe* in Assmann/Schneider WpHG §§ 37b, 37c Rn 123; *Fuchs* in Fuchs WpHG Vor §§ 37b, 37c Rn 48.

[796] *Fleischer* in Assmann/Schütze Handbuch des Kapitalanlagerechts § 7 Rn 60; *Zimmermann* in Fuchs WpHG §§ Vor 37v bis 37z Rn 27; *Fleischer* in Fleischer Hdb des Vorstandsrechts § 14 Rn 51; *Quedenfeld* in MünchKomm HGB § 331 Rn 2; *Wiedmann* in Ebenroth/Boujong/Joost/Strohn HGB § 331 Rn 6.

[797] *Pelz* in Bürgers/Körber AktG § 400 Rn 1; *Hefendehl* in Spindler/Stilz AktG § 400 Rn 4; *Kropff* in MünchKomm AktG § 400 Rn 3.

c) Organisationsverschulden

Unterlässt der Vorstand vorsätzlich oder fahrlässig Aufsichtsmaßnahmen, die erforderlich sind, um in dem Unternehmen Pflichtverstöße zu verhindern, die den Inhaber treffen und deren Verletzung mit Strafe oder Geldbuße bedroht ist, handelt er gemäß §§ 130 Abs. 1, 30 OWiG dann ordnungswidrig, wenn eine solche Zuwiderhandlung begangen wird, die durch gehörige Aufsicht verhindert oder wesentlich erschwert worden wäre[798]. Zu den Aufsichtsmaßnahmen gehören insbesondere auch die Bestellung, sorgfältige Auswahl und Überwachung von Aufsichtspersonen[799]. Die Kausalität zwischen Aufsichtspflichtverletzung und Zuwiderhandlung gegen die Veröffentlichungs- und Mitteilungspflichten ist dabei nicht erforderlich[800], weshalb gerade von der BaFin bei fehlerhaften oder unterbliebenen Veröffentlichungen Bußgeldbescheide aufgrund Organisationspflichtverletzungen erlassen werden[801]. Stellt die Zuwiderhandlung eine Straftat dar, so ist bei vorsätzlicher Begehung das Strafhöchstmaß eine Million EURO, bei fahrlässiger Begehung 500 000 EURO. Liegt keine Straftat vor, wird der Verstoß mit einer Geldbuße belegt.

7. Geltendmachung von Außenhaftungsansprüchen

a) Allgemeines

Die Geltendmachung von Ersatzansprüchen gegen Vorstandsmitglieder durch Dritte, insbesondere Aktionäre und Gläubiger der Gesellschaft, richtet sich nach den allgemeinen Vorschriften, insbesondere der ZPO, zur Geltendmachung von Schadenersatzansprüchen. Von den Anspruchstellern ist daher in der Regel Klage zu erheben oder, sofern sinnvoll, ein Mahnverfahren einzuleiten. In Abweichung von dem Grundsatz, dass der Kläger die Beweislast für alle anspruchsbegründenden Tatsachen trägt, ist bei der Verfolgung von Ersatzansprüchen gemäß §§ 93 Abs. 5, 117 Abs. 5 AktG durch die Gläubiger der Gesellschaft die Beweislastumkehr zu Lasten der Vorstandsmitglieder nach §§ 93 Abs. 2 S. 2, 117 Abs. 2 S. 2 AktG zu beachten.

---

[798] *Vogel* in Assmann/Schenider WpHG § 39 Rn 62; *Spindler* in Fleischer Hdb des Vorstandsrechts § 15 Rn 105; *Wellhöfer* in Wellhöfer/Peltzer/Müller Haftung § 6 Rn 53; *Senge* in Erbs/Kohlhaas Strafrechtliche Nebengesetze § 130 Rn 9.

[799] *Spindler* in Fleischer Hdb des Vorstandsrechts § 15 Rn 108; *Vogel* in Assmann/Schenider WpHG § 39 Rn 62; *Senge* in Erbs/Kohlhaas Strafrechtliche Nebengesetze § 130 Rn 16.

[800] *Vogel* in Assmann/Schenider WpHG § 39 Rn 62; *Süßmann* in Park Kapitalmarktstrafrecht § 130 OWiG Rn 2; *Bohnert* in Bohnert OWiG § 130 Rn 2 f.

[801] *Süßmann* in Park Kapitalmarktstrafrecht § 130 OWiG Rn 2.

b) *Kapitalanleger-Musterverfahren*

aa) *Einführung*

Durch das Gesetz über Musterverfahren in kapitalmarktrechtlichen Streitigkeiten (Kapitalanleger-Musterverfahrensgesetz – KapMuG)[802] hat der Gesetzgeber ein Verfahren für gleichgerichtete Klagen in bestimmten kapitalmarktrechtlichen Schadenersatzverfahren geschaffen. Anlass für das KapMuG waren insbesondere die negativen Erfahrungen mit den massenhaft eingereichten Prospekthaftungsklagen gegen die Deutsche Telekom AG wegen der falschen Bewertung ihres Immobilienvermögens[803].

Der Anwendungsbereich des KapMuG beschränkt sich gemäß § 1 Abs. 1 KapMuG auf Ansprüche der Aktionäre im Kapitalmarktbereich, namentlich auf Schadenersatzansprüche wegen falscher, irreführender oder unterlassener öffentlicher Kapitalmarktinformationen bzw. auf Schadenersatzansprüche aus Verträgen, die auf einem Angebot nach dem WpÜG beruhen. Ziel des Gesetzes ist es, die kapitalmarktrechtlichen Streitigkeiten durch Führung eines Musterverfahrens zu bündeln und die Verfahren durch Einführung eines ausschließlichen Gerichtsstands zu kanalisieren. Hierdurch soll eine Entlastung der Zivilgerichte erreicht werden[804].

Das Musterverfahren nach dem KapMuG gliedert sich in drei Abschnitte: Das Vorlageverfahren beim erstinstanzlichen Prozessgericht, die Durchführung des Musterverfahrens beim Oberlandesgericht und die Fortsetzung des Verfahrens vor dem Prozessgericht.

bb) *Das Vorlageverfahren*

Die Einleitung eines Vorlageverfahrens setzt zunächst gemäß § 1 Abs. 1 KapMuG voraus, dass die Aktionäre einen Schadenersatzanspruch wegen falscher, irreführender oder unterlassener öffentlicher Kapitalmarktinformationen bzw. den Erfüllungsanspruch aus einem Vertrag, der auf einem Angebot nach dem WpÜG beruht, erstinstanzlich gerichtlich geltend gemacht haben. Öffentliche Kapitalmarktinformationen sind gemäß § 1 Abs. 1 S. 4 KapMuG

> *„für eine Vielzahl von Kapitalanlegern bestimmte Informationen über Tatsachen, Umstände, Kennzahlen und sonstige Unternehmensdaten, die einen Emittenten von Wertpapieren oder Anbieter von sonstigen Vermögensanlagen betreffen. Dies sind insbesondere Angaben in:*
>
> *1. Prospekten nach dem Wertpapierprospektgesetz,*
>
> *2. Verkaufsprospekten nach dem Verkaufsprospektgesetz sowie dem Investmentgesetz,*

---

[802] BGBl I 2005, S. 2437.

[803] *Möllers/Holzner* NZG 2009, 172; *Vollkommer* NJW 2007, 3094, 3098; *Hess* ZIP 2005, 1713; *Möllers/Weichert* NJW 2005, 2737; *Reuschle* WM 2004, 966.

[804] OLG München NZG 2009, 158, 159; *Möllers/Puhle* NZG 2008, 579, 580; *Zypries* ZRP 2004, 177 f.

3. Mitteilungen über Insiderinformationen im Sinne des § 15 des Wertpapierhandelsgesetzes,

4. Darstellungen, Übersichten, Vorträge und Auskünfte in der Hauptversammlung über die Verhältnisse der Gesellschaft einschließlich ihrer Beziehungen zu verbundenen Unternehmen im Sinne des § 400 Abs. 1 Nr. 1 des Aktiengesetzes,

5. Jahresabschlüssen, Lageberichten, Konzernabschlüssen, Konzernlage-berichten sowie Zwischenberichten des Emittenten, und in

6. Angebotsunterlagen im Sinne des § 11 Abs. 1 S. 1 des Wertpapiererwerbs- und Übernahmegesetzes."

Ist ein solches erstinstanzliches Verfahren anhängig, können sowohl der Kläger als auch der Beklagte einen Antrag auf Feststellung des Vorliegens oder Nichtvorliegens einer anspruchsbegründenden oder anspruchsausschließenden Voraussetzung in einem Musterverfahren stellen, wenn die Entscheidung des Rechtstreits hiervon abhängt (so genannter Musterfeststellungsantrag, § 1 Abs. 1 S. 1 KapMuG)[805]. Ziel des Musterfeststellungsantrags ist es, eine in verschiedenen Prozessen zu klärende Musterfrage einheitlich mit Breitenwirkung feststellen zu lassen. Gegenstand der Feststellung können einzelne Elemente oder Vorfragen eines Rechtsverhältnisses oder einer Anspruchsgrundlage sowie bloße Rechtsfragen sein (§ 1 Abs. 1 S. 1 KapMuG). Das Musterverfahren zielt insbesondere auf eine erleichterte Durchsetzung von Schadenersatzansprüchen bei fehlerhaften oder unvollständigen Börsenprospekten bzw. Ad-hoc-Mitteilungen ab[806]. Einen zulässigen Musterfeststellungsantrag macht das Prozessgericht gemäß § 2 Abs. 1 KapMuG im Klageregister des elektronischen Bundesanzeigers öffentlich bekannt[807]. Die Bekanntmachung enthält die vollständige Bezeichnung der beklagten Partei und ihres gesetzlichen Vertreters, die Bezeichnung des von dem Musterfeststellungsantrag betroffenen Emittenten von Wertpapieren oder Anbieters von sonstigen Vermögensanlagen, die Bezeichnung des Prozessgerichts, das Aktenzeichen des Prozessgerichts, das Feststellungsziel des Musterfeststellungsantrags und den Zeitpunkt der Bekanntmachung im Klageregister (§ 2 Abs. 1 S. 4 KapMuG). Durch die Bekanntmachung sollen andere Anleger dazu veranlasst werden, sich am Musterverfahren zu beteiligen[808].

---

[805] *Fuchs* in Fuchs WpHG Vor §§ 37b, 37c Rn 84; *Krämer* in Marsch-Barner/Schäfer Hdb börsennotierte AG § 9 Rn 385; *Bergdolt/Hell* BKR 2007, 145, 147; *Hess* ZIP 2005, 1713, 1715; *Meier* DStR 2005, 1860; *Möllers/Weichert* NJW 2005, 2737, 2739.

[806] *Fuchs* in Fuchs WpHG Vor §§ 37b, 37c Rn 84; *Duve/Pfitzner* BB 2005, 673, 675; *B. Schneider* BB 2005, 2249; *Meier* DStR 2005, 1860; *Reuschle* WM 2004, 2334, 2335; *Hess/Michailidou* ZIP 2004, 1381, 1382.

[807] Zu den Einzelheiten des Klageregisters im elektronischen Bundesanzeiger gemäß § 2 KapMuG vgl. BGH NZG 2008, 510, 511; *Krämer* in Marsch-Barner/Schäfer Hdb börsennotierte AG § 10 Rn 378 f.; *B. Schneider* BB 2005, 2249, 2252; *Meier* DStR 2005, 1860, 1861; *Reuschle* WM 2004, 2334, 2337;.

[808] *Krämer* in Marsch-Barner/Schäfer Hdb börsennotierte AG § 10 Rn 379; *Möllers/Puhle* NZG 2008, 579, 582; *Duve/Pfitzner* BB 2005, 673, 675; *Hess* ZIP 2005, 1713, 1715; Sessler WM 2004, 2344, 2345.

Mit der Veröffentlichung des Musterfeststellungsantrags im Klageregister wird das erstinstanzliche Verfahren vor dem Prozessgericht unterbrochen (§ 3 KapMuG). Das erstinstanzliche Verfahren wird wieder aufgenommen, wenn nicht innerhalb von vier Monaten nach der Veröffentlichung des Musterfeststellungsantrags im Klageregister in mindestens neun weiteren Verfahren gleichgerichtete Musterfeststellungsanträge gestellt wurden (§ 4 Abs. 4 KapMuG). Werden innerhalb dieser Frist neun weitere gleichgerichtete Musterfeststellungsanträge gestellt, erlässt das Prozessgericht, bei dem der zeitlich erste Musterfeststellungsantrag gestellt wurde, einen so genannten Vorlagebeschluss. Hierdurch wird eine Entscheidung des im Rechtszug übergeordneten Oberlandesgerichts über das Feststellungsziel herbeigeführt (§ 4 Abs. 1 und 2 KapMuG). In dem Vorlagebeschluss hat das erstinstanzliche Gericht insbesondere das entscheidungserhebliche Feststellungsziel unter Angabe der Kapitalmarktinformation, der geltend gemachten Streitpunkte und der Beweismittel anzugeben (§ 4 Abs. 2 KapMuG).

cc) Das Musterverfahren

Das eigentliche Musterverfahren wird vor dem im Rechtszug übergeordneten Oberlandesgericht durchgeführt. Das Oberlandesgericht bestimmt nach billigem Ermessen aus der Mitte der Kläger einen so genannten Musterkläger (§ 8 Abs. 2 KapMuG). Bei der Auswahl des Musterklägers hat das Oberlandesgericht zu berücksichtigen, welcher Kläger den höchsten Anspruch geltend gemacht hat. Von ihm wird erwartet, dass er auch die Interessen der anderen Kläger angemessen wahrnehmen wird, da er das größte finanzielle Interesse an einem positiven Ausgang des Verfahrens hat[809]. Zudem hat das Oberlandesgericht bei der Bestimmung des Musterklägers eine Verständigung mehrerer Kläger auf einen Musterkläger zu berücksichtigen.

Die Durchführung des Musterverfahrens wird anschließend durch das Oberlandesgericht im Klageregister bekannt gemacht. Dabei werden die namentliche Bezeichnung des Musterklägers und seines gesetzlichen Vertreters, die vollständige Bezeichnung Musterbeklagten und seines gesetzlichen Vertreters, das Feststellungsziel des Musterverfahrens, das Aktenzeichen des Oberlandesgerichts und der Inhalt des Vorlagebeschlusses im Klageregister veröffentlicht (§ 6 KapMuG). Nach der Bekanntmachung des Musterverfahrens im Klageregister haben die Prozessgerichte von Amts wegen alle bei ihnen rechtshängigen oder rechtshängig werdenden Rechtstreitigkeiten auszusetzen, deren Entscheidung von der im Musterverfahren zu treffenden Entscheidung abhängt (§ 7 Abs. 1 S. 1 KapMuG). Dies gilt nicht nur im Hinblick auf diejenigen Verfahren, in denen ein Musterfeststellungsantrag gestellt wurde, sondern auf alle Verfahren, deren Entscheidung vom Ausgang des Musterverfahrens abhängt. Der Aussetzungsbeschluss gilt als Beiladung zum Musterverfahren (§ 8 Abs. 3 S. 2 KapMuG).

---

[809] *Fuchs* in Fuchs WpHG Vor §§ 37b, 37c Rn 84; *Reuschle* WM 2004, 2334, 2339.

Neben dem Musterkläger nehmen die Kläger und Beklagten der übrigen ausgesetzten Verfahren als Beigeladene am Musterverfahren vor dem Oberlandesgericht teil. Sie können gemäß § 12 KapMuG Angriffs- oder Verteidigungsmittel geltend machen und alle Prozesshandlungen wirksam vornehmen, soweit sie nicht mit Erklärungen und Handlungen seiner Hauptpartei (Musterkläger oder Musterbeklagter) in Widerspruch stehen. Sie sind insoweit von dessen Erklärungen und Handlungen abhängig.

Das Oberlandesgericht entscheidet durch Beschluss (so genannter Musterentscheid, § 14 Abs. 1 KapMuG). Gegen den Musterentscheid stehen dem Musterkläger, dem Musterbeklagten sowie den Beigeladenen die Rechtsbeschwerde zum BGH zu (§ 15 KapMuG). Durch den Musterentscheid des Oberlandesgerichts werden alle Prozessgerichte gebunden, deren Entscheidung von der im Musterverfahren getroffenen Feststellung oder der im Musterverfahren zu klärenden Rechtsfrage abhängt (§ 16 Abs. 1 S. 1 KapMuG). Der Beschluss entfaltet auch gegenüber allen Beigeladenen des Verfahrens volle Rechtskraftwirkung (§ 16 Abs. 1 S. 3 KapMuG). Die Bindungswirkung ist mit derjenigen der Nebeninterventionswirkung des § 68 ZPO vergleichbar[810].

dd) Fortsetzung des Verfahrens vor dem Prozessgericht

Das Prozessgericht entscheidet anschließend unter Zugrundelegung der Bindungswirkung des Musterentscheids in der Hauptsache sowie über die Kosten. Die Kosten des Musterverfahrens sind Teil der Kosten des jeweiligen erstinstanzlichen Verfahrens. Sie werden anteilig auf den Musterkläger und den auf seiner Seite Beigeladenen nach dem Verhältnis der Höhe des von dem jeweiligen Kläger geltend gemachten Anspruchs zu der Gesamthöhe aller am Musterverfahren beteiligter Ansprüche verteilt (§ 17 KapMuG). Nach dem KapMuG fallen für die Durchführung des Musterverfahrens keine zusätzlichen Gerichts- oder Anwaltskosten an, das erstinstanzliche Prozessverfahren und der erste Rechtszug des Musterverfahrens bilden dieselbe Angelegenheit[811]. Bei den Kosten, die aus dem Musterverfahren anteilig auf die jeweiligen Hauptverfahren zu verteilen sind, handelt es sich daher in erster Linie um angefallene Auslagen, insbesondere die Vergütung eines Sachverständigen[812].

Für Klagen im Anwendungsbereich des KapMuG gibt es einen ausschließlichen Gerichtsstand bei falschen, irreführenden oder unterlassenen öffentlichen Kapitalm-

---

[810] *Fuchs* in Fuchs WpHG Vor §§ 37b, 37c Rn 91; Krämer in Marsch-Barner/Schäfer Hdb börsennotierte AG § 10 Rn 381; *B. Schneider* BB 2005, 2249, 2255; *Meier* DStR 2005, 1860; 1862; *Möllers/Weichert* NJW 2005, 2737, 2740; *Duve/Pfitzner* BB 2005, 673, 675; *Hess* ZIP 2005, 1713, 1716; *Hess/Michailidon* ZIP 2004, 1381, 1383; *Hess* WM 2004, 2329, 2330.

[811] *Lutje* in Lutje/v. Seltmann BeckOK RVG § 16 Rn 33; *Duve/Pfitzner* BB 2005, 673, 675; *Krämer* in Marsch-Barner/Schäfer Hdb börsennotierte AG § 10 Rn 384; *B. Schneider* BB 2005, 2249, 2257; *Möllers/Weichert* NJW 2005, 2737, 2740.

[812] *Duve/Pfitzner* BB 2005, 673, 675; *B. Schneider* BB 2005, 2249, 2257.

arktinformationen (§ 32b ZPO). Er verdrängt die bisherigen Gerichtsstände des § 48 BörsG und des § 13 Abs. 2 VerkProspG, die für die Geltendmachung von Prospekthaftungsansprüchen auf den Sitz der Börse bzw. der BaFin abstellten[813]. Sachlich zuständig ist ausschließlich das Landgericht, um eine Bündelung aller Klagen wegen öffentlicher Kapitalmarktinformationen zu erreichen (§ 71 Abs. 1 Nr. 3 GVG). Alle Klagen nach dem KapMuG sind daher beim Landgericht am Sitz des Emittenten oder der Zielgesellschaft einzureichen[814].

III. Strafrechtliche Verantwortlichkeit

1. Einleitung

Die Vorstandsmitglieder haben im Rahmen der ihnen obliegenden Leitung der Gesellschaft Zugriff auf eine Reihe von Rechtspositionen Dritter, die auch strafrechtlichem Schutz unterliegen. Neben den strafrechtlichen Normen, die den Schutz Einzelner bezwecken, wie die Körperverletzungs- oder Sachbeschädigungsdelikte, kommt eine Strafbarkeit der Vorstandsmitglieder auch bei Verstoß gegen solche Strafgesetze in Betracht, die den Schutz des Rechtsverkehrs oder der Allgemeinheit bezwecken. Im Folgenden werden die besonders praxisrelevanten Straftatbestände dargestellt.

2. Aktienrechtliche Straftatbestände

a) Falsche Angaben bei Gründung, Kapitalmaßnahmen und Abwicklung

Gemäß § 399 AktG machen sich Vorstandsmitglieder strafbar, die bei der Gründung der Gesellschaft (§§ 23–51 AktG), der Nachgründung (§ 52 AktG) oder bei einer Kapitalerhöhung (§§ 182–206 AktG) gegenüber dem Handelsregister oder in Berichten, die nach dem Aktiengesetz zu erstellen sind, falsche Angaben machen oder erhebliche Umstände verschweigen[815]. Der Strafrahmen beläuft sich auf Freiheitsstrafe bis zu drei Jahren oder Geldstrafe.

---

[813] *Vollkommer* NJW 2007, 3094; *Krämer* in Marsch-Barner/Schäfer Hdb börsennotierte AG § 10 Rn 385; *Duve/Pfitzner* BB 2005, 673, 675; *Möllers/Weichert* NJW 2005, 2737, 2739; *Sessler* WM 2004, 2344, 2346.

[814] *Fuchs* in Fuchs WpHG Vor §§ 37b, 37c Rn 83; *Krämer* in Marsch-Barner/Schäfer Hdb börsennotierte AG § 10 Rn 385; *Vollkommer* NJW 2007, 3094; *Duve/Pfitzner* BB 2005, 673, 676; *B. Schneider* BB 2005, 2249, 2257; *Möllers/Weichert* NJW 2005, 2737, 2739.

[815] *Südbeck* in Park Kapitalmarktstrafrecht S. 343 ff.; *Pelz* in Bürgers/Körber AktG § 399 Rn 4 ff.; *Otto* in Großkomm AktG § 399 Rn 2 ff.

b) Unrichtige Darstellungen in Bilanzen und Berichten

Nach § 400 Abs. 1 Nr. 1 AktG machen sich Vorstandsmitglieder strafbar, die die Verhältnisse der Gesellschaft, einschließlich ihrer Beziehungen zu verbundenen Unternehmen in Darstellungen oder Übersichten, in Vorträgen oder Auskünften in der Hauptversammlung unrichtig wiedergeben oder verschleiern. Eine Strafbarkeit kommt gleichfalls gemäß § 400 Abs. 1 Nr. 2 AktG in Betracht, wenn in den Unterlagen, die einem nach dem Aktiengesetz zu bestellenden Prüfer der Gesellschaft oder eines verbundenen Unternehmens zu geben sind, falsche Angaben gemacht oder die Verhältnisse der Gesellschaft unrichtig wiedergegeben oder verschleiert werden[816]. Der Strafrahmen beläuft sich auf Freiheitsstrafe bis zu drei Jahren oder Geldstrafe. Die Vorschrift wird ergänzt durch die in § 331 HGB speziell geregelte Strafbarkeit von Vorständen bei unrichtigen Darstellungen gegenüber dem Abschlussprüfer. § 331 HGB sieht ebenfalls einen Strafrahmen von Freiheitsstrafe bis zu drei Jahren oder Geldstrafe vor.

c) Verletzung der Geheimhaltungspflicht

Gemäß § 404 Abs. 1 Nr. 1, Abs. 2 AktG machen sich Vorstandsmitglieder strafbar, die ein Geheimnis unbefugt offenbaren oder unbefugt verwerten. Durch § 404 AktG sollen die Interessen der Gesellschaft und der Aktionäre an der Bewahrung ihrer Geheimnisse geschützt werden[817]. Dass die Gesellschaft durch den Geheimnisbruch einen Schaden erleidet, ist nicht erforderlich. Es handelt sich bei § 404 AktG vielmehr um ein abstraktes Gefährdungsdelikt[818]. Der Strafrahmen beläuft sich auf Geldstrafe oder Freiheitsstrafe bis zu einem Jahr. Die besonders schweren Fälle des § 404 Abs. 2 S. 1 AktG sowie das unbefugte Verbreiten eines Geheimnisses gemäß § 404 Abs. 2 S. 2 AktG werden mit Geldstrafe oder Freiheitsstrafe bis zu zwei Jahren, bei börsennotierten Gesellschaften bis zu drei Jahren, bestraft.

3. Börsen- und kapitalmarktrechtliche Straftatbestände

Im Zusammenhang mit den Skandalen und Unternehmenspleiten der letzten Jahre haben insbesondere auch die börsen- und kapitalmarktrechtlichen Straftatbestände an Bedeutung gewonnen. So sind in vielen Fällen neben der zivilrechtlichen Schadenersatzhaftung auch Strafurteile gegen die verantwortlichen Vorstandsmitglieder

---

[816] *Hefendehl* in Spindler/Stilz AktG § 400 Rn 78 ff.; *Pelz* in Bürgers/Körber AktG § 399 Rn 15, § 400 Rn 9 f.; *Südbeck* in Park Kapitalmarktstrafrecht S. 380 ff.; *Otto* in Großkomm AktG § 400 Rn 2 ff.

[817] *Hefendehl* in Spindler/Stilz AktG § 404 Rn 4; *Schaal* in MünchKomm AktG § 404 Rn 3; *Fuhrmann* in Geßler/Hefermehl/Eckardt/Kropff § 404 AktG Rn 2; *Otto* in Großkomm AktG § 404 Rn 2; *Janssen* in Park Kapitalmarktstrafrecht S. 592.

[818] *Schaal* in MünchKomm AktG § 404 Rn 6; *Hefendehl* in Spindler/Stilz AktG § 404 Rn 8; *Otto* in Großkomm AktG § 404 Rn 5; *Janssen* in Park Kapitalmarktstrafrecht S. 593.

ergangen. Neben den aktienrechtlichen Straftatbeständen, insbesondere § 400 Abs. 1 Nr. 1 AktG, kommt dabei den Straftatbeständen des WpHG wegen Verstoß gegen das Verbot der Kurs- und Marktpreismanipulation sowie wegen der Verletzung von Insiderregeln besondere Bedeutung zu. Praxisrelevant ist zudem die Strafbarkeit wegen Kapitalanlagebetrugs (§ 264a StGB).

a) Kurs- und Marktpreismanipulation

§ 20a WpHG enthält das Verbot der Kurs- und Marktpreismanipulation im Hinblick auf Finanzinstrumente, die an einer inländischen Börse zum Handel zugelassen oder in den geregelten Markt oder in den Freiverkehr einbezogen sind bzw. wenn ein entsprechender Antrag gestellt oder öffentlich angekündigt ist oder wenn sie in einem anderen EU-Mitgliedstaat zum Handel an einem organisierten Markt zugelassen sind. Verboten ist es danach, Täuschungshandlungen vorzunehmen, die geeignet sind, auf den inländischen Börsen- oder Marktpreis eines Finanzinstruments oder auf den Preis eines Finanzinstruments an einem organisierten Markt in einem anderen EU- bzw. EWR-Mitgliedstaat einzuwirken[819]. Verstößt ein Vorstandsmitglied vorsätzlich gegen dieses Verbot und wirkt dadurch tatsächlich auf den inländischen Börsen- oder Marktpreis eines Finanzinstruments oder auf den Preis eines Finanzinstruments an einem organisierten Markt in einem anderen EU- oder EWR-Mitgliedstaat ein, so macht es sich gemäß § 38 Abs. 2 WpHG i.V.m. § 39 Abs. 1 Nr. 1 und Nr. 2 WpHG strafbar[820]. Der Strafrahmen beläuft sich auf Freiheitsstrafe bis zu fünf Jahren oder Geldstrafe.

b) Verbotene Insidergeschäfte

Gemäß § 14 WpHG ist es verboten, unter Verwendung einer Insiderinformation Insiderpapiere für eigene oder fremde Rechnung oder für einen anderen zu erwerben oder zu veräußern (§ 14 Abs. 1 Nr. 1 WpHG). Primärinsidern, wie Vorstandsmitgliedern des Emittenten, ist es zudem verboten, einem anderen eine Insiderinformation unbefugt mitzuteilen oder zugänglich zu machen (§ 14 Abs. 1 Nr. 2 WpHG), einem anderen auf der Grundlage einer Insiderinformation den Erwerb oder die Veräußerung von Insiderpapieren zu empfehlen oder einen anderen auf sonstige Weise dazu zu verleiten (§ 14 Abs. 1 Nr. 3 WpHG)[821]. Verstößt ein Vorstandsmitglied des Emittenten gegen eines der Verbote des § 14 Abs. 1 WpHG,

---

[819] *Grundmann* in Ebenroth/Boujong/Joost/Strohn HGB § 20a WpHG VI 156; *Fuchs* in Fuchs WpHG § 20a Rn 15 f.; *Vogel* in Assmann/Schneider WpHG § 20a Rn 19 ff.

[820] *Fleischer* in Fuchs WpHG § 20a Rn 147; *Deilmann/Lorenz* Die börsennotierte AG § 5 Rn 37; *Spindler* NJW 2004, 3449, 3452.

[821] *Mennicke* in Fuchs WpHG § 14 Rn 1; *Assmann* in Assmann/Schneider WpHG § 14 Rn 11 f.; *Schäfer* in Marsch-Barner/Schäfer Hdb börsennotierte AG § 13 Rn 53; *Diekmann/Sustmann* NZG 2004, 929, 931 f.

macht es sich gemäß § 38 Abs. 1 WpHG strafbar. Der Strafrahmen beläuft sich auf Freiheitsstrafe bis zu fünf Jahren oder Geldstrafe. Gemäß § 38 Abs. 4 WpHG wird auch leichtfertiges Handeln unter Strafe gestellt, der Strafrahmen ist auf Geldstrafe oder Freiheitsstrafe bis zu einem Jahr beschränkt[822].

c) Kapitalanlagebetrug

Der Tatbestand des Kapitalanlagebetrugs gemäß § 264a StGB betrifft die Strafbarkeit von Personen, die insbesondere im Zusammenhang mit dem Vertrieb von Wertpapieren in Prospekten oder anderen Darstellungen oder Übersichten über den Vermögensstand der Gesellschaft gegenüber einem größeren Kreis von Personen hinsichtlich solcher Umstände unrichtige vorteilhafte Angaben machen oder nachteilige Tatsachen verschweigen, die für die Entscheidung über den Erwerb der Wertpapiere erheblich sind. Das gleiche gilt für Prospekte über eine Kapitalerhöhung. Der Strafrahmen beträgt Freiheitsstrafe bis zu drei Jahren oder Geldstrafe. Der Straftatbestand des § 264a StGB stellt damit das strafrechtliche Gegenstück zur zivilrechtlichen Prospekthaftung dar[823].

4. Straftaten in der Insolvenz

Die Strafbarkeit von Vorstandsmitgliedern ist in der Insolvenz der Gesellschaft besonders virulent. Es bestehen besondere Pflichten des Vorstands, deren Verletzung auch strafrechtliche Folgen hat.

a) Pflichtverletzung bei Verlust, Überschuldung oder Zahlungsunfähigkeit

Gemäß § 401 AktG machen sich die Mitglieder des Vorstands strafbar, wenn sie es entgegen § 92 Abs. 1 AktG unterlassen, bei einem Verlust in Höhe der Hälfte des Grundkapitals die Hauptversammlung einzuberufen und ihr dies anzuzeigen, Handeln sie vorsätzlich, beläuft sich das Strafmaß auf Freiheitsstrafe bis zu drei Jahren oder Geldstrafe. Bei Fahrlässigkeit beläuft sich das Strafmaß auf Freiheitsstrafe bis zu einem Jahr oder Geldstrafe (§ 401 Abs. 2 AktG).

Ebenso wird bestraft, wer gemäß § 15a InsO bei Zahlungsunfähigkeit oder Überschuldung der Aktiengesellschaft seiner ihm als Vorstandsmitglied obliegenden Pflicht zur Stellung eines Insolvenzantrages nicht nachkommt.

---

[822] *Mennicke* in Fuchs WpHG § 14 Rn 414; *Assmann* in Assmann/Schneider WpHG Vor § 12 Rn 27; *Schäfer* in Marsch-Barner/Schäfer Hdb börsennotierte AG § 13 Rn 94.

[823] *Park* in Park Kapitalmarktstrafrecht S. 97 ff.; *Tröndle/Fischer* StGB § 264a Rn 2 ff.; *Kühl* in Lackner/Kühl § 264a StGB Rn 1 ff.; *Dannecker* in Wabnitz/Janovsky Hdb des Wirtschafts- und Steuerstrafrechts 1 Rn 66.

b) Vorenthalten und Veruntreuen von Sozialversicherungsbeiträgen

Vorstandsmitglieder machen sich strafbar, wenn sie der Einzugsstelle Arbeitnehmersozialversicherungsbeiträge vorenthalten (§ 266a Abs. 1 StGB) bzw. wenn über sozialversicherungsrechtlich erhebliche Tatsachen unrichtige oder unvollständige Angaben gemacht oder solche Tatsachen pflichtwidrig verschwiegen werden und dadurch Arbeitgebersozialversicherungsbeiträge vorenthalten werden (§ 266a Abs. 2 StGB)[824]. Der Strafrahmen beläuft sich auf Geldstrafe oder Freiheitsstrafe bis zu fünf Jahren.

c) Bankrott

Als Kernvorschrift des Insolvenzstrafrechts stellt § 283 StGB acht Tathandlungen unter Strafe, die in der Krise, also bei Überschuldung, Zahlungsunfähigkeit oder drohender Zahlungsunfähigkeit, begangen werden müssen (§ 283 Abs. 1 StGB) oder durch die die Überschuldung oder Zahlungsunfähigkeit der Gesellschaft herbeigeführt wird (§ 283 Abs. 2 StGB). Die unter Strafe gestellten Bankrotthandlungen betreffen im Wesentlichen die Vernichtung oder das Beiseiteschaffen von Vermögen, das anderenfalls der Insolvenzmasse zur Verfügung steht oder sonst zur Befriedigung der Gläubiger dienen würde, sowie in der Krise begangene Verstöße gegen die Buchführungspflicht. Voraussetzung für die Strafbarkeit ist gemäß § 283 Abs. 6 StGB, dass die Gesellschaft ihre Zahlungen eingestellt hat, das Insolvenzverfahren über das Vermögen der Gesellschaft eröffnet oder der Insolvenzantrag mangels Masse abgewiesen worden ist[825]. Das Strafmaß beläuft sich bei vorsätzlichem Handeln auf Geldstrafe oder Freiheitsstrafe bis zu fünf Jahren. Bei fahrlässigem bzw. leichtfertigem Handeln beläuft sich der Strafrahmen in den in § 283 Abs. 4 StGB genannten Fällen auf Geldstrafe oder Freiheitsstrafe bis zu zwei Jahren. Ein besonders schwerer Fall einer Bankrotthandlung liegt gemäß § 283a StGB vor, wenn der Täter aus Gewinnsucht handelt oder wissentlich viele Personen in die Gefahr des Verlustes ihrer dem Täter anvertrauten Vermögenswerte oder in wirtschaftliche Not bringt[826]. Das Strafmaß beläuft sich in einem solchen Fall auf Freiheitsstrafe von sechs Monaten bis zu zehn Jahren.

---

[824] *Spindler* in Fleischer Hdb des Vorstandsrechts § 15 Rn 57; *Ambs* in Erbs/Kohlhaas Strafrechtliche Nebengesetze § 266a StGB Rn 4, 20; *Thümmel* Persönliche Haftung von Managern und Aufsichtsräten Rn 436 f.; *Kühl* in Lackner/Kühl § 266a StGB Rn 6 ff.; *Raguß* Vorstand der AG S. 240 f.; *Schröder* GmbHR 2005, 736, 737 f.

[825] *Wellhöfer* in Wellhöfer/Peltzer/Müller Haftung § 6 Rn 36; *Köhler* in Wabnitz/Janovsky Hdb des Wirtschafts- und Steuerstrafrechts 7 Rn 106 ff.; *Stree/Heine* in Schönke/Schröder § 283 StGB Rn 2 ff.; *Tröndle/Fischer* StGB § 283 Rn 2 ff.

[826] *Wellhöfer* in Wellhöfer/Peltzer/Müller Haftung § 6 Rn 40; *Radtke* in MünchKomm StGB § 283a StGB Rn 3 f.; *Köhler* in Wabnitz/Janovsky Hdb des Wirtschafts- und Steuerstrafrechts 7 Rn 187 ff.; *Tröndle/Fischer* StGB § 283 Rn 34 ff.

d) Verletzung der Buchführungspflicht

In Ergänzung zu § 283 Abs. 1 Nr. 5–7 StGB stellt § 283b StGB auch solche Verstöße gegen die Buchführungspflicht unter Strafe, die noch vor Eintritt der Krise oder von einem Täter begangen werden, der die eingetretene Krise ohne Fahrlässigkeit nicht kennt und der weder die Überschuldung noch die Zahlungsunfähigkeit vorsätzlich oder leichtfertig verursacht hat[827]. Verstöße gegen die Buchführungspflicht sind insbesondere das unterlassene Führen von Handelsbüchern trotz gesetzlicher Verpflichtung hierzu. Strafbar ist zudem, wer Handelsbücher so führt oder verändert, dass die Übersicht über den Vermögensstand erschwert wird (§ 283b Abs. 1 Nr. 1 StGB) oder wer Handelsbücher entgegen einer gesetzlichen Aufbewahrungspflicht beiseite schafft, verheimlicht, zerstört oder beschädigt und dadurch die Übersicht über den Vermögensstand erschwert wird (§ 283b Abs. 1 Nr. 2 StGB). Ebenso macht sich strafbar, wer Bilanzen so aufstellt, dass die Übersicht über den Vermögensgegenstand erschwert wird, oder es unterlässt, die Bilanz der Gesellschaft in der vorgeschriebenen Zeit aufzustellen (§ 283b Abs. 1 Nr. 3 StGB).

Voraussetzung der Strafbarkeit ist gemäß § 283b Abs. 3 StGB i.V.m. § 283 Abs. 6 StGB zudem, dass die Gesellschaft ihre Zahlungen eingestellt hat, das Insolvenzverfahren über das Vermögen der Gesellschaft eröffnet oder der Eröffnungsantrag mangels Masse abgewiesen worden ist. Die Verstöße gegen die Buchführungspflicht müssen dabei in einem Zusammenhang zu dem Zusammenbruch des Unternehmens stehen[828]. Das Strafmaß beläuft sich auf Geldstrafe oder Freiheitsstrafe bis zu zwei Jahren, bei fahrlässigem Handeln beschränkt sich das Strafmaß in bestimmten Fällen auf Geldstrafe oder Freiheitsstrafe bis zu einem Jahr (§ 283b Abs. 2 StGB).

e) Gläubigerbegünstigung

Eine Gläubigerbegünstigung gemäß § 283c StGB liegt dann vor, wenn der tatsächlich zahlungsunfähige Schuldner einem Gläubiger in Kenntnis seiner Lage einen inkongruenten Vorteil gewährt, d.h. einen Anspruch befriedigt, auf den der Gläubiger keinen oder jedenfalls keinen Anspruch zu der Zeit oder in der Art hat[829]. Die Vorstandsmitglieder der Gesellschaft müssen den Gläubiger, dem der Vorteil gewährt wird, absichtlich oder wissentlich begünstigen wollen. Im Unterschied zu § 283 Abs. 1 Nr. 1 StGB wird gemäß § 283c StGB nicht die Insolvenzmasse an sich

---

[827] BGHSt 28, 231, 233; *Wellhöfer* in Wellhöfer/Peltzer/Müller Haftung § 6 Rn 41 f.; *Radtke* in MünchKomm StGB § 283b StGB Rn 2; *Tröndle/Fischer* StGB § 283b Rn 1; *Köhler* in Wabnitz/Janovsky Hdb des Wirtschafts- und Steuerstrafrechts 7 Rn 192.

[828] BGHSt 28, 234; *Tröndle/Fischer* StGB § 283b Rn 3; *Wellhöfer* in Wellhöfer/Peltzer/Müller Haftung § 6 Rn 42; *Stree/Heine* in Schönke/Schröder StGB § 283b Rn 7.

[829] *Tröndle/Fischer* StGB § 283c Rn 3 ff.; *Wellhöfer* in Wellhöfer/Peltzer/Müller Haftung § 6 Rn 43; *Lackner/Kühl* StGB § 283c Rn 3; *Köhler* in Wabnitz/Janovsky Hdb des Wirtschafts- und Steuerstrafrechts 7 Rn 196.

geschmälert, sondern allein die gleichmäßige Befriedigung aller Gesamtgläubiger zugunsten des begünstigen Gläubigers beeinträchtigt[830]. Das Strafmaß beläuft sich auf Geldstrafe oder Freiheitsstrafe bis zu zwei Jahren.

5. Sonstige Straftatbestände

Je nach Tätigkeitsgebiet der Aktiengesellschaft kommen weitere Straftatbestände für den Vorstand in Betracht. Beispiele hierfür sind in Zusammenhang mit Produkthaftungsfällen strafrechtliche Verurteilungen wegen Körperverletzung nach §§ 223 ff. StGB oder Verstöße gegen die Vorschriften des Außenwirtschaftsgesetzes (§ 34 AWG). Besonders praxisrelevant für den Vorstand ist die Strafbarkeit wegen Untreue (§ 266 StGB) und Betrug (§ 263 StGB).

a) Untreue

Ein Vorstandsmitglied macht sich gemäß § 266 StGB dann der Untreue strafbar, wenn es das Vermögen der Aktiengesellschaft unter Ausnutzung seiner Vertrauensstellung vorsätzlich schädigt. Nach der Rechtsprechung des BGH ist dem Vorstand bei seinen in Ausfüllung der gesellschaftsrechtlichen Pflichten nach §§ 76, 82, 93 AktG getroffenen Entscheidungen ein weiter Ermessensspielraum zuzubilligen. Danach ist eine Pflichtverletzung nicht anzunehmen, solange die Grenzen, in denen sich ein von Verantwortungsbewusstsein getragenes, ausschließlich am Unternehmenswohl orientiertes, auf sorgfältiger Ermittlung der Entscheidungsgrundlagen beruhendes unternehmerisches Handeln bewegen muss, nicht überschritten sind[831]. Werden jedoch die äußersten Grenzen unternehmerischer Entscheidungsfreiheit überschritten und wird dadurch eine Hauptpflicht gegenüber dem zu betreuenden Unternehmen verletzt, so liegt eine Verletzung gesellschaftsrechtlicher Pflichten vor, die so gravierend sein kann, dass sie zugleich den Tatbestand des § 266 StGB erfüllt[832]. Nicht zuletzt durch das „Mannesmann"-Urteil des BGH hat diese Strafnorm eine ganz neue Qualität im Unternehmensrecht erhalten[833]. Wer eine Untreue gemäß § 266 StGB begeht, wird mit einer Geldstrafe oder Freiheitsstrafe bis zu fünf Jahren bestraft. In besonders schweren Fällen beläuft sich der Strafrahmen auf Freiheitsstrafe von sechs Monaten bis zu zehn Jahren. Zu unterscheiden sind der Missbrauchstatbestand des § 266 Abs. 1 1. Alt. StGB und der Treuebruchstatbestand des § 266 Abs. 1 2. Alt. StGB. Der Missbrauchstatbestand setzt voraus, dass der Vor-

---

[830] *Tröndle/Fischer* StGB § 283c Rn 1; *Stree/Heine* in Schönke/Schröder § 283c StGB Rn 13.

[831] BGHZ 135, 244, 253; *Fleischer* in Spindler/Stilz AktG § 93 Rn 55; *Bürgers/Israel* in Bürgers/Körber AktG § 93 Rn 9.

[832] BGH DB 2009, 2089; BGH AG 2006, 85, 86; BGHZ 135, 244, 253.

[833] BGH NJW 2006, 522 ff.; *Wellhöfer* in Wellhöfer/Peltzer/Müller Haftung § 6 Rn 82; kritisch dazu *Ransiek* NJW 2006, 814 ff.

stand seine Verfügungsbefugnis über das für ihn fremde Vermögen der Gesellschaft missbraucht. Der Treuebruchstatbestand wird durch tatsächliches Einwirken auf das Vermögen verwirklicht[834]. Das kann der Griff in die Kasse, der Verbrauch anvertrauter Gelder, die Einrichtung schwarzer Kassen oder die Vernichtung von Urkunden sein[835]. Auf der subjektiven Tatbestandsseite erfordert die Verwirklichung der Untreue nach Rechtsprechung des Bundesgerichtshofs nicht nur die Kenntnis des Täters von der konkreten Möglichkeit eines Schadenseintritts und das Inkaufnehmen dieser konkreten Gefahr, sondern darüber hinaus eine Billigung der Realisierung dieser Gefahr, *„sei es auch nur in der Form, dass der Täter sich mit dem Eintritt des ihm unerwünschten Erfolges abfindet"*[836].

b) Betrug (§ 263 StGB)

Ein Vorstandsmitglied begeht gemäß § 263 StGB einen Betrug, wenn es eine andere Person in der Absicht täuscht, sich oder einen Dritten zu bereichern. Durch die Täuschung muss beim Opfer ein Irrtum erregt worden sein, aufgrund dessen es eine Vermögensverfügung vornimmt, die bei ihm unmittelbar zu einem Vermögensschaden führt. Besonders praxisrelevant ist der Lieferanten- und Warenkreditbetrug, bei dem trotz Krise der Gesellschaft noch Waren auf Kredit bestellt werden (so genannter Eingehungsbetrug)[837]. Der Vorstand täuscht bei Vertragsschluss ausdrücklich oder konkludent vor, dass die Gesellschaft bei Lieferung zahlungsfähig und -willig sein wird[838]. Durch die Täuschung unterliegt der Geschäftspartner dem Irrtum, er werde seine Gegenleistung erhalten. Der Strafrahmen beläuft sich bei Betrug auf Geldstrafe oder Freiheitsstrafe bis zu fünf Jahren. Gemäß § 263 Abs. 3 StGB erhöht sich bei besonders schweren Fällen der Strafrahmen auf Freiheitsstrafe von sechs Monaten bis zu zehn Jahren.

6. Ordnungswidrigkeiten

Die Handlungen des Vorstands können auch eine Ordnungswidrigkeit darstellen. So enthalten die §§ 405, 406 AktG diverse Ordnungswidrigkeitstatbestände unter

---

[834] *Ott/Vuia* in MünchKomm InsO § 80 Rn 148; *Wellhöfer* in Wellhöfer/Peltzer/Müller Haftung § 6 Rn 85; *Zieschang* in Park Kapitalmarktstrafrecht S. 140; *Lencker/Perron* in Schönke/Schröder § 266 StGB Rn 2 ff.; *Taschke* in Semler/Peltzer ArbHdb für Vorstandsmitglieder § 10 Rn 193 ff.; *Mansdörfer* JuS 2009, 114, 115.

[835] *Fuhrmann* in Geßler/Hefermehl/Eckardt/Kropff Vor § 399 AktG Rn 7; *Mansdörfer* JuS 2009, 114, 117.

[836] BGH NJW 2007, 1760; *Ransiek* NJW 2007, 1727, 1730; zustimmend *Keul* DB 2007, 728, 730.

[837] *Cramer* in Schönke/Schröder § 263 StGB Rn 128; *Hefendehl* in MünchKomm StGB § 263 Rn 486; *Köhler* in Wabnitz/Janovsky Hdb des Wirtschafts- und Steuerstrafrechts 7 Rn 223 ff.

[838] *Pelz* Strafrecht in Insolvenz und Krise Rn 476; *Kaiser* NJW 2009, 1575, 1576.

anderem für Handlungen im Zusammenhang mit der Ausgabe von Aktien oder Zwischenscheinen (§ 405 Abs. 1 AktG), der Überlassung von Aktien bzw. der Nutzung der sich aus ihnen ergebenden Rechte (§ 405 Abs. 3 AktG). Gemäß §§ 130 Abs. 1, 30 OWiG kann eine Ordnungswidrigkeit auch bei Organisationsverschulden vorliegen[839]. Zudem sind in § 39 WpHG diverse Ordnungswidrigkeitentatbestände bei Verstößen gegen die Vorschriften des WpHG enthalten. Besonders hervorzuheben ist hierbei die Ordnungswidrigkeit der Handlungen des Vorstands einer börsennotierten Aktiengesellschaft bei Verstoß gegen die Ad-hoc-Mitteilungspflichten gemäß § 15 WpHG[840].

---

[839] Vgl. hierzu unter B II 6 c.

[840] *Süßmann* in Park Kapitalmarktstrafrecht, S. 658 ff.; *Zimmer* in Schwark KMRK § 39 WpHG Rn 1 ff.

C. Haftungsrisiken für Aufsichtsräte

I. Innenhaftung

1. Verletzung ausdrücklich geregelter Pflichten

a) Einleitung

Die Pflichten der Organe werden durch die ihnen obliegenden Aufgaben bestimmt. Während der Vorstand als Leitungsorgan in erster Linie Leitungsaufgaben und die Vertretung der Gesellschaft nach außen wahrnimmt, gehören zu den primäre Aufgaben des Aufsichtsrats die Überwachung und Kontrolle des Vorstands der Gesellschaft. Es handelt sich also um eine gesellschaftsinterne Aufgabe des Aufsichtsrats. Die ihm obliegenden Pflichten sind daher in ihrer Mehrzahl Pflichten gegenüber der Gesellschaft. Bei der Frage der Verantwortlichkeit der Aufsichtsratsmitglieder steht daher die Innenhaftung im Vordergrund. Dabei ist zu unterscheiden zwischen der sich aus §§ 116, 93 AktG ergebenden allgemeinen Sorgfaltspflicht, die sich im Zusammenhang mit den Aufgaben des Aufsichtsrats zu konkreten Einzelpflichten verdichten kann, sowie die im Gesetz ausdrücklich genannten weiteren Pflichten.

b) Verletzung von Pflichten bei der Gründung der Gesellschaft

Bei der Gründung der Gesellschaft ergeben sich besondere Pflichten für die Gründer, aber auch die Organmitglieder der Gesellschaft. Für die Verletzung der ihnen dabei obliegenden Pflichten sieht § 48 S. 1 AktG eine spezielle Haftungsnorm für die Aufsichtsratsmitglieder der Gesellschaft vor. Daneben gelten im Übrigen gemäß § 48 S. 2 AktG die §§ 93, 116 AktG. Die Aufsichtsratsmitglieder haften nach § 48 AktG ebenso wie die Vorstandsmitglieder für die Verletzung der ihnen während der Gründung obliegenden Pflichten. Durch die Regelung in § 48 AktG wird klargestellt, dass die geltenden Vorschriften über die Sorgfaltspflichten der Aufsichtsratsmitglieder auch bereits während des Gründungsstadiums, also noch vor Eintragung der Gesellschaft ins Handelsregister gelten. Die Innenhaftung der Aufsichtsratsmitglieder gegenüber der Gesellschaft entsteht allerdings erst mit Eintragung der Gesellschaft[841]. Die Vorschrift des § 48 AktG bezweckt, die Gesellschaft vor Schädi-

---

[841] *Hüffer* AktG § 48 Rn 2; *Pentz* in MünchKomm AktG § 48 Rn 2; *Plück/Lattwein* Haftungsrisiken für Manager S. 28.

gungen im Rahmen der Gründung zu schützen. Sie dient damit ebenso wie die §§ 46, 47 AktG, die die Haftung der Gründer bzw. der Gründergenossen und Emittenten regeln, dem Schutz der Kapitalaufbringung[842].

§ 48 AktG nennt beispielhaft ausdrücklich eine Verantwortlichkeit der Aufsichtsratsmitglieder dafür, dass die Einlagen der Gründer zur freien Verfügung des Vorstandes eingezahlt sind und dass die Zahlstelle, d.h. in der Regel die Bank, an die die Einlageleistung der Aktionäre zu erbringen ist, hierzu geeignet ist. Daneben treten jedoch weitere Pflichten, insbesondere die Pflicht zur Prüfung des Gründungs- bzw. Nachgründungsberichts gemäß den §§ 33 Abs. 1, 34 AktG (bei der Nachgründung in Verbindung mit § 53 AktG) sowie die Pflicht, die Gesellschaft ordnungsgemäß zur Eintragung in das Handelsregister anzumelden (§§ 36 ff., 54 Abs. 3 AktG)[843]. Insofern obliegen den Aufsichtsratsmitgliedern entsprechende Pflichten wie den Vorstandsmitgliedern.

c) Verletzung der Überwachungspflicht

aa) Verletzung der allgemeinen Überwachungspflicht

(1) Inhalt der Überwachungspflicht. Gemäß § 111 Abs. 1 AktG hat der Aufsichtsrat die Geschäftsführung zu überwachen. Damit wird die herausragende Rolle des Aufsichtsrats gesetzlich umschrieben. Seine Überwachungspflicht bezieht sich dabei auf die Geschäftsführung und somit auf den Vorstand, dessen Aufgabe die Geschäftsführung gemäß § 77 AktG ist[844].

Anders als nach § 77 AktG umfasst der Begriff der Geschäftsführung i.S.v. § 111 Abs. 1 AktG allerdings nicht alle Geschäftsführungsmaßnahmen des Vorstands. Die Überwachungs- und Kontrollaufgabe des Aufsichtsrats beschränkt sich auf die Leitungs- und Führungsentscheidungen des Vorstands i.S.v. § 76 Abs. 1 AktG sowie auf wesentliche Einzelgeschäftsführungsmaßnahmen[845]. Die Kontrolle von Geschäftsführungsmaßnahmen, die weniger wichtig sind, wie etwa das laufende Tagesgeschäft, muss unterbleiben, um nicht in die Leitungsautonomie des Vorstands einzugreifen[846]. Konkretisiert werden die Überwachungsaufgaben des Aufsichtsrats durch die gesetzlich ausdrücklich angesprochenen Prüfungspflichten, wie die Prü-

---

[842] *Hüffer* AktG § 48 Rn 1; *Pentz* in MünchKomm AktG § 48 Rn 3.

[843] *Hüffer* AktG § 48 Rn 3; *Pentz* in MünchKomm AktG § 48 Rn 14 ff.; *Kraft* in Kölner Komm AktG § 48 Rn 7.

[844] *Semler* in MünchKomm AktG § 111 Rn 18; *Ek/von Hoyenberg* Aktiengesellschaften S. 132 ff.

[845] *Hüffer* AktG § 111 Rn 3; *Lutter/Krieger* Rechte und Pflichten des AR Rn 63 ff.; *Tomat* in Schüppen/Schaub MünchAnwaltshdb AktR § 23 Rn 64; *Hopt/Roth* in Großkomm AktG § 111 Rn 160; *Kiethe* WM 2005, 2122, 2124.

[846] *Lutter/Krieger* Rechte und Pflichten des AR Rn 65 f.; a.A. wohl *Hopt/Roth* in Großkomm AktG § 111 Rn 161.

fung des Jahresabschlusses, des Konzernabschlusses, des (Konzern-)Lageberichts und des Vorschlags für die Gewinnverwendung (§ 171 Abs. 1 AktG) sowie die Prüfung eines etwaigen Abhängigkeitsberichts (§ 314 Abs. 1 AktG). Weitere Prüfungspflichten ergeben sich auch aus den Berichtspflichten des Vorstands gegenüber dem Aufsichtsrat (§ 90 Abs. 1 AktG). Soweit eine Berichtspflicht des Vorstands besteht, besteht auch eine Prüfungspflicht des Aufsichtsrats[847].

Die Überwachung des Vorstands richtet sich sowohl auf die abgeschlossene Tätigkeit des Vorstands als auch präventiv auf geplante Geschäftsführungsmaßnahmen[848]. Im Hinblick auf zukünftige Maßnahmen ist der Aufsichtsrat aber auch verpflichtet, den Vorstand zu beraten und mit ihm Fragen der Geschäftsleitung zu erörtern[849]. Zudem hat der Aufsichtsrat mögliche Pflichtverletzungen des Vorstands und etwaige Schadenersatzsprüche der Gesellschaft zu untersuchen und diese gegebenenfalls geltend zu machen[850].

(2) Maßstab der Überwachung. Im Rahmen seiner Überwachungsfunktion hat der Aufsichtsrat die Geschäftsführung des Vorstands im Hinblick auf ihre Rechtmäßigkeit, Ordnungsmäßigkeit, Zweckmäßigkeit und Wirtschaftlichkeit hin zu überwachen[851]. Dabei hat der Aufsichtsrat zu berücksichtigen, dass Vorstand und Aufsichtsrat ihr Handeln am Unternehmensinteresse auszurichten, die Vorteile des Unternehmens zu wahren und Schaden von ihm abzuwenden haben[852].

Der Aufsichtsrat hat das Vorstandshandeln zunächst auf seine Rechtmäßigkeit zu überprüfen. Das Verhalten des Vorstands muss mit den geltenden Gesetzen, der Satzung und sonstigen internen Richtlinien im Einklang stehen. Es darf insbesondere nicht gegen gesetzliche Verbote verstoßen. Zudem hat der Vorstand die satzungsmäßig formulierten Grenzen des Unternehmensgegenstandes im Rahmen seiner Leitungsfunktion zu beachten und seine Geschäftstätigkeit nicht satzungswidrig auszuweiten[853].

---

[847] *Hopt/Roth* in Großkomm AktG § 111 AktG Rn 162.

[848] BGHZ 114, 127 ff., *Hüffer* AktG § 111 Rn 4, 5; *Tomat* in Schüppen/Schaub MünchAnwaltshdb AktR § 23 Rn 66 ff.; *Hoffmann-Becking* in MünchHdb AG § 29 Rn 22, 32.

[849] BGHZ 114, 127, 130; *Hüffer* AktG § 111 Rn 5; *Hoffmann-Becking* in MünchHdb AG § 29 Rn 32; *Lutter/Krieger* Rechte und Pflichten des AR Rn 94; *Grotheer* WM 2005, 2070, 2071; a.A. (keine Pflicht zur Beratung des Vorstands) *Jäger* DStR 1996, 671, 675; *Theisen* AG 1995, 193, 199 f.

[850] BGHZ 135, 244 ff.; *Hüffer* AktG § 111 Rn 4a f.; *Breuer/Fraune* in Heidel AktG § 111 Rn 12; *Grotheer* WM 2005, 2070, 2071.

[851] BGHZ 135, 244, 252, 254 ff.; BGHZ 114, 127, 129 f.; BGHZ 75, 120, 133; *Hüffer* AktG § 111 Rn 6; *v. Schenck* in Semler/v. Schenck ArbHdb für Aufsichtsratsmitglieder § 7 Rn 120; *Paal* DStR 2005, 382, 383; *Grotheer* WM 2005, 2070, 2071.

[852] *v. Schenck* in Semler/v. Schenck ArbHdb für Aufsichtsratsmitglieder § 7 Rn 127; *Potthoff/Trescher* Das Aufsichtsratsmitglied Rn 482 ff.

[853] *Potthoff/Trescher* Das Aufsichtsratsmitglied Rn 490; *v. Schenck* in Semler/v. Schenck ArbHdb für Aufsichtsratsmitglieder § 7 Rn 121.

Im Hinblick auf die Ordnungsmäßigkeit des Vorstandshandelns ist zu kontrollieren, ob der Vorstand die Verfahrens- und die kaufmännischen Sorgfaltsregeln beachtet. Einzelne Verfahrensregeln können sich aus dem Gesetz, der Satzung oder der Geschäftsordnung des Vorstands ergeben. Zur Beachtung der kaufmännischen Sorgfaltsregeln gehört die sinnvolle Organisation des Unternehmens, insbesondere des Planungs- und Rechnungswesens[854]. Zudem ist vom Vorstand zu beachten, dass bedeutsame Entscheidungen unter Verwendung der erforderlichen Unterlagen vorbereitet und hinsichtlich der wichtigsten Ergebnisse auch dokumentiert werden[855].

Im Rahmen der Zweckmäßigkeitsprüfung hat der Aufsichtsrat zu untersuchen, ob der Vorstand bei seiner Geschäftsführung die Effektivität seines Handelns beachtet. Insofern hat sich der Vorstand stets zu fragen, ob die eingesetzten Mittel zu dem angestrebten Zweck angemessen sind[856]. Dabei hat der Aufsichtsrat insbesondere darüber zu wachen, dass der Vorstand seiner Pflicht nachkommt, für den Bestand des Unternehmens und für eine dauerhafte Rentabilität zu sorgen[857]. Die Wirtschaftlichkeit des Vorstandshandelns ist eng mit seiner Zweckmäßigkeit verbunden. Im Rahmen der Wirtschaftlichkeit seines Handelns hat der Vorstand darauf zu achten, dass der angestrebte Zweck mit dem geringstmöglichen Einsatz an Mitteln verwirklicht wird bzw. mit vorgegebenen Mitteln das größtmögliche Ergebnis erzielt wird. Daher hat der Vorstand bei allen Entscheidungen darauf zu achten, dass die Kosten und Erlöse stets im besten Verhältnis zueinander stehen[858].

In Krisenzeiten hat der Aufsichtsrat die Intensität seiner Überwachungstätigkeit zu erhöhen, um Schaden von der Gesellschaft abzuwenden. Dabei beruht die Hauptlast der Verantwortung auf dem Aufsichtsratsvorsitzenden, da dessen enger Kontakt zum Vorstand allein ein schnelles Handeln gewährleisten kann[859].

bb) Verletzung der Informationspflicht

Gemäß § 111 Abs. 2 AktG kann der Aufsichtsrat die Bücher und Schriften der Gesellschaft sowie die Vermögensgegenstände, namentlich die Gesellschaftskasse und die Bestände an Wertpapieren und Waren, einsehen und prüfen. Das Gesetz umschreibt damit eine Reihe exemplarischer Einzelbefugnisse des Aufsichtsrats, um der ihm obliegenden Überwachungsaufgabe nachzukommen. Ihm steht dabei ein um-

---

[854] *Hüffer* AktG § 111 Rn 6; *Potthoff/Trescher* Das Aufsichtsratsmitglied Rn 491; *v. Schenck* in Semler/v. Schenck ArbHdb für Aufsichtsratsmitglieder § 7 Rn 120.

[855] *Potthoff/Trescher* Das Aufsichtsratsmitglied Rn 491; *v. Schenck* in Semler/v. Schenck ArbHdb für Aufsichtsratsmitglieder § 7 Rn 120.

[856] *Potthoff/Trescher* Das Aufsichtsratsmitglied Rn 493; *v. Schenck* in Semler/v. Schenck ArbHdb für Aufsichtsratsmitglieder § 7 Rn 126.

[857] *Hüffer* AktG § 111 Rn 6.

[858] *Potthoff/Trescher* Das Aufsichtsratsmitglied Rn 494; *v. Schenck* in Semler/v. Schenck ArbHdb für Aufsichtsratsmitglieder § 7 Rn 125.

[859] *Hüffer* AktG § 111 Rn 7; *v. Schenck* in Semler/v. Schenck ArbHdb für Aufsichtsratsmitglieder § 7 Rn 127.

fassendes Einsichts- und Prüfungsrecht hinsichtlich aller Dokumente sowie aller Aktiva der Gesellschaft zu[860]. Der Aufsichtsrat hat die ihm nach § 111 Abs. 2 AktG zukommenden Befugnisse nach pflichtgemäßem Ermessen auszuüben, wobei die Notwendigkeit effizienter Überwachung einerseits und denkbare nachteilige Folgen für die Aktiengesellschaft andererseits gegeneinander abzuwägen sind[861].

Das Einsichts- und Prüfungsrecht stellt eine Ergänzung des in § 90 AktG geregelten Berichtssystems dar[862]. Zusammen ermöglichen die Berichtspflicht des Vorstands und das Einsichts- und Prüfungsrecht des Aufsichtsrats dem Aufsichtsrat eine umfassende Information über die Geschäftsführung durch den Vorstand. Soweit dem Aufsichtsrat danach Informations-, Auskunfts- und Einsichtsrechte zustehen, ist jedes seiner Mitglieder verpflichtet, diese Rechte auch wahrzunehmen. Den Aufsichtsratsmitgliedern obliegt daher eine Pflicht, die ihnen vom Vorstand vorgelegten Berichte zur Kenntnis zu nehmen und persönlich zu lesen[863]. Zudem haben sie sich bei Zweifeln an der Rechtmäßigkeit oder Zweckmäßigkeit des Vorstandshandelns näher zu informieren und gegebenenfalls weitere Berichte anzufordern oder Einsicht in die Unterlagen der Gesellschaft zu nehmen. Das einzelne Aufsichtsratsmitglied kann sich daher nicht darauf berufen, es sei nicht ausreichend informiert bzw. nicht in der Lage gewesen, sich selbständig über die Angelegenheiten der Gesellschaft zu unterrichten[864]. Zwar stehen die Auskunfts- und Einsichtsrechte dem Aufsichtsrat als Organ zu, jedoch hat jedes Aufsichtsratsmitglied bei weiterem Informationsbedarf einen entsprechenden Antrag im Aufsichtsrat zu stellen[865].

Verletzt ein Aufsichtsratsmitglied die ihm danach obliegenden Pflichten und entsteht der Gesellschaft hierdurch ein Schaden, der bei rechtzeitiger Information des Aufsichtsrats hätte verhindert werden können, macht er sich gemäß §§ 116, 93 Abs. 2 S. 1 AktG haftbar.

cc) Verletzung der Pflicht zur Einberufung der Hauptversammlung

Gemäß § 111 Abs. 3 AktG ist der Aufsichtsrat verpflichtet, die Hauptversammlung einzuberufen, wenn das Wohl der Gesellschaft die Einberufung erfordert. Da gemäß § 121 AktG grundsätzlich der Vorstand verpflichtet ist, die Hauptversammlung einzuberufen, wird das Recht des Aufsichtsrats nur dann praxisrelevant, wenn entweder der Aufsichtsrat und der Vorstand über die Notwendigkeit einer Einberufung

---

[860] *Hüffer* AktG § 111 Rn 11; *Potthoff/Trescher* Das Aufsichtsratsmitglied Rn 739; *v. Schenck* in Semler/v. Schenck ArbHdb für Aufsichtsratsmitglieder § 7 Rn 146.

[861] *Hüffer* AktG § 111 Rn 11; *v. Schenck* in Semler/v. Schenck ArbHdb für Aufsichtsratsmitglieder § 7 Rn 147.

[862] *Hüffer* AktG § 111 Rn 11.

[863] *v. Schenck* in Semler/v. Schenck ArbHdb für Aufsichtsratsmitglieder § 7 Rn 155; *Mertens* in Kölner Komm AktG § 116 Rn 13.

[864] *v. Schenck* in Semler/v. Schenck ArbHdb für Aufsichtsratsmitglieder § 7 Rn 156; *Mertens* in Kölner Komm AktG § 90 Rn 4.

[865] *Kalss* in MünchKomm AktG § 111 Rn 150.

unterschiedlicher Meinung sind oder wenn der Vorstand trotz Kenntnis seiner Pflicht zur Einberufung der Hauptversammlung diese nicht einberuft[866]. Eine Einberufung der Hauptversammlung durch den Aufsichtsrat kommt zudem dann in Betracht, wenn Maßnahmen gegen Vorstandsmitglieder ergriffen werden sollen, insbesondere ein Vertrauensentzug gemäß § 84 Abs. 3 S. 2 AktG beschlossen werden soll, um einen wichtigen Grund für ihre Abberufung zu schaffen[867].

Gebietet das Wohl der Gesellschaft die Einberufung der Hauptversammlung, so besteht gemäß § 111 Abs. 3 AktG eine Pflicht des Aufsichtsrats hierzu. Verletzen die einzelnen Aufsichtsratsmitglieder die ihnen danach obliegende Verpflichtung, auf einen entsprechenden Beschluss des Aufsichtsrats hinzuwirken, und entsteht der Gesellschaft hierdurch ein Schaden, der durch die Befassung der Hauptversammlung hätte abgewendet werden können, so stellt dies eine Pflichtverletzung gemäß §§ 116, 93 Abs. 2 S. 1 AktG mit der Folge der persönlichen Haftung dar.

dd) Verletzung der Pflicht zur Begründung und Ausübung von Zustimmungsvorbehalten

Der Aufsichtsrat ist grundsätzlich von der Geschäftsführung ausgeschlossen. Dies stellt § 111 Abs. 4 S. 1 AktG ausdrücklich klar. Entsprechende Maßnahmen können ihm weder durch die Satzung noch durch Beschluss eines anderen Organs übertragen werden. Einige wenige Ausnahmen ergeben sich unmittelbar aus dem Gesetz. Hervorzuheben ist hierbei das Recht zur Vertretung der Gesellschaft gegenüber den Mitgliedern des Vorstands gemäß § 112 AktG.

Das Aktiengesetz fordert jedoch, dass bestimmte Arten von Geschäften durch Regelung in der Satzung oder durch Beschluss des Aufsichtsrats von der Zustimmung des Aufsichtsrats abhängig zu machen sind (§ 111 Abs. 4 S. 2 AktG). Die Alternativen, Zustimmungsvorbehalte durch die Satzung oder den Aufsichtsrat festzulegen, stehen hierbei konkurrierend nebeneinander[868]. Wenn die Satzung keine oder nur unzureichende Zustimmungsvorbehalte vorsieht, besteht gemäß § 111 Abs. 4 AktG eine Verpflichtung des Aufsichtsrats, entsprechende Zustimmungsvorbehalte zu beschließen[869].

Inhaltlich ist bei der Festlegung von Zustimmungsvorbehalten das Gebot der eigenverantwortlichen Leitung der Gesellschaft durch den Vorstand zu beachten. Daher ist es nicht zulässig, übermäßige Zustimmungsvorbehalte festzulegen[870].

---

[866] *Kalss* in MünchKomm AktG § 111 Rn 157; *Ek* Praxisleitfaden für die Hauptversammlung Rn 61.

[867] *Hüffer* AktG § 111 Rn 13; *Bürgers/Israel* in Bürgers/Körber AktG § 111 Rn 18; *Drygala* in Schmidt/Lutter AktG § 111 Rn 33; *Semler* in MünchHdb AG § 35 Rn 9; *Lutter/Krieger* Rechte und Pflichten des AR Rn 123; *Ek* Praxisleitfaden für die Hauptversammlung Rn 61.

[868] *Hüffer* AktG § 111 Rn 17a; *Hoffmann-Becking* in MünchHdb AG § 29 Rn 38; *Lutter/Krieger* Rechte und Pflichten des AR Rn 105.

[869] *Hüffer* AktG § 111 Rn 17.

[870] *Hüffer* AktG § 111 Rn 18.

Für welche Arten von Geschäften Zustimmungsvorbehalte zu bestimmen sind, ist gesetzlich nicht geregelt. Anhaltspunkte hierfür kann jedoch der Bericht der Regierungskommission Corporate Governance geben, auf deren Initiative die Verpflichtung zur Festlegung von Zustimmungsvorbehalten zurückgeht. Darin wird ausgeführt:

> *„Die Satzung hat jedoch zu bestimmen, dass bestimmte Arten von Geschäften nur mit seiner Zustimmung vorgenommen werden dürfen. Hierzu sollten in der Gesellschaft oder in abhängigen Unternehmen getroffene Entscheidungen oder Maßnahmen zählen, die die Ertragsaussichten der Gesellschaft oder ihre Risikoexposition grundlegend verändern.“*[871]

Ähnlich formuliert auch der Deutsche Corporate Governance Kodex in Ziffer 3.3:

> *„Für Geschäfte von grundlegender Bedeutung legen die Satzung oder der Aufsichtsrat Zustimmungsvorbehalte zugunsten des Aufsichtsrats fest. Hierzu gehören Entscheidungen oder Maßnahmen, die die Vermögens-, Finanz- oder Ertragslage des Unternehmens grundlegend verändern.“*

Zustimmungsvorbehalte sind daher für grundlegende Entscheidungen vorzusehen. Ein Zustimmungsvorbehalt kann zudem nicht nur für nach außen wirkende Geschäfte, sondern auch für interne Leitungsmaßnahmen, wie die Unternehmensplanung oder das Jahresbudget, festgelegt werden[872].

Da gemäß § 111 Abs. 4 S. 2 AktG nur bestimmte Arten von Geschäften einem Zustimmungsvorbehalt unterworfen werden können, müssen diese Geschäfte eindeutig bestimmbar sein. Es darf keinen Zweifel darüber geben, ob der Vorstand allein handeln darf oder ob er den Aufsichtsrat um Zustimmung ersuchen muss[873]. Mit dem Bestimmtheitserfordernis unvereinbar wäre daher eine Generalklausel, nach der „alle wesentlichen Geschäfte“ einem Zustimmungsvorbehalt unterliegen[874].

Der Aufsichtsrat hat bei der Festlegung seiner Zustimmungsvorbehalte die bereits in der Satzung vorgeschriebenen Zustimmungsvorbehalte zu beachten. Insbesondere kann er die dort geregelten Vorbehalte nicht selbst beseitigen. Ihm steht es allerdings zu, darüber hinaus weitere Zustimmungsvorbehalte festzulegen[875]. Die vom Aufsichtsrat beschlossenen Zustimmungsvorbehalte können entweder in die Geschäftsordnung für den Vorstand aufgenommen werden, durch gesonderten Aufsichtsratsbeschluss begründet oder in Sondersituationen durch einen Ad-hoc-Beschluss des Aufsichtsrats festgelegt werden. Die Vornahme eines Ad-hoc-Beschlusses zur Festlegung eines Zustimmungsvorbehalts durch den Aufsichtsrat ist immer dann erfor-

---

[871] *Baums* Bericht der Regierungskommission CG Rn 35.

[872] *Hüffer* AktG § 111 Rn 18; *Lutter/Krieger* Rechte und Pflichten des AR Rn 111; *Lange* DStR 2003, 376; a. A. *Mertens* in Kölner Komm AktG § 111 Rn 71.

[873] *Hüffer* AktG § 111 Rn 18.

[874] *Hüffer* AktG § 111 Rn 18; *Lutter/Krieger* Rechte und Pflichten des AR Rn 109; *Hoffmann-Becking* in MünchHdb AG § 29 Rn 39.

[875] *Habersack* in MünchKomm AktG § 111 Rn 101.

derlich, wenn der Vorstand die Durchführung eines nach Auffassung des Aufsichtsrats pflichtwidrigen und für die Gesellschaft nachteiligen Geschäfts beabsichtigt. In diesem Fall muss er das Geschäft durch die Einführung eines Zustimmungsvorbehalts verhindern[876].

Beabsichtigt der Vorstand die Durchführung eines Geschäfts, das einem Zustimmungsvorbehalt unterliegt, so hat er die beabsichtigte Maßnahme dem Aufsichtsrat vorzulegen. Der Aufsichtsrat hat daraufhin zu prüfen und zu entscheiden, ob die beabsichtigte Maßnahme durchgeführt werden soll. Hierbei hat der Aufsichtsrat nicht die ihm üblicherweise obliegende Prüfung auf die Ordnungsmäßigkeit, die Rechtmäßigkeit, die Zweckmäßigkeit und die Wirtschaftlichkeit vorzunehmen, sondern eine eigene unternehmerische Entscheidung zu treffen[877]. Das Handeln des Aufsichtsrats unterliegt hierbei den gleichen Ermessensgrenzen wie das Handeln des Vorstands. Er hat seine Entscheidung daher auf der Grundlage angemessener Information und von Verantwortungsbewusstsein getragen am Unternehmenswohl auszurichten[878].

ee) Verletzung der Pflicht zur Prüfung von Jahresabschluss, Lagebericht und Gewinnverwendungsvorschlag

Gemäß § 171 Abs. 1 S. 1 AktG hat der Aufsichtsrat den Jahresabschluss, den Lagebericht und den Gewinnverwendungsvorschlag des Vorstands zu prüfen. Entsprechendes gilt für den Konzernabschluss und den Konzernlagebericht. Handelt es sich um eine Gesellschaft, deren Jahresabschluss durch einen Abschlussprüfer zu prüfen ist, so hat der Aufsichtsrat auch den Prüfungsbericht des Abschlussprüfers zu prüfen. Gemäß § 171 Abs. 2 S. 3 AktG hat der Aufsichtsrat zum Ergebnis der Jahresabschlussprüfung Stellung zu nehmen[879]. Der dem Aufsichtsrat obliegende Prüfungsumfang geht daher über die eigene Billigung des Jahresabschlusses gemäß § 172 AktG hinaus. Der Aufsichtsrat hat sich vielmehr auch ein eigenes Urteil darüber zu bilden, ob den Beurteilungen des Abschlussprüfers zu folgen ist[880].

Das Gesetz regelt nicht ausdrücklich, welchen Maßstab der Aufsichtsrat bei seiner Prüfung gemäß § 171 AktG anzuwenden hat. Da es sich hierbei jedoch um einen Ausschnitt seiner allgemeinen Überwachungsaufgabe gemäß § 111 AktG handelt, hat der Aufsichtsrat auch die Rechnungslegung auf ihre Rechtmäßigkeit, Ord-

---

[876] BGH 124, 111, 127; LG Bielefeld ZIP 2000, 20; *Hüffer* AktG § 111 Rn 17 f.; *Hoffmann-Becking* in MünchHdb AG § 29 Rn 37; *Lutter/Krieger* Rechte und Pflichten des AR Rn 108.

[877] *Habersack* in MünchKomm AktG § 111 Rn 127; *Meyer-Landrut* in Großkomm AktG § 111 Rn 14.

[878] Vgl. BGHZ 135, 244, 253.

[879] *Kropff* in MünchKomm AktG § 171 Rn 1; *Claussen/Korth* in Kölner Komm AktG § 171 Rn 7; *Brönner* in Großkomm AktG § 171 Rn 31; *Grotheer* WM 2005, 2070, 2071.

[880] *Kropff* in MünchKomm AktG § 171 Rn 1; *Claussen/Korth* in Kölner Komm AktG § 171 Rn 7; *Grotheer* WM 2005, 2070, 2071.

nungsmäßigkeit und Zweckmäßigkeit zu überprüfen[881]. Im Rahmen der Rechtmäßigkeit ist zu prüfen, ob die Rechnungslegung durch den Vorstand den gesetzlichen Vorschriften und gegebenenfalls den Vorgaben der Satzung entspricht[882]. Die zu beachtenden gesetzlichen Vorschriften finden sich insbesondere in den §§ 238 ff. HGB. Der Lagebericht muss insbesondere mit dem Jahresabschluss in Einklang stehen[883], alle vom Gesetz geforderten Aussagen enthalten und dabei wahr, vollständig und klar sein. Zu prüfen ist insbesondere, ob der Lagebericht ein zutreffendes Bild von der Lage der Gesellschaft vermittelt (§ 289 Abs. 1 HGB)[884]. Der Gewinnverwendungsvorschlag des Vorstands ist rechtmäßig, wenn die vorgesehene Verwendung den gesetzlichen Anforderungen und den Vorgaben der Satzung, beispielsweise zur Einstellung des Gewinns in bestimmte Rücklagen, entspricht und der Vorschlag in Übereinstimmung mit § 170 Abs. 2 AktG gegliedert ist[885].

Soweit der Jahresabschluss der Gesellschaft durch einen Abschlussprüfer zu prüfen ist, kann sich der Aufsichtsrat bei seiner nachfolgenden Prüfung auf die Ergebnisse des Abschlussprüfers stützen. Er darf sie jedoch nicht übernehmen, ohne sie eigenständig unter den vorstehend genannten Gesichtspunkten überprüft zu haben. An die Intensität seiner Prüfung sind jedoch geringere Anforderungen zu stellen. Zu einer umfassenden Prüfung wird ihm zumindest bei kleinen Gesellschaften in der Regel auch das erforderliche Wissen fehlen[886].

Im Rahmen seiner Zweckmäßigkeitsprüfung hat der Aufsichtsrat insbesondere die so genannten bilanzpolitischen Ermessensentscheidungen sowie die Ausschüttungsbzw. Thesaurierungspolitik des Vorstands zu überprüfen. Insoweit geht seine Prüfung über diejenige des Abschlussprüfers hinaus[887]. Die Beurteilung der Zweckmäßigkeit muss sich dabei am Unternehmensinteresse ausrichten, das auf den Bestand des Unternehmens und seine dauerhafte Rentabilität im Unterschied zur nur kurzfristigen Gewinnmaximierung gerichtet ist[888]. Die bilanzpolitischen Ermessensentscheidungen betreffen insbesondere die Bildung von Rückstellungen, die Bildung und Auflösung stiller Reserven, die Wahl des Bilanzansatzes und -ausweises und die Wahl der Bewertungs- und Abschreibungsmethode[889].

---

[881] *Hüffer* AktG § 171 Rn 3; *Kropff* in MünchKomm AktG § 171 Rn 23 ff.; *Lutter/Krieger* Rechte und Pflichten des AR Rn 487.

[882] *Hüffer* AktG § 171 Rn 4; *Kropff* in MünchKomm AktG § 171 Rn 24 ff.

[883] *Hüffer* AktG § 171 Rn 4; *Kropff* in Semler/v. Schenck ArbHdb für Aufsichtsratsmitglieder § 8 Rn 236; *Brönner* in Großkomm AktG § 171 Rn 11.

[884] *Kropff* in MünchKomm AktG § 171 Rn 48.

[885] *Hüffer* AktG § 171 Rn 4; *Kropff* in MünchKomm AktG § 171 Rn 54.

[886] *Kropff* in MünchKomm AktG § 171 Rn 27; *Claussen/Korth* in Kölner Komm AktG § 171 Rn 7; *Brönner* in Großkomm AktG § 171 AktG Rn 12.

[887] *Hüffer* AktG § 171 Rn 6.

[888] *Hüffer* AktG § 171 Rn 6; *Kropff* in MünchKomm AktG § 171 Rn 28; *Hoffmann-Becking* in MünchHdb AG § 44 AktG Rn 14.

[889] *Hüffer* AktG § 171 Rn 7; *Kropff* in MünchKomm AktG § 171 Rn 28 ff.

Hat der Abschlussprüfer Bedenken gegen die Rechtmäßigkeit des Jahresabschlusses, so hat der Aufsichtsrat zu prüfen, ob er die Bedenken des Abschlussprüfers teilt. Etwaigen Hinweisen der Prüfer nach § 317 Abs. 1 S. 3 HGB (Unrichtigkeiten, Verstöße gegen Gesetz oder Satzung, Bestandsgefährdung) hat der Aufsichtsrat aufs Genaueste nachzugehen und sie mit dem Prüfer und dem Vorstand zu erörtern[890]. Hierzu kann er eigene Prüfungshandlungen vornehmen[891]. Teilt der Aufsichtsrat die Bedenken des Abschlussprüfers, so darf er den Abschluss nicht billigen. In diesem Fall entscheidet über den Jahresabschluss die Hauptversammlung. Teilt er die Bedenken hingegen nicht, so kann er den Abschluss trotz der Einschränkung oder Versagung des Bestätigungsvermerks durch den Abschlussprüfer billigen und damit feststellen. In seinem Bericht an die Hauptversammlung gemäß § 171 Abs. 2 AktG hat er in diesem Fall jedoch seinen abweichenden Standpunkt eingehend zu begründen[892].

Auch wenn der Abschlussprüfer keine Bedenken gegen den Jahresabschluss hat und daher einen uneingeschränkten Bestätigungsvermerk erteilt, kann der Aufsichtsrat dennoch Einwände gegen den Jahresabschluss erheben. In der Regel wird er sie zunächst mit dem Vorstand und dem Abschlussprüfer erörtern müssen. Der Aufsichtsrat wird seine Billigung des Jahresabschlusses verweigern, wenn der Vorstand bzw. der Abschlussprüfer seine Bedenken nicht ausräumen können. Hat der Aufsichtsrat Bedenken im Hinblick auf die Zweckmäßigkeit der bilanzpolitischen Entscheidungen des Vorstands sowie hinsichtlich der Bildung oder Auflösung einer Rücklage, so hat er diese mit dem Vorstand zu erörtern. Verbleiben weiterhin Bedenken des Aufsichtsrats, so hat er gegebenenfalls seine Billigung zu verweigern[893].

Da der Lagebericht und der Gewinnverwendungsvorschlag des Vorstands nicht von der Billigung des Aufsichtsrats abhängen, kann der Aufsichtsrat insoweit durch die Verweigerung seiner Billigung keine Änderung erzwingen. Hält er allerdings bestimmte Aussagen im Lagebericht für unvollständig oder unzutreffend, so hat er seine abweichende Einschätzung in den Bericht an die Hauptversammlung gemäß § 171 Abs. 2 S. 1 AktG aufzunehmen[894]. Können sich Vorstand und Aufsichtsrat nicht auf einen gemeinsamen Gewinnverwendungsvorschlag einigen, so hat der Aufsichtsrat einen eigenen Gewinnverwendungsvorschlag, zu dessen Vorlage er gemäß § 124 Abs. 3 S. 1 AktG verpflichtet ist, der Hauptversammlung vorzulegen und in seinen Bericht an die Hauptversammlung aufzunehmen[895].

---

[890] *Lutter* AG 2008, 1, 3.

[891] *Hüffer* AktG § 171 Rn 2; *Kropff* in MünchKomm AktG § 171 Rn 38; *Claussen/Korth* in Kölner Komm AktG § 171 Rn 10.

[892] *Kropff* in MünchKomm AktG § 171 Rn 39; *Claussen/Korth* in Kölner Komm AktG § 171 Rn 10.

[893] *Kropff* in MünchKomm AktG § 171 Rn 44 f.

[894] *Kropff* in MünchKomm AktG § 171 Rn 52; *Kropff* in Semler/v. Schenck ArbHdb für Aufsichtsratsmitglieder § 8 Rn 236.

[895] *Kropff* in MünchKomm AktG § 171 Rn 56.

Die Prüfung gemäß § 171 Abs. 1 AktG obliegt grundsätzlich dem Gesamtaufsichtsrat. Er kann die Vorbereitung der Prüfung jedoch einem Ausschuss übertragen, eine vollständige Delegation an den Prüfungsausschuss ist nicht möglich (§ 107 Abs. 3 S. 3 AktG)[896]. In größeren Gesellschaften entspricht die Delegierung der Vorbereitung der Prüfung an den Prüfungsausschuss (Audit Committee) der Praxis. In Ziffer 5.3.2 empfiehlt auch der Deutsche Corporate Governance Kodex die Einrichtung eines Prüfungsausschusses. Nach dem Kodex sollte der Vorsitzende des Prüfungsausschusses unabhängig sein und in den vorangegangenen zwei Jahren nicht Mitglied des Vorstands gewesen sein. Wird bei börsennotierten Gesellschaften kein Prüfungsausschuss eingerichtet, so ist dies in der jährlichen Entsprechenserklärung gemäß § 161 AktG offen zu legen und zu begründen. Die Vorbereitung der Bilanzprüfung durch das Audit Commitee entbindet die nicht dem Ausschuss angehörenden Aufsichtsratsmitglieder jedoch nicht von einer eigenen Prüfung und Urteilsbildung[897]. An ihre Sorgfaltspflicht bei der Prüfung des Abschlusses sind jedoch geringere Anforderungen zu stellen[898].

Wird der Jahresabschluss durch einen Abschlussprüfer geprüft, so hat der Abschlussprüfer an den Verhandlungen des Aufsichtsrats oder des Prüfungsausschusses teilzunehmen und über die wesentlichen Ergebnisse der Prüfung, insbesondere Schwächen im Bereich des internen Kontroll- und Risikomanagements zu unterrichten (§ 171 Abs. 1 S. 2 AktG)[899]. Schließt der Aufsichtsrat die Teilnahme des Abschlussprüfers aus, handelt er pflichtwidrig[900].

Weiterhin unterliegt der Abschlussprüfer gemäß § 171 Abs. 1 S. 3 AktG einer Informationspflicht gegenüber dem Aufsichtsrat bezüglich zusätzlich zu der Abschlussprüfung erbrachter Leistungen sowie etwaiger Risiken und ggf. ergriffener Schutzmaßnahmen zur Minderung dieser Risiken für die Unabhängigkeit des Abschlussprüfers[901].

Verletzen die Aufsichtsratsmitglieder die ihnen nach § 171 AktG obliegenden Pflichten, so stellt dies eine Pflichtverletzung gemäß den §§ 116, 93 Abs. 2 S. 1 AktG dar.

ff) Verletzung der Pflicht zur Berichterstattung an die Hauptversammlung

Gemäß § 171 Abs. 2 AktG hat der Aufsichtsrat der Hauptversammlung über das Ergebnis seiner Prüfung gemäß § 172 Abs. 1 AktG schriftlich zu berichten. Am Schluss des Berichts hat der Aufsichtsrat gemäß § 171 Abs. 2 S. 4 AktG zu erklären,

---

[896] *Velte* NZG 2009, 737.
[897] *Velte* NZG 2009, 737, 739.
[898] *Hüffer* AktG § 171 Rn 10; *Kropff* in MünchKomm AktG § 171 Rn 86.
[899] Begründung BilMoG-RegE BT-Drs. 16/10067 S. 104; *Hüffer* AktG § 171 Rn 11a.
[900] *Hüffer* AktG § 171 Rn 11a.
[901] Begründung BilMoG-RegE BT-Drs. 16/10067 S. 105.

ob nach dem abschließenden Ergebnis seiner Prüfung Einwendungen zu erheben sind und ob er den vom Vorstand aufgestellten Jahresabschluss billigt. Der Bericht dient einerseits der Unterrichtung der Aktionäre über das Ergebnis seiner Prüfung der Abschlussunterlagen. Andererseits dient er als Rechenschaftsbericht über die eigene Tätigkeit des Aufsichtsrats. § 171 Abs. 2 S. 2 AktG verpflichtet ihn daher mitzuteilen, in welcher Art und Weise er die Geschäftsführung der Gesellschaft während des Geschäftsjahres geprüft hat. Der Begriff „Prüfung" ist dabei weit auszulegen, so dass der Aufsichtsrat zu berichten hat, wie er seine Aufgaben insgesamt erfüllt hat[902]. In börsennotierten Aktiengesellschaften hat der Aufsichtsrat zudem Angaben über die von ihm gebildeten Ausschüsse sowie die Sitzungszahl zu machen (§ 171 Abs. 2 S. 2, 2. Hbs. AktG). Ferner hat er zu dem Ergebnis der Prüfung durch den Abschlussprüfer Stellung zu nehmen, sofern es sich um eine prüfungspflichtige Gesellschaft handelt[903].

Hinsichtlich des Jahresabschlusses genügt es in der Regel, dass der Aufsichtsrat angibt, dass er die Unterlagen geprüft und dass die Prüfung zu keinen Einwendungen geführt habe. Weitergehende Ausführungen sind in der Regel nur dann erforderlich, wenn problematische Bilanzierungen und besondere Risiken bestehen. Dies gilt zudem auch dann, wenn die Hauptversammlung den Jahresabschluss feststellen soll[904]. Ausführungen zum Gewinnverwendungsvorschlag des Vorstands sind nur dann zu machen, wenn der Aufsichtsrat von dem Vorschlag des Vorstands abweichen will[905].

In welchem Umfang der Aufsichtsrat über seine Überwachungstätigkeit hinsichtlich der Geschäftsführung des Vorstands zu berichten hat, ist gesetzlich kaum geregelt. Nach herrschender Meinung genügt es jedoch, dass der Aufsichtsrat nur formelhaft versichert, er habe die Geschäftsführung aufgrund der Vorstandsberichte und gemeinsamer Sitzungen mit dem Vorstand laufend überwacht[906]. In der Regel berichten die Aufsichtsräte börsennotierter Gesellschaften umfassender über ihre Überwachungstätigkeit. Vielfach wird berichtet,

– welche Fragen im Mittelpunkt der Aufsichtsratssitzung standen,
– in welchen Fällen der Aufsichtsrat eine erforderliche Zustimmung erteilt hat,
– welchen Einfluss er auf die Unternehmensplanung genommen hat,
– ob und ggf. welche besonderen Berichte er vom Vorstand gefordert hat,

---

[902] *Hüffer* AktG § 171 Rn 12; *Kropff* in MünchKomm AktG § 171 Rn 146.

[903] *Hüffer* AktG § 171 Rn 13; *Kropff* in MünchKomm AktG § 171 Rn 147; *Kropff* in Semler/v. Schenck ArbHdb für Aufsichtsratsmitglieder § 8 Rn 269.

[904] *Hüffer* AktG § 171 Rn 13; *Kropff* in MünchKomm AktG § 171 Rn 149; *Lutter/Krieger* Rechte und Pflichten des AR Rn 33.

[905] *Kropff* in MünchKomm AktG § 171 Rn 151.

[906] *Hüffer* AktG § 171 Rn 13; *Claussen/Korth* in Kölner Komm AktG § 171 Rn 14; differenzierend *Kropff* in MünchKomm AktG § 171 Rn 154 ff.; a.A. LG München I DB 2005, 878; *Brönner* in Großkomm AktG § 171 Rn 29.

- ob der Aufsichtsrat das Risikoerfassungssystem der Gesellschaft für ausreichend hält und ob er die Risikobeurteilung des Vorstands teilt,
- ob und ggf. wie die Geschäftsordnung des Aufsichtsrats geändert wurde,
- ob und ggf. welche Prüfungsschwerpunkte er bei der Auftragserteilung an den Abschlussprüfer vorgesehen hat[907].

Nach zutreffender Ansicht der Literatur kann eine Rechtspflicht hierzu jedoch nicht angenommen werden, sofern keine außergewöhnlichen Prüfungsmaßnahmen durchgeführt wurden[908]. Jedoch geht die Tendenz in der Literatur dahin, zunehmend ausführlichere Berichte zu verlangen[909]. Auch das Landgericht München I[910] hat in einem Urteil vom 10. März 2005 ausgeführt:

> *„Der Bericht nach § 171 Abs. 2 S. 2 AktG bildet die Grundlage für die Information der Hauptversammlung, die auch über die Entlastung des Aufsichtsrats zu entscheiden hat. [...] Dann aber darf der Bericht Art und Umfang der Überwachungstätigkeit [...] nicht nur formelhaft behandeln. Vielmehr muss er neben der Zahl der Sitzungen [...] auch Angaben über die Häufigkeit der Prüfung, über Gegenstand und ihre Methoden enthalten. Neben der Darstellung der Überwachung durch Berichte gem. § 90 Abs. 1 S. 1 oder 2 oder Abs. 3 AktG sind somit auch Angaben über Einsichtnahmen in Bücher, Schriften etc. i. S. des § 111 Abs. 2 AktG zu machen."*

Auch nach der Ansicht des OLG Stuttgart muss die Hauptversammlung durch den Bericht des Aufsichtsrats eine konkrete Vorstellung von dessen Überwachungstätigkeit erlangen[911]. Höchstrichterliche Rechtsprechung liegt hierzu bisher nicht vor. Jedenfalls bei wirtschaftlichen Schwierigkeiten des Unternehmens sollte der Aufsichtsrat eingehender berichten, wie und mit welchem Erfolg er seine Überwachungstätigkeit intensiviert hat. Die Intensivierung der Überwachungspflicht wegen wirtschaftlicher Schwierigkeiten führt zu einer damit korrespondierenden Intensivierung der Berichtspflicht[912]. Dies gilt ebenso, wenn besondere Probleme bei der Überwachung des Vorstands aufgetreten sind[913].

Auch die Stellungnahme des Aufsichtsrats zum Ergebnis der Abschlussprüfung bei prüfungspflichtigen Gesellschaften kann in aller Regel kurz ausfallen. Eine ausführliche Stellungnahme ist in der Regel nur dann erforderlich, wenn der Bestätigungsvermerk des Abschlussprüfers eingeschränkt oder versagt worden ist. Hat der Prüfer

---

[907] *Kropff* in MünchKomm AktG § 171 Rn 155; vgl. auch *Brönner* in Großkomm AktG § 171 Rn 29.

[908] *Hüffer* AktG § 171 Rn 13; *Kropff* in MünchKomm AktG § 171 Rn 156; *Hoffmann-Becking* in Münchhdb AG § 44 Rn 18.

[909] *Lutter/Krieger* Rechte und Pflichten des AR Rn 32; *Kropff* in Semler/v. Schenck ArbHdb für Aufsichtsratsmitglieder § 8 Rn 270, 274.

[910] LG München I DB 2005, 878.

[911] OLG Stuttgart ZIP 2006, 756.

[912] OLG Stuttgart ZIP 2006, 756, 759; OLG Hamburg AG 2001, 359, 362; *Hüffer* AktG § 111 Rn 7; *Kropff* in MünchKomm AktG § 171 Rn 156; *Lutter* AG 2008, 1, 3 f.

[913] *Hüffer* AktG § 171 Rn 13; *Kropff* in MünchKomm AktG § 171 Rn 156.

warnende Hinweise oder gar Beanstandungen in seinen Bericht aufgenommen, so hat der Aufsichtsrat zu berichten, dass er diesen Hinweisen nachgegangen sei, sie mit dem Vorstand erörtert und für deren Berücksichtigung gesorgt habe[914].

Der Bericht des Aufsichtsrats ist schriftlich zu erstatten, da er andernfalls nicht zum Handelsregister eingereicht (§ 325 Abs. 1 S. 1 HGB) bzw. in der Hauptversammlung ausgelegt werden könnte (§ 175 Abs. 2 AktG). Der Bericht ist vom Vorsitzenden des Aufsichtsrats zu unterzeichnen[915]. Der Aufsichtsrat hat seinen Bericht dem Vorstand innerhalb eines Monats nach Erhalt der Rechnungslegung durch den Vorstand zuzuleiten. Der Vorstand kann dem Aufsichtsrat gemäß § 171 Abs. 3 S. 2 AktG eine Nachfrist von einem weiteren Monat setzen. Leitet der Aufsichtsrat dem Vorstand seinen Bericht nicht vor Ablauf dieser weiteren Frist zu, gilt der Jahresabschluss als vom Aufsichtsrat nicht gebilligt, so dass er von der Hauptversammlung festzustellen ist[916].

Verletzt der Aufsichtsrat die ihm nach § 171 Abs. 2 AktG obliegende Berichtspflicht, kann dies die Verweigerung der Entlastung durch die Hauptversammlung gemäß § 120 AktG zur Folge haben. Wird dem Aufsichtsrat durch die Mehrheit in der Hauptversammlung die Entlastung dennoch erteilt und beruht der Beschluss auf dem Verstoß gegen die Berichtspflicht, so kann ein überstimmter Aktionär einen Beschluss, der auf dem Verstoß gegen die Berichtspflicht beruht, ggf. erfolgreich anfechten[917]. Darüber hinaus stellt die Verletzung der Berichtspflicht eine Pflichtverletzung gemäß §§ 116, 93 Abs. 2 S. 1 AktG dar, die zu einer Haftung des Aufsichtsrats führen kann, sofern der Gesellschaft aufgrund des Verstoßes gegen die Berichtspflicht ein Schaden entstanden ist. Dies ist insbesondere dann denkbar, wenn der Aufsichtsrat die Hauptversammlung über Umstände in der Gesellschaft falsch informiert, so dass diese keine Maßnahmen ergreift, um den Eintritt eines Schadens zu verhindern. Gibt der Aufsichtsrat die Verhältnisse der Gesellschaft vorsätzlich unrichtig wieder oder verschleiert er sie, kommt zudem eine Strafbarkeit gemäß § 400 AktG in Betracht[918].

gg) Verletzung der Pflicht zur Bestellung und Abberufung des Vorstands

Die Personalkompetenz für den Vorstand liegt gemäß § 84 AktG ausschließlich beim Aufsichtsrat. Er hat die Mitglieder des Vorstands zu bestellen und bei Vorliegen eines wichtigen Grundes ihre Bestellung zu widerrufen. Das Gesetz umschreibt dies als Befugnis des Aufsichtsrats. Hieraus entstehen jedoch zudem eine Reihe von

---

914 *Lutter* AG 2008, 1, 4.

915 *Hüffer* AktG § 171 Rn 12; *Kropff* in MünchKomm AktG § 171 Rn 169; *Brönner* in Großkomm AktG § 171 Rn 23.

916 LG München I DB 2005, 878; *Hüffer* AktG § 171 Rn 12.

917 OLG Stuttgart ZIP 2006, 756; OLG Hamburg NZG 2001, 513; LG München I DB 2005, 878; *Kropff* in MünchKomm AktG § 171 Rn 178.

918 *Hüffer* AktG § 171 Rn 12; *Kropff* in MünchKomm AktG § 171 Rn 178.

Pflichten. So hat der Aufsichtsrat im Rahmen der Bestellung die fachliche und persönliche Eignung der Kandidaten unter Berücksichtigung der besonderen Anforderungen des Unternehmens in der konkreten Situation zu ermitteln und daraufhin die bestmögliche Wahl unter den Kandidaten zu treffen[919]. Der Aufsichtsrat ist bei seiner Entscheidung über die Bestellung eines geeigneten Vorstandsmitglieds grundsätzlich frei und unterliegt dabei keinerlei Bindung beispielsweise durch Vorgaben der Hauptversammlung[920]. Dies gilt auch hinsichtlich einer wiederholten Bestellung gemäß § 84 Abs. 1 S. 2 AktG[921]. Bei der Bestellung und Abberufung von Vorstandsmitgliedern handelt es sich um eine eigene unternehmerische Entscheidung des Aufsichtsrats, so dass ihm ein weiter Ermessensspielraum zusteht[922].

Zwar ist die Pflicht zur Bestellung eines geeigneten Kandidaten für den Vorstandsposten eine Aufgabe des Gesamtaufsichtsrats, die Vorbereitung der Bestellung erfolgt jedoch in der Praxis durch einzelne Aufsichtsratsmitglieder, insbesondere die Mitglieder des Personalausschusses. Dabei ist es die Aufgabe des Gesamtaufsichtsrats, die Anforderungen an das gesuchte Vorstandsmitglied genau zu definieren, indem beispielsweise ein Anforderungsprofil ausgearbeitet wird[923]. In der Regel hat dann der Ausschuss anhand der definierten Anforderungen entsprechende Personen zu suchen und mit möglichen Kandidaten vorbereitende Gespräche zu führen[924]. Die Bestellung erfolgt wiederum durch das Gesamtorgan.

Bei der Auswahl eines geeigneten Kandidaten ist darauf zu achten, dass der Vorstand in der Lage sein muss, die Gesellschaft in der gegenwärtigen Situation, aber auch unter widrigen Umständen erfolgreich zu leiten und zu steuern[925]. Besondere Sorgfalt ist dabei bei der Suche eines unternehmensfremden Kandidaten anzuwenden. Die gleichen Maßstäbe sind auch bei der Wiederbestellung von Vorstandsmitgliedern anzuwenden, obwohl dies in der Praxis häufig nicht getan wird. Um ihrer Sorgfaltspflicht zu genügen, müssen die Aufsichtsratsmitglieder daher auch hier überprüfen, ob das bisherige Vorstandsmitglied weiterhin geeignet ist, die Aufgaben des Vorstands wahrzunehmen. Dabei sind u.a. seine Erfolge gegen seine Misserfolge abzuwägen. Zudem sind Alternativen zu dem bisherigen Vorstandsmitglied in Betracht zu ziehen. Börsennotierte Gesellschaften, die die Vorgaben des Deutschen Corporate Governance Kodex einhalten wollen, müssen bei der Bestellung des Vor-

---

[919] *Thümmel* Persönliche Haftung von Managern und Aufsichtsräten Rn 268; *Lutter/Krieger* Rechte und Pflichten des AR Rn 341.

[920] *Hüffer* AktG § 84 Rn 5; *Spindler* in MünchKomm AktG § 84 Rn 12 f.; *Mertens* in Kölner Komm AktG § 84 Rn 9; *Ek/von Hoyenberg* Aktiengesellschaften S. 69.

[921] BGHZ 3, 90, 93; BGHZ 10, 187, 195; BGHZ 41, 282, 290; *Hefermehl/Spindler* in MünchKomm AktG § 84 Rn 37.

[922] *Lutter/Krieger* Rechte und Pflichten des AR Rn 341.

[923] *Thümmel* Persönliche Haftung von Managern und Aufsichtsräten Rn 268.

[924] *Thümmel* Persönliche Haftung von Managern und Aufsichtsräten Rn 268; *Lutter/Krieger* Rechte und Pflichten des AR Rn 337.

[925] *Lutter/Krieger* Rechte und Pflichten des AR Rn 341.

stands zudem beachten, dass der Vorstand der börsennotierten Aktiengesellschaft aus mehreren Personen bestehen und einen Vorsitzenden oder Sprecher haben soll (Ziffer 4.2.1 S. 1 DCGK). Bei der Zusammensetzung des Vorstandes soll der Aufsichtsrat auf Vielfalt (Diversity) achten und zusammen mit dem Vorstand für eine langfristige Nachfolgeplanung sorgen (Ziffer 5.1.2 S. 2 u. 3. DCGK). Für die Arbeit des Vorstandes, insbesondere für die Resortzuständigkeiten einzelner Vorstandsmitglieder, die dem Gesamtvorstand vorbehaltenen Angelegenheiten sowie die erforderlichen Beschlussmehrheiten bei Vorstandsbeschlüssen, soll es eine Geschäftsordnung für den Vorstand geben (Ziffer 4.2.1 S. 2 DCGK).

Das Aufsichtsratsplenum soll zudem das Vergütungssystem für den Vorstand beschließen und regelmäßig überprüfen (Ziffer 4.2.2 DCGK). Nach Ziffer 4.2.3 DCGK sollen die monitären Vergütungsteile fixe und variable Bestandteile umfassen Die variablen Vergütungsteile sollen sowohl positiven als auch negativen Entwicklungen Rechnung tragen und auf anspruchsvolle, relevante Vergleichsparameter bezogen sein. Eine nachträgliche Änderung der Erfolgsziele oder der Vergleichsparameter soll ausgeschlossen sein. Bei Abschluss von Vorstandsverträgen soll darauf geachtet werden, dass bei vorzeitiger Beendigung der Vorstandstätigkeit ohne wichtigen Grund Zahlungen an das Vorstandsmitglied einschließlich Nebenleistungen den Wert von zwei Jahresvergütungen nicht überschreiten und nicht mehr als die Restlaufzeit des Anstellungsvertrages vergüten; eine Zusage für Leistungen im Folge eines Kontrollwechsels soll 150% des Abfindungs-Caps nicht übersteigen. Über die Grundzüge des Vergütungssystems und deren Veränderung soll der Aufsichtsratsvorsitzende die Hauptversammlung informieren. Zudem soll die Offenlegung in einem Vergütungsbericht erfolgen, der als Teil des Corporate Governance Berichts auch das Vergütungssystem für die Vorstandsmitglieder in allgemein verständlicher Form erläutert und auch Angaben zur Art der von der Gesellschaft erbrachten Nebenleistungen enthalten soll (Ziffer 4.2.5 DCGK).

Bei der Abberufung von Vorstandsmitgliedern steht dem Aufsichtsrat in der Regel kein Beurteilungsspielraum dahingehend zu, ob ein wichtiger Grund vorliegt. Das Gesetz nennt hierfür in § 84 Abs. 3 S. 2 AktG insbesondere grobe Pflichtverletzungen, die Unfähigkeit zur ordnungsgemäßen Geschäftsführung oder den Vertrauensentzug durch die Hauptversammlung, sofern er nicht aus offensichtlich unsachlichen Gründen erfolgt ist[926]. Der Aufsichtsrat ist jedoch nicht verpflichtet, bei Vorliegen eines wichtigen Grundes, insbesondere bei einem Vertrauensentzug durch die Hauptversammlung, ein Vorstandsmitglied stets abzuberufen.

Bestellen die Aufsichtsratsmitglieder ein Vorstandsmitglied unter Missachtung dieser Grundsätze bzw. widerrufen sie die Bestellung eines Vorstandsmitglieds nicht, obwohl ein wichtiger Grund für die Abberufung gegeben ist und die weitere Leitung der Gesellschaft durch das Vorstandsmitglied offensichtlich zu Nachteilen der Ge-

---

[926] BGHZ 13, 188, 193.

sellschaft führen kann, so stellt dies eine Pflichtverletzung gemäß §§ 116, 93 Abs. 2 S. 1 AktG dar, die bei Vorliegen eines Schadens der Gesellschaft zu einer Haftung der Aufsichtsratsmitglieder führen kann.

d) Verletzung der Pflicht zur angemessenen Festsetzung der Vorstandsbezüge

aa) Einleitung

Der Aufsichtsrat entscheidet neben der Bestellung und Abberufung der Vorstandsmitglieder auch über die Höhe der ihnen zu gewährenden Vorstandsbezüge (§ 87 AktG). Zuständig hierfür ist der Aufsichtsrat. Die Hauptversammlung kann bei börsennotierten Gesellschaften ein unverbindliches Votum zum System der Vorstandsvergütung abgeben, wodurch der Hauptversammlung ein Instrument zur Kontrolle des bestehenden Vergütungssystems zugesprochen wird[927]. Eine Begrenzung der Vorstandsbezüge durch Hauptversammlungsbeschluss ist aufgrund der fehlenden Kompetenz der Hauptversammlung nicht möglich, ein etwaiger Beschluss wäre nichtig[928].

bb) Zulässigkeit nachträglicher Sonderzahlungen

Die Zulässigkeit nachträglicher Sonderzahlungen ist äußerst umstritten. Sie waren Gegenstand des Strafverfahrens gegen den ehemaligen Vorstandsvorsitzenden sowie ehemalige Aufsichtsratsmitglieder der Mannesmann AG[929]. Parallel hierzu entbrannte sowohl in der Tagespresse als auch in der juristischen Fachliteratur eine umfassende Diskussion über die Zulässigkeit und Angemessenheit von Vorstandsvergütungen[930]. Die öffentliche Diskussion konzentrierte sich vor allem auf die Höhe der geleisteten Prämien. Ohne hierauf einzugehen, urteilte das Landgericht Düsseldorf in erster Instanz, dass die Gewährung der Prämien bereits dem Grunde nach unzulässig gewesen sei[931].

Der Bundesgerichtshof ist in seiner Revisionsentscheidung dem Landgericht Düsseldorf insofern beigetreten, als auch er bei fehlender Rechtsgrundlage im Dienst-

---

[927] Vgl. hierzu Beschlussempfehlung Rechtsausschuss zum VorstAG-RegE BT-Drs. 16/13433 S. 18; *Hohenstatt* ZIP 2009, 1349, 1355 f.; *Fleischer/Bedkowski* AG 2009, 677, 681; *Peltzer* NZG 2009, 1041, 1045; *van Kann/Keiluweit* DStR 2009, 1587, 1588; *Fleischer* NZG 2009, 801, 805.

[928] *Vetter* ZIP 2009, 1307, 1309.

[929] BGH ZIP 2006, 72; LG Düsseldorf NJW 2004, 3275.

[930] Vgl. *Ransiek* NJW 2006, 814; *Brauer/Dreier* NZG 2005, 57 ff.; *Schwark* in FS für Raiser S. 377 ff.; *Hoffmann-Becking* ZHR 169 (2005), 155 ff.; *Fonk* NZG 2005, 248 ff.; *Fleischer* DStR 2005, 1279, 1318; *Kort* NJW 2005, 333; *Lücke* NZG 2005, 692; *Wollburg* ZIP 2004, 646, 652 ff.; *Martens* Die Zukunft der Anerkennungsprämie nach Mannesmann, FS für Westermann, 1191.

[931] LG Düsseldorf NJW 2004, 3275, 3277; vgl. hierzu auch *Fleischer* DStR 2005, 1318, 1320 f.

vertrag die Bewilligung einer nachträglichen Anerkennungsprämie nur dann für zulässig hält, wenn und soweit dem Unternehmen gleichzeitig Vorteile zufließen, die in einem angemessenen Verhältnis zu der mit der freiwilligen Zusatzvergütung verbundenen Minderung des Gesellschaftsvermögens stehen. Dabei genügt es nach Ansicht des Bundesgerichtshofs jedoch, dass der mit der Anerkennungsprämie verbundene Vorteil lediglich in einer Anreizwirkung für andere aktive oder potentielle Führungskräfte besteht[932]. Demgegenüber ist eine im Dienstvertrag nicht vereinbarte Sonderzahlung für eine geschuldete Leistung, die ausschließlich belohnenden Charakter hat und der Gesellschaft keinen zukunftsbezogenen Nutzen bringen kann, nach Ansicht des Bundesgerichtshofs als treuwidrige Verschwendung des anvertrauten Gesellschaftsvermögens zu bewerten, so dass es auf die Frage der Angemessenheit der Sonderzahlung nach den Grundsätzen des § 87 Abs. 1 S. 1 AktG nicht mehr ankommt[933]. Nach Ansicht des Bundesgerichtshofs ist daher entscheidend darauf abzustellen, ob die nachträgliche Sonderzahlung jedenfalls für Dritte Anreizwirkungen haben kann.

In der Praxis werden so genannte Ermessenstantiemen allgemein als zulässig erachtet. Bei diesen wird bereits im Anstellungsvertrag bestimmt, dass das Vorstandsmitglied im Nachhinein für das vergangene Geschäftsjahr eine Tantieme erhält, deren Höhe im billigen Ermessen des Aufsichtsrats liegt. Dabei bestimmt die Leistung des Vorstandsmitglieds im abgelaufenen Geschäftsjahr maßgeblich die Entscheidung über die Höhe[934]. Auch solche Zahlungen haben nicht zwingend Anreizwirkung für die Zukunft, sondern bemessen sich allein an der Leistung im vergangenen Geschäftsjahr. Die Zulässigkeit solcher Ermessenstantiemen hat auch der Bundesgerichtshof in seiner „Mannesmann"-Entscheidung bestätigt. Sie unterscheiden sich nach seiner Ansicht von unzulässigen kompensationslosen Anerkennungsprämien dadurch, dass sich für sie im Dienstvertrag eine Anspruchsgrundlage findet und deshalb von ihr regelmäßig eine Anreizwirkung für die Empfänger ausgeht, besondere Leistungen zu erbringen[935].

Wegen unzureichender Feststellungen zur subjektiven Tatseite, insbesondere zu den Grundlagen des vom Landgericht Düsseldorf festgestellten, eine Strafbarkeit ausschließenden Verbotsirrtums, hat der Bundesgerichtshof den Fall nach Aufhebung der Freisprüche zur weiteren Entscheidung an eine andere Kammer des Landgerichts Düsseldorf zurückverwiesen[936]. Das Verfahren wurde gegen Zahlung von Geldauflagen eingestellt.

---

[932] BGH ZIP 2006, 72, 74.
[933] BGH ZIP 2006, 72, 74.
[934] *Fonk* NZG 2005, 248, 250; *Hoffmann-Becking* ZHR 169 (2005), 155, 160 f.; *Fleischer* DStR 2005, 1318, 1320.
[935] BGH ZIP 2006, 72, 75.
[936] BGH ZIP 2006, 72, 81 f.

cc) Festsetzung der Vorstandsvergütung als Ermessensentscheidung

Nach herrschender Meinung handelt es sich bei der Festsetzung der Vergütung der Vorstandsmitglieder durch den Aufsichtsrat um eine unternehmerische Ermessensentscheidung des Aufsichtsrats, auf die die Grundsätze der Business Judgment Rule anzuwenden sind[937]. Danach verstoßen die Aufsichtsratsmitglieder nicht gegen § 116 Abs. 1 AktG i.V.m. § 93 Abs. 1 S. 2 AktG, wenn *„sie bei einer unternehmerischen Entscheidung vernünftigerweise annehmen durften, auf der Grundlage angemessener Information zum Wohle der Gesellschaft zu handeln"*.

dd) Angemessenheit von Vorstandsvergütungen

Durch das VorstAG ist der Begriff der Angemessenheit von Vorstandsvergütungen gesetzlich weiter konkretisiert worden. § 87 Abs. 1 AktG hat nunmehr folgenden Wortlaut:

> *„Der Aufsichtsrat hat bei der Festsetzung der Gesamtbezüge des einzelnen Vorstandsmitglieds (Gehalt, Gewinnbeteiligungen, Aufwandsentschädigungen, Versicherungsentgelte, Provisionen, anreizorientierte Vergütungszusagen wie zum Beispiel Aktienbezugsrechte und Nebenleistungen jeder Art) dafür zu sorgen, dass diese in einem angemessenen Verhältnis zu den Aufgaben und Leistungen des Vorstandsmitglieds sowie zur Lage der Gesellschaft stehen und die übliche Vergütung nicht ohne besondere Gründe übersteigen. Die Vergütungsstruktur ist bei börsennotierten Gesellschaften auf eine nachhaltige Unternehmensentwicklung auszurichten. Variable Vergütungsbestandteile sollen daher eine mehrjährige Bemessungsgrundlage haben; für außerordentliche Entwicklungen soll der Aufsichtsrat eine Begrenzungsmöglichkeit vereinbaren. Satz 1 gilt sinngemäß für Ruhegehalt, Hinterbliebenenbezüge und Leistungen verwandter Art."*

Darüber hinaus ist gemäß § 87 Abs. 2 AktG eine Herabsetzung der Bezüge bei Verschlechterung der Lage der Gesellschaft und Unbilligkeit der Weitergewährung der Bezüge möglich. Bei Ruhegehalt, Hinterbliebenenbezügen und Leistungen verwandter Art ist dies allerdings nur in den ersten drei Jahren nach Ausscheiden aus der Gesellschaft zulässig.

Die Angemessenheit der Gesamtbezüge der einzelnen Vorstandsmitglieder richtet sich somit nach den Aufgaben und Leistungen des Vorstandsmitglieds sowie der Lage der Gesellschaft[938]. Weiterhin dürfen die Vergütungen der Vorstandsmitglieder die (branchen- oder landes-) übliche Vergütung nicht ohne besondere Gründe übersteigen[939].

---

[937] *Hüffer* AktG § 87 Rn 8; *Bürgers/Israel* in Bürgers/Körber AktG § 93 Rn 9; *Fleischer* in Spindler/Stilz AktG § 87 Rn 15; Kort NJW 2005, 333, 334; *Fleischer* DStR 2005, 1318, 1319.

[938] *Hohenstatt* ZIP 2009, 1349, 1350; *Fleischer* NZG 2009, 801, 802; *van Kann/Keiluweit* DStR 2009, 1587, 1588.

[939] *Hohaus* DB 2009, 1515, 1516.

Hinsichtlich des Kriteriums der „Lage der Gesellschaft" besteht Einigkeit, dass das Erfordernis weit auszulegen ist, so dass der Aufsichtsrat zum Beispiel auch trotz schlechter wirtschaftlicher Lage der Gesellschaft die Möglichkeit hat, dem zur Sanierung berufenen Vorstandsmitglied insbesondere im Hinblick auf die Schwere der Aufgabe und das Risiko eines Scheiterns eine hohe Vergütung zu zahlen[940]. Bei der Festlegung der Vorstandsvergütung soll auf Unternehmen aus der selben Branche mit vergleichbarer Größe und Komplexität abgezielt werden und dabei das Lohn- und Gehaltsgefüge im „eigenen" Unternehmen beachtet werden. Zusätzlich soll auf die Üblichkeit im Geltungsbereich des Gesetzes abgestellt werden[941]. Eine Übersteigung der „üblichen" Bezüge bedarf einer Begründung durch den Aufsichtsrat. Da eine „übliche" Vergütung jedoch nicht immer eine angemessene Vergütung indiziert, empfiehlt es sich, die Angemessenheit der Bezüge immer zu begründen[942].

Bei börsennotierten Gesellschaften soll sich die Vergütungsstruktur durch variable Vergütungsbestandteile mit mehrjährigen Bemessungsgrundlagen auf die nachhaltige Unternehmensentwicklung ausrichten. Boni und Sonderzulagen sollen nicht von bestimmten Stichtagen wie z.B. Quartals- oder Jahreszahlen abhängen[943]. Eine nachhaltige Unternehmensentwicklung soll vielmehr durch eine Prämierung von kontinuierlicher Verbesserung und Entwicklung des Unternehmens erreicht werden. Die mehrjährigen Bemessungsgrundlagen sollen zu einer Auszahlung zu einem späteren Zeitpunkt führen[944], nach der Vorstellung des Gesetzgebers nach bis zu vier Jahren[945]. Durch die Verzögerung werden ggf. auch negative Entwicklungen des Unternehmens in die Bemessung einfließen[946].

Wann eine Vorstandsvergütung im Einzelfall unangemessen im Sinne von § 87 Abs. 1 AktG ist, ist von der Rechtsprechung bisher nicht geklärt. Empirische Zahlen zu den tatsächlich in Deutschland gezahlten Vorstandsgehältern bietet die regelmäßig neu erscheinende Vergütungsstudie des Personalberatungs-Unternehmens Kienbaum[947].

In der Literatur ist umstritten, ob sich der Begriff der Angemessenheit überhaupt betragsmäßig konkretisieren lässt[948]. *Lücke*[949] hat im Jahre 2004 beispielsweise ein

---

[940] *Hüffer* AktG § 87 Rn 2; *Hohenstatt* ZIP 2009, 1349, 1350.

[941] Beschlussempfehlung Rechtsausschuss zum VorstAG-RegE BT-Drs. 16/13433 S. 15; *Bosse* BB 2009, 1650; *Fleischer* NZG 2009, 801, 802.

[942] *Hohaus* DB 2009, 1515, 1516; *Bosse* BB 2009, 1650; *Bauer/Arnold* AG 2009, 717, 719.

[943] *Hohenstatt* ZIP 2009, 1349, 1351; *van Kann/Keiluweit* DStR 2009, 1587, 1588; *Fleischer* NZG 2009, 801, 803; *Hohenstatt/Kuhnke* ZIP 2009, 1981, 1984.

[944] Beschlussempfehlung Rechtsausschuss zum VorstAG-RegE BT-Drs. 16/13433 S. 16; *Bosse* BB 2009, 1650, 1651.

[945] Begründung VorstAG-RegE BT-Drs. 16/12278 S. 6; *Bosse* BB 2009, 1650, 1651.

[946] *Fleischer* NZG 2009, 801, 803.

[947] www.kienbaum.de.

[948] Vgl. hierzu *Hüffer* AktG § 87 Rn 3; *Lutter* ZIP 2006, 733, 735; *Fleischer* DStR 2005, 1279, 1282.

[949] *Lücke* in Beck'sches Mandatshdb Vorstand der AG § 2 Rn 130.

abgestuftes System vorgeschlagen, bei dem die folgenden Kriterien zu berücksichtigen sind:

- Die Größe des Unternehmens – dabei ist auf die Größenkategorien in § 267 HGB abzustellen.
- Die geschätzte Durchschnittsvergütung für Vorstände in Deutschland.
- Besonderheiten des Einzelfalles, die eine höhere Vergütung rechtfertigen können.
- Die Zusammensetzung der Vergütung aus festen und variablen Vergütungsbestandteilen, wobei eine höhere Gesamtvergütung gerechtfertigt sein kann, wenn sie auf einem besonders hohen variablen Vergütungsanteil beruht, der trotz anspruchsvoller Parameter für die Erreichung der vereinbarten Erfolgsziele zu einer solchen hohen Gesamtvergütung geführt hat.

Aus den ersten drei Kriterien ergibt sich danach folgende Staffelung:

Unternehmensgröße	Gesamtbezüge bis	Gesamtbezüge von bis	Gesamtbezüge von bis	Gesamtbezüge über
klein	150	150–350	350–500	500
mittel	350	350–700	700–1 Mio.	1 Mio.
groß	700	700–1,5 Mio.	1,5–2 Mio.	2 Mio.
	Widerlegbare Vermutung für Angemessenheit	im Zweifel angemessen	im Zweifel unangemessen	Widerlegbare Vermutung für Unangemessenheit

Diese Zahlen können nur einen Anhaltspunkt für eine angemessene Festsetzung der Vorstandsvergütung geben. Bei der Festsetzung besonders hoher Vorstandsvergütungen wird der Aufsichtsrat seine Entscheidung jedenfalls ausführlich zu begründen haben.

ee) Verstoß gegen die Pflicht zur Festsetzung angemessener Vorstandsvergütungen

Verstößt der Aufsichtsrat gegen seine Verpflichtung zur angemessenen Festsetzung der Vorstandsbezüge gemäß § 87 Abs. 1 AktG, so führt dies nicht zur Nichtigkeit des Anstellungsvertrages oder der Vergütungsabrede. Vielmehr entsteht der Vergütungsanspruch des Vorstandsmitglieds in der vollen vereinbarten Höhe[950]. Eine Nichtigkeit kommt nur in Betracht, wenn die Höhe der Vergütung nach § 138 BGB sittenwidrig ist[951]. Die Festsetzung einer unangemessen hohen Vergütung stellt jedoch eine Pflichtverletzung des Aufsichtsrats dar, mit der Folge, dass die Aufsichtsratsmitglieder namentlich zum Ersatz verpflichtet sind und für den Schaden einzu-

---

[950] *Hüffer* AktG § 87 Rn 8; *Wellhöfer* in Wellhöfer/Peltzer/Müller Haftung § 4 Rn 140; *Fonk* NZG 2005, 249, 253.

[951] *Hüffer* AktG § 87 Rn 8; *Wellhöfer* in Wellhöfer/Peltzer/Müller Haftung § 4 Rn 140; *Fonk* NZG 2005, 249, 253.

stehen haben, der der Gesellschaft durch die überhöhte Festsetzung der Vorstandsvergütung entstanden ist. Zahlt der Vorstand daher den unangemessenen Teil der Vergütung nicht zurück, so ist dieser Teil von den Mitgliedern des Aufsichtsrats zu ersetzen[952].

ff) Transparenz der Vorstandsvergütung

Gemäß § 285 Nr. 9 HGB sind bei börsennotierten Gesellschaften umfassend und individualisiert die Bezüge für jedes Mitglied des Vorstandes und des Aufsichtsrates anzugeben. Dies gilt nach den Gesetzesänderungen im Rahmen des VorstAG auch für Vorstandsbezüge, die erst nach der Beendigung der Vorstandstätigkeit gewährt werden und zwar sowohl bei regulärem Ausscheiden als auch bei vorzeitiger Niederlegung des Vorstandsamtes (§ 285 Nr. 9a S. 6 HGB).

Gemäß § 286 Abs. 5 HGB können die Angaben jedoch unterbleiben, wenn die Hauptversammlung dies beschließt. Dieser Beschluss kann für eine Dauer von höchstens fünf Jahre gefasst werden und bedarf einer Dreiviertelmehrheit des bei der Beschlussfassung vertretenen Grundkapitals. Dabei dürfen Aktionäre, deren Bezüge von der Beschlussfassung betroffen sind, entsprechend § 136 Abs. 1 AktG nicht mitstimmen.

Gemäß § 289 Abs. 2 Nr. 5 HGB hat der Lagebericht neben den Angaben, die gemäß § 285 Nr. 9 HGB zur Höhe der Bezüge im Anhang zum Jahresabschluss zu machen sind, zudem auch auf *„die Grundzüge des Vergütungssystems der Gesellschaft für die in § 285 Nr. 9 genannten Gesamtbezüge, soweit es sich um eine börsennotierte Aktiengesellschaft handelt"*, einzugehen. Diese Angaben sollen der Erläuterung und damit dem besseren Verständnis hinsichtlich der einzelnen Vergütungsparameter und der Zusammensetzung der Vorstandsbezüge einschließlich bestehender Anreizpläne dienen[953].

Gemäß § 334 Abs. 1 Nr. 1d und Abs. 1 Nr. 2f HGB stellt ein Verstoß gegen die Offenlegungsvorschriften der §§ 285, 314 HGB eine Ordnungswidrigkeit dar, die mit einer Geldbuße in Höhe von bis zu 50 000 EURO geahndet werden kann. Neben den Vorstandsmitgliedern handeln auch die Aufsichtsratsmitglieder ordnungswidrig, wenn sie den Jahres- oder Konzernabschluss feststellen, obwohl der Anhang nicht die nach §§ 285, 314 HGB erforderlichen Angaben enthält.

e) Verletzung der Pflicht zur Verfolgung von Ersatzansprüchen gegen Vorstandsmitglieder

Begeht ein Vorstandsmitglied Pflichtverletzungen gegenüber der Aktiengesellschaft, so entsteht im Hinblick auf die Geltendmachung von Ersatzansprüchen der Gesell-

---

[952] *Hüffer* AktG § 87 Rn 8; *Bürgers/Israel* in Bürgers/Körber AktG § 87 Rn 7; *van Kann/Keiluweit* DStR 2009, 1587, 1590 f.; *Fleischer* NZG 2009, 801, 804; *Fonk* NZG 2005, 249, 253 f.; *Hoffmann-Becking* ZHR 169 (2005), 155, 156.

[953] *Leuering/Simon* NZG 2005, 945, 948.

schaft gegen das Vorstandsmitglied ein Interessenkonflikt. § 112 AktG sieht deshalb vor, dass die Gesellschaft gegenüber ihren Vorstandsmitgliedern gerichtlich und außergerichtlich ausnahmsweise vom Aufsichtsrat vertreten wird. Nach der ARAG/Garmenbeck-Entscheidung des Bundesgerichtshofs ist der Aufsichtsrat grundsätzlich verpflichtet, Ersatzansprüche der Gesellschaft gegen ihre Vorstandsmitglieder geltend zu machen, wenn der Vorstand gegenüber der Gesellschaft eine Pflichtverletzung begangen hat, aus der ihr ein Schadenersatzanspruch erwächst[954]. Der Bundesgerichtshof entschied, dass dem Aufsichtsrat hinsichtlich der Frage, ob Ansprüche der Gesellschaft gegen ihren Vorstand geltend zu machen sind, kein wesentlicher unternehmerischer Ermessensspielraum zukommt. Seine Entscheidung sei dem Unternehmenswohl verpflichtet, das grundsätzlich die Wiederherstellung des geschädigten Gesellschaftsvermögens verlange.

Der Aufsichtsrat darf daher nur in besonderen Ausnahmefällen von einer Geltendmachung von Ersatzansprüchen der Gesellschaft gegen ihre Vorstandsmitglieder absehen. Verletzt der Aufsichtsrat diese Pflicht, so stellt dies eine haftungsbegründende Sorgfaltspflichtverletzung im Sinne von §§ 116, 93 Abs. 2 S. 1 AktG dar. Macht der Aufsichtsrat den Schadenersatzanspruch der Gesellschaft nicht geltend und gleichen die ersatzpflichtigen Vorstandsmitglieder den Schaden auch sonst nicht aus, so haben die Mitglieder des Aufsichtsrats für den hierdurch bei der Gesellschaft eingetretenen Vermögensnachteil einzustehen.

f) Verstoß gegen den Grundsatz der Kapitalerhaltung

§ 93 Abs. 3 AktG enthält insgesamt neun Tatbestände, bei deren Verwirklichung sich der Vorstand der Gesellschaft gegenüber schadenersatzpflichtig macht. Es handelt sich bei diesen Tatbeständen um eine nicht abschließende Aufzählung besonderer Schadenersatzpflichten bei Verstoß gegen die Kapitalerhaltungsvorschriften[955]. Ausreichend für ihr Eingreifen ist jede gesetzeswidrige Minderung des Gesellschaftsvermögens[956]. Gemäß § 116 AktG ist auch § 93 Abs. 3 AktG auf Aufsichtsratsmitglieder entsprechend anzuwenden. Dies gilt auch dann, wenn die Minderung des Gesellschaftsvermögens nicht durch eine Handlung eines Aufsichtsratsmitglieds erfolgt, denn § 93 Abs. 3 AktG stellt nicht darauf ab, durch wen eine Zuwendung gewährt wurde, sondern knüpft an den verbotenen Erfolg an[957]. Ungeachtet dessen ist jedoch stets eine eigene Pflichtverletzung des jeweiligen Aufsichtsratsmitglieds erforderlich[958].

---

[954] BGHZ 135, 244 ff.; vgl. hierzu *Thümmel* Persönliche Haftung von Managern und Aufsichtsräten Rn 275 f.; *Potthoff/Trescher* Das Aufsichtsratsmitglied Rn 1799 ff.

[955] *Hüffer* AktG § 93 Rn 22; *Thümmel* Persönliche Haftung von Managern und Aufsichtsräten Rn 106.

[956] *Hüffer* AktG § 57 Rn 3.

[957] *Hüffer* AktG § 116 Rn 8.

[958] *Thümmel* Persönliche Haftung von Managern und Aufsichtsräten Rn 236.

Im Rahmen des § 93 Abs. 3 AktG kommt eine Pflichtverletzung der Aufsichtsratsmitglieder einerseits aufgrund eigener pflichtwidriger Handlungen des Aufsichtsrats und andererseits wegen der Verletzung der ihm obliegenden Überwachungspflicht gegenüber der Geschäftsführung des Vorstands in Betracht. Eine Haftung aufgrund des eigenen pflichtwidrigen Handelns ist insbesondere möglich, wenn Mitglieder des Aufsichtsrats in unzulässiger Weise auf den Vorstand einwirken, pflichtwidrig im Sinne von § 93 Abs. 3 AktG zu handeln. So zum Beispiel, wenn ein Aufsichtsratsmitglied den Vorstand veranlasst, ihm unter Verstoß gegen § 93 Abs. 3 Nr. 7 AktG eine Vergütung oder entgegen § 93 Abs. 3 Nr. 8 AktG einen Kredit[959] zu gewähren[960]. Dies stellt zudem eine Pflichtverletzung im Sinne von § 117 AktG wegen unzulässiger Einflussnahme auf die Gesellschaft dar. Darüber hinaus kommt eine Pflichtverletzung gemäß § 93 Abs. 3 AktG durch Aufsichtsratsmitglieder in Betracht, wenn sie zu einer pflichtwidrigen Handlung durch den Vorstand ihre Zustimmung erteilen[961].

Eine Haftung wegen Verletzung der dem Aufsichtsrat obliegenden Überwachungspflichten kommt in Betracht, wenn er gegenüber einer nach § 93 Abs. 3 AktG pflichtwidrigen Maßnahme des Vorstands untätig bleibt[962] und es beispielsweise unterlässt, einen Ad-hoc-Zustimmungsvorbehalt gemäß § 111 Abs. 4 AktG einzuführen[963].

Bei Verwirklichung eines Tatbestands des § 93 Abs. 3 AktG sind die pflichtwidrig handelnden Aufsichtsratsmitglieder zum Ersatz des eingetretenen Schadens verpflichtet[964]. Die Höhe des Schadens beläuft sich in der Regel auf den Wert, der entgegen den Kapitalerhaltungsvorschriften an den Aktionär oder Dritten geleistet wurde[965].

In diesem Zusammenhang ist auch die Verpflichtung des Aufsichtsratsvorsitzenden von Bedeutung, bei der Handelsregisteranmeldung von Hauptversammlungsbeschlüssen, die die Änderung des Stammkapitals betreffen, mitzuwirken. § 181 AktG schreibt zwar grundsätzlich vor, dass Satzungsänderungen durch den Vorstand der Gesellschaft zum Handelsregister anzumelden sind. Bei Kapitalmaßnahmen wird § 181 AktG jedoch durch weitere Vorschriften ergänzt, so dass der Vorstand ent-

---

[959] *Mertens* in Kölner Komm AktG § 115 Rn 6.

[960] Vgl. auch BGH NJW 1980, 1629; *Hüffer* AktG § 111 Rn 17 f.; *Hoffmann-Becking* in MünchHdb AG § 29 Rn 37.

[961] Vgl. *Hüffer* AktG § 119 Rn 9.

[962] BGHZ 69, 207, 214; *Hüffer* AktG § 116 Rn 9; *Lutter/Krieger* Rechte und Pflichten des AR Rn 829.

[963] BGHZ 124, 111, 127; LG Bielefeld WM 1999, 2457, 2465; *Hüffer* AktG § 111 Rn 17 f.; *Lutter/Krieger* Rechte und Pflichten des AR Rn 829; *Hoffmann-Becking* in MünchHdb AG § 29 Rn 37.

[964] *Spindler* in MünchKomm AktG § 93 Rn 126.

[965] *Thümmel* Persönliche Haftung von Managern und Aufsichtsräten Rn 106; *Mertens* in Kölner Komm AktG § 93 Rn 96.

sprechende Hauptversammlungsbeschlüsse zusammen mit dem Aufsichtsratsvorsitzenden zum Handelsregister anzumelden hat (vergleiche für Kapitalerhöhungen §§ 184, 188, 195, 207 Abs. 2 AktG; für Kapitalherabsetzungen §§ 223, 229 Abs. 3, 237 Abs. 2 S. 1, Abs. 4 S. 5 AktG)[966]. Hintergrund der Regelung ist einerseits eine bessere Verlässlichkeit auf die in der Anmeldung gemachten Angaben[967]. Andererseits soll durch die gemeinsame Anmeldung mit dem Aufsichtsratsvorsitzenden die reale Kapitalaufbringung gesichert werden. Indem Vorstand und Aufsichtsratsvorsitzender gemeinsam die Anmeldung unterschreiben, übernimmt auch der Aufsichtsratsvorsitzende die Verantwortung für die in der Anmeldung enthaltenen Angaben[968]. Stimmen die Angaben in der Anmeldung zum Handelsregister nicht, haftet neben dem Vorstand auch der Aufsichtsratsvorsitzende gemäß §§ 116, 93 Abs. 2 S. 1 AktG dafür, dass die Einlage auf neue Aktien entgegen einer entsprechenden Angabe in der Anmeldung zum Handelsregister noch nicht erbracht wurde. Weiterhin kommt eine Haftung des Aufsichtsratsvorsitzenden nach §§ 116, 93 Abs. 2 S. 1 AktG in Betracht, wenn er die Eintragung des Hauptversammlungsbeschlusses nicht vornimmt[969]. Bei falschen Angaben zum Zweck der Eintragung einer Kapitalerhöhung kommt zudem eine Strafbarkeit nach § 399 Abs. 1 Nr. 4 AktG in Betracht.

g) Verbot schädigenden Verhaltens

Gemäß § 117 Abs. 1 AktG macht sich derjenige gegenüber der Gesellschaft schadenersatzpflichtig, der vorsätzlich unter Benutzung seines Einflusses auf die Gesellschaft ein Mitglied des Vorstands oder des Aufsichtsrats, einen Prokuristen oder einen Handlungsbevollmächtigten dazu bestimmt, zum Schaden der Gesellschaft oder ihrer Aktionäre zu handeln. Die Haftung wegen schädigender Beeinflussung trifft danach jeden, der seinen Einfluss auf die Gesellschaft zu ihrem Nachteil ausnutzt. Neben Dritten, insbesondere Gläubigern oder Aktionären der Gesellschaft, kommen als Haftungsadressaten auch die Mitglieder des Aufsichtsrats in Betracht, sofern sie ihren Einfluss auf die leitenden Angestellten der Gesellschaft ausnutzen[970]. Zudem haften sie gemäß § 117 Abs. 2 AktG auch dann, wenn sie sich unter Verletzung ihrer Pflichten durch Dritte beeinflussen lassen[971]. Im Rahmen einer Schadenersatzverpflichtung der Mitglieder des Aufsichtsrats gegenüber der Aktiengesellschaft

---

[966] *Hüffer* AktG § 181 Rn 1, 3; § 184 Rn 3; *Peifer* in MünchKomm AktG § 184 Rn 6, 9.

[967] *Peifer* in MünchKomm AktG § 184 Rn 8.

[968] *Peifer* in MünchKomm AktG § 184 Rn 6.

[969] *Hüffer* AktG § 184 Rn 3; *Peifer* in MünchKomm AktG § 184 Rn 10; *Lutter* in Kölner Komm AktG § 184 AktG Rn 6.

[970] *Hüffer* AktG § 117 Rn 3; *Thümmel* Persönliche Haftung von Managern und Aufsichtsräten Rn 151; *Plück/Lattwein* Haftungsrisiken für Manager S. 57.

[971] *Hüffer* AktG § 117 Rn 10; *Thümmel* Persönliche Haftung von Managern und Aufsichtsräten Rn 151; *Plück/Lattwein* Haftungsrisiken für Manager S. 57 f.

kommt § 117 Abs. 1 und 2 AktG selten eine eigenständige Bedeutung zu, da die jeweiligen Handlungen stets auch eine Pflichtverletzung nach §§ 116, 93 Abs. 1 und 2 AktG darstellen[972].

2. Verletzung allgemeiner Pflichten

a) Verstoß gegen die allgemeine Sorgfaltspflicht

Die Verweisung des § 116 AktG auf § 93 AktG erstreckt sich auch auf die allgemeine Sorgfaltspflicht der Aufsichtsratsmitglieder. § 93 Abs. 1 S. 1 AktG i.V.m. § 116 AktG kommt nach der ganz herrschenden Meinung eine Doppelfunktion zu. Danach umschreibt die Vorschrift neben dem Verschuldensmaßstab, dem die Aufsichtsratsmitglieder unterliegen, die objektiven Verhaltenspflichten des Aufsichtsrats in Form einer Generalklausel. Auch die Mitglieder des Aufsichtsrats haben danach *„die Sorgfalt eines ordentlichen und gewissenhaften Geschäftsleiters anzuwenden“*. Die Leitfigur des Geschäftsleiters ist dabei durch die eines ordentlichen und gewissenhaften Aufsichtsrats auszutauschen[973]. Bei der näheren Bestimmung der allgemeinen Sorgfaltspflicht ist auf die Funktion und die Aufgaben des Aufsichtsrats, insbesondere die Personalkompetenz über den Vorstand und die Überwachung der Geschäftsführung, sowie auf die Art der Aufsichtsratstätigkeit als Nebenberuf abzustellen[974]. Der konkrete Inhalt und Umfang dieser Aufgabe hängt auch von der Art und der Größe des Unternehmens ab[975].

b) Verstoß gegen die allgemeine Treuepflicht

aa) Einleitung

Über ihre gesetzlichen Pflichten hinaus unterliegen die Aufsichtsratsmitglieder ebenso wie die Vorstandsmitglieder einer besonderen Treuebindung gegenüber der Aktiengesellschaft, die sich aus ihrer organschaftlichen Stellung ergibt[976]. Wegen der unterschiedlichen Art der Tätigkeit von Vorstand und Aufsichtsrat für die Gesellschaft können die für die Vorstandsmitglieder geltenden Grundsätze nicht uneinge-

---

[972] *Thümmel* Persönliche Haftung von Managern und Aufsichtsräten Rn 151.

[973] *Hüffer* AktG § 116 Rn 2; *Doralt* in Semler/v. Schenck in ArbHdb für Aufsichtsratsmitglieder § 13 Rn 6; *Hoffmann-Becking* in MünchHdb AG § 33 Rn 45; *Kiethe* WM 2005, 2122, 2125.

[974] *Hüffer* AktG § 116 Rn 1; *Doralt* in Semler/v. Schenck in ArbHdb für Aufsichtsratsmitglieder § 13 Rn 6; *Thümmel* Persönliche Haftung von Managern und Aufsichtsräten Rn 238.

[975] *Hüffer* AktG § 116 Rn 3; *Thümmel* Persönliche Haftung von Managern und Aufsichtsräten Rn 182.

[976] *Hüffer* AktG § 116 Rn 4; *Thümmel* Persönliche Haftung von Managern und Aufsichtsräten Rn 276; *Doralt* in Semler/v. Schenck ArbHdb für Aufsichtsratsmitglieder § 13 Rn 47.

schränkt auf Aufsichtsratsmitglieder übertragen werden. So ist insbesondere zu berücksichtigen, dass es sich bei der Tätigkeit als Aufsichtsrat in der Regel nur um eine Nebentätigkeit handelt[977]. Die Aufsichtsratsmitglieder haben daher nur im Rahmen ihrer Mandatsausübung die Interessen der Gesellschaft vorrangig zu berücksichtigen. Außerhalb ihrer Tätigkeit als Aufsichtsratsmitglied kann dies hingegen nicht in dem gleichen Maße gefordert werden[978]. Interessenkonflikte sind jedoch zu vermeiden oder wenn sie unvermeidbar sind und zur Pflichtenkollision werden, zugunsten des vorrangigen Unternehmensinteresses zu lösen[979]. Gegebenenfalls ist das Aufsichtsratsmandat niederzulegen[980].

Dem entsprechend führt der Deutsche Corporate Governance Kodex zur Vermeidung von Interessenkonflikten aus:

„5.5.1 Jedes Mitglied des Aufsichtsrats ist dem Unternehmensinteresse verpflichtet. Es darf bei seinen Entscheidungen weder persönliche Interessen verfolgen noch Geschäftschancen, die dem Unternehmen zustehen, für sich nutzen.

5.5.2 Jedes Aufsichtsratsmitglied soll Interessenkonflikte, insbesondere solche, die aufgrund einer Beratung oder Organfunktion bei Kunden, Lieferanten, Kreditgebern oder sonstigen Geschäftspartnern entstehen können, dem Aufsichtsrat gegenüber offen legen.

5.5.3 Der Aufsichtsrat soll in seinem Bericht an die Hauptversammlung über aufgetretene Interessenkonflikte und deren Behandlung informieren. Wesentliche und nicht nur vorübergehende Interessenkonflikte in der Person eines Aufsichtsratsmitglieds sollen zur Beendigung des Mandats führen.

5.5.4 Berater- und sonstige Dienstleistungs- und Werkverträge eines Aufsichtsratsmitglieds mit der Gesellschaft bedürfen der Zustimmung des Aufsichtsrats."

Bei Anteilseignervertretern können sich Interessenkonflikte insbesondere im Hinblick auf Vorstandsmandate in anderen Gesellschaften ergeben. Die Tatsache, dass eine Handlung im Unternehmensinteresse der anderen Gesellschaft liegt, kann dabei nicht als Rechtfertigung für eine Pflichtverletzung gegenüber der Gesellschaft dienen, in der das Aufsichtsratsmandat ausgeübt wird[981]. Bei Arbeitnehmervertretern können sich Interessenkonflikte insbesondere in Zusammenhang mit Arbeitskämpfen ergeben. Ein gutes Beispiel hierfür bot der Fall Bsirske. Der Vorsitzende der Gewerkschaft ver.di, Frank Bsirske, hatte Ende 2002 Warnstreiks gegen die Flughäfen München und Frankfurt am Main organisiert. Gleichzeitig war er stell-

---

[977] *Hüffer* AktG § 116 Rn 4; *Thümmel* Persönliche Haftung von Managern und Aufsichtsräten Rn 276.

[978] *Hüffer* AktG § 116 Rn 4; *Hoffmann-Becking* in MünchHdb AG § 33 Rn 48.

[979] *Hüffer* AktG § 116 Rn 5; *Hoffmann-Becking* in MünchHdb AG § 33 Rn 48; *Breuer/Fraune* in Heidel AktG § 116 Rn 4.

[980] *Hüffer* AktG § 116 Rn 5; *Hoffmann-Becking* in MünchHdb AG § 33 Rn 49; *Lutter/Krieger* Rechte und Pflichten des AR Rn 772, 775 ff.

[981] BGH NJW 1980, 1629 f.; *Hüffer* AktG § 116 Rn 5; *Hoffmann-Becking* in MünchHdb AG § 33 Rn 49.

vertretender Vorsitzender des Aufsichtsrats der Lufthansa AG, die aufgrund der Streiks größere Umsatzeinbußen zu verzeichnen hatte.

Eine passive Streikteilnahme durch Aufsichtsratsmitglieder der Arbeitnehmer wird dabei allgemein noch für zulässig erachtet[982]. Soweit es jedoch um die Ausübung eines Aufsichtsratsmandates und gleichzeitig um die aktive Streikteilnahme geht, besteht Streit. Die Zulässigkeit wird je nachdem, ob die gesellschaftsrechtliche oder die arbeitsrechtliche Seite betont wird, entweder abgelehnt oder befürwortet. Die ablehnende Literatur hält die aktive Streikteilnahme für unzulässig, da die aktive Förderung eines Streiks zugleich eine aktive Schädigung der Gesellschaft bedeute. Gerade dies sei den Organen jedoch nicht gestattet[983]. Die befürwortende Literatur hält eine aktive Streikbeteiligung hingegen mit dem Argument, dass ansonsten die Mitbestimmungsrechte entgegen dem Willen des Gesetzgebers beschränkt würden, für zulässig[984]. Konkrete Anhaltspunkte dafür, wann ein Handeln eines Arbeitnehmervertreters bei Vorliegen eines streikbedingten Interessenkonflikts eine Treuepflichtverletzung darstellt, sind jedoch bisher noch nicht entwickelt worden, so dass zur Beurteilung auf allgemein anerkannte Fallgruppen zurückgegriffen werden muss. Danach ist eine Treuepflichtverletzung eines Aufsichtsratsmitglieds jedenfalls gegeben bei der Teilnahme an einem rechtswidrigen Streik, der Ausnutzung von Insiderwissen bei der Führung des Streiks und bei der Herbeiführung eines unverhältnismäßig hohen Schadens durch die aktive Streikunterstützung[985].

bb) Kein Wettbewerbsverbot

Aufgrund der geringeren Anforderungen an die Treuebindung der Aufsichtsratsmitglieder gegenüber der Gesellschaft im Vergleich zum Vorstand unterliegen die Aufsichtsratsmitglieder keinem Wettbewerbsverbot. Sie können daher, was in der Regel auch der Fall ist, einem anderen Gewerbe auch im Tätigkeitsfeld der Gesellschaft nachgehen. Selbst die Ausübung eines Vorstandsmandats bei einem direkten Wettbewerber der Gesellschaft durch ein Aufsichtsratsmitglied ist nach herrschender Meinung zulässig[986]. Solche Aufsichtsratsmitglieder können jedoch unter Umständen Teilnahme- und Stimmverboten im Aufsichtsrat unterliegen. Zudem kann bei nicht lösbaren und anhaltenden Pflichtenkollisionen eine Abberufung der Aufsichtsratsmitglieder aus wichtigem Grund gerechtfertigt sein.

---

[982] *Möllers* NZG 2003, 697, 698 m. w. N.

[983] *Mertens* in Kölner Komm AktG Anh § 117 B § 25 MitbestG Rn 13; *Kraft* in GK-BetrVG § 76 BetrVG 1952 Rn 134 f.

[984] *Fitting/Engels/Schmidt/Trebinger/Linsenmaier* BetrVG 1952 § 76 Rn 185; vgl. zum Meinungsstand auch *Möllers* NZG 2003, 697, 698 m. w. N.

[985] *Möllers* NZG 2003, 697, 700 m. w. N.

[986] BGHZ 39, 116, 123; *Hüffer* AktG § 103 Rn 13b m. w. N.; *Thümmel* Persönliche Haftung von Managern und Aufsichtsräten Rn 276; a. A. *Lutter/Krieger* Rechte und Pflichten des AR Rn 20 ff.

Die weniger strenge Treuebindung der Aufsichtsratsmitglieder wirkt sich auch auf die Zulässigkeit der Wahrnehmung von Geschäftschancen der Gesellschaft aus. Aufsichtsratsmitglieder dürfen daher nur solche Geschäftschancen nicht persönlich wahrnehmen, von denen sie in ihrer Eigenschaft als Aufsichtsrat Kenntnis erlangen. Insoweit geht das Unternehmensinteresse vor[987]. Geschäftschancen, von denen Aufsichtsratsmitglieder außerhalb ihrer Tätigkeit als Organ der Gesellschaft Kenntnis erlangen, unterliegen hingegen nicht der Geschäftschancenbindung.

cc) Verstoß gegen die Verschwiegenheitspflicht

Ebenso wie die Vorstandsmitglieder unterliegen auch die Aufsichtsratsmitglieder der Pflicht zur Verschwiegenheit. Sie ist durch den Verweis in § 116 S. 1 AktG auch für die Aufsichtsräte in § 93 Abs. 1 S. 3 AktG geregelt. Darüber hinaus enthält § 116 S. 2 AktG die Klarstellung, dass Aufsichtsratsmitglieder *„insbesondere zur Verschwiegenheit über erhaltene vertrauliche Berichte und vertrauliche Beratungen verpflichtet"* sind. § 116 S. 2 AktG soll die Bedeutung der Verschwiegenheitspflicht für die Funktionsfähigkeit des Aufsichtsrats verdeutlichen und hervorheben, worauf sich die Verschwiegenheitspflicht in erster Linie erstreckt. Da sich eine entsprechende Verpflichtung bereits aus der allgemeinen Sorgfaltspflicht ergibt, kommt § 116 S. 2 AktG vor allem eine Erinnerungs- und Hinweisfunktion zu[988]. Die Nennung der Vertraulichkeit der Berichte und Beratungen erfolgt nur beispielhaft. Darüber hinaus erstreckt sich die Verschwiegenheitspflicht ebenso wie diejenige des Vorstands gemäß §§ 116, 93 Abs. 1 S. 2 AktG auf alle vertraulichen Angaben und Geheimnisse der Gesellschaft, insbesondere Betriebs- und Geschäftsgeheimnisse, die den Aufsichtsratsmitgliedern durch ihre Tätigkeit im Aufsichtsrat bekannt geworden sind[989].

An die Verletzung der Verschwiegenheitspflicht knüpft das Gesetz unterschiedliche Folgen. Während die pflichtwidrige Kundgabe von vertraulichen Angaben lediglich die zivilrechtliche Schadenersatzpflicht gemäß §§ 116, 93 Abs. 2 AktG nach sich zieht, ist die Offenbarung von Geheimnissen der Gesellschaft gemäß § 404 AktG zudem auch strafbar[990]. Bei börsennotierten Aktiengesellschaften kommt auch eine Strafbarkeit nach § 38 Abs. 1 Nr. 2 WpHG in Betracht, sofern es sich bei dem Geschäftsgeheimnis um eine Insiderinformation im Sinne von § 13 Abs. 1 WpHG handelt[991].

Als weitere „interne" Sanktionen gegen das pflichtvergessende Aufsichtsratsmitglied kommen zudem die Abmahnung durch Vorstand oder Aufsichtsratsvorsitzen-

---

[987] *Thümmel* Persönliche Haftung von Managern und Aufsichtsräten Rn 277; *Lutter/Krieger* Rechte und Pflichten des AR Rn 844.

[988] Begründung TransPuG-RegE BT-Drs. 14/8769 S. 18.

[989] Vgl. zur Verschwiegenheitspflicht der Aufsichtsratsmitglieder ausführlich *Lutter/Krieger* Rechte und Pflichten des AR Rn 248 ff.

[990] *Lutter/Krieger* Rechte und Pflichten des AR Rn 282.

[991] *Spindler* in MünchKomm AktG § 93 Rn 98; *Lutter/Krieger* Rechte und Pflichten des AR Rn 284.

den, die gerichtliche Inanspruchnahme auf Unterlassen durch die Gesellschaft sowie die Nichtweitergabe von vertraulichen Unterlagen für einen gewissen Zeitraum an das Aufsichtsratsmitglied in Betracht[992]. Ist die Zusammenarbeit mit dem Aufsichtsratsmitglied für die anderen Mitglieder des Aufsichtsrats bis zum Ablauf der Amtszeit nicht mehr zumutbar, kann das Aufsichtsratsmitglied entweder durch die Hauptversammlung oder auf Antrag des Aufsichtsrats durch das Gericht aus wichtigem Grund abberufen werden (§ 103 AktG). Schwerwiegende Verletzungen der Verschwiegenheitspflicht stellen einen wichtigen Grund im Sinne von § 103 AktG dar[993].

dd) Sondervorschriften für Aufsichtsratsmitglieder als Repräsentanten der öffentlichen Hand

Der Bund, die Länder und Gemeinden sowie Zweckverbände und andere Körperschaften halten vielfach Beteiligungen an Aktiengesellschaften. Die Beteiligung der öffentlichen Hand an Unternehmen in einer privaten Rechtsform bringt Konfliktpotential mit sich. Einen Fremdkörper im deutschen Gesellschaftsrecht stellen die Informations- und Prüfungsanforderungen des öffentlichen Haushaltsrechts dar[994]. Diesen tragen die Ausnahmevorschriften der §§ 394, 395 AktG Rechnung. Sie schränken die Verschwiegenheitspflicht von Aufsichtsräten ein, die auf Veranlassung einer Gebietskörperschaft ihr Mandat erhalten haben.

Aufsichtsräte sind nach §§ 116, 93 Abs. 1 S. 3 AktG zur Verschwiegenheit über vertrauliche Angaben und Geheimnisse der Gesellschaft verpflichtet. Dies gilt grundsätzlich auch für einen „Repräsentanten" der Gebietskörperschaft, die durch Wahl oder Entsendung ein Mitglied des Aufsichtsrats geworden sind. Indessen schränkt § 394 AktG die Verschwiegenheitspflicht insofern ein, als der Repräsentant im Aufsichtsrat der öffentlichen Hand auch über vertrauliche Unternehmensgeheimnisse berichten darf, soweit dies die öffentlich-rechtliche Berichtspflicht vorsieht. Zugleich erweitert § 395 AktG die Verschwiegenheitspflicht auf die Empfänger der betreffenden Berichte. Diese Vorschrift gewährleistet, dass die Freistellung nicht zu Nachteilen für die Gesellschaft und deren Aktionäre führt. Die §§ 394, 395 AktG bedingen und ergänzen sich also[995].

(1) Vorrang des Unternehmensinteresses. Jedes Aufsichtsratsmitglied hat seine Tätigkeit im Unternehmensinteresse auszuüben. Die Bindung an das Unternehmensinteresse hindert den Repräsentanten der Gebietskörperschaft nicht daran,

---

[992] *Marsch-Barner* in Semler/v. Schenck ArbHdb für Aufsichtsratsmitglieder § 12 Rn 66, 70 ff.; *Lutter/Krieger* Rechte und Pflichten des AR Rn 282.

[993] *Marsch-Barner* in Semler/v. Schenck ArbHdb für Aufsichtsratsmitglieder § 12 Rn 73; *Lutter/Krieger* Rechte und Pflichten des AR Rn 282.

[994] Eingehend *Kropff* in MünchKomm AktG Vor §§ 394, 395 Rn 9 ff.; *Kiethe* NZG 2006, 45, 46.

[995] *Kropff* in MünchKomm AktG §§ 394, 395 Rn 2; *Stehlin* in Heidel AktG Vor §§ 394, 395 Rn 2.

auch die Interessen der Gebietskörperschaft wahrzunehmen[996]. Dies gilt uneingeschränkt, wenn die besonderen Interessen der Gebietskörperschaft mit dem Unternehmensinteresse im Einklang stehen. Kommt es zu einem Konflikt zwischen den Interessen der Gebietskörperschaft und dem des Unternehmens, hat für das Aufsichtsratsmitglied bei seiner Tätigkeit im Aufsichtsrat das Unternehmensinteresse Vorrang[997]. Der Vorrang des Unternehmensinteresses für das Aufsichtsratsmitglied wird haftungsrechtlich durch §§ 116, 93 AktG sichergestellt. Gleiches gilt für die Gebietskörperschaft. Die Missachtung des aktienrechtlichen Vorranggebots kann zur Haftung der Gebietskörperschaft nach § 117 AktG und ggf. nach §§ 311, 317 AktG führen[998].

(2) Keine gesellschaftsschädigenden Weisungen. In der Praxis ist der Repräsentant im Aufsichtsrat Weisungen der Gebietskörperschaft ausgesetzt[999]. Im Schrifttum ist streitig, ob solche Weisungen an ein Aufsichtsratsmitglied zulässig sind und eine Bindung entfalten können. Das überwiegende verwaltungsrechtliche Schrifttum hält beamtenrechtliche Weisungen an ein Mitglied des Aufsichtsrats für zulässig und bindend. Dies gelte nur dann nicht, wenn sich der Beamte durch die Befolgung der Weisung strafbar machen würde[1000]. Obwohl das öffentlich-rechtliche Schrifttum den Konflikt zwischen dem Beamten- und Gesellschaftsrecht unterschiedlich löst, wird im Ergebnis die Befolgung gesellschaftsschädigender Weisungen für zulässig gehalten. Dieser Position wird durch die gesellschaftsrechtliche Literatur einhellig widersprochen. Argumentiert wird mit dem Vorrang des Gesellschaftsinteresses und dem Erfordernis, dass ein Aufsichtsratsmitglied sein Mandat immer im Unternehmensinteresse auszuüben hat[1001]. Richtigerweise ist jede gegen das Unternehmensinteresse verstoßende Weisung rechtswidrig. Weist eine Weisung ein gesellschaftsschädigendes Potential auf, dann begründet sie eine Haftung nach § 117 AktG. Eine solche Weisung darf der Dienstvorgesetzte weder nach Gesellschafts- noch nach Verwaltungsrecht erteilen, da die Gebietskörperschaft für einen

---

[996] BGHZ 69, 334, 339; *Kropff* in MünchKomm AktG Vor §§ 394, 395 Rn 85.

[997] OLG Hamburg, ZIP 1990, 311, 312 f.; *Kropff* in MünchKomm AktG Vor §§ 394, 395 Rn 86; *Pelz* in Bürgers/Körber AktG Vor §§ 394 ff Rn 7.

[998] *Kropff* in MünchKomm AktG Vor §§ 394, 395 Rn 86; *Pelz* in Bürgers/Körber AktG Vor §§ 394 ff Rn 4.

[999] Für den Beamten gelten bundes- und landesrechtliche Vorschriften, wonach der Beamte Weisungen seines Dienstvorgesetzten zu befolgen habe. Für Angestellte im öffentlichen Dienst enthalten die einschlägigen Tarifverträge eine Verpflichtung, dienstlichen Anweisungen nachzukommen. Darüber hinaus sehen die Gemeindeordnungen der Länder eine Bindung der Gemeindevertreter an die Beschlüsse des Rates bzw. des Verwaltungsausschusses vor.

[1000] *Lohl* AG 1970, 159, 162 Rn 25; *Ipsen* JZ 1955, 593, 599.

[1001] *Hüffer* AktG § 394 Rn 29; *Kropff* in MünchKomm AktG Vor §§ 394, 395 Rn 106 ff.; *Mertens* in Kölner Komm AktG § 101 Rn 55; *Oetker* in Schmidt/Lutter AktG Vor §§ 394, 395 Rn 14; *Kiethe* NZG 2006, 45, 49; *Schwintowsky* NJW 1995, 1316, 1317 ff.; *Schwintowsky* NJW 1990, 1013, 1015; *Fischer* AG 1982, 85, 90 ff.

daraus entstehenden Schaden haften würde. Wird eine Weisung rechtswidrig erteilt, da sie gesellschaftsschädlich ist, entfällt ohne weiteres ihre Bindung für das Aufsichtsratsmitglied[1002].

(3) Berichterstattung. Die Repräsentanten einer Gebietskörperschaft unterliegen gemäß § 394 Abs. 1 AktG nur dann ausnahmsweise nicht der Verschwiegenheitspflicht nach §§ 93 Abs. 1 S. 3, 116 AktG, als sie der Gebietskörperschaft Berichte zu erstatten haben. § 394 S. 1 AktG setzt eine Berichtspflicht voraus, begründet diese jedoch nicht selbst[1003]. Die Frage nach der Grundlage der Berichtspflicht wird im Schrifttum unterschiedlich beantwortet. Die herrschende Ansicht verlangt eine gesetzliche Grundlage für die Berichtspflicht[1004]. Dagegen lässt ein Teil der Literatur ein vertragsrechtliches Auftragsverhältnis als Grundlage der Berichtspflicht vor allem mit dem Hinweis auf eine größere Flexibilität genügen[1005].

Die besseren Argumente sprechen für die herrschende Auffassung. Bei der Vorschrift des § 394 AktG handelt es sich um eine Ausnahmevorschrift und – wie einleitend dargestellt – ein Fremdkörper im Aktienrecht. Mithin ist auch eine restriktive Auslegung des § 394 AktG geboten. Die zwingende Pflicht zur Verschwiegenheit (§§ 93 Abs. 1 S. 3, 116 AktG) kann nicht zur Disposition von Gebietskörperschaft und Aufsichtsratsmitglied stehen[1006]. Es liegt nur in der Hand des Rechtsetzers, mit dem Grundsatz der Verschwiegenheitspflicht des Aufsichtsratsmitglieds zu brechen. Dabei ist zum Beispiel eine dem § 113 Abs. 5 GO NRW entsprechende Vorschrift ausreichend, nach der der Vertreter der Gemeinde den Rat über alle Angelegenheiten von besonderer Bedeutung frühzeitig zu unterrichten hat[1007]. Umstritten ist, ob auch die beamtenrechtliche Weisungsbindung als gesetzliche Grundlage einer Berichtspflicht nicht in Betracht kommt. Dies ist jedoch mit einer im Vordringen befindlichen Meinung in der Literatur abzulehnen[1008].

[1002] *Kropff* in MünchKomm AktG Vor §§ 394, 395 Rn 106 f.

[1003] Heute allg. Ansicht: *Hüffer* AktG § 394 Rn 36; *Kropff* in MünchKomm AktG Vor § 394, 395 Rn 22; *Pelz* in Bürgers/Körber AktG Vor §§ 394 ff Rn 4; *Schmidt* ZGR 1996, 345, 352; *Schwintowski* NJW 1990, 1009, 1014.

[1004] *Hüffer* AktG § 394 Rn 38; *Zöller* in Kölner Komm AktG §§ 394, 395 Rn 4; *Oetker* in Schmidt/Lutter AktG Vor §§ 394, 395 Rn 14; *Schwintowski* NJW 1990, 1009, 1014; *Schmidt-Aßmann/Ulmer* BB 1988 Sonderbeil 13 S. 8.

[1005] *Kropff* in MünchKomm AktG Vor § 394, 395 Rn 27 ff.

[1006] *Hüffer* AktG § 394 Rn 38.

[1007] *Hüffer* AktG § 394 Rn 39; *Schmidt* ZGR 1996, 345, 352.

[1008] *Hüffer* AktG § 394 Rn 41; *Oetker* in Schmidt/Lutter AktG Vor §§ 394, 395 Rn 13; *Zöllner* in Kölner Komm AktG §§ 394, 395 Rn 4; a. A. *Schall* in Spindler/Stilz AktG § 394 Rn 10; *Kropff* in MünchKomm AktG §§ 394, 395 Rn 22 ff.; *Stehlin* in Heidel AktG § 394 Rn 5.

3. Weitere Haftungsvoraussetzungen, insb. Verschulden

Hinsichtlich der weiteren Haftungsvoraussetzungen bei Ersatzansprüchen gegenüber Aufsichtsratsmitgliedern gilt weitgehend das zum Vorstand Gesagte entsprechend. Dies gilt insbesondere im Hinblick auf den Schaden und die Kausalität, die Beweislast sowie die Verjährung der Ersatzansprüche. Besonderheiten bestehen jedoch im Hinblick auf das Verschulden der Aufsichtsratsmitglieder.

Ebenso wie die Haftung der Vorstandsmitglieder setzt auch die Haftung der Mitglieder des Aufsichtsrats stets ein persönliches Verschulden voraus. Neben den allgemeinen Sorgfaltspflichten der Aufsichtsratsmitglieder ergibt sich auch ihr Verschuldens- bzw. Sorgfaltsmaßstab aus §§ 116, 93 Abs. 1 S. 1 AktG[1009]. Der Verschuldensmaßstab der §§ 116, 93 Abs. 1 S. 1 AktG ist auch für Aufsichtsratsmitglieder in erster Linie normativer Natur und weitgehend objektiv gefasst[1010], so dass Aufsichtsratsmitglieder in der Regel ebenso wie Vorstandsmitglieder unabhängig von ihren individuellen Kenntnissen und Fähigkeiten immer dann haften, wenn sie diejenige Sorgfalt nicht eingehalten haben, die von einem durchschnittlich befähigten Aufsichtsratsmitglied mit durchschnittlichen Kenntnissen und Erfahrungen zu erwarten ist[1011]. Sie haben daher stets für die Fähigkeiten und Kenntnisse einzustehen, die erforderlich sind, um dem ihnen obliegenden Sorgfaltsmaßstab hinsichtlich ihrer Überwachungsfunktion zu genügen[1012]. Grundsätzlich obliegt allen Aufsichtsratsmitgliedern daher die gleiche Sorgfaltspflicht. Dies gilt insbesondere auch für die Aufsichtsratsmitglieder der Arbeitnehmer[1013].

Anders als beim Verschuldensmaßstab der Vorstandsmitglieder sind im Hinblick auf die Mitglieder des Aufsichtsrats darüber hinaus auch besondere Kenntnisse und Fähigkeiten der einzelnen Aufsichtsratsmitglieder zu berücksichtigen. Einerseits haben daher Aufsichtsratsmitglieder, die besondere Funktionen im Aufsichtsrat übernehmen, für die Sorgfalt einzustehen, die erforderlich ist, um die übernommene Funktion auszuüben. Dies betrifft insbesondere den Aufsichtsratsvorsitzenden sowie die Mitglieder von Aufsichtsratsausschüssen. Wenn sie diese Fähigkeiten nicht besitzen, dürfen sie die entsprechende Funktion daher nicht übernehmen[1014]. Andererseits führen nach herrschender Meinung auch besondere Fähigkeiten und Sonderkenntnisse einzelner Aufsichtsratsmitglieder zu einer Erhöhung des ihnen obliegenden Sorgfaltsmaßstabs. Daher haftet derjenige, der Sonderkenntnisse be-

---

[1009] *Thümmel* Persönliche Haftung von Managern und Aufsichtsräten Rn 238.

[1010] *Kalss* in MünchKomm AktG § 116 Rn 91.

[1011] *Kalss* in MünchKomm AktG § 116 Rn 91; *Doralt* in Semler/v. Schenck ArbHdb für Aufsichtsratsmitglieder § 13 Rn 55; *Lutter/Krieger* Rechte und Pflichten des AR Rn 846.

[1012] *Lutter/Krieger* Rechte und Pflichten des AR Rn 846; *Thümmel* Persönliche Haftung von Managern und Aufsichtsräten Rn 294.

[1013] BGHZ 85, 293, 295 f.; *Hüffer* AktG § 116 Rn 2; *Hoffmann-Becking* in MünchHdb AG § 33 Rn 45; *Lutter/Krieger* Rechte und Pflichten des AR Rn 846.

[1014] *Hüffer* AktG § 116 Rn 3; *Lutter/Krieger* Rechte und Pflichten des AR Rn 849.

sitzt, für den unter Außerachtlassung dieser Kenntnisse entstandenen Schaden auch dann, wenn ein durchschnittliches Aufsichtsratsmitglied diese Kenntnisse überhaupt nicht besitzen müsste[1015]. Dies betrifft zum Beispiel Rechtsanwälte bei der Prüfung rechtlicher Risiken aus einem für die Gesellschaft wichtigen Geschäft oder Bankenvertreter bei der Prüfung der Liquidität der Gesellschaft[1016]. Diese Ungleichbehandlung der einzelnen Mitglieder des Aufsichtsrats beruht unter anderem darauf, dass einzelne Mitglieder gerade wegen ihrer besonderen Kenntnisse in den Aufsichtsrat gewählt werden.

Dem einzelnen Aufsichtsratsmitglied wird ein Fremdverschulden grundsätzlich nicht zugerechnet[1017]. Dies gilt grundsätzlich auch für Kollegialentscheidungen des Aufsichtsrats (§ 108 AktG). Einzelne Aufsichtsratsmitglieder haften daher nicht zwingend für schadensstiftende Beschlussentscheidungen. Haftungsvoraussetzung ist eine persönliche Pflichtverletzung des einzelnen Aufsichtsratsmitglieds und ein individuelles Verschulden[1018]. Gleichwohl trägt jedes einzelne Aufsichtsratsmitglied die Verantwortung dafür, dass der Aufsichtsrat als Organ keine fehlerhafte und für die Gesellschaft schädigende Entscheidung trifft. Unter welchen Umständen eine Haftung des Aufsichtsratsmitglieds zu bejahen ist, wenn es einen Aufsichtsratsbeschluss für fehlerhaft oder die Gesellschaft schädlich hält, ist noch nicht abschließend geklärt. Im Rahmen des Mannesmanns-Prozesses vor dem Landgericht Düsseldorf hat sich gezeigt, dass eine Haftung nicht ausgeschlossen ist, wenn sich das Aufsichtsratsmitglied bei einer Beschlussfassung des Organs der Stimme enthält[1019]. Eine Haftung wird dann auszuschließen sein, wenn das Aufsichtsratmitglied gegen eine unvertretbar erachtete Beschlussfassung mit „Nein" stimmt, seine Ablehnung des Beschlusses ausdrücklich zu Protokoll gibt und alle ihm zur Verfügung stehenden Möglichkeiten nutzt, die Ausführung des Beschlusses abzuwenden[1020].

4. Geltendmachung von Innenhaftungsansprüchen

Hinsichtlich der Geltendmachung von Innenhaftungsansprüchen der Gesellschaft gilt das Gleiche wie für Ansprüche gegen die Mitglieder des Vorstands. Die Gesellschaft wird, sofern kein besonderer Vertreter bestellt wurde, gegenüber den Auf-

---

[1015] LG Hamburg ZIP 1981, 194, 197; *Hüffer* AktG § 116 Rn 3; *Lutter/Krieger* Rechte und Pflichten des AR Rn 849; *Mertens* in Kölner Komm AktG § 116 Rn 57; *Hoffmann-Becking* in MünchHdb AG § 33 Rn 46; *Doralt* in Semler/v. Schenck ArbHdb für Aufsichtsratsmitglieder § 13 Rn 58; *Fischer* Der Konzern 2005, 67, 69; *Buchta/van Kann* DStR 2003, 1665, 1669; a.A. *K. Schmidt* GesR S. 829.

[1016] *Hoffmann-Becking* in MünchHdb AG § 33 Rn 46; *Lutter/Krieger* Rechte und Pflichten des AR Rn 849; *Kiethe* WM 2005, 2122, 2126.

[1017] *Hüffer* AktG § 93 Rn 14.

[1018] *Kiethe* ZIP 2006, 2122, 2127; *Vetter* DB 2004, 2623.

[1019] LG Düsseldorf ZIP 2004, 2044, 2045.

[1020] *Kiethe* ZIP 2006, 2122, 2127; *Vetter* DB 2004, 2623, 2625 f.; (für Vorstandsmitglieder) *Fleischer* BB 2004, 2645, 2648.

sichtsratsmitgliedern vom Vorstand gerichtlich und außergerichtlich vertreten (§ 78 Abs. 1 AktG). Im übrigen stehen den Aktionären auch bei Ansprüchen gegen die Aufsichtsratsmitglieder das Klageerzwingungsrecht, das Recht auf Bestellung eines besonderen Vertreters aus § 147 AktG sowie das Klagerecht aus § 148 AktG zu. Zudem können die Gläubiger der Gesellschaft einen Ersatzanspruch der Gesellschaft gegen die Aufsichtsratsmitglieder geltend machen, *„soweit sie von dieser keine Befriedigung erlangen können"* (§§ 116, 93 Abs. 5, 117 Abs. 5 AktG).

II. Außenhaftung

In erster Linie besteht eine Haftung der Aufsichtsratsmitglieder gegenüber der Gesellschaft. Eine Haftung gegenüber den Aktionären oder gegenüber Dritten kommt nur ausnahmsweise in Betracht. Mangels umfangreicher spezialgesetzlicher Außenhaftungsregelungen ergibt sich eine persönliche Außenhaftung der Aufsichtsratsmitglieder insbesondere aus dem Deliktsrecht. Dabei ist zu beachten, dass die Außenhaftung in der Regel ein Auftreten nach außen gegenüber Dritten voraussetzt. Dies kommt beim Aufsichtsrat als Innenorgan der Aktiengesellschaft nur selten vor. Wird der Aufsichtsrat jedoch nach außen tätig, weil er zum Beispiel tatsächlich anstelle des Vorstands die Leitungsfunktion der Gesellschaft übernommen hat, kommt eine Außenhaftung aus den gleichen Gründen in Betracht wie für die Vorstandsmitglieder beschrieben. Zudem kann sich eine Haftung des Aufsichtsrats immer dann ergeben, wenn der Aufsichtsrat den Vorstand zumindest mit bedingtem Vorsatz zu einer pflichtwidrigen Handlung anstiftet.

Eine Außenhaftung kann sich daher beispielsweise ergeben:

- Bei vorsätzlicher Veranlassung oder aktiver Unterstützung eines strafbaren oder sittenwidrigen Verhaltens des Vorstands, beispielsweise in Zusammenhang mit Kapitalerhöhungen[1021].
- Aus der Handelndenhaftung für rechtsgeschäftliche Verbindlichkeiten der später nicht eingetragenen Vorgesellschaft (§ 41 Abs. 1 S. 2 AktG). Erforderlich ist, dass ein Mitglied des Aufsichtsrats tatsächlich nach außen für die Gesellschaft aufgetreten ist.
- Aus der schädigenden Einflussnahme auf die Gesellschaft (§ 117 Abs. 1 S. 2, Abs. 2 AktG).
- Aus der Verletzung von Steuerpflichten (§ 69 AO i.V.m. § 34 Abs. 1 AO) oder der Nichtabführung von Sozialversicherungsbeiträgen (§ 823 Abs. 2 BGB i.V.m. § 266a StGB). Grundsätzlich unterliegen nur die Vorstandsmitglieder der Pflicht zur Abführung von Steuern und Sozialversicherungsbeiträgen[1022]. Eine persönli-

---

[1021] Vgl. OLG Düsseldorf NZG 2008, 713.
[1022] *Buchholz* in Wojtek/Mitzkus Die AG 4.3 5.2.

che Haftung der Aufsichtsratsmitglieder aus §§ 34, 69 AO sowie § 823 Abs. 2 BGB i. V. m. § 266a StGB ist daher nur dann denkbar, wenn sie den Vorstand zu einer danach rechtswidrigen Handlung angestiftet oder Beihilfe geleistet haben (§ 830 Abs. 2 BGB), welches allerdings Vorsatz voraussetzt[1023].

- Für bei Vorgängen nach UmwG entstandene Schäden (§§ 25 ff. UmwG).
- Aus der Verletzung absolut geschützter Rechte gemäß § 823 Abs. 1 BGB. Eine Haftung der Aufsichtsratsmitglieder kann sich, wenn die Voraussetzungen hierfür (ausnahmsweise) erfüllt sind, insbesondere in den sogenannten Holzmüller-Fällen wegen Eingriffs in das Mitgliedschaftsrecht der Aktionäre ergeben[1024]. Duldet der Aufsichtsrat ein entsprechendes Handeln des Vorstands trotz Erkennbarkeit oder erteilt er sogar seine Zustimmung hierzu, so kann auch er gemäß § 823 Abs. 1 BGB haften.
- Aus dem Verstoß gegen Schutzgesetze zugunsten Dritter i. S. v. § 823 Abs. 2 BGB. Eine Haftung wegen der Verletzung von Schutzgesetzen kommt insbesondere bei der Verletzung der Insolvenzantragspflicht gemäß § 15 InsO in Betracht. Auch diese Pflicht trifft grundsätzlich nur den Vorstand der Aktiengesellschaft. Eine Haftung kommt jedoch auch hier in Betracht, wenn der Aufsichtsrat den Vorstand zur Verschleppung des Insolvenzverfahrens vorsätzlich anstiftet oder ihm Beihilfe hierzu leistet (§ 830 Abs. 2 BGB)[1025].
- Aus der Verletzung wettbewerbs- und kartellrechtlicher Bestimmungen.
- Wegen vorsätzlich sittenwidriger Schädigung Dritter (§ 826 BGB).
- Aus Konzernrecht (§§ 309, 310, 317, 318 AktG). Aus den konzernrechtlichen Haftungstatbeständen können sich auch Ansprüche der Aktionäre gegen die Aufsichtsratsmitglieder ergeben, wenn der Aufsichtsrat die Umsetzung rechtswidriger Weisungen des herrschenden Unternehmens nicht verhindert oder ihr sogar zustimmt[1026].

[1023] BGHZ 75, 96, 107; *Buchholz* in Wojtek/Mitzkus Die AG 4.3 5.2.

[1024] BGHZ 83, 122, 133; BGH NZG 2004, 571; BGH NZG 2004, 575; *Buchholz* in Wojtek/Mitzkus Die AG 4.3 4.3; *Lutter/Krieger* Rechte und Pflichten des AR Rn 862.

[1025] BGHZ 75, 96, 106; *Buchholz* in Wojtek/Mitzkus Die AG 4.3 5.1; *Lutter/Krieger* Rechte und Pflichten des AR Rn 865; *Mertens* in Kölner Komm AktG § 116 Rn 62; *Doralt* in Semler/v. Schenck ArbHdb für Aufsichtsratsmitglieder § 13 Rn 144.

[1026] *Buchholz* in Wojtek/Mitzkus Die AG 4.3 4.2; *Lutter/Krieger* Rechte und Pflichten des AR Rn 863.

D. Haftungsvermeidungsstrategien für Vorstände und Aufsichtsräte

Angesichts der sehr weitgehenden Pflichten der Vorstands- und Aufsichtsratsmitglieder und der aus den Pflichtverletzungen resultierenden Haftungsfolgen stellt sich die Frage, wie das Haftungsrisiko vermieden oder zumindest abgemildert werden kann.

I. Beschränkung der Innenhaftung

Eine Beschränkung der Innenhaftung mit der Rechtsfolge einer Haftungsbefreiung kommt nur in eng umgrenzten Fällen in Betracht. So scheidet eine Haftungsbefreiung durch Billigung des Handelns der Vorstandsmitglieder durch den Aufsichtsrat von vornherein aus (§ 93 Abs. 4 S. 2 AktG). Auch hat der Beschluss der Hauptversammlung über die Entlastung der Vorstandsmitglieder nach § 120 Abs. 1 AktG (anders als bei der GmbH) keine Verzichtswirkung im Hinblick auf Ersatzansprüche der Gesellschaft. Eine Haftungsbefreiung des Vorstands kommt hingegen durch wirksamen Beschluss der Hauptversammlung in Betracht, wenn sie die potentiell pflichtwidrige Maßnahme billigt, bevor der Vorstand sie vornimmt (§ 93 Abs. 4 S. 1 AktG).

Ein nachträglicher Verzicht ist nur unter den engen Voraussetzungen des § 93 Abs. 4 S. 3 AktG (ggf. i.V.m. § 116 AktG) möglich. Danach kann die Gesellschaft auf Innenhaftungsansprüche gegen ihre Organmitglieder erst nach Ablauf von drei Jahren nach der Entstehung des Anspruchs verzichten oder sich über sie vergleichen. Erforderlich ist zudem ein Beschluss der Hauptversammlung, gegen den nicht mehr als mit 10% am Grundkapital beteiligte Aktionäre Widerspruch eingelegt haben dürfen. Die Möglichkeit einer vertraglichen Beschränkung wird für die Aktiengesellschaft unter Hinweis auf die strenge Regelung zum Verzicht bzw. Vergleich über Innenhaftungsansprüche gemäß § 93 Abs. 4 S. 3 AktG (ggf. i.V.m. § 116 AktG) ebenfalls verneint[1027].

[1027] *Bürgers/Israel* in Bürgers/Körber AktG § 93 Rn 37; *Fleischer* in Spindler/Stilz AktG § 93 Rn 233; *Thümmel* Persönliche Haftung von Managern und Aufsichtsräten Rn 350.

II. Freistellung von der Außenhaftung

Bei der Frage, ob die Gesellschaft ihre Organmitglieder von der Haftung im Außenverhältnis freistellen bzw. bereits vorgenommene Schadenersatzleistungen an Dritte ausgleichen kann, ist zu unterscheiden: Stellt die dem Außenhaftungsanspruch zugrunde liegende Handlung zugleich eine Pflichtverletzung gegenüber der Aktiengesellschaft dar, so ist eine Freistellung von der Außenhaftung bzw. der Ersatz bereits geleisteter Schadenersatzzahlungen nach herrschender Ansicht nur unter den strengen Voraussetzungen des § 93 Abs. 4 S. 3 AktG (drei Jahre nach Entstehen und Bestehens der Hauptversammlung) zulässig[1028]. Da bei haftungsbegründenden Handlungen gegenüber Dritten überwiegend auch eine Pflichtverletzung vorliegt, kommt demnach eine Freistellung i.d.R. nicht in Betracht[1029]. An einer Pflichtverletzung im Innenverhältnis kann es ausnahmsweise jedoch dann fehlen, wenn der Unternehmensleiter im Interesse der Gesellschaft den für sie günstigeren Rechtsstandpunkt vertreten hat, dieser sich aber später als unzutreffend herausstellt und daher zu einer Haftung gegenüber dem Dritten geführt hat. Ein Pflichtverstoß im Innenverhältnis liegt bei einem solchen Handeln jedenfalls dann nicht vor, wenn das mit einem denkbaren Gesetzesverstoß verbundene Risiko nicht außer Verhältnis zum Vorteil für die Gesellschaft steht[1030]. In diesen Fällen ist eine Freistellung von der Außenhaftung zwar zulässig, aus rechtlicher Sicht aber überflüssig, da sich ein Freistellungsanspruch der Organmitglieder bereits aus dem allgemeinen Auftragsrecht, insbesondere den §§ 670, 257 S. 1 BGB ergibt[1031].

Ein Anspruch auf Übernahme von Geldstrafen und Geldbußen gegen die Gesellschaft besteht nicht. Sie sind von den Vorstands- und Aufsichtsratsmitgliedern selbst zu tragen[1032].

Eine Haftungsfreistellung durch Dritte, vor allem durch einen Großaktionär, ist grundsätzlich zulässig[1033]. Sie stellt auch deshalb keine unzulässige Umgehung des

---

[1028] *Thümmel* Persönliche Haftung von Managern und Aufsichtsräten Rn 365; *Bürgers/Israel* in Bürgers/Körber AktG § 93 Rn 37; *Fleischer* in Spindler/Stilz AktG § 93 Rn 242; *Mertens* in Kölner Komm AktG § 84 Rn 81; *Zimmermann* DB 2008, 687, 690; *Fleischer* WM 2005, 909, 917; *Habersack* in FS für Ulmer S. 151, 156.

[1029] *Fleischer* in Spindler/Stilz AktG § 93 Rn 242; *Thümmel* Persönliche Haftung von Managern und Aufsichtsräten Rn 365.

[1030] *Mertens* in Kölner Komm AktG § 84 Rn 77; *Thümmel* Persönliche Haftung von Managern und Aufsichtsräten Rn 366; *Bahnsen* in Wojtek/Mitzkus Die AG 3.3 6.4.

[1031] *Thümmel* Persönliche Haftung von Managern und Aufsichtsräten Rn 368; *Mertens* in Kölner Komm AktG § 84 Rn 76; *Bahnsen* in Wojtek/Mitzkus Die AG 3.3 6.4.

[1032] *Thümmel* Persönliche Haftung von Managern und Aufsichtsräten Rn 367; *Mertens* in Kölner Komm AktG § 84 Rn 76, 81; *Bahnsen* in Wojtek/Mitzkus Die AG 3.3 6.4.

[1033] *Hüffer* AktG § 116 Rn 8 (für Aufsichtsratsmitglieder); *Mertens* in Kölner Komm AktG § 93 Rn 133; *Hopt* in Großkomm AktG § 93 Rn 378; *Bauer/Krets* DB 2003, 811, 812; (differenzierend nach dem Gesichtspunkt der Teilnahme an fremdem Vertragsbruch) *H.P. Westermann* in FS für Beusch S. 871, 882.

§ 93 Abs. 4 S. 3 AktG dar, weil sie im Ergebnis einem Anspruchsverzicht auf Konzernebene gleichkommt. § 93 Abs. 4 S. 3 AktG bezweckt nur den Schutz der Gesellschaft, nicht des Konzerns. Einschränkungen können sich allerdings bei der Freistellung von Innenhaftungsansprüchen durch Dritte ergeben, wenn bei einem wirtschaftlich unabhängigen Unternehmen nur Schäden von der Freistellungsvereinbarung erfasst werden, die auf solchen Handlungen des Vorstands beruhen, die im Einverständnis mit dem Freistellenden erfolgt sind. Eine solche Vereinbarung könnte gegen den Grundsatz der eigenverantwortlichen und weisungsfreien Leitung der Gesellschaft durch den Vorstand gemäß § 76 Abs. 1 AktG verstoßen, sofern die konkrete Gefahr einer faktischen Bindung an die Interessen des Freistellenden besteht[1034]. Zudem kommt eine unzulässige Einflussnahme des Dritten auf den Vorstand gemäß § 117 AktG in Betracht[1035].

III. Corporate Compliance und Kontrolle der Haftungsrisiken

Von entscheidender Bedeutung bei der Minimierung von Haftungsrisiken ist es, bereits bei der Arbeit von Vorstand und Aufsichtsrat darauf zu achten, dass Risken frühzeitig erkannt und Pflichtverletzungen vermieden werden. Die Sicherstellung des rechtskonformen Verhaltens des Unternehmens (Compliance) und seiner Mitarbeiter stellt hierbei einen besonders bedeutenden Punkt im Rahmen der Absicherung der Geschäftsleitung gegenüber der Gesellschaft und Dritten dar[1036].

1. Maßnahmen zur Kontrolle der Haftungsrisiken

Die an die Mitglieder von Vorstand und Aufsichtsrat gestellten Anforderungen sind mannigfaltig. Zur Vermeidung von Pflichtverletzungen steht daher die Verschaffung einer umfassenden Kenntnis über alle Aufgaben und Pflichten, die die Organstellung mit sich bringt, im Vordergrund. Zudem haben Vorstand und Aufsichtsrat stets dafür zu sorgen, dass ihnen die zur täglichen Wahrnehmung ihrer Funktionen notwendigen Informationen aktuell vorliegen.

Um dies zu gewährleisten ist unter anderem besonderer Wert auf die folgenden Maßnahmen zu legen:

– Einrichtung eines Risikoüberwachungssystems. Gemäß § 91 Abs. 2 AktG hat der Vorstand geeignete Maßnahmen zu treffen, damit den Fortbestand der Gesell-

[1034] *Habersack* in FS für Ulmer S. 151, 170; *H. P. Westermann* in FS für Beusch S. 871, 883.

[1035] *Mertens* in Kölner Komm AktG § 93 Rn 133; *Hopt* in Großkomm AktG § 93 AktG Rn 378; *Bauer/Krets* DB 2003, 811, 812.

[1036] *Runte* in Bürgers/Körber AktG § 161 Rn 62; *Wecker/van Laak* Compliance S. 52; *Schmidt* BB 2009, 1295; *Wolf* DStR 2006, 1995, 1996.

schaft gefährdende Entwicklungen frühzeitig erkannt werden. In dem Fall eines entsprechenden Gefahrenpotentials hat er ein Überwachungssystem einzurichten[1037]. Je früher Risiken erkannt und je besser sie eingeschätzt werden können, desto eher kann der Eintritt eines Schadens verhindert werden. Die Vorstandsmitglieder können nur so die notwendigen unternehmerischen Entscheidungen treffen, ohne Gefahr zu laufen, persönlich in die Haftung genommen zu werden.

- Einführung eines Berichtssystems über alle Ebenen und Bereiche des Unternehmens, um über alle wesentlichen, das Unternehmen betreffenden, wirtschaftlichen und rechtlichen Rahmenbedingungen informiert zu sein[1038]. Dem Vorstand obliegt die Leitungsfunktion in der Gesellschaft. Die einzelnen Geschäftsführungsmaßnahmen werden jedoch an nachgeordnete Ebenen delegiert[1039]. Der Vorstand muss stets sicherstellen, dass er über alle wesentlichen Angelegenheiten im Unternehmen informiert ist, um im besten Unternehmensinteresse handeln und entscheiden zu können.
- Beschaffung angemessener Informationen vor dem Treffen von Entscheidungen. Von herausragender Bedeutung für alle Entscheidungen des Vorstands ist die Beschaffung einer angemessenen Informationsgrundlage[1040]. Nur so können fundierte, nicht nur „aus dem Bauch" heraus getroffene Entscheidungen gefällt werden. Die Art und der Umfang der erforderlichen Informationen hängen jeweils vom Einzelfall ab. Insofern sind für eine Haftungsfreiheit die Anforderungen der in § 93 Abs. 1 S. 2 AktG geregelten Business Judgement Rule zu beachten[1041].
- Ausführliche Dokumentation aller Entscheidungen. Der Vorstand und der Aufsichtsrat sollten alle wesentlichen Entscheidungen ausführlich dokumentieren, um insbesondere bei einer Inanspruchnahme wegen etwaiger Pflichtverletzungen die Ordnungsmäßigkeit ihres Handelns nachweisen zu können[1042]. Gemäß § 93 Abs. 2 S. 2 AktG (ggf. i.V.m. § 116 AktG) obliegt den Organmitgliedern die Beweislast dafür, dass sie die Sorgfalt eines ordentlichen und gewissenhaften Geschäftsleiters angewendet haben[1043]. Besondere Bedeutung kommt einer sorgfältigen Dokumentation bei unternehmerischen Ermessensentscheidungen im Hinblick auf die pflichtgemäße Ausübung des dem Vorstand und in Einzelfällen auch dem Aufsichtsrat eingeräumten Ermessensspielraums zu.

[1037] *Bürgers/Israel* in Bürgers/Körber AktG § 91 Rn 11; *Fleischer* in Spindler/Stilz AktG § 91 Rn 43; *Schmidt* BB 2009, 1295, 1296.

[1038] *Bürkle* BB 2007, 1797, 1798; *Rodewald/Unger* BB 2006, 113, 114.

[1039] *Rodewald/Unger* BB 2006, 113, 114; *Bürkle* BB 2005, 565.

[1040] *Dahnz/Grimminger* Manager und ihr Berufsrisiko S. 331; *Rodewald/Unger* BB 2006, 113.

[1041] *Bürkle* BB 2007, 1797, 1799.

[1042] *Dahnz/Grimminger* Manager und ihr Berufsrisiko S. 332; *Bürkle* BB 2007, 1797, 1799; *Rodewald/Unger* BB 2006, 113, 114; *Wolf* DStR 2006, 1995.

[1043] *Hüffer* AktG § 93 Rn 16; *Bürgers/Israel* in Bürgers/Körber AktG § 93 Rn 26; *Fleischer* in Spindler/Stilz AktG § 93 Rn 72.

- Verfolgung relevanter Rechtsänderungen durch Inanspruchnahme rechtlicher Beratung. Auf allen Rechtsgebieten können sich für das Unternehmen relevante Gesetzesänderungen oder neue Rechtsprechung ergeben, die eine Anpassung der bisherigen Entscheidungsabläufe und der Unternehmensorganisation erforderlich machen. Nur durch eine stetige, umfassende rechtliche Beratung lassen sich alle Veränderungen erfassen und richtig bewerten.
- Durchführung eines Compliance Check. Um festzustellen, ob die Abläufe im Unternehmen so organisiert sind, dass die für das Unternehmen relevanten rechtlichen Rahmenbedingungen eingehalten werden und seine Strukturen gewährleisten, dass Fehlentscheidungen und Gesetzesverstöße verhindert werden, sollte regelmäßig ein so genannter Compliance Check durchgeführt werden[1044]. Dabei ist anhand eines Anforderungskatalogs der Ist-Zustand des Unternehmens mit dem Soll-Zustand zu vergleichen. Nur so können Lücken in der Unternehmensorganisation und -struktur erkannt und beseitigt werden.
- Hinreichende Überwachung der Geschäftsführung. Die Überwachung und Kontrolle der Geschäftsführung ist die vornehmliche Aufgabe des Aufsichtsrats (§ 111 AktG). Der Aufsichtsrat hat daher laufend die Geschäftsführung durch den Vorstand zu verfolgen, die vom Vorstand erstellten Berichte umfassend zu prüfen und soweit erforderlich alle ihm zur Verfügung stehenden Mittel einzusetzen, um sich ein umfassendes und richtiges Bild von den Vorgängen im Unternehmen zu verschaffen und den Vorstand zu einer ordnungsgemäßen Geschäftsführung zu veranlassen[1045]. Zudem hat der Aufsichtsrat die Einhaltung der Compliance-Pflichten durch den Vorstand zu überwachen[1046].

2. Corporate Compliance

Corporate Compliance umschreibt die Gesamtheit der Maßnahmen, die das rechtmäßige Verhalten eines Unternehmens, der Leitungs- und Aufsichtsorgane und seiner Mitarbeiter sicherstellen soll[1047]. Dies beinhaltet neben der Einhaltung sämtlicher für das Unternehmen relevanten gesetzlichen Pflichten, Vorschriften und Regeln auch die fachliche Kompetenz und persönliche Verantwortung in Verbindung mit internen und externen Regeln sowie im Rahmen von freiwilligen Verhaltensrichtlinien des Unternehmens[1048]. Der Deutsche Corporate Governance Kodex

---

[1044] *Rodewald/Unger* BB 2006, 113, 116.

[1045] *Hüffer* AktG § 111 Rn 1; *Bürgers/Israel* in Bürgers/Körber AktG § 111 Rn 1; *Spindler* in Spindler/Stilz AktG § 111 Rn 8.

[1046] *Bürkle* BB 2007, 1797, 1800.

[1047] *Thümmel* Persönliche Haftung von Managern und Aufsichtsräten Rn 146; *Bürkle* BB 2007, 1797, 1798; *Wolf* DStR 2006, 1995; *Rodewald/Unger* BB 2006, 113; *Hauschka* NJW 2004, 257.

[1048] *Dahnz/Grimminger* Manager und ihr Berufsrisiko S. 327; *Wecker/van Laak* Compliance S. 54; *Wolf* DStR 2006, 1995, 1996; *Schneider* ZIP 2003, 645, 646.

enthält in Ziffer 4.1.3 eine durch einen Klammerzusatz als „Compliance" definierte Pflicht des Vorstandes, für die Einhaltung der gesetzlichen Bestimmungen und der unternehmensinternen Richtlinien zu sorgen und auf deren Beachtung durch die Konzernunternehmen hinzuwirken. Neben der Empfehlung des Kodex wird der Vorstand zur Einrichtung eines Überwachungssystems verpflichtet, damit den Fortbestand der Gesellschaft gefährdende Entwicklungen frühzeitig erkannt werden können (§ 91 Abs. 2 AktG). Eine ausdrückliche Compliance-Pflicht findet sich in § 33 Abs. 1 Nr. 1 WpHG, der ein Wertpapierdienstleistungsunternehmen verpflichtet,

> *„... angemessene Grundsätze auf[zu]stellen, [...] die darauf ausgerichtet sind, sicherzustellen, dass das Wertpapierdienstleistungsunternehmen selbst und seine Mitarbeiter den Verpflichtungen dieses Gesetzes nachkommen, wobei insbesondere eine dauerhafte und wirksame Compliance-Funktion einzurichten ist, die ihre Aufgaben unabhängig wahrnehmen kann".*

Die Geschäftsleitung hat auf ein rechtskonformes Verhalten hinzuwirken, um Gesetzesverstöße von Beginn an zu vermeiden. Gesetzesverstöße können nicht nur zu teilweise dreistelligen Millionenstrafen, sondern ebenso zur Schädigung der Reputation des Unternehmens und der einhergehenden Vernichtung von mehrjähriger PR-Arbeit führen[1049]. Neben der Gewährleistung rechtskonformen Verhaltens beinhaltet der Begriff Compliance unweigerlich auch das Element der Überwachung[1050]. Um eben die Einhaltung gesetzlicher Bestimmungen und unternehmensinterner Richtlinien zu gewährleisten, bedarf es nicht nur der Überwachung des Vorstands als Leitungsorgan, sondern sämtlicher Mitarbeiter des Unternehmens. In diesem Zusammenhang wird als organisatorische Mindestvoraussetzung gefordert, dass der Vorstand eine Ressortzuständigkeit für die Compliance festlegt und einen Compliance-Officer[1051] beruft, der ihm regelmäßig berichtet, sich mit ihm berät und dessen Tätigkeit er mit Hilfe einer internen Revision überwacht[1052].

Die typischen Beispiele für Compliance-Verstöße lassen sich in sämtlichen Rechtsgebieten finden, darunter unter anderem im Kartell-, Umwelt-, Arbeits- und Kapitalmarktrecht, bei gesellschaftsrechtlichen Sachverhalten und Korruptionsfällen sowie bei Finanzierungen und M&A-Transaktionen[1053]. Hinzu kommen zahlreiche branchenspezifische Pflichten und Spezialgebiete des öffentlichen Rechts[1054].

[1049] *Wybitul* BB 2009, 1582, 1582; *Bürkle* BB 2005, 565, 566.

[1050] *Thümmel* Persönliche Haftung von Managern und Aufsichtsräten Rn 147; *Lutter/Krieger* Rechte und Pflichten des AR Rn 72; Bürkle BB 2007, 1797, 1800.

[1051] Zur strafrechtlich relevanten Garantenstellung den Compliance-Officers vgl. BGH BB 2009, 2059.

[1052] *Bürkle* in Hauschka Corporate Compliance § 8 Rn 10 ff.

[1053] *Dahnz/Grimminger* Manager und ihr Berufsrisiko S. 329; *Hauschka* in Hauschka Corporate Compliance S. 4 f.; *Rodewald/Unger* BB 2006, 113, 116.

[1054] *Hauschka* in Hauschka Corporate Compliance S. 6.

Um die Einhaltung sämtlicher gesetzlicher und interner Regelungen zu gewährleisten, muss der Vorstand eine funktionierende Compliance-Organisation in dem Unternehmen einrichten. Diese Einrichtung hat das gesetzeskonforme Handeln des Unternehmens und seiner Mitarbeiter zu überwachen, die Geschäftsleitung auf mögliche Gefahren einer Missachtung gesetzlicher oder interner Regelungen aufmerksam zu machen und Vorschläge zur Bekämpfung und zukünftiger Vermeidung vorzubringen. Die Verteilung der Verantwortung im Rahmen der Compliance inklusive der Delegation und Aufteilung der Aufgaben hängt stark von der Struktur des Unternehmens ab. In kleineren Gesellschaften kann dies von einzelnen Personen übernommen werden[1055], bei börsennotierten Gesellschaften mit vielen Tausend Mitarbeitern ist i. d. R. eine Abteilung für die Compliance zuständig. Auch hat sich die Einrichtung eines Ombudsmannes in Unternehmen bewährt, der als Vertrauensperson auf Missstände im Unternehmen oder Verdächtigungen aufmerksam gemacht werden kann.

Zu den Aufgaben der Compliance-Organisation gehört die Organisation der Informationsflüsse, um den Vorstand ein möglichst umfassendes Wissen von der Situation des Unternehmens in Bezug auf sämtliche die Compliance betreffende Bereiche zu ermöglichen[1056]. Für den internen Informationsaustausch können unter anderem Mitarbeitergespräche, Meetings und Plangespräche geführt oder Rundschreiben, Telefonkonferenzen oder Whistleblowing-Systeme genutzt werden[1057]. Um die so erlangten Informationen nutzbar zu verarbeiten und die Risiken erfolgreich zu eliminieren bzw. zu mindern, muss die Compliance-Organisation die Risiken, denen das Unternehmen ausgesetzt sein könnte, sowie deren Umfang feststellen. Die Risikoerkennung und -bewertung ist hierbei für die Einschätzung der Wichtigkeit der Informationen erforderlich und sollte eigens durch die Compliance-Organisation für sämtliche betroffene Bereiche durchgeführt und stets aktualisiert werden[1058]. Die Compliance-Organisation bereitet aufgrund der erlangten Informationen die Entscheidungsfindung der Geschäftsleitung vor und dokumentiert und kontrolliert die Umsetzung durch den Vorstand. Gleichzeitig müssen die getroffenen Entscheidung erfolgreich innerhalb des Unternehmens kommuniziert werden.

Bei internen Kontrollen und Überwachungen dürfen die Unternehmen den Datenschutz nicht aus den Augen zu verlieren. In jüngster Zeit traten vermehrt Fälle an die Öffentlichkeit, in denen die Mitarbeiter von Unternehmen und auch externe Personen gezielt ausspioniert wurden. Neben den erheblichen öffentlichen Vorwürfen und den Schäden an der Reputation des Unternehmens dürfen die rechtlichen Konsequenzen eines Verstoßes gegen den Datenschutz nicht aus den Augen

---

[1055] *Hauschka* in Hauschka Corporate Compliance S. 25.

[1056] *Dahnz/Grimminger* Manager und ihr Berufsrisiko S. 331; *Hauschka* in Hauschka Corporate Compliance S. 9; *Rodewald/Unger* BB 2006, 113.

[1057] *Schmidt* BB 2009, 1295, 1296.

[1058] *Hauschka* in Hauschka Corporate Compliance S. 11 f.; *Rodewald/Unger* BB 2006, 113, 114.

gelassen werden. Ein vorsätzlicher oder fahrlässiger Verstoß gegen die Vorschriften des Bundesdatenschutzgesetzes stellt mindestens eine Ordnungswidrigkeit, bei schwerwiegenden Fällen eine Straftat mit Freiheitsstrafe bis zu zwei Jahren oder mit Geldstrafe dar.

IV. Versicherungsschutz, insb. D&O-Versicherungen

1. Einführung

Um das Risiko einer persönlichen Haftung insbesondere von Vorständen und Aufsichtsräten für ihr Handeln als Organe der Gesellschaft abzumildern, werden verschiedene Versicherungsmöglichkeiten angeboten. Neben den D&O-Versicherungen (Directors and Officers) besteht insbesondere die Möglichkeit zum Abschluss einer Straf-Rechtsschutz- oder einer Anstellungsvertrags-Rechtsschutzversicherung. D&O-Versicherungen sollen das persönliche Risiko der Vorstände und Aufsichtsräte abdecken, mit ihrem Privatvermögen für Vermögensschäden, die im Rahmen ihrer dienstlichen Tätigkeit entstanden sind, haften zu müssen[1059]. Straf-Rechtsschutzversicherungen hingegen decken die Kosten ab, die Vorständen oder Aufsichtsräten im Zusammenhang mit der Verteidigung gegen Anschuldigungen wegen der Verletzung von Straftatbeständen im Rahmen ihrer dienstlichen Tätigkeit entstanden sind[1060]. Die Anstellungsvertrags-Rechtsschutzversicherung dient wiederum der Abdeckung der Kosten, die Vorständen im Zusammenhang mit Streitigkeiten zwischen ihnen und der Gesellschaft wegen der vorzeitigen Beendigung des Anstellungsvertrags entstehen[1061].

2. D&O-Versicherungen

a) Historische Entwicklung

Die erste Idee einer Haftpflichtversicherung für juristische Personen entstand zusammen mit der Verabschiedung der Aktien-, Genossenschafts- und GmbH-Gesetze Ende des 19. Jahrhunderts in Deutschland. Die Idee konnte sich jedoch

---

[1059] *Thümmel* Persönliche Haftung von Managern und Aufsichtsräten Rn 461; *Schilling* Managerhaftung und Versicherungsschutz S. 13.

[1060] *Ries/Peiniger* Haftung und Versicherung von Managern, S. 206 ff.; *Thümmel* Persönliche Haftung von Managern und Aufsichtsräten Rn 101; *Wellhöfer* in Wellhöfer/Peltzer/Müller Haftung § 7 Rn 38; *Schilling* Managerhaftung und Versicherungsschutz S. 32.

[1061] *Ries/Peiniger* Haftung und Versicherung von Managern, S. 211 ff.; *Dahnz/Grimminger* Manager und Ihr Berufsrisiko S. 409; *Wellhöfer* in Wellhöfer/Peltzer/Müller Haftung § 7 Rn 39; *Schilling* Managerhaftung und Versicherungsschutz S. 38 f.; *Dahl/Riedel* Praxishandbuch Interim Management S. 197.

zunächst nicht durchsetzen. Eine Versicherbarkeit wurde insbesondere vom preußische Innenministerium als „moralisch bedenklich" angesehen. In den dreißiger Jahren wurden die ersten D&O-Versicherungen durch Lloyd's in England und schließlich in den USA eingeführt. Als Reaktion auf den großen Börsenkrach („Schwarzen Freitag") an der New Yorker Wall Street am 25. Oktober 1929 und die damit beginnende große Rezession verabschiedete der US-amerikanische Gesetzgeber 1933 und 1934 den „Securities Act of 1933" und den „Securities Exchange Act of 1934", die eine Haftung der Verantwortlichen in Unternehmen für Fehler bei der Börseneinführung von Aktien begründeten. Darüber hinaus konnten die Verantwortlichen mit Bußgeldern belegt werden, wenn sie bei der Ausübung von Wertpapiergeschäften für ihr Unternehmen die elementarsten Sorgfaltspflichten außer Acht gelassen hatten. Mit den erhöhten Haftungsrisiken wurde der Ruf derjenigen, die in den Unternehmen Führungspositionen wahrnahmen, nach einer Absicherung gegen mögliche Schadenersatzansprüche lauter. Lloyd's entwarf daraufhin das erste D&O-Versicherungskonzept[1062]. Mittlerweile ist die D&O-Versicherung zu einem Standardprodukt in den USA geworden, ohne deren Existenz Manager in größeren Unternehmen nicht bereit sind, eine Führungsposition in einem Unternehmen zu übernehmen.

Die Entwicklung wurde auch in Europa nachvollzogen. Hier wurden zunächst die amerikanischen Versicherungsbedingungen direkt übernommen, bis man feststellte, dass die Risiken in Europa und insbesondere auch in Deutschland anders gelagert waren. Hemmend für das Angebot von D&O-Versicherungen in Deutschland war zudem auch die Tatsache, dass die ersten Versicherungsbedingungen auf Wunsch des Bundesaufsichtsamtes für das Versicherungswesen (heute BaFin) einen Ausschluss von Ansprüchen im Zusammenhang mit „unternehmerischen Fehlentscheidungen" enthielten[1063]. Durch eine Veränderung der Versicherungsbedingungen und die auch in Deutschland gestiegenen Haftungsrisiken konnten sich die D&O-Versicherungen später jedoch auch in Deutschland durchsetzen und stellen nunmehr ein übliches Instrument dar.

b) Deckungsumfang von D&O-Versicherungen

D&O-Versicherungen schützen grundsätzlich das Privatvermögen der Vorstände, Aufsichtsräte und in der Regel auch der leitenden Angestellten der Gesellschaft vor Haftpflichtansprüchen aus Vermögensschäden im Rahmen ihrer dienstlichen Tätigkeit. Einfach formuliert handelt es sich bei diesem Produkt um eine Art „Berufshaftpflichtversicherung für Manager". Dementsprechend machen auch immer mehr Unternehmensleiter das Thema „Schutz des Privatvermögens durch eine D&O-

---

[1062] *Thümmel* Persönliche Haftung von Managern und Aufsichtsräten Rn 451; *Dahnz/Grimminger* Manager und Ihr Berufsrisiko S. 409.

[1063] *Plück/Lattwein* Haftungsrisiken für Manager S. 188 f.; *Barzen/Brachmann/Braun* D&O-Versicherung S. 104; *Schilling* Managerhaftung und Versicherungsschutz S. 14.

Versicherung" zur Chefsache. Im Hinblick auf Innenhaftungsansprüche der Gesellschaft gegenüber ihren Organmitgliedern schützen D&O-Versicherungen jedoch auch das Vermögen der Gesellschaft selbst, da häufig nur so eine Realisierung der Schäden der Gesellschaft möglich ist[1064].

Fälle der Haftung von Unternehmensleitern können fast täglich den einschlägigen Medien entnommen werden. Die Möglichkeit der Absicherung von persönlichen Haftungsrisiken von Organmitgliedern durch eine D&O-Police lässt dabei auch die Tendenz erkennen, latent vorhandene Anspruchsmentalitäten zu verstärken. Genügend Anreiz, eine D&O-Deckung zu beanspruchen, bieten nicht zuletzt auch die im D&O-Markt teilweise erhältlichen Kapazitäten.

Der D&O-Markt stellte sich in den letzten Jahren als sehr volatil dar, so dass die Entwicklung in den nächsten Jahren sowohl bedingungs- als auch prämienseitig kaum prognostizierbar ist.

Für die Risikoprüfung und die Ermittlung der individuellen Versicherungsprämie ist es erforderlich, dass der Versicherer einen umfassenden Eindruck von den zu versichernden Unternehmen und deren Organmitgliedern erhält. Hierzu bedarf es ggf. Informationen aus Fragebögen, aus allgemein oder speziell zugänglichen Datenquellen, der Analyse der Unternehmensprüfberichte und – insbesondere bei hohen Versicherungskapazitäten – auch häufig eines persönlichen Gespräches mit den betreffenden Personen der Unternehmensleitung.

Zwischen den Versicherungsbedingungen der verschiedenen Versicherer bestehen weitreichende Unterschiede, der Teufel steckt hier im Detail. Der Gesamtverband der Deutschen Versicherungswirtschaft e.V. hat zwar in Zusammenarbeit mit den großen deutschen D&O-Versicherern Musterbedingungen (AVB – AVG) erarbeitet, diese haben sich jedoch nicht allgemein durchgesetzt[1065]. Vielmehr haben es die einzelnen Versicherer vorgezogen, individuelle Versicherungsbedingungen ihren D&O-Policen zugrunde zu legen. Der Schutzzweck gewinnt aktuell dadurch etwas an Unschärfe, dass einige Anbieter versuchen, die D&O-Policen mit mehr oder weniger sinnvollen „Extras" zu einer vermeintlichen „Super-Deckung" mutieren zu lassen.

Eine wichtige Frage bei der Gestaltung von D&O-Versicherungsschutz ist die nach der jeweils risikoadäquaten Versicherungssumme. Hierzu gibt es eine Vielzahl von Ansätzen, die aber nur als „Hilfestellung" bei der Bemessung der Deckungssumme herangezogen werden können. Anhaltspunkte können z.B. die Bilanzsumme oder der Umsatz sein, wobei als Faustregel gilt, dass die Versicherungssumme diese Sum-

---

[1064] *Kolde* in Beck'sches Mandatshdb Vorstand der AG § 11 Rn 4.

[1065] *Thümmel* Persönliche Haftung von Managern und Aufsichtsräten Rn 457; *Schilling* Managerhaftung und Versicherungsschutz S. 14; *Kolde* in Beck'sches Mandatshdb Vorstand der AG § 11 Rn 11.

men grundsätzlich jedenfalls nicht übersteigen sollte, wobei sich das Verhältnis von Bilanzsumme und Versicherungssumme bei höheren Bilanzsummen degressiv verhält. Umso kleiner die Bilanzsumme einer Gesellschaft ist, desto größer wird auch wiederum die Abweichung von der Ideallösung sein. Vor Abschluss einer D&O-Versicherung ist jedenfalls ein umfassender Vergleich der unterschiedlichen Bedingungen erforderlich und die Beratung durch entsprechende D&O-Berater bzw. Versicherungsmakler empfehlenswert.

Im Allgemeinen lassen sich jedoch die folgenden Punkte als Standardumfang der Versicherungsdeckung festhalten:

aa) Erfasste Schäden

Grundsätzlich werden von den D&O-Versicherungen Vermögensschäden erfasst, die aufgrund einer Pflichtverletzung in Ausübung der versicherten Tätigkeit entstanden sind, sei es, dass es sich um Innenhaftungsansprüche oder um Außenhaftungsansprüche gegenüber Dritten handelt[1066]. Hierbei ist darauf zu achten, dass insbesondere die Versicherungsbedingungen amerikanischer D&O-Versicherer häufig einen Haftungsausschluss für Innenhaftungsansprüche vorsehen[1067]. Dies kann insbesondere dann relevant werden, wenn die Organmitglieder der deutschen Gesellschaft in einen amerikanischen Versicherungsvertrag insbesondere der Konzernmutter einbezogen sind. Da die Innenhaftungsrisiken in Deutschland deutlich höher sind als die Außenhaftungsrisiken, ist darauf zu achten, dass gegebenenfalls ein gesonderter Versicherungsschutz inklusive der Deckung für Innenhaftungsansprüche erreicht wird.

Auch die Versicherungsbedingungen vereinzelter deutscher D&O-Versicherer gewähren einen zum Teil nur eingeschränkten Versicherungsschutz für Innenhaftungsansprüche. So enthalten sie im Einzelfall eine Einschränkung für sogenannte persönliche Eigenschäden. Nicht versichert sind danach Innenhaftungsansprüche gegen versicherte Personen, die zu einem bestimmten Anteil am versicherten Unternehmen beteiligt sind, in Höhe ihrer Beteiligungsquote. Ein Vorstand, der eigene Aktien an der Gesellschaft hält, hat sich daher unter Berücksichtigung lange Zeit üblicher „Freigrenzen" von bis zu 30% die überschießende Beteiligungsquote anrechnen zu lassen. Hierdurch soll ein kollusives Zusammenwirken der Versicherungsnehmerin und ihrer Organe bei der Inanspruchnahme der Versicherung ver-

[1066] *Thümmel* Persönliche Haftung von Managern und Aufsichtsräten Rn 461; *Dahnz/Grimminger* Manager und ihr Berufsrisiko S. 392; *Wellhöfer* in Wellhöfer/Peltzer/Müller Haftung § 7 Rn 23; *Lutter/Krieger* Rechte und Pflichten des AR Rn 1024; *Schilling* Managerhaftung und Versicherungsschutz S. 14; *Küppers/Dettmeier/Koch* DStR 2002, 199 f.; *Lange* DStR 2002, 1626, 1627.

[1067] *Thümmel* Persönliche Haftung von Managern und Aufsichtsräten Rn 452; *Schilling* Managerhaftung und Versicherungsschutz S. 24 f.; *Kolde* in Beck'sches Mandatshdb Vorstand der AG § 11 Rn 35.

hindert werden[1068]. Aktuell lässt sich feststellen, dass diese Eigenschadenregelung allenfalls noch bei sehr hohen Beteiligungen, also 50% und mehr, zum Tragen kommt.

Der Versicherungsschutz umfasst die gerichtliche und außergerichtliche Abwehr von Haftungsansprüchen (Abwehrfunktion) sowie deren Befriedigung im Fall der Begründetheit (Schadenausgleichsfunktion). Die D&O-Versicherung ist somit keine „Superauffang-Deckung", so dass der Schutz des Privatvermögens von Organmitgliedern vorrangiger Zweck der Versicherung bleiben sollte. Im Unterschied zu vielen anderen Versicherungsarten in Deutschland sind vom Versicherungsschutz der D&O-Versicherung diejenigen Ansprüche umfasst, die während der Versicherungsdauer gegen die versicherten Personen erstmals geltend gemacht werden (claims-made-Prinzip). Um dem claims-made-Prinzip gerecht zu werden, bieten beinahe alle D&O-Policen – frei von bekannten Pflichtverletzungen – eine zeitlich zum Teil begrenzte Rückwärtsdeckung. Danach kommt es nicht darauf an, ob die eigentliche Pflichtverletzung in dem versicherten Zeitraum oder bereits vorher stattgefunden hat (Verursachungsprinzip). Für die Frage, ob Versicherungsschutz besteht, ist daher auf den Zeitpunkt der Geltendmachung und nicht auf den der Pflichtverletzung abzustellen[1069].

bb) Vom Versicherungsschutz erfasste Personen

Versicherungsnehmerin der D&O-Versicherung ist die Gesellschaft selbst[1070]. Der Versicherungsschutz erfasst jedoch alle gegenwärtigen, ehemaligen oder zukünftig bestellten Organmitglieder. Sie werden wegen ihrer gesamtschuldnerischen Haftung üblicherweise nur in ihrer Gesamtheit als Leitungs- und Aufsichtsorgane versichert. Die versicherten Personen werden daher nicht einzeln namentlich, sondern nur mit ihrer Organfunktion im Vertrag benannt[1071]. Häufig werden vom Versicherungsschutz auch die leitenden Angestellten der Gesellschaft erfasst[1072]. Exemplarisch können Versicherungsbedingungen z.B. lauten:

[1068] *Thümmel* Persönliche Haftung von Managern und Aufsichtsräten Rn 485; *Schilling* Managerhaftung und Versicherungsschutz S. 23; *Kolde* in Beck'sches Mandatshdb Vorstand der AG § 11 Rn 38 ff.

[1069] *Thümmel* Persönliche Haftung von Managern und Aufsichtsräten Rn 464–466; *Dahnz/Grimminger* Manager und ihr Berufsrisiko S. 394; *Peltzer* in Wellhöfer/Peltzer/Müller Haftung § 20 Rn 207; *Kolde* in Beck'sches Mandatshdb Vorstand der AG § 11 Rn 47; *Schilling* Managerhaftung und Versicherungsschutz S. 15; *Plück/Lattwein* Haftungsrisiken für Manager S. 197; *Küppers/Dettmeier/Koch* DStR 2002, 199, 201; *Kästner* AG 2000, 113, 115.

[1070] *Thümmel* Persönliche Haftung von Managern und Aufsichtsräten Rn 458; *Dahnz/Grimminger* Manager und ihr Berufsrisiko S. 401; *Peltzer* in Wellhöfer/Peltzer/Müller Haftung § 20 Rn 185; *Lutter/Krieger* Rechte und Pflichten des AR Rn 1024; *Kolde* in Beck'sches Mandatshdb Vorstand der AG § 11 Rn 29; *Lange* DStR 2002, 1626, 1627; *Mertens* AG 2000, 447, 448.

[1071] *Lange* DStR 2002, 1626, 1627; *Dreher* DB 2001, 996, 997.

[1072] *Thümmel* Persönliche Haftung von Managern und Aufsichtsräten Rn 460; *Dahnz/Grimminger* Manager und ihr Berufsrisiko S. 393; *Peltzer* in Wellhöfer/Peltzer/Müller Haf-

„Versichert sind natürliche Personen in ihrer Funktion als Mitglieder oder stellvertretende Mitglieder der Geschäftsführung, des Vorstands, Aufsichtsrats, Beirats, Verwaltungsrats, Kuratoriums oder eines vergleichbaren ausländischen Organs der Versicherungsnehmerin. Natürliche Personen sind auch versichert als Generalbevollmächtigte, Prokuristen oder leitende Angestellte der Versicherungsnehmerin oder als Inhaber einer vergleichbaren Position nach ausländischem Recht. Versicherungsschutz wird jeweils im Umfang des nach den Grundsätzen der Arbeitnehmerhaftung bestehenden Haftungsrisikos gewährt. Bei Zweifeln, ob eine Person leitender Angestellter ist, gilt die für sie günstigste arbeitsrechtliche Auslegung. Außerdem sind alle Arbeitnehmer versichert, die bei der Versicherungsnehmerin faktisch Organfunktionen wahrnehmen. Insoweit besteht Versicherungsschutz im Umfang ihrer organschaftlichen Haftung. Natürliche Personen sind auch in ihrer Funktion als Liquidatoren der Versicherungsnehmerin versichert, soweit sie nicht aufgrund eines externen Dienstleistungsvertrags tätig werden und die Liquidation nicht im Rahmen eines Insolvenzverfahrens erfolgt. Das gilt jedoch nicht für Versicherungsfälle, für die Versicherungsschutz im Rahmen einer anderen Berufshaftpflichtversicherung besteht. Versicherungsschutz wird darüber hinaus den Ehegatten, eingetragenen Lebenspartnern, Betreuern, Pflegern, Nachlassverwaltern und Erben der in den vorhergehenden Ziffern genannten natürlichen Personen gewährt, soweit sie an deren Stelle in Anspruch genommen werden."

cc) Abgrenzung zur Vermögensschaden-Haftpflichtdeckung

Ob D&O-Versicherungen bei Dienstleistungsunternehmen auch solche Ansprüche Dritter abdecken, die auf einem pflichtwidrigen Verhalten insbesondere des Vorstands bei der Erbringung von Dienstleistungen beruhen, ist streitig. Zum Teil wird vertreten, dass Pflichtverletzungen der Organmitglieder bei der Beratung von Kunden nicht von der D&O-Versicherung erfasst werden, weil sie dabei nicht als Organ der Gesellschaft handeln. Solche Pflichtverletzungen würden vielmehr von der allgemeinen Vermögensschaden-Haftpflichtdeckung für Dienstleistungsgesellschaften erfasst. Nach der anderen Auffassung handeln die Organe der Gesellschaft im Rahmen ihrer dienstlichen Tätigkeit immer als Organ, so dass eine Aufteilung zwischen Organtätigkeit und sonstiger Tätigkeit nicht möglich sei[1073].

D&O-Versicherungsbedingungen enthalten oftmals so genannte Dienstleistungs- oder Berufshaftpflichtklauseln (PI-Professional Indemnity Exclusion), die jedoch regelmäßig Ansprüche wegen Auswahl-, Organisations- oder Überwachungsverschulden explizit wieder in den D&O-Versicherungsschutz einbeziehen. Diese Klauseln dienen der Abgrenzung zur allgemeinen Vermögensschaden-Haftpflichtdeckung für Dienstleistungsgesellschaften und beratende Berufe. Die Vermögensschadensdeckung der Unternehmen schützt sämtliche Mitarbeiter einschließlich der Organe der Gesellschaft, wenn von Dritten, insbesondere Kunden der Gesellschaft,

---

tung § 20 Rn 185; *Lutter/Krieger* Rechte und Pflichten des AR Rn 1024; *Schilling* Managerhaftung und Versicherungsschutz S. 19 f.; *Plück/Lattwein* Haftungsrisiken für Manager S. 190 f.; *Lange* DStR 2002, 1626, 1627.

[1073] Vgl. zum Meinungsstand *Schilling* Managerhaftung und Versicherungsschutz S. 17 f.

Haftpflichtansprüche geltend gemacht werden, die im Zusammenhang mit der beruflichen Tätigkeit stehen[1074]. Weiterhin werden von den D&O-Versicherungen in der Regel allein Vermögensschäden erfasst. Hiervon abzugrenzen sind Sach- und Personenschäden. Ausgeschlossen ist zudem auch die Haftung für Vermögens-Folgeschäden, die sich aus Personen- und Sachschäden herleiten[1075].

Jedoch hat sich der sog. „erweiterte Vermögensschadenbegriff" in D&O-Policen durchgesetzt, wonach ein Folgeschaden entsprechend der nachfolgend beispielhaft aufgeführten Klausel als Vermögensschaden angesehen wird:

> *„Ein Folgeschaden ist jedoch dann als Vermögensschaden anzusehen, wenn die Pflichtverletzung nicht für den Personen- oder Sachschaden, sondern ausschließlich für den Folgeschaden ursächlich ist, oder der Personen- oder Sachschaden nicht bei der Versicherungsnehmerin oder einem Tochterunternehmen, sondern bei einem Dritten eintritt und die Versicherungsnehmerin oder ein Tochterunternehmen aufgrund dieses Personen- oder Sachschadens einen Folgeschaden erleidet, der über den Ausgleich des bei dem Dritten eingetretenen Personen- oder Sachschadens hinausgeht."*

dd) Nachhaftung

Die meisten D&O-Versicherungsbedingungen sehen sogenannte Nachhaftungs-regelungen vor. Innerhalb des üblicherweise bis zu drei bzw. fünf Jahren dauernden Nachhaftungszeitraums können Haftpflichtansprüche auch dann bei der Versicherung angemeldet werden, wenn allein die Pflichtverletzung in die ursprünglich vereinbarte Vertragsdauer fällt. Insofern wird das „Claims-made-Prinzip" mit dem sonst üblichen Verstoßprinzip gekoppelt[1076]. In den Einzelheiten weisen jedoch auch die Nachhaftungsregelungen Besonderheiten auf und können stark voneinander abweichen, so dass hier besondere Aufmerksamkeit geboten ist. Über die Nachhaftungsregelung steht allerdings in der Regel allein die noch nicht verbrauchte Deckungssumme des letzten Versicherungsjahres zur Verfügung. Soweit sie bereits in Anspruch genommen worden ist, besteht auch bei Vereinbarung einer Nachhaftung bzw. Nachmeldefrist kein Versicherungsschutz mehr[1077]. Ohne die Gewährung einer Nachmeldefrist sind Ansprüche, die nach Vertragsbeendigung erhoben werden, nicht vom Versicherungsschutz umfasst. So sehen aktuelle D&O-Bedingungen bei-

---

[1074] *Schilling* Managerhaftung und Versicherungsschutz S. 17 f.

[1075] *Thümmel* Persönliche Haftung von Managern und Aufsichtsräten Rn 478; *Wellhöfer* in Wellhöfer/Peltzer/Müller Haftung § 7 Rn 26; *Dahnz/Grimminger* Manager und Ihr Berufsrisiko S. 392; *Schilling* Managerhaftung und Versicherungsschutz S. 18 f.; *Kolde* in Beck'sches Mandatshdb Vorstand der AG § 11 Rn 26 f.; *Plück/Lattwein* Haftungsrisiken für Manager S. 190; *Peltzer* NZG 2009, 970, 971.

[1076] *Thümmel* Persönliche Haftung von Managern und Aufsichtsräten Rn 464–466; *Dahnz/Grimminger* Manager und ihr Berufsrisiko S. 394; *Peltzer* in Wellhöfer/Peltzer/Müller Haftung § 20 Rn 207; *Lattwein/Krüger* NVersZ 2000, 365, 366.

[1077] *Schilling* Managerhaftung und Versicherungsschutz S. 16; *Plück/Lattwein* Haftungsrisiken für Manager S. 199.

spielsweise vor, dass mit jedem Jahr Versicherungslaufzeit beitragsneutral auch ein Jahr Nachhaftungsdauer erworben wird. Daneben kann die Nachhaftung gegen Zahlung einer zusätzlichen Prämie „eingekauft" werden[1078]. Zunehmend trifft man im D&O-Markt auch auf Anbieter, die von vornherein eine drei- bis fünfjährige Nachhaftungsdauer gewähren[1079]. Die Gewährung einer Nachhaftung wird meistens davon abhängig gemacht, dass die Beendigung des Vertrages nicht wegen Prämienzahlungsverzuges erfolgt.

In D&O-Bedingungswerken ist aber manchmal auch geregelt, dass die Nachhaftung mit dem Zeitpunkt des Abschlusses eines Anschlussvertrages bei einem anderen Versicherer endet. Vor diesem Hintergrund war bei einem Versichererwechsel bislang immer darauf zu achten, dass der das Risiko übernehmende D&O-Anbieter eine unbegrenzte Rückwärtsversicherung gewährt, da anderenfalls eine nicht unerhebliche Deckungslücke entstanden wäre. Diesem Umstand wollen die meisten D&O-Anbieter dadurch Rechnung tragen, dass sie sog. Unverfallbarkeitsklauseln in ihre Bedingungswerke aufgenommen haben. Dies bedeutet, dass die Nachmeldefrist auch im Falle des Versichererwechsels, selbst wenn der neue Versicherer keine oder nur eingeschränkte Rückwärtsdeckung gewährt, bei dem Vor-Versicherer bestehen bleibt. Jedoch wird durch die Unverfallbarkeits-Klausel auch eine Scheinsicherheit gewährt, da ein Anschlussversicherer aus dem Prämien-Aspekt geradezu aufgefordert ist, entgegen der üblichen Praxis, ohne Rückwärtsdeckung anzubieten und dass dann nach Ablauf der vom Vor-Versicherer gewährten unverfallbaren Nachmeldefrist eine erhebliche Deckungslücke für Pflichtverletzungen der Vergangenheit besteht. Um auf der sicheren Seite zu sein, ist im Ergebnis deshalb immer darauf zu achten, dass die D&O-Versicherung eine unbegrenzte Rückwärtsversicherung beinhaltet und der jeweilige Anschlussversicherer Kontinuität gewährleistet.

Der Umfang des Versicherungsschutzes für während der Nachhaftungsdauer geltend gemachte Ansprüche richtet sich grundsätzlich nach den bei Ablauf der letzten Vertragsperiode geltenden Vertragsbestimmungen.

ee) Rückwärtsdeckung

Wie bereits erwähnt, ist die sogenannte Rückwärtsdeckung regelmäßiger Deckungsbestandteil. Danach werden auch bereits vor Vertragsbeginn verursachte Pflichtverletzungen vom Versicherungsschutz erfasst, soweit sie nicht bereits bei Vertragsabschluss bekannt waren[1080]. Zum Teil werden hierbei jedoch auch solche Pflichtverletzungen vom Versicherungsschutz ausgenommen, von denen die Gesellschaft bzw. ihre Organe nur aufgrund grober Fahrlässigkeit keine Kenntnis hat-

---

[1078] *Thümmel* Persönliche Haftung von Managern und Aufsichtsräten Rn 466.

[1079] Lange r+s 2006, 177, 179; *Lattwein/Kruger* NVersZ 2000, 365, 366.

[1080] *Thümmel* Persönliche Haftung von Managern und Aufsichtsräten Rn 481; *Lange* DStR 2002, 1674, 1675; *Lattwein/Krüger* NVersZ 2000, 365, 366.

ten[1081]. Bezüglich der Kenntnis-Zurechnung haben sich z.B. die nachfolgenden Repräsentantenklauseln durchgesetzt:

Zurechnung bei versicherten Personen

> *„Die Kenntnis, das Verhalten und das Verschulden einer versicherten Person werden einer anderen versicherten Person nicht zugerechnet".*

Zurechnung bei der Versicherungsnehmerin

> *„Soweit die Kenntnis und das Verhalten der Versicherungsnehmerin von rechtlicher Bedeutung sind, werden – in Abweichung von § 47 Abs. 1 VVG – nur die Kenntnis und das Verhalten folgender versicherter Personen berücksichtigt: Vorsitzender des Aufsichtsrates, Vorsitzender des Vorstandes, Finanzvorstand und Leiter der Rechts- und/oder Versicherungsabteilung".*

ff) Tätigkeit in Mehrheitstochtergesellschaften und Drittunternehmen

In der Regel sind auch Mehrheitstochtergesellschaften, soweit sie in den Jahresabschluss der Versicherungsnehmerin konsolidiert sind, vom Versicherungsschutz umfasst[1082]. Es handelt sich jedoch nicht bei jeder konsolidierten Gesellschaft auch um eine Tochtergesellschaft. Sollen auch Schwestergesellschaften mit in den Versicherungsschutz einbezogen werden, so muss dies gesondert vereinbart werden[1083]. Häufig werden auch Neugründungen direkt oder zumindest auf Anzeige gegenüber der Versicherung in den Versicherungsschutz einbezogen[1084].

Schließlich können auch externe Mandate der Organmitglieder der Versicherungsnehmerin in Drittunternehmen von der D&O-Versicherung erfasst werden, ohne dass es sich um mitversicherte Mehrheitstochtergesellschaften handeln muss. Die jeweiligen Mandate müssen dann im Versicherungsvertrag benannt werden (so genannte ODL-Klausel = Outside Director Liability)[1085]. Für Fremdmandate in non-for-profit-Gesellschaften hat sich eine pauschale Mitversicherung durchgesetzt, wobei die Versicherungssumme üblicherweise nur sublimitiert zur Verfügung steht.

[1081] *Schilling* Managerhaftung und Versicherungsschutz S. 16; *Kolde* in Beck'sches Mandatshdb Vorstand der AG § 11 Rn 48, 61; *Plück/Lattwein* Haftungsrisiken für Manager S. 197 f.; *Lattwein/Krüger* NVersZ 2000, 365, 366.

[1082] *Kolde* in Beck'sches Mandatshdb Vorstand der AG § 11 Rn 29; *Thümmel* Persönliche Haftung von Managern und Aufsichtsräten Rn 460; *Schilling* Managerhaftung und Versicherungsschutz S. 20.

[1083] *Schilling* Managerhaftung und Versicherungsschutz S. 20.

[1084] *Schilling* Managerhaftung und Versicherungsschutz S. 21; *Kolde* in Beck'sches Mandatshdb Vorstand der AG § 11 Rn 32.

[1085] *Schilling* Managerhaftung und Versicherungsschutz S. 21; *Kolde* in Beck'sches Mandatshdb Vorstand der AG § 11 Rn 22.

gg) Selbstbehalte

Für Vorstandsmitglieder ist nach Inkrafttreten des VorstAG bei D&O-Versicherungen zu beachten, dass die Verträge einen Selbstbehalt von mindestens 10% des Schadens bis mindestens zur Höhe des Eineinhalbfachen der festen jährlichen Vergütung des Vorstandsmitglieds vorsehen müssen (§ 93 Abs. 2 S. 3 AktG). Altverträge, die vor dem Datum des Inkrafttretens des VorstAG geschlossen wurden, werden von der Neuregelung bis zum 1. Juli 2010 nicht betroffen[1086]. In Höhe des Selbstbehalts haben die Organmitglieder bei einer Inanspruchnahme durch die Gesellschaft oder Dritte den Schaden selbst zu tragen.

Der Selbstbehalt gilt bei jedem einzelnen Schadensfall während die Höchstgrenze für sämtliche Schäden in einem Jahr gilt[1087]. Dabei ist für die Höchstgrenze das Jahr des Pflichtverstoßes als Bezugsjahr zu nehmen[1088]. Der Selbstbehalt soll vorbeugend gegen organschaftliche Pflichtverletzungen wirken[1089].

§ 93 Abs. 2 S. 3 AktG verhindert nicht, dass ein Vorstandsmitglied sein Risiko durch eine von ihm abgeschlossene Zusatzversicherung abdeckt[1090], da die Pflicht zur Vereinbarung eines Selbstbehalts ausdrücklich für von der Gesellschaft abgeschlossene Versicherungen gilt[1091].

Eine gesetzliche Pflicht zur Aufnahme eines Selbstbehalts für Aufsichtsratsmitgliedern in D&O-Versicherungen besteht nicht[1092]. Der Deutsche Corporate Governance Kodex empfiehlt jedoch in Ziffer 3.8 einen Selbstbehalt auch für Aufsichtsratsmitglieder.

c) Grenzen des Versicherungsschutzes

Nicht vom Versicherungsschutz einer D&O-Versicherung erfasst sind Schäden, die durch vorsätzliche Pflichtverletzungen verursacht worden sind. In der Regel sind daher sämtliche Arten der Fahrlässigkeit gedeckt. Zum Teil enthalten die D&O-

---

[1086] Begründung VorstAG-RegE BT-Drs. 16/13433 S. 19; *Koch* AG 2009, 637, 640; *Bosse* BB 2009, 1650, 1652; *Hohenstatt* ZIP 2009, 1349, 1354; *van Kann* NZG 2009, 1010, 1012.

[1087] Begründung VorstAG-RegE BT-Drs. 16/13433 S. 17; *Bosse* BB 2009, 1650, 1652; *Olbrich/Kassing* BB 2009, 1659, 1660; *van Kann* NZG 2009, 1010, 1011.

[1088] Begründung VorstAG-RegE BT-Drs. 16/13433 S. 17; *Olbrich/Kassing* BB 2009, 1659, 1660; *van Kann* NZG 2009, 1010, 1012.

[1089] *Fleischer* NZG 2009, 801, 806; *Koch* AG 2009, 637, 641; *Hohenstatt* ZIP 2009, 1349, 1354.

[1090] *Hohenstatt* ZIP 2009, 1349, 1354; *van Kann/Keiluweit* DStR 2009, 1587, 1589; *Fleischer* NZG 2009, 801, 806; *Bosse* BB 2009, 1650, 1652; *Olbrich/Kassing* BB 2009, 1659, 1662; *van Kann* NZG 2009, 1010, 1012.

[1091] *Lange* Versicherungswirtschaft 2009, 918; *Hohenstatt* ZIP 2009, 1349, 1354; *van Kann/Keiluweit* DStR 2009, 1587, 1589; *Fleischer* NZG 2009, 801, 806.

[1092] *Van Kann/Keiluweit* DStR 2009, 1587, 1589; *Bosse* BB 2009, 1650, 1652; *Fleischer* NZG 2009, 801, 806; *van Kann* NZG 2009, 1010, 1011.

Versicherungsbedingungen jedoch auch einen Deckungsausschluss für „wissentliche Pflichtverletzungen". Eine wissentliche, aber nicht vorsätzliche Pflichtverletzung begeht, wer sich sowohl der Pflicht als auch ihrer Verletzung im Zeitpunkt der Tat bewusst ist, allerdings ohne die Verwirklichung der Pflichtverletzung zu wollen[1093]. Ebenso vom Versicherungsschutz üblicherweise ausgenommen sind Ansprüche wegen Geldstrafen und Geldbußen[1094].

D&O-Versicherungen enthalten in der Regel eine Subsidiaritätsklausel. Daher sind Schäden, die neben der D&O-Versicherung auch von einem anderen Versicherungsvertrag erfasst werden, zunächst über die anderen Verträge zu regulieren[1095]. Sofern der andere Versicherer seine Eintrittspflicht aber ganz oder teilweise bestreitet, so ist auch immer öfter eine Vorleistungspflicht zumindest für die Abwehrkosten geregelt – jedoch gegen Abtretung des entsprechenden Deckungsanspruches gegen den jeweils anderen Versicherer.

D&O-Versicherungen enthalten manchmal auch eine sogenannte Insolvenzklausel, wonach im Falle einer Insolvenz der Versicherungsnehmerin der Versicherungsschutz nur für Pflichtverletzungen bis zur Eröffnung des jeweiligen Insolvenzverfahrens gewährt wird. Ergänzend werden dann auch häufig etwa Ansprüche von Sozialversicherungsträgern oder des Insolvenzverwalters ausgeschlossen. Dies ist vor allem bei jungen und insolvenzgefährdeten Unternehmen der Fall, damit sie überhaupt Versicherungsschutz erhalten können. Derartige Insolvenzklauseln verlieren jedoch zunehmend an Bedeutung.

Schließlich enthalten die meisten Versicherungsbedingungen einen generellen Haftungsausschluss für sämtliche Ansprüche, die in den USA oder sogar Nordamerika geltend gemacht werden[1096]. Ist dies nicht der Fall oder wird dieser Ausschluss per besonderer Vereinbarung abbedungen, so enthalten die Versicherungsbedingungen jedoch üblicherweise Ausschlussklauseln für Ansprüche aus der Verwaltung von Sondervermögen zur Renten- und Sozialversicherung nach dem Employee Retirement Income Security Act of 1934 (sogenannter ERISA-Ausschluss), für kapitalmarktrechtliche Ansprüche nach dem Securities and Exchange Act of 1934 oder für Innenhaftungsansprüche[1097].

[1093] BGH VersR 1987, 174; BGH VersR 1986, 647; *Kolde* in Beck'sches Mandatshdb Vorstand der AG § 11 Rn 57.

[1094] *Schilling* Managerhaftung und Versicherungsschutz S. 22; *Kolde* in Beck'sches Mandatshdb Vorstand der AG § 11 Rn 60; *Plück/Lattwein* Haftungsrisiken für Manager S. 206; *Küppers/Dettmeier/Koch* DStR 2002, 199, 201.

[1095] *Schilling* Managerhaftung und Versicherungsschutz S. 24; *Plück/Lattwein* Haftungsrisiken für Manager S. 209 f.

[1096] *Dahnz/Grimminger* Manager und ihr Berufsrisiko S. 398; *Kolde* in Beck'sches Mandatshdb Vorstand der AG § 11 Rn 62.

[1097] *Dahnz/Grimminger* Manager und ihr Berufsrisiko S. 398 f.; *Schilling* Managerhaftung und Versicherungsschutz S. 25; *Kolde* in Beck'sches Mandatshdb Vorstand der AG § 11 Rn 63.

d) Obliegenheits- und Anzeigepflichten

Nach den Bedingungen der verschiedenen D&O-Versicherer bestehen unterschiedlich weitgehende Obliegenheits- und Anzeigeverpflichtungen der Versicherungsnehmerin. Häufig wird ihnen bereits in einem sehr frühen Stadium die Verpflichtung auferlegt, möglicherweise haftungsbegründende Sachverhalte oder Gefahrerhöhungen, wie etwa ein Börsengang, die Änderung des Unternehmensgegenstands oder der Erwerb von Tochtergesellschaften mit Sitz in den USA, zu schildern. Zudem sind u.a. auch eingeleitete Ermittlungsverfahren oder Strafbefehlsverfahren, die den Ersatz eines Vermögensschadens zum Gegenstand haben, dem D&O-Versicherer zu melden. Die Verletzung der Obliegenheits- und Anzeigepflichten kann Einfluss auf die Versicherungsdeckung haben. Sie sind daher vor Abschluss des Versicherungsvertrages einer besonders kritischen Würdigung zu unterziehen[1098].

e) Anspruchsberechtigte

Anspruchsberechtigt aus dem Versicherungsvertrag sind die versicherten Personen, also insbesondere die Vorstands- und Aufsichtsratsmitglieder. Der Gesellschaft als Versicherungsnehmerin steht daher kein unmittelbarer Direktanspruch gegenüber dem D&O-Versicherer für Innenhaftungsansprüche zu. Erforderlich ist stets die vorherige Inanspruchnahme des versicherten Organmitglieds[1099], das bei einer gerichtlichen Feststellung des Anspruchs dann Ausgleich des Schadens verlangen kann. Der D&O-Versicherungsvertrag stellt daher einen echten Vertrag zugunsten Dritter dar[1100]. Der Versicherte kann i.d.R. die gegen ihn erhobene Haftpflichtforderung aber auch ohne Zustimmung des Versicherers anerkennen, ohne dadurch seinen Versicherungsschutz zu verlieren. Die Abtretung des Deckungsanspruchs kann auch nicht mehr durch allgemeine Versicherungsbedingungen ausgeschlossen werden.

Die Prämien für die Versicherung sind von der Gesellschaft als Versicherungsnehmerin zu tragen.

f) Company Reimbursement-Klausel

Von der D&O-Versicherung werden nur Schadenersatzansprüche gegenüber den Organmitgliedern der Gesellschaft gedeckt, gleichgültig ob sie durch Dritte (Au-

---

[1098] Vgl. hierzu *Schilling* Managerhaftung und Versicherungsschutz S. 26; *Plück/Lattwein* Haftungsrisiken für Manager S. 211 ff.; *Küppers/Dettmeier/Koch* DStR 2002, 199, 201.

[1099] OLG München DB 2005, 1675; vgl. hierzu auch *Thümmel* Persönliche Haftung von Managern und Aufsichtsräten Rn 469; *Dreher* DB 2005, 1669 ff.; *von Westphalen* DB 2005, 431 ff.

[1100] *Thümmel* Persönliche Haftung von Managern und Aufsichtsräten Rn 458; *Schilling* Managerhaftung und Versicherungsschutz S. 26; *Koch* GmbHR 2004, 18, 23.

ßenhaftung) oder die Gesellschaft (Innenhaftung) geltend gemacht werden[1101]. Eine Ausdehnung der Versicherung auf Schadenersatzansprüche, die unmittelbar gegenüber der Gesellschaft geltend gemacht werden, ist grundsätzlich nicht möglich[1102].

Zulässig und üblich ist dagegen eine Vereinbarung, nach der im Falle einer Freistellungsverpflichtung der Gesellschaft gegenüber ihren Organmitgliedern der Anspruch auf die Versicherungsleistung in Höhe der Freistellungsverpflichtung auf die Gesellschaft als Versicherungsnehmerin übergeht (Company Reimbursement-Klausel)[1103]. Soweit das Organ freigestellt wird, entfällt bei ihm der Schaden und verlagert sich stattdessen auf die Versicherungsnehmerin[1104]. Da die für die D&O-Versicherung aufzuwendenden Versicherungsprämien nach Ansicht des Bundesfinanzministeriums nur bei Vereinbarung einer Company Reimbursement-Klausel nicht als geldwerter Vorteil und damit als einkommensteuerrechtlich neutral eingestuft werden, enthalten auch schon aus diesem Grunde heute fast alle D&O-Versicherungsverträge eine entsprechende Regelung[1105].

g) Prämienhöhe und Deckungssumme

Die Prämienhöhe hängt von einer Vielzahl von Faktoren wie der Branche, der Deckungssumme, der Beteiligungsstruktur, etwaigem USA-Geschäft usw. ab. Berechnungsgrundlage für die Prämien sind insbesondere die wesentlichen Bilanzkennzahlen der Gesellschaft[1106].

Die Höhe der zu vereinbarenden Deckungssumme hängt ebenfalls vom Einzelfall ab. Zu berücksichtigen sind auch hier unter anderem die Branche, die von der Gesellschaft erbrachten Leistungen, Lieferantenbeziehungen, Abhängigkeiten zu anderen Gesellschaften oder die Gesellschafterstruktur[1107]. Auch ist zu beachten, dass die Versicherer keine unbegrenzten Deckungssummen zur Verfügung stellen. Damit soll möglichen Begehrlichkeiten Dritter entgegengewirkt werden. Die vom Versicherer angebotene Höhe der Deckungssumme hängt neben der Wirtschafts- und Ertragslage auch von der Bilanzsumme und der Eigenkapitalausstattung der Versicherungsnehmerin ab. Als grobe Faustformel für die Bemessung der Deckungssumme gilt, dass mindestens die Hälfte des Eigenkapitals oder 10% der Bilanzsumme durch die D&O-Versicherung abgesichert sein sollten[1108], wobei dies keinesfalls zwingend ist.

[1101] *Dreher* ZHR 165 (2001), 293, 298.

[1102] *Thümmel* Persönliche Haftung von Managern und Aufsichtsräten Rn 469.

[1103] *Kolde* in Beck'sches Mandatshdb Vorstand der AG § 11 Rn 72; Thümmel Persönliche Haftung von Managern und Aufsichtsräten Rn 480.

[1104] *Thümmel* Persönliche Haftung von Managern und Aufsichtsräten Rn 480.

[1105] Vgl. Ziffer 1.2 AVB-AVG der Musterbedingungen des GDV.

[1106] *Schilling* Managerhaftung und Versicherungsschutz S. 29; *Lange* DStR 2002, 1626, 1628; *Küppers/Dettmeier/Koch* DStR 2002, 199, 202.

[1107] *Lange* DStR 2002, 1626, 1628.

[1108] *Schilling* Managerhaftung und Versicherungsschutz S. 28 f.

h) Steuerliche Behandlung der Versicherungsprämien

Der bisher bestehende Streit darüber, ob die für die D&O-Versicherung aufzuwendenden Prämien als „geldwerter Vorteil" der versicherten Personen und damit als steuerlich relevant anzusehen sind oder ob sie vielmehr im „überwiegend eigenbetrieblichen Interesse" des Unternehmens liegen[1109], ist mittlerweile durch den Erlass des Bundesfinanzministeriums, vom 24. Januar 2002 (Az.: IV C 5 – S 2332 – 8/02) dahin gehend geklärt worden, dass „von einem überwiegenden eigenbetrieblichen Interesse auszugehen" ist, wenn die zu beurteilende D&O-Versicherung die folgenden Kriterien erfüllt:

- Es handelt es sich bei der D&O-Versicherung um eine Vermögensschaden-Haftpflichtversicherung, die in erster Linie der Absicherung des Unternehmens oder des Unternehmenswertes gegen Schadenersatzforderungen Dritter gegenüber dem Unternehmen dient, die ihren Grund in dem Tätigwerden oder Untätigbleiben der für das Unternehmen verantwortlich handelnden und entscheidenden Organe und Leitungsverantwortlichen haben.
- Die D&O-Verträge enthalten besondere Klauseln zur Firmenhaftung oder eine Company Reimbursement-Klausel, die im Ergebnis dazu führen, dass der Versicherungsanspruch aus der Versicherungsleistung dem Unternehmen als Versicherungsnehmer zusteht.
- Die D&O-Versicherungen sind des Weiteren dadurch gekennzeichnet, dass regelmäßig das Management als Ganzes versichert ist und Versicherungsschutz für einzelne Personen nicht in Betracht kommt und Basis der Prämienkalkulation nicht individuelle Merkmale der versicherten Organmitglieder sind, sondern Betriebsdaten des Unternehmens, und dabei die Versicherungssummen deutlich höher sind als typischerweise das Privatvermögen.

Ein *„überwiegend eigenbetriebliches Interesse"* ist nach Ansicht des Bundesfinanzministeriums hingegen zu verneinen, wenn Risiken versichert werden, *„die üblicherweise durch eine individuelle Berufshaftpflichtversicherung abgedeckt werden"*[1110].

Da diese Kriterien von den meisten D&O-Versicherungen erfüllt werden, hat die auf die jeweilige versicherte Person entfallende anteilige Versicherungsprämie für diese keine steuerliche Relevanz[1111].

[1109] Vgl. zum Meinungsstreit *Plück/Lattwein* Haftungsrisiken für Manager S. 221; *Schilling* Managerhaftung und Versicherungsschutz S. 29 f.; *Thümmel* Persönliche Haftung von Managern und Aufsichtsräten Rn 467; *Fleischer* in Spindler/Stilz AktG § 93 Rn 287; *Lange* DStR 2002, 1626, 1628; *Küppers/Dettmeier/Koch* DStR 2002, 199, 202 ff.; *Vetter* AG 2000, 453, 458.

[1110] Vgl. den insoweit gleichlautenden Erlass des Niedersächsischen Finanzministeriums vom 25. 1. 2002, DStR 2002, 687.

[1111] *Plück/Lattwein* Haftungsrisiken für Manager S. 222; *Schilling* Managerhaftung und Versicherungsschutz S. 30; *Kolde* in Beck'sches Mandatshdb Vorstand der AG § 11 Rn 84; *Ringleb* in Ringleb/Kremer/Lutter/v. Werder DCGK Rn 518; *Mutter* in Marsch-Barner/Schäfer Hdb börsennotierte AG § 22 Rn 111.

i) Pflicht zum Abschluss einer D&O-Versicherung?

Ob eine Pflicht zum Abschluss einer D&O-Versicherung besteht, ist streitig. Eine Auffassung knüpft an die Verpflichtung des Vorstands zur Einrichtung eines Risikoüberwachungssystems nach § 91 Abs. 2 AktG an. Danach bestehe eine Pflicht zur Prüfung, Überwachung und Vermeidung von Risiken. Ergebe sich aus der Analyse möglicher Risiken, dass der Gesellschaft Ersatzansprüche gegen ihre Vorstandsmitglieder erwachsen können, die jedoch mangels ausreichenden Privatvermögens nicht realisierbar sind, so habe die Gesellschaft dieses Risiko mit dem Aufwand für den Abschluss einer D&O-Versicherung abzuwägen. Fällt die Abwägung zugunsten der D&O-Versicherung aus, was regelmäßig der Fall sei, so treffe die Vorstandsmitglieder eine Pflicht zum Abschluss einer D&O-Versicherung[1112].

Hiergegen wird eingewandt, dass es nicht zu den Pflichten der Vorstandsmitglieder gehöre, jedes drohende Risiko zu versichern, sondern nur solchen Risiken vorzubeugen, die sich im Einzelfall mit einer verantwortungsbewussten Unternehmensführung nicht mehr vereinbaren lassen[1113]. Nur ausnahmsweise, wie bei besonderer Schadensanfälligkeit der Branche, könne sich daher eine Pflicht zum Abschluss einer D&O-Versicherung ergeben[1114].

Die besseren Argumente sprechen für die zweite Ansicht. Grundsätzlich fällt die Entscheidung über den Abschluss einer D&O-Versicherung als Maßnahme der Risikovorsorge in den Bereich des unternehmerischen Ermessens. Eine Verpflichtung zum Abschluss einer D&O-Versicherung kommt daher nur ausnahmsweise in besonders schadensträchtigen Branchen in Betracht[1115].

j) Zuständigkeit für den Abschluss des Versicherungsvertrages

Für den Abschluss eines D&O-Versicherungsvertrages ist der Vorstand der Aktiengesellschaft zuständig[1116]. Eine interne Zustimmung des Aufsichtsrats ist nach dem Aktiengesetz nicht erforderlich, da die Versicherung keinen Vergütungsbestandteil i. S. v. § 87 AktG darstellt[1117]. Soweit die D&O-Versicherung auch zugunsten der Auf-

---

[1112] *Fleischer* in Spindler/Stilz AktG § 93 Rn 291; *Spindler* in MünchKomm AktG § 93 Rn 178; *Lange* DStR 2002, 1626, 1630; *Vetter* AG 2000, 453, 455, 458.

[1113] *Lange* DStR 2002, 1626, 1630.

[1114] *Spindler* in MünchKomm AktG § 93 Rn 178; *Lange* DStR 2002, 1626, 1630; *Dreher* ZHR 165 (2001), 293, 321.

[1115] Vgl. hierzu *Spindler* in MünchKomm AktG § 93 Rn 178; *Lange* DStR 2002, 1626, 1630.

[1116] *Fleischer* in Spindler/Stilz AktG § 93 Rn 289; *Dreher* ZHR 165 (2001), 293, 321; *Lange* ZIP 2001, 1524, 1528; *Vetter* AG 2000, 453, 457; *Kästner* AG 2000, 113, 121.

[1117] *Fleischer* in Spindler/Stilz AktG § 93 Rn 289; *Thümmel* Persönliche Haftung von Managern und Aufsichtsräten Rn 467; *Dreher* ZHR 165 (2001), 293, 321; *Mertens* AG 2000, 447, 451; *Vetter* AG 2000, 453, 457 f.

sichtsratsmitglieder abgeschlossen wird, wird in der Literatur mit der Begründung, es handele sich hierbei um einen Bestandteil der Vergütung der Aufsichtsratsmitglieder, vertreten, dass gemäß § 113 Abs. 1 S. 2 AktG die Hauptversammlung zu beteiligen ist[1118]. Da die D&O-Versicherung im Interesse der Gesellschaft und nicht der einzelnen Organmitglieder abgeschlossen wird und auch keine Gegenleistung für die Aufsichtsratstätigkeit darstellt, ist eine Befassung der Hauptversammlung jedoch nicht erforderlich[1119]. Aus Gründen der Vorsicht empfiehlt es sich jedoch, die Zulässigkeit des Abschlusses einer D&O-Versicherung bereits in der Satzung aufzunehmen oder einen entsprechenden Hauptversammlungsbeschluss herbeizuführen[1120].

[1118] *Hüffer* AktG § 113 Rn 2; *Spindler* in MünchKomm AktG § 87 Rn 12; *Lutter/Krieger* Rechte und Pflichten des AR Rn 868; *Wiesner* in MünchHdb AG § 21 Rn 29; *Kästner* AG 2000, 113, 115 f.

[1119] OLG München DB 2005, 1675; *Thümmel* Persönliche Haftung von Managern und Aufsichtsräten Rn 467; *Kolde* in Beck'sches Mandatshdb Vorstand der AG § 11 Rn 81 ff.; *Dreher* ZHR 165 (2001), 293, 322; *Notthoff* NJW 2003, 1350, 1354; *Lange* ZIP 2001, 1524, 1526 ff.; *Mertens* AG 2000, 447, 451 ff.; *Vetter* AG 2000, 453, 456 f.

[1120] *Plück/Lattwein* Haftungsrisiken für Manager S. 223; *Potthoff/Trescher* Das Aufsichtsratsmitglied Rn 2238.

Stichwortverzeichnis

Abberufung
– des Aufsichtsrats 28 f.
– des Vorstands 23, 192
Abschlussprüfer 67, 85, 185 ff.
Ad-hoc Mitteilungspflicht 112 ff., 157 ff.
Aktionärsverhalten, rechtsmissbräuchliches 68 ff.
Anfechtungsklage 69
ARUG 79 ff.
Aufsichtsrat
– Abberufung 28 f.
– Bestellung 27 f.
– Billigung des Jahresabschlusses 184 ff.
– persönliche Voraussetzungen 26 f.
– Vergütung 53 ff.
– Zusammensetzung 25 f.
Auskunftsrecht 89 ff.

Bericht des Aufsichtsrats 187 ff.
Beschränkung
– der Außenhaftung 214 f.
– der Innenhaftung 131 ff., 213
Besonderer Vertreter 137 f.
Bestellung
– des Aufsichtsrats 27 f.
– des Vorstands 22 f., 190 ff.
Betrug 175
BilMoG 8, 27
Briefwahl 80
Bundesanzeiger, elektronischer 80, 82
Business Judgement Rule 3 f., 13 ff., 216

Cash-Pooling 108 ff.
Corporate Compliance 65 ff., 215 ff.

Darlegungs- und Beweislast 128 ff., 163
Deutscher Corporate Governance Kodex
– Aufbau 5 f.
– Rechtsfolgen bei Verstößen 8 f.
– Relevante Einzelregelungen 6 ff., 26 f., 65 f., 183, 192, 203, 217 f., 229
Directors' Dealings 121 f.
D&O-Versicherung 220 ff.

Entlastung 132
Erwerb eigener Aktien 47

Gegenantrag 87 f.
Gelatine-Entscheidungen 75 f.
Geschäftsführungsmaßnahmen 18 f., 73 ff.
Gründung der AG 39 ff., 144 ff., 177 ff.

Haftung
– Außenhaftung 38, 143 ff., 163 ff., 211 ff.
– deliktische 38, 118 f., 149 ff.
– Innenhaftung 37 f., 39 ff., 177 ff.
– strafrechtliche 71, 93, 99, 168 ff.
Hauptversammlung
– Anmeldung 81
– Berechtigungsnachweis 79, 81
– Durchführung 88 ff.
– Einberufung 70, 77 ff., 181 f.
– Tagesordnung 79, 83 ff.
– Vorbereitung 77 ff.
– Zuständigkeiten 29 f., 71 ff.
Holzmüller 74 ff.

Insiderinformation 113
Insolvenzantragspflicht 49 ff., 93 ff., 154 f., 171

Jahresabschluss 184 ff.

Kapitalanleger-Musterverfahren 164 ff.
Kapitalerhaltung 44 ff., 111, 199 ff.
Kapitalmarktinformationspflichten 112 ff., 157 ff.

Kartellrecht 154
Kausalität 128, 209
Klageerzwingungsrecht 133, 136 ff., 211
Kompetenzordnung 9 f.
Konzern 100 ff.

M&A-Transaktionen 16, 76

Ordnungswidrigkeiten 120 ff., 163, 175 f.

Produkthaftung 151 f.

Rechtsmissbrauch 68 ff.
Record Date 79
Regelpublizität 122 ff., 162
Risikomanagementsystem 65 ff.

Schaden 128, 209
Selbstbehalt 229
Sonderprüfung 141
Sorgfaltspflicht 96, 202
Sozialabgaben 152 f., 172
Steuern 146 f.
Strafrecht 71, 93, 99, 168 ff.

Treuepflicht 96 f., 202 ff.

UMAG 1, 13, 17, 90
Untreue 174 f.

Vergleich 133
Vergütung
– des Aufsichtsrats 53 ff.
– des Vorstands 193 ff.
Verjährung 130 f.
Verschwiegenheitspflicht 99, 205 f.
Verschulden 126 f., 209 f.
Verzicht 132 f.
VorstAG 1, 3 f., 26, 198, 229
Vorstand
– Abberufung 23
– Bestellung 22 f.
– Größe 20
– Persönliche Voraussetzungen 20 f.
– Vergütung 193 ff.
– Vertretung 19 f.

Wahl des Aufsichtsrats 27, 85
Wettbewerbsverbot 97 ff., 204 f.

Zahlungsverbot 49 ff.